브레이크넥

BREAK NECK

변호사의 나라 미국과
엔지니어의 나라 중국은
어떻게 미래를 설계하는가

브레이크넥

댄 왕 지음
우진하 옮김

웅진지식하우스

추천의 글

엠파이어 스테이트 빌딩이나 브루클린 브리지 같은 화려한 건축물을 떠올리며 뉴욕 JFK 공항에 내리면 한없이 낡아빠진 시설에 놀라게 된다. 맨해튼에 들어와 뉴욕 지하철역에 발을 들이는 순간, 서울 지하철의 깨끗하고 안전한 데다 초 단위로 정시 운행되는 인프라가 사무치게 그리워진다. 무려 1904년에 처음 지하철을 만들고, 1931년에 엠파이어 스테이트 빌딩을 세운 미국은 어쩌다 이렇게 됐을까?

댄 왕의 『브레이크넥』은 그 답을 '변호사의 나라'라는 미국의 본질에서 찾는다. 모든 문제를 소송으로 해결하려 하고, 서로 다른 견해를 가진 엘리트들이 끊임없이 다툴 수 있는 환경이 제도적으로 보장된 나라 미국은, 무언가를 끊임없이 제조하는 데 대단히 능숙하고 모든 문제를 공학적으로 해결하는 사람들이 엘리트 지위를 차지한 '공학자의 나라' 중국과 극명한 대조를 이룬다.

『브레이크넥』은 이 두 사회를 움직이는 엘리트의 성격과 사고방식을 간결하면서도 정확하게 설명한다. 미국과 중국의 군사력·경제력을 포함한 다양한 역량을 비교한 책은 무수히 많지만, 두 나라의 본질을 이토록 간명하게 요약한 책은 지금까지 없었다. 무엇보다 이 책의 통찰이 훌륭한 이유는 균형 잡힌 시각에 있다. 만약 중국이 건설한 것들을 찬양하며 '미국은 중국을 보고 배워야 한다'는 식의 결론에 그쳤다면, 이 책은 절대 주목받지 못했을 것이다. 대신 저자는 공학자들이 사회문제마저 효율을 우선시하고 공학적으로 접근하면서 발생한 폐해를 날카롭게 짚어낸다.

댄 왕은 미국과 중국이 서로를 더 잘 이해하고 장점을 배우려 할 때 세계는 더 나아질 수 있다고 말한다. 그리고 중국과 미국을 이해하는 일은 한국인에게 숙명과도 같기에, 두 나라의 본질적 차이를 제대로 알고 싶다면 꼭 읽어야 할 책이다.

유혜영_ 프린스턴대학교 정치학과·공공정책대학원 교수

『브레이크넥』은 말이 지배하는 미국과 기술이 주도하는 중국의 대결을 통해 21세기 부와 권력의 이동을 생생하게 포착한다. 특히 댄 왕의 현장 경험에서 나온 비교는 우리가 막연히 알고 있었던 중국의 성장을 완전히 새로운 시각으로 보게 한다.

이 책은 단순한 미·중 비교를 넘어 '만들 수 있는 능력'을 상실한 서구 문명에 대한 통렬한 반성문이자 강력한 경고장이다. 그런 점에서 금융과 소프트웨어의 환상에서 깨어나 다시 공장을 돌리고 인프라를 세워야 한다는 저자의 주장은 시사하는 바가 크다. 패권 경쟁의 본질이 '누가 더 잘하느냐'가 아닌 '누가 더 잘 만드느냐'에 있음을, 제조업과 하드웨어 역량이 국가 안보의 핵심이자 미래라는 사실을 일깨우며 대한민국의 경쟁력에 대한 명쾌한 답을 제공한다. 기술 패권 전쟁의 시대를 사는 우리에게 서늘하지만 반드시 필요한 지침서다.

최준영_ 유튜브 〈최준영 박사의 지구본 연구소〉 운영자

"사회주의의 핵심은 경제적 재분배가 아니라 더 큰 과업을 달성하기 위해 자원을 집중하는 것이다"라는 덩샤오핑의 말에 공학 국가 중국의 정체성이 담겨 있다. 다른 이들이 걸어간 길을 추격할 때는 덩샤오핑의 주장이 더할 나위 없이 올바른 제언이지만, 다른 나라도 겪어본 적 없는 일에 대응할 때는 문제가 생길 수밖에 없다. 중국의 성공, 그리고 2022년부터 시작된 몰락의 원인을 파헤친 수작이다.

홍춘욱_ 이코노미스트·『돈의 흐름은 되풀이된다』 저자

저자가 말하는 '엔지니어의 중국'과 '변호사의 미국'이라는 균형 잡힌 통찰에 깊이 공감하지 않을 수 없다. 과거의 중국이 아닌 오늘의 중국을, 표면적인 중국이 아닌 있는 그대로의 중국을 이해하려는 사람들에게 일독을 권한다.

이철_ 중국 산업 전문가·『차이나테크의 역습』 저자

이 책 덕분에 미국에서 25년간 살면서 품어온 의문이 명쾌하게 해결되었다. 얇지 않은 이 책을 손에서 놓기 힘든 건 매 페이지마다 등장하는 생생한 사례와 저자의 뛰어난 관찰력, 어느 한쪽에도 치우치지 않는 균형 잡힌 분석 때문이다. 댄 왕은 현대 중국이 얼마나 아찔한 속도로 여기까지 왔는지 설명하며, 그 과정에서 대척점에 있는 미국의 현실도 함께 이해하게 해준다.

박상현_ 〈오터레터〉 발행인·『친애하는 슐츠 씨』 저자

중국의 눈부신 부상과 그 속의 병리를 날카롭게 비춘 책.

크리스 밀러_ 터프츠대학교 플래처 스쿨 교수·『칩 워』 저자

21세기 글로벌 리더십을 둘러싼 미·중 경쟁을 이해하기 위한 필독서.

줄리언 거위츠_ 전 백악관 중국·대만 담당 선임국장

실리콘밸리에서 오래전부터 반드시 읽어야 하는 것으로 알려졌던 분석의 결정판. 우리 시대 가장 중요한 주제 중 하나를 흥미롭고 통찰력 있게 풀어냈다.

패트릭 콜리슨, 스트라이프Stripe 공동 창업자 및 CEO

최근 중국 관련 도서 가운데 최고이며, 어쩌면 올해 최고의 책일지도 모른다.

타일러 코웬_ 조지메이슨대학교 경제학과 교수

중국이 어떻게 앞서갔고, 미국이 어떻게 정체되었으며, 두 나라가 앞으로 어떤 도전에 직면할지 보여주는 탁월한 책.

오드 아르네 베스타_ 예일대학교 역사학과 교수

중국의 부상을 설명하는 새로운 이론. 통찰이 번뜩인다. '공학 국가'라는 개념은 미·중 산업 경쟁을 이해하는 데 매우 유용한 프레임이다.

《이코노미스트》

긴장감 넘치면서도 우울함을 동시에 안기는, 눈부시게 뛰어난 책.

《월스트리트 저널》

『브레이크넥』은 일종의 경고와 같다. 이 제목은 중국은 물론 미국에도 그대로 적용할 수 있다.

《블룸버그》

댄 왕은 중국의 성취를 주목하는 동시에, 미국인들에게는 그들의 다원주의를 소중히 여기면서도 중국의 효율성에서 배울 점을 찾을 것을 촉구한다.

《뉴요커》

차례

한국어판 서문

한국은 미국과 중국 사이의 긴장을 가장 크게 느끼는 국가 중 하나이며, 바로 그 이유 때문에 전 세계가 가장 주의 깊게 지켜봐야 할 곳이기도 하다. 나는 한국의 경험에서 배울 것이 매우 많다고 믿는다. 20세기 후반에 한국은 미국의 보호 아래 성장했고, 서구의 기술 및 시장과의 연계를 강화해왔다. 동시에 경제적 성공만큼이나 보기 드문 성취를 이루었다. 민주적 제도를 갱신하고, 경쟁적인 정치체제를 유지하며, 지도자들에게 책임을 묻는 능력을 입증한 것이다. 이와 함께 한국은 영화, 드라마, 음악, 소비재에 이르기까지 세계적인 영향력을 지닌 문화 국가로 존재감을 구축해왔으며, 이는 국경을 넘어 특히 젊은 세대에게 강한 인상을 주고 있다.

한국과 중국의 관계는 미국과의 관계보다 더 오래된 데다 훨씬 복합적인 양상을 띤다. 한국은 오랫동안 자국보다 강대국인

이웃 국가와의 거리를 유지하며, 고유의 '공학 국가 모델'을 발전시켰다. 또 현대에 들어서는 국가와 산업을 긴밀히 결합한, 매우 뛰어난 시스템을 구축했다. 국가 차원의 대규모 공공사업과 기술의 최전선에서 경쟁하는 법을 배운 기업들이 그것이다. 이러한 성취는 중국의 제조업 경쟁이 전반적으로 치열해진 오늘날 더욱 중요한 의미를 지닌다. 한국 기업들은 메모리 반도체와 디스플레이, 배터리, 첨단 전자 기기에 이르기까지 핵심 기술 분야에서 선두를 지키고 있으며, 이는 글로벌 시장에서 첨단 기술 강국의 지위를 지키기 위해 필요한 것이 무엇인지 분명히 보여준다. 또 한국은 출산율 하락이라는 인구구조 변화의 초기 시험장이 되고 있는데, 이는 동아시아 국가 전반이 앞으로 마주하게 될 도전을 예고한다.

나는 국가가 어떻게 미래를 설계하는 역량을 구축하고, 또 그것을 유지하는지 이해하기 위해 『브레이크넥』을 집필했다. 이 책을 읽을 한국 독자 여러분께 깊이 감사드리며 나의 분석 중 어떤 점에 공감했는지, 또 어떤 부분이 부족했는지 들려주길 기대한다. 세계는 한국으로부터 배우고 있다. 여러분의 나라가 내놓는 해답은 한국의 미래를 넘어, 더 넓은 세계의 방향을 좌우하게 될 것이다.

2026년 2월

댄 왕

들어가는 말

서로를 더 잘 이해할수록, 우리는 더 안전해진다

미국과 중국의 지도부가 또다시 충돌하고 있다는 신문 머리기사를 볼 때마다 지금 상황이 단순히 우려할 만한 수준을 넘어, 우스꽝스럽다는 생각까지 든다. 나는 사실 이 세상에 미국과 중국만큼 닮은 나라는 없다고 확신하기 때문이다.

지금 미국과 중국 모두 이른바 생각 없는 물질주의가 만연하고 있는데, 이런 물질주의의 흐름은 때로는 성공한 기업가에 대한 존경심을 불러일으키다가, 때로는 극단적일 정도로 자신을 제외한 주변 모두에 대해 무감각함을 드러내기도 한다. 그리고 대체로 치열한 경쟁의식을 조장한다. 미국이든 중국이든 모두 실용주의를 중요하게 생각하며, 무엇이든 곧바로 해내려는 자세 때문인지 이따금 성급하게 일을 처리할 때도 많다. 그리고 지름길, 특히 자신의 안위와 부유함으로 이어지는 지름길을 찾는 한탕주의 사기꾼이 가득한 것처럼 보이기도 한다. 동시에 미국과 중국은 모두 기술적 성취, 즉 물리적 한계를 뛰어넘는 대규모 건설이나 개발에 대한 경외심을 품고 있다. 또 미국과 중국의 사회 지도층은 국민의 정치적 견해에 대해 종종 불안감을 느낀다. 그러면서도 양국 지도층과 국민은 자신들만이 유일무이한 초강대국이며, 따라서 주변 모든 나라가 그 뜻을 따르지 않는다면 어쩔 수 없이 강대국의 힘을 과시해야 한다는 믿음 아래 하나로 뭉친다.

지금 이 글을 쓰고 있는 나는 캐나다에서 성장기를 보낸 캐나다 국적자로, 이후 미국과 중국에서 거의 비슷한 시간을 보내면서 이러한 관점을 지니게 되었다. 나에게 이 두 나라는 긴장감이 넘치면서도 가끔 제정신이 아닌 듯 보이고, 뭐라 말할 수 없을 정도로 특이하다. 캐나다는 상대적으로 그런 면이 적어서, 국경을 넘어 캐나다로 들어서면 바로 마음이 편안해질 때가 종종 있다. 반면 미국과 중국은 어떤가. 그저 운전하며 지나가는 것만으로도 뭐라 말할 수 없을 정도로 기이해 보이는 사람들이나 장소와 마주치게 된다. 양국을 비난하는 게 아니다. 두 나라 모두 세계를 뒤바꾸는 중심 세력이라는 사실이 그렇게 번잡하고 요란스러운 모습을 만들어내는 게 아닐까. 지금 유럽은 과거의 영광에만 사로잡혀 있고, 따라서 미국이나 중국의 역동성을 받아들일 만한 여유가 없어서인지 모든 면이 침체되어 있다. 그리고 다른 나라들 역시 이 두 초강대국의 영향력에 맞서기에는 너무 늦었거나 아직은 너무 이르다. 전 세계 사람들의 생각이나 생활의 방향을 결정하는 건 바로 미국과 중국, 그러니까 실리콘 밸리와 월스트리트, 그리고 베이징과 선전深圳이다.

물론 오직 미국이나 중국만이 이 세상의 전부라는 게 아니다. 사실은 전혀 그렇지 않다. 하지만 미국과 중국이 어떻게 움직이고 서로 영향을 미치는지 이해할 수 없다면, 세상을 움직이는 크고 중요한 변화 역시 이해할 수 없을 것이다. 미국과 중국은 국제 질서를 재편하고 있으며, 동시에 서로에게도 깊이 영향을 미치고 있다. 만일 중국의 놀라운 강점과 끔찍한 약점, 그리고 그 사이에 일어나는 모든 현상을 좀 더 명확하게 파악할 수 있다면, 미국에 대해서도 더 분명하고 확실하게 이해할 수 있다.

그리고 중국을 이해하고 싶다면 중국에서도 가장 매력적인 도시, 베이징을 먼저 살펴보아야 한다. 중국의 수도 베이징이 매력적인 건 겉으로 보이는 그럴듯하게 꾸며진 모습 때문이 아니다. 일반적 기준으로 봐도 베이징은 그저 무미건조하고 삭막한 도시에 불과하다. 드넓은 중국에서도 특히 건조한 북부에 있는 베이징의 오래되고 구불구불한 골목길과 주택가, 그리고 과거 개혁·개방 시대 이전에 조성한 잿빛 공동주택 단지 위로는 황사며 미세먼지 폭풍이 쉴 새 없이 몰아친다. 게다가 지난 10여 년 동안 중국 정부는 수많은 술집이며 노천 시장을 비롯한 여러 활기 넘치는 명소를 벽돌로 막아 도시 전체를 아주 재미없는 곳으로 만들었다. 가끔 아슬아슬한 긴장감을 느껴보고 싶은가? 그렇다면 베이징의 드넓은 도로를 멋대로 내달리는 자동차들을 마주해보는 건 어떨까. 모스크바나 평양과 마찬가지로 베이징의 도로는 평범한 생활을 누리는 데 필요한 기반 시설이 아니라, 그저 대규모 군사 열병식을 위한 것이라 생각될 때가 많다. 솔직히 말해서 도시계획이며 건설 과정에서 일어날 수 있는 모든 실수와 잘못을 베이징 시내에서 찾아볼 수 있다.

그렇지만 수도 베이징은 거대한 흡입력을 자랑하는 이 강대국의 중심이다. 과학자와 기술자, 그리고 공산당에서 출세하려는 사람들을 포함해 중국에서 가장 똑똑하다는 인재가 끊임없이 베이징으로 몰려든다. 딱딱하게 굳은 표정을 짓는 공산당 간부는 농담 같은 건 결코 하지 않는다. 공산당에 있어 위대한 조국은 그저 단순한 구호가 아니다. 생사가 걸린 일생의 목표 그 자체다. 앞으로 계속 이야기하겠지만, 중국에서 베이징은 곧 중국 공산당과 중앙정부를 의미한다. 중국 공산당과 정부 지도자들은 마치 극도의 편집증에 사로잡힌 듯, 앞으로 다가올 미래를 통제하기 위해 할 수 있는 모든 걸 하고 있다.

발전과 억압이 공존하는 나라, 중국의 진정한 본질을 파고들다

나는 일곱 살 무렵 부모님과 함께 중국을 떠나 캐나다로 이민을 왔고, 고등학생이 되자 다시 미국 필라델피아의 한적한 교외로 이주했다. 부모님은 아직도 미국에 거주한다. 나는 대학 진학을 위해 뉴욕으로, 그리고 취업을 위해 실리콘밸리로 간 뒤 중국의 기술 발전 상황을 알아보기 위해 중국으로 돌아갔다. 그곳에서 중요한 사실을 한 가지 깨달았다. 그것은 바로 중국이 항상 움직이고 있다는 사실이었다. 홍콩과 베이징, 그리고 상하이에서의 생활은 나에게 매우 뛰어난 교육적 환경을 제공했는데, 단순히 그곳이 중국에서도 가장 번영 중인 이른바 경제특구經濟特區이기 때문만은 아니었다.

나는 약 6년에 걸쳐 경제의 역동성이 숨 막힐 듯한 정치적 억압으로 뒤바뀌는 상황을 경험했다. 중국은 최고 지도자인 시진핑 주석이 이끄는 대로 강대국들 사이의 경쟁에 끊임없이 뛰어들었다. 그리고 중국의 첨단 기술 기업에 대한 미국의 규제가 점점 더 확대되면서 그러한 규제를 벗어나려는 노력 또한 계속해서 이어갔다. 그러다가 코로나19 바이러스 사태가 터졌고, 나는 시진핑 주석이 내건 이른바 제로 코로나zero-Covid라는 강력한 방역 목표를 달성하기 위해 전 중국이 내달리던 3년의 세월을 겪었다. 그 시작은 참으로 인상적이었지만, 얼마 지나지 않아 중국에서는 너 나 할 것 없이 모든 사람이 말할 수 없는 고통을 겪었다.

중국이라는 나라는 국가가 주도하는 공공사업에서는 놀라운 성과를 이루어내지만, 이를 위해 소수민족을 억압하거나 도시 전체를 봉쇄·격리하는 일도 서슴지 않는다. 그러다 보니 대다수 외부인의 눈에 들어오는 건 발전 아니면 억압뿐이다. 그리고 외부인으로서 중국에서 살다 보면 생활수준의 지속적 발전과 베이징이 주도하는 권위주의적 분위기, 이 두 가지를 모두 마주하게 된다. 생활환경이 나아지는 동시에 나빠지는 모습은 나에게는 전혀 모순적인 것이 아니었다. 나는 중국이라는 나라가 강력한 정부와 기업가로 이루어져 있다는 사실을, 그리고 역동적으로 움직이면서 그만큼 많은 문제를 일으키고, 그 과정에서 수많은 사람이 고통받는다는 사실을 깨달았다.

금융권 고객을 대상으로 하는 투자 분석 회사 게이브칼 드래고노믹스Gavekal Dragonomics에서 일했던 나는 주로 경제 전문 기자 출신이 이끄는 소규모 분석 부서 소속이었다. 그곳에서 중국 시장 자료를 절실히 필요로 하는 투자회사나 각종 기금, 그리고 기타 자산 운용사를 위해 연구와 분석을 진행했는데, 특히 게이브칼 드래고노믹스는 특정 사업 분야가 아니라 중국이 추구하는 방향과 그 때문에 세계에 미치는 여러 영향에 대한 더 큰 거시 경제적 주제에 집중했다. 의뢰인들은 전혀 주저하지 않고 문제의 핵심을 파고들기 위해 이렇게 질문했다. "중국의 정치 구조가 정말 기술 중심의 대기업을 키워낼 수 있을까?", "전 세계가 무역 장벽을 세우는 상황에서 중국의 첨단 제조업은 성공을 거둘 수 있을까?", "중국 경제가 흔들린다면 특히 대만 관련 정책은 과연 어떻게 달라질 것인가?"

이런 질문에 적절한 대답을 제시하지 못할 경우, 의뢰인과의 논의는 자칫 업무가 아닌 그저 뜬구름 잡는 선문답으로 이어질 위험이 있었다. 하지만 의뢰인들은 어떻게 생각할지 몰라도 나는 그런 모든 논의와 대화가 가치 있다고 생각했다. 금융업 종사자나 관리자는 쉽게 철학적으로 바뀌는 경향이 있었고, 여러 중요한 문제에 대해 내가 좀 더 정제된 견해를 내놓도록 자극했다. 그리하여 나는 시진핑 주석이 중국을 어떤 방향으로 이끄는지 파악하기 위해 열심히 노력했다. 아무리 이해하기 어렵더라도 중국 공산당이 발표하는 여러 기록을 읽었고, 아무리 낯선 곳이라 할지라도 중국의 여러 지역을 주저하지 않고 찾아갔다.

그렇게 가능한 한 자주, 도시라고는 하지만 도시화된 작은 산업 단지에 가까운 지역들을 찾아다니면서 대부분의 미국 사람은 물론, 중국 사람들조차 잘 모르는 사실을 깨달았다. 잘 알려지지 않은 중국 도시들을 방문하는 건 대단히 즐거웠다! 어디를 가든 맛있는 음식과 신기한 풍경, 그리고 기억에 남는 사람들을 만났다. 그러면서 베이징 중심의 정치 소식에만 집착하는 대부분의 언론 보도 내용과는 다르게, 중국이 훨씬 더 역동적인 나라라는 사실을 알게 되었다. 예컨대 워싱턴 D. C에서 전해지는 소식만으로 미국을 이해하려 할 때, 무엇을 놓치게 될지 한번 상상해보자.

중국에서 어디를 가든 때로는 무모하리만큼 숨이 막힐 것 같이 빠른 변화를 느꼈다. 나는 일종의 기록 등을 남기면서 코로나 팬데믹을 비롯해 답답한 국제 정세에 시달리는 중국의 변화와 분투를 이해하고자 노력했다. 그리고 내가 관찰하고 느낀 모든 점을 기록한 뒤 직접 작성한 일종의 연례 서한을 통해 사람들에게 알렸다. 2020년에는 중국 공산당의 대표적 이론 선전용 잡지인 《치우스求是, Seeking Truth》에 실린 시진핑의 연설문을 모두 읽었다고 썼고, 2021년에는 홍콩과 베이징, 그리고 상하이의 차이점을, 제로 코로나 방역 정책이 최악으로 치닫던 2022년에는 북쪽은 티베트, 남쪽은 인도차이나반도와 맞닿아 있는 윈난성云南省의 산악 지대를 돌아다니며 느끼고 경험했던 일을 적기도 했다.

그러면서 나는 미국에 대해서도 끊임없이 생각했다. 단지 트럼프 행정부가 무역 및 기술 전쟁을 벌이는 상황이 아니더라도, 베이징은 늘 미국에서 시선을 돌린 적이 없었다. 중국의 지도자들은 유럽과 일본, 그리고 싱가포르 등 여러 나라에서 언제든 무엇이든 배울 준비가 되어 있었지만, 사실은 다른 어떤 나라보다 미국을 더 우러러보며 이 세계 최강대국을 목표이자 기준으로 삼았다.

미국과 중국이 서로에게 얼마나 많은 영향을 미쳐왔는지 알면 놀라지 않을 수 없을 것이다. 지난 수십 년 동안 미국은 소비자, 중국은 근로자를 중심으로 두 나라가 대단히 효과적인 경제 협력 관계를 구축해온 건 결코 우연이 아니다. 그렇지만 정치적 측면에서 보면 두 나라는 상당히 다른 모습을 보여준다. 미국은 다원주의와 개인에 대한 보호라는 미덕을 보여주었지만, 중국은 외형적 발전을 급격하게 추진하면서 이런 신속한 변화와 움직임에 따른 강점과 약점 모두를 드러냈다.

지금은 미·중을 이해하는 완전히 새로운 관점이 필요한 때

지난 40년 동안 중국은 더욱 부유해졌고 기술력은 향상되었다. 또 외교적 역량도 더욱 강화되었다. 중국은 미국에서 많은 것을 배웠으며 자본주의와 산업 제도, 그리고 국민의 열망을 끊임없이 자극하는 방법 등에서 미국을 앞서나가기 시작했다. 전 세계 자동차 산업의 중심지였던 미국 디트로이트의 전성기를 다시 한번 느끼고 싶다면 미국의 다른 지역이 아니라 중국의 선전을 찾아가보는 게 더 좋을 것이다.

중국이 과거 미국이 거둔 성공 사례를 착실하게 따라가는 동안 미국 정부는 자국의 장점을 점점 잃어갔다. 절차에만 집착하는 좌파 정치인들은 생각 없이 행동만 앞세우는 우파 정치인들과 합세해 행정부를 짓눌렀다. 좌파도, 그리고 우파도 국가가 국민이 진정으로 원하는 것을 제공할 수 있게 돕지 않았다. 바이든 행정부는 산업 정책과 관련된 중요한 법안을 통과시켰지만 행정기관은 절차에만 지나치게 집착했고, 따라서 유권자들이 도널드 트럼프를 재선시키기 전까지도 실제로 진행된 건 거의 없었다. 게다가 트럼프는 이러한 여러 계획 중 상당수를 취소하겠다고 위협했다. 분명 미국은 여러 측면에서 여전히 중국을 능가하는 초강대국이다. 그렇지만 동시에 변화가 없는 기존 상황만 유지하는 데 급급한, 오직 거기에만 점점 더 큰 관심을 기울이는 무능한 국가로 주저앉은 것 같다.

과거 미국 국민은 중국을 엄청난 기회의 상징으로 여겼다. 약 한 세기 전만 하더라도 미국과 중국은 군사적 동맹국이었으며, 문화적 유대감과 사업적 관계를 바탕으로 하는 굳건한 관계를 유지했다. 하지만 지금은 과거의 이런 자연스러웠던 우호 관계가 상호 불신으로 사라지고 있다. 워싱턴과 베이징은 경제와 기술, 그리고 외교 분야에서 서로 경쟁하고 있으며 그 사이에 서 있는 모든 사람에게 어두운 그림자를 드리우고 있다. 2022년에 중국 당국은 앞서 언급한 개인적 소통을 위한 내 웹사이트를 차단했다. 중국의 인터넷 통제 장치인 이른바 만리방화벽防火長城, Great Firewall은 그동안 《뉴욕 타임스》 같은 대형 매체의 웹사이트 등을 종종 차단하곤 했지만, 작은 개인 웹사이트를 막은 적은 없었다. 결국 나는 캐나다 대사관을 찾아가 이제 그만 중국을 떠나야 하는지 문의해야 했다. 당시 중국 당국은 캐나다 정부가 어느 저명한 중국 여성 사업가를 체포한 사건에 대한 대응으로 중국 내 캐나다 국적자 두 사람을 가둔 상태였다. 지금까지 사업이나 여행 목적으로 중국을 방문했던 많은 미국인도 중국 방문에 대한 흥미를 조금씩 잃어갔다.

우리는 지금 두 나라가 서로를 의심하고, 때로는 적대감까지 품는 시대에 살고 있다. 미국도 중국처럼 빠른 속도로 움직이며 국민을 벼랑 끝으로 내몰 수 있고, 국가적 위협을 느낄 때는 언제든 국내외를 막론하고 엄청난 잔혹 행위를 자행할 수 있다. 따라서 우리 시대에서 가장 중요한 의문은 미국과 중국 사이의 이런 적대감이 감당할 만한 수준으로 유지될 수 있을지 여부다. 만약 적대감이 어느 정도 이상으로 끓어오른다면 미국과 중국뿐만 아니라 전 세계가 감당할 수 없는 파멸에 가까운 영향을 받을 것이 분명하다.

두 초강대국 사이에 긴장감이 고조되는 것을 막는 가장 좋은 방법은 서로를 향한 관심, 즉 호기심을 갖는 것이다. 미국인들이 중국을 더 잘 알수록, 중국인들이 미국을 더 잘 알수록 불필요한 갈등에 휘말리지 않을 가능성이 높아진다. 두 나라 사이에 존재하는 가장 극명한 차이점이야말로 21세기를 정의하는 경쟁 그 자체라고 볼 수 있다.

대부분 법률가 출신으로 이루어진 미국의 사회 지도층은 주로 무언가를 가로막고 방어하는 데 능하지만, 대부분 공학자나 기술자 출신으로 이루어진 중국 고위 지도부는 무언가를 새롭게 만들어내는 데 능하다. 그리고 이것이야말로 이 책의 핵심 주제다. 미국과 중국이라는 두 초강대국을 이해하기 위해 새로운 시각이 필요한 시점이다. 법률가 중심의 미국은 좋은 것과 나쁜 것을 가리지 않고 모든 걸 그저 가로막거나 지키려고만 하지만, 공학자 중심의 중국은 숨 막힐 듯 빠른 속도로 모든 걸 새롭고 거대하게 만들어가고 있다.

본 책에서는 정부가 주도해 완전히 새로운 국가를 건설하려는 중국이라는 나라를 다룬다. 이런 노력은 물론 모두의 관심과 부러움을 사야 마땅하지만, 동시에 수많은 무고한 사람들을 짓밟는 수단으로 악용될 수 있으니 주의를 기울이고 경계할 수밖에 없다. 그리고 미국 역시 한때 야심 찬 계획과 빠른 진행이라는 미덕을 잘 알고 있었다는 사실도 기억하자. 우리는 이 책을 읽으며 눈부신 대도시와 거대한 공장을 가로지르다가 공학자 국가가 이루어낸 놀라운 발전과 그 어두운 이면을 알아볼 것이다. 물론 법률가 국가에도 장점이나 미덕은 존재하며, 중국 역시 그런 점을 배워야만 한다. 지도자와 국민이 잠깐 훑어보는 것 이상의 관심만 기울인다면, 두 초강대국은 상대방이 더 나아질 방법을 서로 제시할 수 있을 것이다.

1장
BREAKNECK

공학자가 만드는 나라

vs

법률가가 이끄는 나라

전 세계 사람들의 생각이나
생활의 방향을 결정하는 건
바로 미국과 중국,
그러니까
실리콘밸리와 월스트리트,
그리고
베이징과 선전深圳이다.

실리콘밸리는 전 세계적으로 명성이 자자하지만, 사실은 깜짝 놀랄 정도로 재미없는 곳으로 보일 수도 있다. 샌프란시스코 남쪽 반도는 완만한 언덕이며 해안 풍경이 어우러진, 아름다운 자연환경을 갖추었는데 수많은 회사 주차장이 가로막고 있어 그 모습을 온전히 즐기기는 어렵다. 중심지라고 할 수 있는 마운틴뷰Mountain View나 멘로 파크Menlo Park 같은 도시에도 이상할 정도로 첨단 기술과는 관련 없는 가게가 가득 차 있어서 AI, 즉 인공지능을 선도하는 기업을 비롯해 세계에서 가장 부유한 기업의 본사가 있는 지역을 걸어가더라도 '여기가 정말 끝없는 기술 발전을 이뤄가는 문명의 심장이 맞는 거야?'라는 생각이 들 정도다.

캘리포니아를 떠나 비행기에 몸을 싣고 홍콩이나 상하이로 가서 제대로 된 사회 기반 시설이나 설비를 마주할 때면 왠지

낯설고 어색한 기분이 든다. 공항에 도착한 후 우버Uber 같은 차량 공유 앱 등을 이용하지 않고 지하철을 타는 건 아시아를 온전히 즐기기 위한 적절한 선택이라고 볼 수 있다. 나는 종종 밝고 깨끗한 역을 지나 몇 분 간격으로 운행되는 지하철에 올라타고는 활기 넘치는 상업 지구로 가득한 도시 중심부를 찾았는데, 이 역시 샌프란시스코에서는 찾아볼 수 없는 아시아 도시의 또 다른 특징이다. 미국에서 가장 부유한 주, 그리고 미국 경제의 중심이라고 하는 샌프란시스코에서조차 이런 평범한 삶을 누리는 게 불가능한 경우가 많다. 샌프란시스코는 점점 불어나는 노숙자를 더 이상 감당하지 못하며, 적지 않은 부자들조차 주 정부에서 전기를 제대로 공급받지 못해 개인 발전기를 돌려 아주 비싼 저택을 겨우 유지하고 있다.

어쩌면 미국 기업 가치 창출의 최전선이면서도 일반적인 기능도 제대로 하지 못하는 캘리포니아 지역의 모순이야말로 이 책의 출발점이었는지 모른다. 지난 2017년 실리콘밸리를 떠나 중국에 도착했을 때, 미국이 지난 40년 동안 특별한 것을 잃어버렸다는 사실을 분명히 느낄 수 있었다. 중국이 새로운 미래를 만들어가는 동안 미국은 말 그대로 정체된 상태였으며, 혁신은 대부분 가상의 디지털 세계나 금융 분야에만 집중되어 있었다.

이렇게 미국과 중국을 비교하면서 20세기에 생겨난 자본주의와 사회주의, 그리고 신자유주의 같은 용어가 더 이상 의미없다는 사실을 깨달았다. 그런 용어들은 과거에는 어땠는지 모르겠지만 이제 더 이상 우리가 세상을 이해하는 데 도움을 주지 못한다. 예컨대 자본주의국가인 미국은 엄격한 규제와 과세 정책으로 자유 시장 제도를 위협하고 있으며, 그와 동시에 부분적이기는 해도 사실상 소득재분배 정책을 시행하고 있다. 반면 사회주의 혹은 공산주의국가인 중국은 노조 활동을 억압하며 세금 부담은 줄이고 사회 안전망 따위에는 별다른 신경을 쓰지 않는다. 중국 공산당의 가장 성공적인 속임수 중 하나가 바로 좌파로 위장하는 것이다. 시진핑 주석을 비롯한 중국 공산당의 고위 간부들이 정통파 마르크스주의자를 자처하는 동안, 중국 정부는 서구 보수주의자들이 군침을 흘릴 정도로 강력한 우파 정책을 실행하고 있다. 즉 복지 제도를 제한하고 외국인 유입을 강력히 억제하며 '남성은 남성스럽게', 그리고 '여성은 여성스럽게' 같은 전통적 성 역할을 강요하고 있다.

공학자와 기술자가 권력의 중심에 포진한 중국

중국은 무언가를 세우고 만드는 작업을 계속해야 하는 공학자 중심 국가로서, 새로운 계획을 가로막는 법률가 중심 국가인 미국과 대립각을 세우고 있다. 그동안 새로운 중국을 지배해온 건 다름 아닌 공학자와 기술자였다. 덩샤오핑은 마오쩌둥 시대의 혼란을 바로잡기 위해 1980년대와 1990년대에 걸쳐 공학자와 기술자 출신을 정부 최고위층으로 끌어올렸다. 2002년에는 중국 공산당 최고 의결기관인 중앙정치국 상무위원회 위원 9명 전원이 공대 출신이었다. 예컨대 제6대 주석이었던 후진타오胡錦濤는 중국 최고 공대인 칭화대학교 공대를 졸업하고 젊은 시절 약 10년 동안 수력발전소 건설 현장에서 일했다. 다른 8명의 위원 역시 중공업을 이끌 수 있을 정도의 실력파로, 베이징 과학기술대학교나 하얼빈 공업대학교에서 전자공학 혹은 금속공학을 전공하고 제1 기계공업부나 상하이 금속가공 공장 등지에서 근무한 경력이 있었다.

제7대 주석인 시진핑도 칭화대에서 화학공학을 전공했다. 2022년 중국 공산당 총서기를 세 번째로 맡게 된 시진핑 주석은 상무위원회를 중국 항공우주연구원이나 국방공업국 출신 간부로 채웠다. 마치 미국에서 보잉 CEO가 알래스카 주지사가 되고, 록히드 마틴 사장이 에너지부 장관이 되며, 항공우주국 국장이 조지아 같은 커다란 주의 주지사가 되는 것과 다를 것이 없다. 중국의 사회 지도층은 대부분 대규모 국가 개발 계획에 관여하는 등의 실무 경험이 풍부한데, 다시 말해 중국이 그 어느 때보다 특히 국방력 강화라는 목표를 중심으로 공학자 출신 인재를 끌어모으고 있음을 알 수 있다.

공학자들은 무언가를 새롭게 세우거나 만드는 일에 가장 큰 흥미를 느낀다. 중국의 황제들은 아주 오래전부터 제국의 영토를 휩쓰는 여러 강의 범람을 막으려 노력했으며, 지금 공학자 중심 국가가 맞이한 여러 난제에 대한 해결책도 역시 도로나 교량, 댐, 발전소, 그리고 완전히 새로운 도시 건설 같은 대규모 공공사업이다. 덩샤오핑의 개혁이 시작된 1980년 이후 중국은 미국 고속도로의 2배에 달하는 광대한 고속도로, 일본의 20배에 달하는 고속철도, 그리고 전 세계 다른 국가들을 모두 합친 규모와 거의 맞먹는 태양광 및 풍력발전 설비를 건설하고 구축했다. 건설이나 제품 생산에 집착하는 건 비단 중국 정부뿐만이 아니다. 중국의 민간 기업 역시 이에 뒤지지 않는다. 중국은 전 세계 제품 생산의 대략 3분의 1에서 절반가량을 책임지고 있으며, 여기에는 구조용 강재나 컨테이너선, 태양광 패널 등 거의 모든 공업 생산품이 포함된다.

번쩍거리는 민간 무인기가 밤을 밝히거나 화려하게 빛을 뿜는 고속철도가 가로지르는 신도시를 가리킬 때 보이는 중국 사람의 자부심은 진심에서 우러나온 것이다. 그걸 그저 사회주의 국가의 선전 활동이라고 불러도 상관없다. 어쨌든 시멘트를 비롯한 건설 자재를 아낌없이 쏟아부을 때야말로 비로소 10억 명이 넘는 사람들에게 깊은 인상을 남길 수 있다.

공학에서 열정을 잃어버린 미국

이와는 반대로 미국은 법률가의, 법률가에 의한, 그리고 법률가를 위한 정부만 존재한다. 지금 대통령까지 지난 10명의 미국 대통령 중 5명이 대학이나 대학원에서 법학을 전공한 사람이다. 미국 하원 의원 중 최소 절반 이상이 역시 법학 관련 학위를 소지하고 있으며, 순수 과학이나 공학을 전공한 의원은 극소수에 불과하다. 1984년부터 2020년까지 민주당 대통령 후보와 부통령 후보는 예외 없이 법학을 전공했으며, 공화당 지도부뿐만 아니라 행정부 공무원 최고위직에도 역시 법률가 출신이 대거 포진해 있었다. 반면 미국 역사를 통틀어서 공학을 전공했거나 관련 실무 경험이 있는 대통령은 단 두 사람뿐으로, 스탠퍼드대학교에서 지질학과 광산공학을 전공했던 제31대 대통령 허버트 후버Herbert Hoover와 조지아 공대 출신으로 핵 잠수함에서 기술 장교로 복무하기도 했던 제39대 대통령 지미 카터Jimmy Carter다. 다만 후버와 카터는 이런 사실 말고도 재선 참패를 초래한 형편없는 정치적 역량으로 더 많이 기억되는 편이다.

법률가들에게는 건설이나 개발, 그리고 제품 생산을 중단하거나 지연시킬 수 있는 수많은 기술이나 수단이 있다. 우리는 법률가 중심 국가와 공학자 중심 국가의 차이를 그저 기분으로만 느끼지 않는다. 그 결과물 주변을 바로 곁에서 맴돌며 천천히 둘러볼 수도 있다. 법률가 중심의 국가가 되어버린 미국에서는 더 이상 제대로 된 제조 업체를 찾아볼 수 없으며, 꼭 필요한 공공사업 역시 제대로 진행되지 않는다. 이렇게 미국의 사회 기반 시설은 초라한 상태로 제자리걸음을 하거나 퇴보하는 반면,

중국은 지하철과 교량, 고속도로 등 새로운 기반 시설을 하나하나 쌓아 올리고 있다. 지난 30년 동안 중국 제조 업체가 승승장구하는 동안 미국의 자동차 회사나 반도체 생산 기업은 그만큼의 성취를 이뤄내지 못했다. 중국의 정치체제는 언제라도 대규모 건설이나 생산 계획을 추진할 준비가 되어 있어서, 경제 분야에서 아주 작은 변동만 일어나도 베이징에서는 우선 새로운 공공사업과 관련된 거창한 계획부터 발표한다. 지난 몇 년 동안 '주택 위기'라는 말이 흘러나올 때마다 중국에서는 주택 가격 폭락을, 그리고 반대로 미국에서는 주택 가격 급등을 떠올리게 된 것도 바로 그런 이유 때문이다.

물론 법률가들이 있었기 때문에 실리콘밸리의 성공이 어느 정도 가능했을지도 모른다. 법적 보호 조치가 없다면 수조 달러 규모의 가치가 있는 기업이 생겨날 수 없다. 하지만 앞서 언급했던 대로 무려 실리콘밸리가 있는 캘리포니아는 물론이거니와 미국 대부분 지역에서 주택과 대중교통이 크게 부족한 것도 바로 법률가들 때문이다. 미국도 과거에는 중국과 마찬가지로 공학자 중심의 국가였다. 그렇지만 1960년대에 이르러 고학력 법률가들의 우선순위가 급격하게 바뀌었다. 미국에서 환경 파괴나 불필요한 건설, 그리고 공공의 이익보다 기업의 이익을 우선하는 등 경제성장의 불편한 부작용에 대한 경각심이 일어나면서 이제 법률가들의 관심은 소송이나 규제 문제로 옮겨 갔다. 가능한 한 많은 일을 가로막는 게 법률가의 최우선순위가 된 것이다.

미국은 공학에 대한 열정을 잃었고, 중국은 사회 모든 분야에 공학을 적용했다. 중국의 지도자들은 엄밀히 말하자면 단순한 토목이나 전기 기술 관련 전문가가 아니다. 이들은 근본적으로 사회공학자다. 고대 중국 황제들은 새로 획득한 영토로 대규모 이주를 명령하거나 만리장성 혹은 대운하 건설을 위해 백성을 강제로 동원하는 등 개인의 사회적 관계를 철저히, 그리고 마음대로 재구성하는 데 전혀 주저함이 없었다. 지금 중국 통치자들은 과거 황제들보다 야심이 훨씬 더 크다. 과거 소비에트연방은 베이징의 공산당 지도부에 중공업에 대한 열정은 물론, 인간과 사회를 다루는 새로운 공학자가 되겠다는 새로운 열정을 불어넣었다. 인간과 사회를 다루는 새로운 공학자란 과거 소비에트연방의 지도자 이오시프 스탈린이 했던 말로 시진핑 주석도 이 말을 인용했는데, 여기에는 결국 중국 전체를 현대적인 국가 그 이상으로 뒤바꾸겠다는 야심이 깔려 있다.

인간과 사회마저 철저히 통제하는 중국 특유의 공학자 정신

현대적인 국가로 탈바꿈했다고 하지만 중국에는 사회를 통제하는 수많은 도구가 여전히 존재한다. 개혁·개방 이전 시대 중국 사람들은 자신들이 속한 직장을 '단웨이單位'라고 불렀다. 단웨이는 정확히 말해 개인이 속해 있는 통제 가능한 소규모 집단을 의미하며, 당시에는 쌀과 고기, 식용유, 그리고 자전거 같은 생활필수품조차 일일이 개인이 아닌 단웨이를 통해서만 지급이나 수급이 가능했다. 지금도 대다수 국민은 여전히 후커우户口라 부르는 중국식 호적, 혹은 등록 제도라는 엄격한 규제 아래 살고 있다. 후커우 제도의 목적은 교육과 의료 혜택을 출신 지역으로 제한해 농촌 주민들의 도시 이주와 정착을 막는 것이다. 중국 내 소수민족이나 소수 종교 집단에 대한 통제는 이보다 훨씬 더 심각한 수준이다. 티베트에서는 달라이 라마 숭배가 전면 금지되었고, 신장웨이우얼 자치구新疆維吾爾自治區에서는 100만 명이 넘는 위구르족이 수용소로 끌려가 이슬람 신앙이 아닌 중국식 사고방식과 가치관을 억지로 주입받고 있다.

공학자 중심 국가라는 건 말 그대로 모든 게 공학적 사고를 중심으로 이루어진다는 뜻이 아닐까? 때로는 정말 중국 지도부가 모두 수력 관련 공학자로 이루어진 게 아닌가 하는 느낌이 들 때가 있다. 이들은 경제와 사회를 마치 물 같은 액체의 흐름으로 생각해, 대량생산에서 재생산에 이르기까지 모든 인간 활동을 몇 가지 제어장치를 통해 아주 쉽게 통제하고 제한할 수 있을 뿐만 아니라, 늘리거나 줄이고 심지어 멈출 수 있는 것처럼 여긴다.

사람들의 상상 이상으로 효율적인 정부를 운영하는 것이 과연 가능할까? 중국에서 보낸 6년의 세월을 통해 나는 정부가 국민의 의견에 크게 구애받지 않을 때 그런 일이 가능하다는 사실을 배웠다. 국민의 입장을 고려하지 않고 빠르게 결정하는 제도는 그 자체로 제한적인 측면이 많지만 이 책을 통해 그런 성향이 있는 공학자 중심 국가의 여러 장점도 확인할 수 있다. 예컨대 도시를 효율적으로 운영하고, 생산 기반 시설을 구축하며, 사회 전반에 걸쳐 물질적 혜택을 널리 제공할 수 있다면 어떨까.

그런데 동시에 나는 다른 어떤 정부도 시도하지 않았을 법한 일 역시 많이 겪었다. 나라 전체가 견딜 수 없는 상황이 될 때까지 제로 코로나 방역 정책을 밀어붙인 것도 한 가지 사례다. 공학자 중심 국가는 기본적으로 국민을 개인이 아닌 하나의 집단으로 본다. 무엇보다 중국 공산당은 자신들을 국가와 사회 전반에 걸쳐 통일된 행동을 하도록 조율하며, 국민은 도저히 이해할 수 없는 높은 수준의 전략적 계획을 실행할 수 있는 전문가로 여긴다. 이렇게 중국 공산당은 국가의 결정권을 극대화하고 국민 개인의 권리를 최소화하는 걸 철학으로 내세운다.

공학자들은 종종 사회문제를 일종의 수학문제처럼 다룰 때가 있다. 인구가 지나치게 늘어나고 있는가? 4장에서 좀 더 깊이 다루겠지만, 1980년 베이징 중앙정부는 인구 증가 문제에 대한 해결책으로 대규모 불임 및 중절 수술을 통해 부부가 1명 이상의 자녀 낳는 걸 금지하는 정책을 내놓았다. 신종 코로나 바이러스가 걷잡을 수 없이 빠르게 퍼지고 있는가? 그야말로 숨이 넘어갈 듯한 속도로 새로운 병원을 세우는 일과는 별도로 우한武漢과 시안西安, 그리고 상하이 등지에서는 수백만 명이 넘는 주민을 몇 주 이상 강제로 집 안에 가둬두었다. 이 문제 역시 5장에서 다루겠지만, 제로 코로나 정책이든 한 자녀 정책이든 목표나 방향성에 대한 혼란은 없었다. 정책 이름에 버젓이 한눈에 알아보기 쉬운 숫자가 함께 적혀 있었기 때문이다.

물론 중국의 경제문제 역시 이런 공학적 혹은 수학적 접근 방식에서 자유롭지 않다. 2021년 부동산 개발 업체들의 부채 수준에 불안감을 느낀 중국 정부는 많은 개발 업체를 곤란한 지경으로 몰아넣었고, 결과적으로 중국 부동산 시장은 장기 불황에 빠졌다. 거의 비슷한 시기 시진핑 주석은 중국 최대 차량 공유 제공 업체인 디디추싱滴滴出行과 중국에서 가장 유명한 기업가인 마윈馬雲 소유의 결제 대행 업체 앤트 그룹蚂蚁集团을 비롯해 중국의 여러 신규 기술 전문 기업을 겨냥해 일련의 강력한 규제 정책을 쏟아냈다. 중국의 기술 기업 창업자와 투자자는 중앙정부의 개입만으로 단 몇 개월 만에 기업 가치가 1조 달러 이상 공중분해될 수 있다는 사실에 경악했다. 시 주석을 비롯한 중국 지도부는 중국의 기술 관련 정책 우선순위를 소비자 중심 사업이 아닌 반도체나 항공기 사업 같은 전략적 필요에 부응하는 과학 기반 산업 중심으로 뒤집는 일이 간단하다고 생각했다. 베이징 중앙정부가 그런 행동이나 조치로 기업가와 투자자가 얼마나 크게 위축되었는지 깨닫는 데는 몇 년이 걸렸다.

중국을 여행하다 보면 공학적 사고와 접근 방식이 지난 40년 동안 얼마나 많은 성과를 이루어냈는지 확인하고 놀라게 된다. 물론 눈에 잘 드러나지 않는 부분도 있다. 곳곳에 세운 철도며 교량이 아무리 인상적이라 해도, 엄청난 규모의 부채가 전반적인 성장을 가로막고 있다는 사실은 부인할 수 없다. 기업이 너무 많은 상품을 만들어내는 바람에 중국의 무역 상대국들이 이에 대한 대책을 요구하고 있다. 한 자녀 정책으로 알려진 중국의 사회공학적 실험으로 인구는 빠르게 줄어들었다. 만약 베이징 중앙정부가 부동산 시장의 붕괴를 불러오거나 가장 역동적인 기업들의 손발을 묶는, 혹은 코로나 바이러스 확산을 막기 위한 무리한 봉쇄령 같은 일련의 정책을 고집하지 않았더라면 중국의 경제 상황은 지금보다 훨씬 더 나아졌을 것이다.

금융이나 인터넷 분야에 종사하며 자신의 위치가 상대적으로 안전하다고 생각했던 부유한 전문직 종사자들은 이러한 분야에 대한 시진핑 주석의 불만으로 대규모 실직 사태가 발생하자 큰 충격을 받았다. 설사 미국 대통령이라 하더라도 상류층의 삶을 붕괴시킬 능력은 없다. 하지만 중국에서는 베이징에서 불어오는 바람의 방향이 바뀌는 것만으로도 사회의 여러 기반이 무너질 수 있으며 사회 부유층, 고위층조차 이런 상황에 불안감을 느낀다. 사실 중국에는 부자나 상류층을 제대로 보호해줄 만한 법적 보호 장치가 많지 않다.

공학자들은 한쪽을 따라 열심히 노력하다가 뭔가 제대로 되지 않는다고 느끼면 즉시 멈춰 서서 방향을 바꾼다. 이들은 나약한 인본주의자들의 비판 같은 건 상관하지 않는다. 중국의 변화가 극적으로 느껴지는 건 정치 과정에 참여하는 목소리가 매우 적기 때문인데, 알려진 것처럼 중국에서 공식적인 정치 활동은 공산당 중앙정치국 소속 24명만이 할 수 있다. 중국에서는 상부에서 국가 전략을 결정하고 나면 관료들이 나서서 세부적인 문제를 처리하는데, 만일 그들이 실수라도 저지른다면 거의 모든 중국 국민이 위기에 빠질 수 있다.

공학자 중심 국가가 지닌, 생각조차 하고 싶지 않은 이러한 단점과 그와 상반되는 엄청난 자부심을 이해하기 위해 나는 다음과 같은 상상을 종종 해보곤 한다. 20세기 이후 중국에서 언제쯤 태어난 사람이 가장 힘든 생애를 보냈을까?

개인적으로는 마오쩌둥이 중화인민공화국을 건국한 1949년 무렵이라고 생각한다. 1949년 태어난 '루路'라는 여성이 있다고 가정하자. 루는 공산주의적 이상향을 건설하기 위해 시행한 중국의 여러 사회 실험을 실제로 경험했을 텐데, 나중에 알려진 것처럼 이런 실험들은 국가가 주도하는 국민 말살 작전이나 다름없었다. 루는 비록 일본 제국의 침략과 국공내전(1927년 이후 중국 국민당과 공산당이 벌인 두 번의 내전—옮긴이)으로 분열된 나라에서 태어났지만, 마오쩌둥이 약속한 공산주의 낙원에 대한 희망을 품고 있었다. 열 살 무렵, 루는 마오쩌둥의 급속한 산업화 정책으로 식량 부족이라는 어려움을 겪기도 했다. 그리고 얼마 지나지 않아 이른바 대약진운동大跃进运动이 시작되었다. 대약진운동이 시작되자 집단농장 조성과 터무니없는 엉터리 농사법 지도, 각종 자연재해, 거기에 가재도구까지 끌어모아 녹여 철강 생산량을 늘리라는 마오쩌둥의 명령으로 살아남기 위해 나무껍질까지 먹어야 했던 대규모 식량 부족 사태가 발생했고, 수천만 명이 굶거나 병들어 죽었다. 이제 18세가 된 루는 마오쩌둥이 고등 교육과정을 폐지하면서 어쩌면 갈 수 있었을지도 모를 대학 교육도 받지 못했다. 마오쩌둥은 다시 문화대혁명을 시작하며 어린 학생들에게 "혁명은 언제나 정당한 것"이라고 외쳤고, 이들을 지방으로 내려보내 구시대의 잔재를 모두 때려 부수라고 지시했다.

만일 루가 서른 살 무렵에 자녀를 가질 계획을 세웠다면 아마도 한 자녀 정책의 영향을 받았을 것이다. 공식 통계에 따르면 이 정책이 시작된 후 35년 동안 중국에서는 현재 미국의 인구수와 거의 맞먹을 정도의 임신 중절 수술이 자행되었다고 한다. 그래서 만약 서른 살이 아닌 스무 살쯤에 자녀를 가졌다면? 그때 태어난 루의 자녀는 1989년쯤 대학에 진학했을지도 모른다. 그리고 그해 봄과 여름, 대학생들의 주도로 특히 수도 베이징에서 대규모 민주화 시위가 일어난다. 1989년 6월, 덩샤오핑은 계엄령을 선포했고, 인민 해방군을 동원해 중국 최고 명문대학생들을 무자비하게 학살했다. 베이징 톈안먼 광장 주변에서 벌어진 이 대학살 사건이 일어난 지 몇 년이 지나 중국에서는 비로소 본격적인 경제 발전이 시작되었다. 그렇지만 일흔 살이 넘은 루는 인생의 황혼기에서 마지막으로 국가가 주도하는 공포를 맛보았다. 바로 제로 코로나 방역 정책이었다. 루가 사는 지역이 어딘지에 따라 조금은 달라졌겠지만, 어쨌든 몇 주 동안 집 밖으로 한 걸음도 나가지 못하는 경험을 했을지도 모른다.

하지만 단지 10년의 차이, 즉 1959년에 태어나는 것만으로도 중국에서의 인생 경험은 극적으로 달라질 수 있다. 1959년에 태어났다면 대기근에 대한 기억은 전혀 없을 것이다. 이 행운아의 이름을 '야오姚'라고 하자. 야오가 18세가 되었을 때, 마오쩌둥은 세상을 떠났다. 그 뒤를 이어 집권한 덩샤오핑이 다시 고등 교육과정을 허가한 덕분에 야오는 대학에 진학하지 않았을까. 40세가 되어 인생의 전성기에 접어든 야오는 마침 중국이 세계무역기구에 가입한 걸 새로운 기회로 삼아 자신만의 사업을 시작했을지도 모른다. 또 마침 그 무렵에 도심지 주변에 살고 있었다면 중국의 주택 민영화 정책의 혜택을 입었을 수도 있다. 자본주의 정책을 본격적으로 도입하기 시작한 중국 정부는 도시 노동자들에게 헐값으로 주택을 공급했고, 중국 역사상 가장 거대한 부의 축적 과정이 시작되었다. 만일 야오가 세계에서 물가가 가장 비싼 도시로 성장한 베이징이나 상하이의 부동산을 소유한 상류층이 되었다면 엄청난 부를 손에 쥐었을지도 모른다.

물론 1949년에 태어났다고 해서 모든 사람이 지독한 고통을 겪은 것도 아니고, 1959년에 태어났다고 해서 모든 사람이 윤택하고 편안한 삶을 누릴 수 있었던 것도 아니다. 그렇지만 공학자 중심 국가인 중국에는 대단히 불규칙한 역사적 흐름이 있었고, 그런 역사적 흐름 속에서 단지 10년의 차이로 분명 누군가는 엄청난 부를 얻거나 누군가는 쓸쓸한 죽음을 맞이했다.

중국에서 2000년대 이후 태어난 세대는 이런 양극단의 중간 어딘가에 자리한다. 지난 몇 년 동안 대학을 막 졸업한 청년들은 기록적인 실업률을 마주했고, 그 부모 세대는 부동산 가격 폭락으로 큰 타격을 입었다. 하지만 인터넷에서 활동하는 배타적인 젊은 민족주의자인 이른바 '샤오펀훙小粉紅'에게 중국은 여전히 아무 문제 없는 나라다. 샤오펀훙은 부동산 시장 붕괴로 자금이 제조업으로 흘러가고 있기에, 이런 상황이 오히려 더 바람직하며 필요한 일이라고 주장한다. 또 중국 경제가 전반적으로 어려움을 겪는 데는 정부나 공산당이 아니라 미국의 탓이 크다고 말한다.

하지만 이런 주장은 정말 터무니없다. 미국의 관세 정책이나 기술 관련 간섭이 중국 기업에 타격을 입힌 건 분명한 사실이다. 그런데 미국 때문에 중국 경제가 입은 피해를 과연 중국 공산당이 펼친 일련의 충격적인 정책이 불러온 피해와 비교할 수 있을까? 미국이 중국의 성장을 가로막을 수 있다는 주장은 극도로 제한된 중국의 정보 환경에서나 통할 선동일 뿐이다.

그렇지만 샤오펀훙은 여전히 인터넷에서 내 눈길을 끄는 주장을 펼치고 있다. 이들은 이렇게 이야기한다. "미국을 보라! 미국에는 중국과 달리 고속철도도, 휘황찬란한 마천루도 없다. 그런 미국이 할 수 있는 건 가진 것을 지키기 위해 스스로 문을 걸어 닫는 것뿐인데, 지금 우리 중국을 향해 그렇게 하고 있다." 미국이 중국 경제를 위협할 수 있다는 이들의 주장은 물론 틀렸다. 하지만 미국이 스스로 벽을 쌓아 올리고 있다는 주장까지 틀린 건 아니다.

미국은 어쩌다 '법률가의 나라'가 되었나

2008년의 사례를 통해 우리는 '속도'와 관련된 미국 캘리포니아와 중국의 차이를 직접 비교할 수 있다. 당시 캘리포니아 유권자들은 샌프란시스코와 로스앤젤레스를 잇는 고속철도 건설 자금 지원 관련 법안을 승인했다. 그리고 같은 해 중국에서도 베이징과 상하이를 연결하는 고속철도 건설이 시작되었다. 두 노선 모두 완공되면 길이만 약 1,200킬로미터에 달할 것으로 예상되었다.

그리고 2011년에 약 360억 달러의 공사비가 들어간 베이징-상하이 고속철도 노선이 개통되었다.[1] 개통 후 10년 동안 이 노선을 이용한 승객은 약 13억 5,000만 명에 달한다.[2] 그렇다면 캘리포니아는 어떻게 되었을까? 건설 허가가 난 지 무려 17년 만에 겨우 완공된 건 샌프란시스코나 로스앤젤레스 노선과는 전혀 상관없는 캘리포니아 내륙 센트럴 밸리의 두 도시를 연결하는 짧은 구간뿐이었다.

원래 계획했던 캘리포니아 고속철도 노선 건설 비용은 약 1,280억 달러까지 치솟아 올랐다.[3] 엄청나게 비용이 증가한 이유는 무엇일까? 일부 정치인이 자신들의 지역구에 역을 추가해 달라고 요구했고, 이에 따라 노선은 산맥을 굽이굽이 통과해 더 길어질 수밖에 없었다.[4] 게다가 캘리포니아 철도 당국도 철도망을 효율적으로 구축하기보다 고임금 일자리 창출을 홍보하는 데 더 주력했다.[5] 캘리포니아 고속철도의 첫 번째 구간은 공식적인 계획에 따르면 2030~2033년에 운행을 시작할 예정이다. 다시 말해 캘리포니아 고속철도의 일부 구간 개통 시기에 대한 오차 범위가 중국이 베이징-상하이 노선 전체를 완공하는 데 걸린 시간과 같다는 뜻이다.

물론 미국이 항상 이렇게 해온 건 아니다. 지금까지 미국의 주지사며 시장은 건설 현장 완공 행사에 즐겨 참석해왔지만, 이제는 그런 모습을 거의 찾아볼 수 없다. 미국의 도시들은 필요한 주택이나 기반 시설 건설을 대부분 제대로 마치지 못했다.[6] 공중화장실이나 버스 정류장, 지하철역까지 완공이 늦어지거나 예산을 초과하는 경우가 많다. 지금 미국 국민은 과거 이룩했던 산업 문명의 폐허 속에서 살고 있으며, 기반 시설의 유지나 관리는 거의 이루어지지 않을뿐더러 증축이나 확장은 아예 기대조차 하기 어렵다.

아주 오래전, 미국 역시 공학자 중심 국가의 역량을 뽐내며 전역에 거대한 구조물을 건설했다. 길게 이어지는 철도 노선과 아름다운 교량, 멋진 도시, 무시무시한 위력을 지닌 전쟁 무기, 그리고 달 탐사 계획을 위한 준비까지. 미국의 초대 대통령 조지 워싱턴George Washington은 신생 국가의 탄생에 도움을 준 여러 역사적 인물 중 최초로 이런 건설의 가치를 제대로 이해한 사람이었다. 제34대 대통령 드와이트 아이젠하워Dwight Eisenhower는 육군 신입 장교 시절 2개월 이상 비포장도로를 따라 미 대륙을 가로지르며 달린 경험이 있다. 아이젠하워는 훗날 대통령이 된 후 주간 고속도로망Interstate Highway System을 계획하고 완성했다. 19세기 미국에서 인구 급증과 함께 경제가 폭발적으로 성장하자 정치 지도자들은 이 광활한 영토를 이어줄 운하와 철도, 그리고 고속도로가 필요하다는 주장에 동의했다. 19세기 말부터 20세기 초까지 이어진 이른바 진보주의 시대의 일부 주요 인물은 사회공학의 개념을 받아들였고, 이를 증명하기 위해 여러 우생학 실험을 시행했다.

오늘날 중국의 상황은 1세기 전 스스로 초강대국임을 증명하던 미국과 비슷하다. 하지만 1960년대 이후 미국에서는 건설에 대한 열망이 가라앉기 시작했다. 그리고 무슨 일이 일어났을까? 바로 법률가들의 시대가 도래했다.

1960년대로 접어들면서 미국의 일부 지역은 아주 끔찍한 곳으로 변해갔다. 바다에서 석유 시추가 시작되자 잦은 원유 유출 사고가 자주 일어났고, 도시에서는 악취가 진동했다. 육지의 공장에서는 강물까지 불타오를 정도로 지독한 화학물질이 흘러나왔다. 도시 구조를 설계하는 사람들은 도시 한복판 여기저기에 억지로 도로를 밀어 넣었다. 인종차별이 합법적으로 자행되었고, 같은 미국 국민이지만 어떤 사람은 투표권을 행사할 수 없었다. 사람들은 지금까지 존경받아온 고위 기술 관료와 공학자에게 반감을 품었다. 도시 구조를 설계하는 과정에서 지역사회가 완전히 무너져 내렸고, 국방부는 베트남전쟁에만 신경 썼다. 산업 규제를 담당한 공무원들은 기업의 입맛을 어떻게 맞출 것인지만 고민했다.

그러자 명문대 로스쿨 학생들, 특히 예일대학교와 하버드대학교 학생들이 단체 행동에 나섰다. 이들은 정부와 공무원을 향해 "저 개자식들을 고소하라!"는 구호를 외치며 환경 단체를 조직했다.[7] 1970년대가 되자 미국에서는 좌파와 우파가 힘을 합쳐 정부 효율성을 감시했다. 랠프 네이더Ralph Nader 같은 자유주의 사회운동가들이 정부 감시인을 자처하며 끊임없이 소송을 제기했다. 심지어 당시 대통령에 도전하던 로널드 레이건Ronald Reagan도 "정부는 해결책이 아니다. 그저 문제 자체일 뿐이다"라며 여기에 동조하고 나섰다. 그렇게 1960년대 미국이 겪던 여러 문제를 해결하기 위한 조치가 필요했고, 그 과정에서 법률가 중심 국가가 시작되었다. 하지만 안타깝게도 지금 미국이 맞닥뜨린 많은 문제의 원인도 바로 그 무렵 탄생했다.

나는 이러한 법률가 중심 국가를 지탱하는 핵심 기관 중 한 곳인 예일대 로스쿨 산하 연구소인 폴 차이 차이나 센터Paul Tsai China Center에서 연구원으로 일하며 이런 현상을 면밀하게 관찰했다. 내가 만난 로스쿨 학생들은 똑똑하고 친절했으며, 무엇보다 야심이 가득했다. 또 높은 자리로 이어지는 사다리를 올라가는 데 아주 능숙했다. 학생 시절에는 대학 법률 간행물 편집위원으로 활동하고, 졸업한 후에는 연방 법원에서 경력을 쌓는다. 예일대 로스쿨 재학생은 대부분 좌파 성향이지만, 보수 성향 학생도 많다. 대표적인 예가 현재 미국 부통령인 J. D. 밴스J. D. Vance다. 이렇게 로스쿨 학생들의 정치적 견해가 예상치 못한 방향으로 엇나갈 수도 있지만, 우리는 이들이 개인의 야망이라는 기둥을 중심으로 서로 단단하게 얽혀 있다는 사실을 명심해야 한다.

법률가 출신은 미국의 다른 어떤 집단보다 다방면으로 뛰어나다고 평가받고 자신이 원하는 특정한 영역으로 깊숙이 파고들 수 있다. 19세기 프랑스의 정치학자 알렉시 드 토크빌Alexis de Tocqueville은 오래전 '미국에서는 부자가 아니라 주로 법률가가 귀족 자리를 차지하고 있다'라고 썼다.[8] 토크빌이 1833년에 이렇게 언급한 후 법률가들의 권력은 더욱 커졌다. 최근 수십 년 동안에는 경제정책 결정에서조차 경제학자를 제압할 수 있는 위치가 되어버렸다. 지난 바이든 행정부에서는 예일대 로스쿨 출신이 요직을 다수 차지했고, 이들은 보이지 않는 손의 논리를 아무렇지도 않게 무시했다. 그 대신 소매를 걷어붙이고는 미국 경제 각 분야에 대해 차례로 외과적 처치를 감행했는데, 특정 기업과 관련해서는 보조금 제도를 만들면서 또 다른 기업에 대해서는 반독점 소송을 제기하는 식이었다. 법률가들이 의료부터 시작해 주택, 금융 등 모든 분야의 규정과 관련해 만들어 낸 불필요한 문제는 도저히 이해할 수 없을 정도다.

미국에서 법원은 정치 문제를 해결하는 데 최전선 역할을 한다. 대부분의 국가에서는 유권자나 정부 기관이 판단하고 결정하는 문제를 미국에서는 법원과 판사가 맡는 것이다. 선거와 투표를 통해 정치적 목적을 이룰 수 없다면, 때로는 법률가들이 나서서 법원을 통해 승리를 얻으려 한다. 20세기 중반 이후 미국 좌파는 이른바 '법적 소송에 의한 민주주의' 전략을 추구해 왔으며, 우파 보수주의자 역시 여기에 뒤질세라 비슷한 전략을 구사하고 있다.

법률가 출신이 미국 사회에서 큰 영향력을 행사하는 데는 여러 이유가 있다. 예를 들어 여러 사교 모임에서 이들은 공학자나 경제학자보다 훨씬 더 믿을 수 있고 의지할 수 있는 대화 상대다. 무엇보다 이들은 미국의 준법정신이나 법률 준수 의지가 일정 수준 이상으로 유지되는 데 도움을 준다. 많은 법률가와 법조인, 변호사가 다른 사람들을 도와 파산과 이혼, 그리고 이민 관련 업무를 매끄럽게 처리하고 야생동물이나 자연을 보호하기 위해 노력하는 등 사회에서 중요한 역할을 맡는다. 행정부가 도를 넘는 행동을 한다면 우리는 사법부가 이를 적절하게 견제하길 바란다.

미국은 법률가 중심 국가가 되면서 과거에 발생한 여러 문제점을 바로잡았지만, 오늘날 미국을 무너뜨리는 두 가지 병폐를 낳았다. 먼저 미국은 결과보다 과정을 더 중시하게 되었다. 미국 정부와 사회는 전략이나 목표에 대해 깊이 생각하는 대신, 새로운 규칙을 만들거나 위원회를 설치하는 데 더 익숙해졌다.

예컨대 어딘가에 교량을 건설해야 한다면 공학자는 교량에 대한 청사진에, 법률가는 건설 과정에 대한 절차에 집중한다. 미시간대학교 법학 교수 니컬러스 배글리Nicholas Bagley는 「절차에 대한 집착The Procedure Fetish」이라는 획기적인 논문을 통해 미국 연방 정부가 각 행정기관에 어떤 식으로 '생각할 수 있는 모든 연구와 조사 수행, 모든 선택 사양에 대한 검토, 검증받은 모든 이해관계자의 참여, 그리고 아무리 사소한 경우라도 그 효력이 발생하기 전에 가장 엄격한 사법적 심사를 통과할 것 등'을 요구하는지 설명한다.[9] 법률가 중심 국가에서는 수많은 난제에 더욱 엄격한 절차를 적용하는 것으로 해결책을 대신한다. 새로운 문제를 해결하기 위해 관련 행정기관은 일반적으로 더 길고 지루한 심의, 더 많은 공개 토론, 그리고 더 복잡한 사법적 심사가 뒤따르는 또 다른 절차를 준비한다.

미국에서 법률가는 무언가를 새롭게 만들고 세우는 일이 아니라 그런 일의 진행을 가로막는 데 더 큰 법적 권한을 발휘한다. 정부에 소속된 행정기관은 자전거도로 같은 단순한 작업에서 캘리포니아 고속철도처럼 더 복잡한 계획에 이르기까지, 그게 무엇이든 작업에 들어가기 전에 산더미 같은 절차에 발목을 잡힌다. 행정기관은 누구든 환경문제를 충분히 고려하지 않았다며 판사를 설득할 수 있으며, 그렇게 되면 건설 계획 자체가 무효가 될 수 있다는 사실을 잘 알기 때문에 사전에 무수히 많은 사항을 확인해야만 한다. 이렇게 철저한 조사와 검토가 진행되는 동안 현장에서 실제로 이루어지는 작업이 거의 없는 건 어쩌면 당연한 일이다. 그러면 국민에게 남는 건 노후된 사회기반 시설과 좀처럼 진행되지 않는 재건축, 그리고 실제로는 아무것도 제대로 진행되지 않는다는 깊은 절망뿐이다.

이는 단지 정부나 기관만의 잘못은 아니다. 미국이 법률가 중심 국가로 바뀐 것이 문제다. 서구 선진국 중 미국만큼 법률 관련 인력이 많은 나라는 찾아보기 어렵다. 예컨대 변호사 숫자만 해도 인구 10만 명당 400명에 달하는데, 이는 유럽 국가 평균의 3배에 달하는 수치다. 이렇듯 변호사를 포함한 법률가, 법조인을 어디서나 쉽게 찾아볼 수 있어서, 이른바 '절차 중심주의 proceduralism'는 대학과 기업을 포함한 모든 곳에 영향을 미친다. 현재 관련 분야에 종사하는 사람이라면 누구든 절차 자체가 목적이 되어 사람들이 과정에만 집착하고 결과는 무시하는 모습을 목격했을 것이다. 비슷한 이야기만 오가는 위원회며 회의가 끊임없이 계속된다면 처음 생각했던 계획의 목표를 정확히 기억하는 사람이 과연 몇이나 될까?

법률가 중심 국가의 또 다른 문제는 부유층에 대해 편견이 쌓여간다는 것이다. 예를 들어 사람들은 변호사가 그저 부자들의 하인 노릇만 한다고 생각한다. 변호사는 부유층에 피해를 줄 수 있는 정부의 건설 계획을 가로막거나 세금을 덜 낼 방법을 찾는 일에만 몰두한다. 복잡한 지식재산권 소송에 휘말렸을 때 우리는 그 지지부진한 과정 뒤에 대부분 변호사가 자리하고 있다는 사실을 알게 된다. 판사들은 개인 투자회사가 정부를 상대로 채무 상환을 요구하는 일 같은 당혹스러운 문제를 처리해야 한다. 해묵은 문제를 이제는 그만 해결하고 싶을 때 소송은 해결 가능성을 제시하는 참을 수 없는 유혹이다. 그리고 이 유혹에 넘어간 사람들은 최고의 변호사를 찾아 고액의 수임료를 기꺼이 지급한다. 이쯤 되면 변호사는 단순히 부자들의 지킴이가 아니라 대부분 그 자신이 부자인 경우가 많다. 2023년《월스트리트 저널》에는 '월스트리트에서 법률 회사가 금융 회사보다 더 부자인 이유'라는 제목의 기사가 실리기도 했다.[10] 2024년《뉴욕 타임스》는 'NBA 스타보다 더 많이 버는 변호사 등장'이라는 제목의 기사를 실었다.[11]

정부나 사회의 기능이 제대로 작동하지 않는다고 해서 부자들까지 어려움을 겪는 경우는 드물다. 뉴욕시는 대중교통 체계를 필요한 만큼 확장하지 못했지만, 부유층은 건설업자들이 세운 특별한 건물 사이를 오갈 뿐 딱히 밖을 돌아다닐 이유가 없다. 캘리포니아에서 산불이 제대로 진압되지 않을 때 부자라면 이 문제를 개인적으로 해결할 수 있을지 모른다. 정부 지원금을 신청하기 위해 낡고 복잡한 대중교통을 이용해 이리 뛰고 저리 뛰어야 하는 사람들, 일반 주택단지가 세워져야만 혜택을 볼 수 있는 사람들이야말로 법률가 중심 국가의 폐해로 가장 크게 피해를 보는 사람들이 아닌가.

셰익스피어의 희곡 〈헨리 6세Henry VI〉 제2막 4장에는 도살자 딕Dick the Butcher이라는 인물이 등장해 "법을 운운하는 자들부터 먼저 때려 죽이자"고 소리친다. 물론 나도 그렇게 생각한다는 건 아니다. 견제와 균형이라는 제도는 미국이 성공을 거둘 수 있게 해주는 발판이었고, 그건 지금도 마찬가지다. 미국 행정부는 때로 엄청난 권력을 마음대로 휘두를 수 있으며, 따라서 사법부는 그런 권력 남용에 대한 마지막 남은 희망이다. 그렇지만 사법부가 주로 부유층을 위해서만 움직인다면 미국은 더 이상 강대국으로 존재할 수 없다. 충분한 사회 기반 시설을 필요한 만큼 구축하는 데 실패하면서 특히 노동 계층은 큰 피해를 보았고, 무엇보다 미국 자체가 무기력하고 능력이 부족한 국가처럼 보이게 되었다.

공학자 중심 국가는 단순한 독재국가나 기술 관료 중심의 근대국가와는 또 다르다. 중국은 역사상 다른 어떤 권위주의적 국가보다 더 성공적으로 경제성장과 정치적 통제를 하나로 합칠 수 있었다. 공산당은 유산계급이 정치권력을 얻는 것을 막고, 국가의 부를 골고루 분배하기 위해 기존의 굳건한 이해관계를 계속 무너뜨렸다. 우리는 공산당이 권력을 잡으면서 국가 주도로 많은 공학자와 기술자가 양성되고 이들이 실무에 투입되면 비록 정치체제나 제도에 어느 정도 문제가 있더라도 국가가 강력해질 수 있다는 사실을 배웠다. 1991년 경제학자 3명이 공동으로 집필한 어느 논문을 보면 이런 대목이 나온다. '우리가 확보한 자료에 따르면 공과대학 진학 비율이 높을수록 국가 성장이 빠르고, 반면 법대 진학 비율이 높을수록 국가 성장이 더디게 진행되었다.'[12] 사유재산 보호에 대한 기대가 줄어들었음에도 중국이 이전보다 훨씬 더 부강해진 이유 중 하나가 바로 공학자와 기술자다. 그렇지만 이렇게 기적과도 같은 경제 발전을 이루기 전에 공학적 사고방식 때문에 중국이 문화대혁명 등을 거치며 멸망 직전까지 갔던 것도 분명한 사실이다.

법률가 중심의 국가라면 그런 극적인 변화를 겪지는 않는다. 민주주의와 다원주의, 그리고 권력을 견제할 수 있는 거부권 등이 존재하며, 절차 중심주의와 사유재산 보호에 대한 믿음이 아울러 존재하기 때문이다. 미국은 실제로 다른 서구권 국가에 비해 더 큰 경제성장을 경험했으며, 거기에 더해 놀라울 정도로 성공적인 기업 가치 창출도 이루어냈다. 그렇지만 정치적 측면에서 보면 결과보다 과정에 대한 집착으로 국민은 정부가 삶을 실제로 더 개선할 수 있다는 믿음을 잃었다. 나로서는 미국 정부가 신뢰를 되찾길 바랄 뿐이며, 그러기 위해서는 정부가 앞장서서 공학과 기술 분야의 역량을 어느 정도 회복하고 지배 계층 사이에 법률가가 아닌 사람들을 위한 자리를 마련해야 할 것이다. 미국은 뭐든 다시 건설하고 일으켜 세워야 한다. 그래야만 지난 20년 동안 많은 중국인이 느낀 미래에 대한 낙관과 추진력이 다시 생겨날 것이다.

전혀 다른 통치 기술과 방식은 두 초강대국의 향방을 어떻게 가를까

우리는 왜 미국과 중국에 대해 더 자세히 알아야 하는가? 그 과정이 흥미로운 지적 탐험이라서가 아니다. 두 초강대국은 지금 서로를 불안하게 주시하며, 혹시 있을지 모를 충돌에 대비해 자국의 경제와 국가 안보 기구를 재정비하는 중이다.

이렇듯 미국과 중국이 경쟁과 갈등에 대비하고 있는 지금, 우리는 정치학 교과서에서 가져온 용어가 아닌 새로운 용어를 사용해 양국이 어떻게 움직이는지, 어떤 식으로 곤란을 겪는지 생각해볼 필요가 있다. 법률가 중심 국가와 공학자 중심 국가라는 개념만으로 두 나라를 제대로 이해할 수는 없겠지만, '독재'나 '자본주의' 같은 오래된 용어도 어느 정도는 유효하다. 나는 두 나라 사이에 오가는 호기심을 더욱 자극하기 위해서라도 이러한 용어를 더 창의적이면서 알기 쉽게 사용하고 싶다.

미국이 중국에 비해 유리한 측면은 한두 가지가 아니다. 탄탄한 경제 기반과 충분한 수의 젊은 세대, 그리고 디지털 기술 부문 혁신과 든든한 동맹 세력 등. 그렇지만 우리는 공학자 중심 국가에도 마찬가지로 대단히 유리한 부분이 많다는 사실을 깨달아야 한다. 중국은 언제든 새롭게 만들고 건설할 수 있다. 만약 이 세상에 종말이 다가와 두 나라가 결국 서로를 향해 총을 겨누게 된다면, 이런 부분은 대단히 중요하게 작용할 것이다. 전쟁은 첨단 IT 기술만 가지고는 수행할 수 없다. 무기며 다양한 군수물자가 필요하다. 그리고 공학자 중심 국가는 전쟁에 필요한 물자를 언제든 생산할 준비가 되어 있다.

지난 10년 동안 미국은 법률가를 기술 전쟁에 동원했다. 제1기 트럼프 행정부는 수많은 중국 기술 기업을 요주의 명단에 올렸다. 바이든 행정부 시절 국가안전보장회의와 상무부 고위직이 현직 교수를 포함한 명문 로스쿨 출신으로 채워졌다. 이러한 법률가들은 정교한 기술 통제장치를 구축해 중국의 반도체 제조업체와 통신 회사, 그리고 인공지능 기술을 원하는 모든 기업을 궁지로 몰아넣었다. 그런데 이런 법적 압박은 중국 기술 기업의 발목을 잡기는커녕 오히려 더 자극했다. 시진핑 주석은 2022년에 세 번째 임기를 시작하며 언변이 뛰어난 똑똑한 법률가를 불러들이지 않았다. 그의 주변을 채운 건 다름 아닌 과학자와 공학자였다. 특히 기술력 강화를 목표로 삼은 제15차 5개년 개발 계획을 추진하는 데 있어 이들이 시진핑 주석과 공산당 정부에 큰 도움을 줄 것으로 예상된다.

말보다 행동이 앞서는 공학자, 그리고 행동보다 말이 먼저 나오는 법률가의 다툼은 일견 공정하지 않게 느껴질 수도 있다. 이 싸움은 사실 양상이 더 복잡해서, 단지 물리적 역동성이나 기술력의 우위로만 승패가 결정되는 것도 아니다. 중요한 건 통치 기술과 방식으로, 21세기의 남은 기간 동안 어느 쪽이 더 국가를 잘 운영하느냐가 양국의 운명을 가를 것이다.

개인적 관점에서 보자면 미국과 중국은 모두 각자의 통치 역량을 떨어뜨리기 위해 경쟁하는 것 같다. 시진핑 주석은 정치적 의사 결정 과정 모두를 자신에게 집중시켜, 사실상 종신 집권하겠다는 의지를 피력했다. 그러는 사이 미국 정부는 무기력증에서 빠져나오지 못하고 있다. 지난 수십 년 동안 미국 우파는 식물 정부를 만들려는 듯 음모를 꾸며댔고, 좌파는 잡다한 규정이나 소송으로 정부의 발목을 잡아왔다. 그런 좌파에는 문제가 많은 제도를 개혁하려는 의지가 거의 보이지 않는데, 현재 제2기 트럼프 행정부는 미국을 구하기 위해 기존 정부 구조를 다 갈아치워야 하는 것처럼 행동하고 있다.

하지만 어느 쪽에나 아직 희망은 남아 있다. 무엇보다 미국과 중국 모두에는 변화와 개혁에 대한 의지가 있다. 중국을 이끄는 건 공산당이며, 공산당의 핵심 목표는 중국 사회의 현대화다.

중국 선전 기관은 2049년까지 '현대화된 사회주의국가'와 '중화민족의 위대한 부흥'을 달성하겠다는 건국 100주년 기념 목표를 향해 국가 주도의 선전과 운동을 벌이고 있다. 미국은 민주주의 지속을 목표로 하는 실험을 이어가며 좀 더 유연한 태도를 보인다. 조금은 달라진 측면도 있지만, 어쨌든 우리는 '국민의, 국민에 의한, 그리고 국민을 위한 정부는 절대로 사라지지 않는다'는 꿈과 희망을 되살려야 한다.

나는 캘리포니아의 통치 방식이나 구조에 대해 깊은 인상을 받지 못했지만, 그래도 온전히 공감하는 측면이 한 가지 있다는 사실을 밝히고 싶다. 나는 미래에 대한 희망이 있는 낙관주의자이며, 미국과 중국 모두 더 나은 방향으로 변화할 수 있다고 믿는다. 두 나라는 여전히 발전 단계에 있으며, 따라서 지금 향하는 좋지 않은 방향에서 언제든 벗어날 수 있다.

만일 미국 국민이 중국 사회를 깊이 들여다본다면 자신들이 잃어버린 국가 역량이 무엇인지 알아볼 수 있을 것이다. 중국은 지금 자신들만의 위대한 사회를 건설하는 중이며, 가장 가난한 지방조차 인상적인 수준의 물리적 역동성을 갖추고 있다. 중국 국민이 여전히 정부를 강력하게 지지하는 이유 중 하나는, 그들이 원하고 필요로 하는 걸 정부가 제공하기 때문이다. 나는 닷새에 걸쳐 구이저우성貴州省의 험준한 산길을 자전거를 타고 힘차게 오르내리며 그런 사실을 직접 눈으로 확인했다.

2장
BREAKNECK

더 크고
더 길게,

숫자에 집착하는
베이징의
설계자들

현재 중국은
전 세계 모두를 합친 것보다
더 긴 고속철도망을
보유하고 있는데,
세계 2위인 스페인보다
10배는 더 길다.

지난 2021년 나는 두 친구와 함께 자전거를 타고 중국 남서부의 깊은 곳으로 여행을 떠났다. 중국 전통 방식으로 자전거를 타고 떠난 이 여행에서 나는 공학자 중심 국가의 민낯을 생생하게 확인할 수 있었다. 우리는 약 닷새에 걸쳐 구이저우성을 거의 640킬로미터 달린 끝에 마침내 충칭重慶에 도착했다. 내가 탄 건 마오쩌둥 시대에 나온, 타기는 편하지만 변속 기능 같은 건 없는 검은색 '비둘기飛鴿표 자전거'가 아니라 놀라울 정도로 튼튼하고 빠른 경주용 자전거였다.

이 긴 여정 끝에 나는 중국의 현실을 살펴볼 때 미국의 문제점이 얼마나 적나라하게 드러날 수 있는지 깨달았다. 베이징이나 상하이 같은 대도시를 떠나 멀리 떨어진 지방을 찾아갈 때마다 나는 중국에서 가장 가난한 지역조차 미국의 가장 부유한 지역보다 더 우수한 사회 기반 시설을 갖추고 있다는 사실에 놀라지 않을 수 없었다. 예산이나 인력 문제와 상관없이 언제든 필요할 때마다 대규모 공공사업을 시작할 수 있다는 건 공학자 중심 국가의 가장 큰 특징 중 하나다. 구이저우성의 많은 사람에게 이런 모습은 실질적 변화에 대한 열정과 기대를 불러일으켰는데, 오늘날 미국 국민에게 이런 감정이나 느낌을 찾아보기는 어렵다.

구이저우성은 산으로 둘러싸여 있다. 이른바 카르스트karst지형으로 이루어진 산들이 이리저리 복잡하게 얽혀 있는 것이다. 불과 10년 전만 해도 구이저우성, 혹은 귀저우성이라고 불리는 이 지역을 자전거로 여행하는 건 무모한 일이었을지도 모른다. 무엇보다 자전거가 달릴 수 있는 제대로 된 도로가 충분하지 않았다. 지금도 구이저우성은 중국에서 네 번째로 가난한 성省이며, 바다를 바라보고 있는 화려한 도시들과는 사정이 크게 다르다. 구이저우성에 대해 '평지라고는 3척尺도 되지 않고, 맑은 날은 1년에 사흘 정도인 게 고작이며, 은전 세 닢을 가진 집을 보기도 힘들다'는 속담이 있을 정도다.

19세기 청나라의 한 황제가 이 지역의 지도를 제작하기 위해 황실의 관리를 파견했는데, 그는 자신이 맡은 임무를 썩 달가워하지 않았다고 한다. "구이저우성 남부는 온통 산, 산, 산뿐이다." 그는 이렇게 한탄했다. "그것도 높이나 모양이 모두 제각각에 숫자는 헤아릴 수 없을 정도로 많다." 이 지역 주민들이 외부인에게 항상 친절하게 굴었던 것도 아니다. 구이저우성에는 주로 묘족苗族이 살았고, 소수민족이라 할 수 있는 이들은 중원을 지배하는 왕조에 대한 반감이 적지 않았다.

이런 사정 때문인지 구이저우성의 폐쇄적이고 신비로운 모습은 때로는 전설처럼 전해 내려온다. 9세기 무렵 어느 여행자는 자신이 겪은 경험에 대해 다음과 같이 기록했다. 구이저우성을 찾은 여행자는 정갈하게 지은 사찰 하나를 발견했는데, 그곳에서 갑자기 비구니 10명이 나타나더니 기꺼이 자신들의 거처로 그를 불러들였다. 그리고 말린 과일 등을 내오며 아주 친절하게 대접했다. 그 광경이 지나칠 정도로 비현실적이라고 느낀 여행자는 당황해하는 비구니들을 뒤로하고 단호하게 몸을 일으켜 그 자리를 떠났다. 여행자가 타고 온 배로 돌아오자 선원들은 그의 판단이 옳았음을 확인해주었다. 여행자가 만난 비구니는 산속 원숭이였고, 이곳의 원숭이들은 때때로 사람의 모습으로 둔갑해 지나가는 여행자들을 홀린다는 것이었다.[1]

금세기로 접어들면서 베이징 중앙정부는 구이저우성에 엄청난 관심을 기울였다. 무엇보다 구이저우성의 공산당 간부 출신으로 베이징 고위직에 오른 사람이 여럿 있는데, 그중에는 시진핑 주석 전에 중국의 최고 권력자였던 후진타오도 포함된다. 중국에서는 고위직에 오르거나 공산당 우두머리가 되기 전에 가난하고 낙후된 지역을 찾아 많은 어려움을 경험해야 한다. 미국에도 이와 비슷하게 몰락하고 형편이 어려운 지역에서 행정 경험을 쌓은 후에야 비로소 워싱턴에 입성하는 것이 전통이다. 어쨌든 이후 구이저우성에서는 중앙정부의 지시로 여러 대형 건설 계획이 추진되었다. 구이저우성 깊숙한 곳에는 지름이 500미터에 달하는 세계 최대 규모의 전파망원경 톈옌天眼이 세워졌고, 수수로 빚은 증류주로 독하기로 이름난 마오타이주茅台酒를 생산하는 국영 증류소는 중국에서 기업 가치가 가장 높은 곳 중 하나로 성장했다. 또 구이저우성의 성도成都인 구이양貴陽에는 현재 중국 최대 규모의 디지털 정보 저장소 여러 곳이 자리한다.

나는 영국 출신 언론인으로 당시 《파이낸셜 타임스》에서 일했던 크리스천 셰퍼드Christian Shepherd, 플로리다에서 자랐지만 상하이에 IT 기술 회사를 세운 텅바오Teng Bao 등 두 친구와 함께 구이양을 찾았다. 100년 전만 해도 상하이에서 구이양까지 가려면 구불구불한 도로를 따라 몇 주일을 가야 했지만, 나와 친구들은 고속철도를 타고 7시간 만에 목적지에 도착했다.

내륙 어디든 제조업 단지를 만드는 공학 국가

구이저우성은 중국의 국영 고속철도망이 마지막으로 연결된 지역 중 하나다. 공학자와 기술자는 산을 뚫어 통로를 만들거나 협곡을 가로지르는 튼튼한 교량을 여럿 건설했고, 마침내

2016년 고속철도 개통을 이뤄냈다. 열차에 올라탄 크리스천과 텅바오, 그리고 나는 먼저 분해한 자전거를 화물칸에 실은 후 편안한 좌석에 기대앉아 필요할 때마다 승무원이 끌고 지나가는 수레에서 간식이나 물을 받아서 먹고 마셨다. 창밖을 내다보니 가끔 산을 지나가는 기나긴 통로가 눈에 들어왔고, 그때마다 고속철도 공사의 어려움을 어느 정도 짐작할 수 있었다.

자전거 타기로 말하자면 크리스천은 전문가나 선수와 다름없었고, 나와 텅바오는 실력보다 열정이 더 컸다. 우리 세 사람은 각자 갈아입을 옷과 구급상자, 예비 타이어를 챙겼는데 그 밖에 특별한 건 거의 없었다. 우리는 자전거 안장 뒤에 달린 가죽 가방에 준비해온 짐을 쑤셔 넣은 후 길을 따라 달렸다. 매일 해가 지면 일찌감치 숙소를 찾아 들어가 세면대에서 옷을 빨아 널어서 말린 후 다음 날 일어나 옷을 챙겨 입고 달리는 일을 반복했다.

이렇게 떠난 여행에서 날마다 짜릿한 경험이 이어졌다. 장엄한 풍경과 끊임없이 이어지는 협곡에 그 위를 가로지르는 교량, 그리고 이따금 마주치는 폭포까지, 정말 험난한 여정이었다. 지나갈 수 없을 정도로 길이 험하거나 사람을 홀리는 원숭이가 나타났기 때문이 아니라, 매일 오르막길을 올라가야 했기 때문이다. 구이저우성의 사회 기반 시설은 자전거를 좋아하는 사람들에게는 꿈이나 다름없었다. 여행 첫날, 우리는 아직 차는 지나갈 수 없는, 갓 완공된 고속도로를 따라 자전거를 탔다.

안개에 둘러싸인 싱그러운 푸른 산들 사이를 아찔한 속도로 지나치며 내리막길을 따라 달리던 그 순간이 지금도 생생하게 기억난다.

구이저우성 자전거 여행은 지금까지 살면서 겪은 최고의 육체적 활동이자 가장 보람 있는 경험이었다. 경치뿐 아니라 음식도 아주 만족스러웠다. 우리는 몇 시간마다 가던 길을 멈추고 잠시 쉬었다. 자전거 타기는 엄청나게 힘이 들어서, 우리는 보통 국수 한 그릇에 구이저우성의 명물인 매콤한 절임을 듬뿍 얹어 먹고는 바닐라 아이스크림을 먹고 난 후에야 다시 자전거에 올라탔다. 밤이 되면 구이저우성 현지 음식을 먹었다. 새콤한 양념이 가득 들어 있는 생선국이며 염소 고기찜, 지역 푸성귀와 향초로 만든 무침, 그리고 달콤한 참깨로 속을 채운 레몬 크기의 튀긴 주먹밥에 짭짤한 절임도 곁들였다.

청나라 황제가 지도를 만들기 위해 보냈다는 관리가 이런 구이저우성의 모습을 보았다면 과연 뭐라고 말했을까. 오늘날 구이저우성에는 구석구석까지 온갖 새로운 기반 시설이 자리한다. 여행을 떠난 지 셋째 날이 되었을 무렵 우리는 비구니로 둔갑한 원숭이가 있었다는 사찰만큼이나 기이한 풍경을 마주했다. 제일 앞에서 달리던 텅바오가 갑자기 "기타!"라고 외치는 게 아닌가. 그 소리를 듣고 고개를 들어보니 가로등 위에 커다란 모형 기타가 장식처럼 매달려 있었다. 그리고 저 멀리 역시 거대한 기타 모형이 서 있는 언덕이 눈에 들어왔다. 우리가 지나가고 있는 곳은 맞춤형 기타의 성지로 불리는 구이저우성 정안현正安县이었다. 중국 관영 언론 보도에 따르면 전 세계에서 생산되는 기타 7대 중 1대가 우리가 아무것도 모르고 지나칠 뻔했던 정안현에서 생산된다고 한다.[2]

이런 사실 또한 공학자 중심 국가의 또 다른 특징 중 하나다. 중국 어디를 가든지 이렇게 제조업 중심지를 심심치 않게 찾아볼 수 있을뿐더러, 예상하지 못한 물건을 만드는 경우도 많이 볼 수 있다. 어쩌면 구이저우성 주민들도 전 세계 기타의 중심지가 바로 이곳에 있다는 사실에 깜짝 놀랄지 모른다. 기타를 연주하는 사람이 그리 많지 않기 때문이기도 하지만, 어쨌든 과거 많은 구이저우성 주민이 일자리를 찾아 홍콩과 가까운 광둥성廣東省으로 떠났는데, 그중 상당수가 우연히 그곳 기타 공장에서 일했다고 한다.

그 후 구이저우성 정부는 중앙정부의 내륙 개발 정책에 따라 고향을 떠났던 주민들이 돌아오도록 적극적으로 유도했다. 그리고 이러한 노력은 해안 지역 제조 업체들의 내륙 지역 이전을 독려한 2012년 중앙정부의 지침과 맞물려 이루어졌다. 당시 베이징에서는 구이저우성에서 항공기나 전기 자동차 생산 같은 기술 집약적 산업을 육성해야 한다는 제안이 있었는데, 구이저우성은 기술 숙련도가 낮은 현지 사정을 생각해 좀 더 적절한 사업을 제안했다. 그것이 바로 기타 문화 산업 단지正安吉他文化产业园景区였다.

정안현은 사실 세계 최고의 기타를 만드는 곳은 아니다. 실제로는 대부분 중저가 기타 시장을 대상으로 하지만, 여기에 모인 업체들은 목표와 기술 수준을 조금씩 높이면서 많은 발전을 이루어냈다. 예컨대 대나무를 소재로 쓰는 실험을 하는 등 많은 곳에서 저렴한 가격이 아닌 품질이나 독특한 특징으로 명성을 얻기 위해 노력하고 있다. 따라서 나는 이들이 원하는 목표가 머지않아 이루어질 거라고 생각한다. 중국 제조 업체들은 뛰어난 품질을 자랑하는 칼을 비롯해 음향 기기며 전기 자동차, 일반용 무인기 등 다양한 제품을 생산하며 인지도를 꾸준히 높이고 있는데, 기타도 그렇게 되지 말라는 법이 없지 않은가?

약 나흘에 걸쳐 구이저우성을 자전거로 달린 끝에 충칭에 도착했다. 충칭의 번화가는 양쯔강과 자링강을 중심으로 하며, 가파른 언덕 위 고층 건물들은 마치 하늘과 맞닿을 것처럼 솟아 있다. 또 건물들은 서로 겹쳐 있는 것처럼 앞뒤로 계단같이 줄지어 서 있어, 한 건물 1층으로 들어가 승강기를 타고 10층에서 내리면 다시 다른 건물 1층으로 들어갈 수 있는 식이다. 나는 중국에서도 충칭을 제일 좋아하는데, 그건 비단 중국뿐만 아니라 어쩌면 세계에서도 보기 드문, 가장 극적인 형태의 도시 경관을 볼 수 있기 때문이다. 고속도로며 교량이 마치 언덕 위에 새겨진 듯 보이는 거대한 건물들 사이를 거미줄처럼 연결하며 수많은 계단과 승강기, 그리고 통행로 역시 서로 연결되어 있다. 이 도시는 마치 지하철 노선이 언덕 위에 있는 주택 한가운데를 지나는 것처럼 상상할 수 없는 풍경으로 가득하다.

충칭은 제2차 세계대전 당시 중국의 수도였고 당시에는 '청킹'이라고 부르기도 했다. 국민당을 이끌던 장제스蔣介石가 일본 폭격기의 공격을 피해 언덕 안으로 파고 들어간 방공호 안에서 군사 참모로 지원 온 미군의 조지프 스틸웰Joseph Stilwell 장군을 비롯해 공산주의자들과 함께 지냈다는 일화도 있다. 충칭은 중국 행정구역 기준으로는 도시에 해당하지만, 오스트리아 전체 면적과 맞먹을 정도로 넓고 인구는 미국 텍사스와 맞먹는 활기 넘치는 곳이다. 구이저우성에서 본 우아한 교량은 충칭과 가까워질수록 아주 크고 기괴한 모습으로 변해갔다. 충칭에서는 모든 것이 더 커 보인다. 어디를 가든 시끌벅적할뿐더러 예상치 못한 장소가 곳곳에 가득하며, 활기가 넘친다. 마치 근미래의 모습을 그린 것 같은 공상과학영화를 보는 듯한 풍경, 아니, 강을 중심으로 하고 있으니 미래 물의 도시라고나 할까.

일본의 공중폭격에서 사람들을 보호해주었던 산들은 도시를 병풍처럼 둘러싸 여름이면 마치 찜통 같은 환경을 만드는데, 실제로도 충칭은 중국에서도 덥기로 유명한 '4대 화로火爐' 도시 중 하나다. 하지만 얄궂게도 이곳 주민들이 가장 좋아하는 음식은 붉은 고추와 쇠기름, 그리고 산초를 넣어 가마솥에 끓인 것으로 한입 맛보면 혀가 아릴 듯 매운맛이 강하며, 얇게 썬 고기와 푸성귀를 곁들여 끓인다. 전쟁 당시 만들었던 방공호나 통로 일부는 지금은 또 다른 매운 음식인 훠궈火鍋 식당으로 변신했는데, 안쪽은 의외로 시원해서 매운 음식도 먹을 만하다고 한다. 충칭 당국은 이런 방공호나 대피소 중 일부를 예술 작품 전시관이나 포도주 저장 창고로 개조할 계획도 세우고 있다.[3]

충칭에 도착한 크리스천과 텅바오, 그리고 나는 크게 축하라도 하고 싶은 기분이었다. 나흘 동안 자연 속을 자전거로 달린 후 충칭의 극적인 도시 풍경 속으로 빠져드는 건 정말 기분 좋은 경험이었다. 밤이 되면 도시의 고층 건물들은 환한 조명으로 더욱 활기가 넘친다. 해가 지는 모습을 바라보고 있노라면 사람들은 김이 모락모락 피어오르는 불그스름한 국물이 담긴 냄비가 놓인 밥상 근처로 하나둘 모여든다.

나는 술을 거의 마시지 않지만 그래도 만일 특별히 한잔해야 한다면 자전거 여행을 마무리하는 날이 적당하다고 생각했다. 우리 세 사람은 서로 차가운 맥주잔을 맞부딪힌 후에 머리카락이 쭈뼛 곤두설 정도로 매운 음식을 주문했다. 저 밑으로는 양쯔강 위를 느긋하게 오가는 유람선들이 보였다. 그중 몇 척은 싼샤 댐을 향하는 것 같았다. 우리는 다음 날 다시 고속철도에 올라 상하이로 돌아왔다.

공학 국가 정신의 집약, 구이저우성

얼마 지나지 않아 나는 자전거를 타고 지나갔던 그 길이 사실은 얼마나 낯선 곳이었는지 깨달았다. 원래 형편이 어려웠지만, 공학자 중심 국가의 중앙정부가 막대한 재원을 투자해 현대화를 이뤄낸 지역을 지나갔던 것이다. 구이저우성은 미국이 대륙횡단철도와 주간 고속도로 등을 포함해서 거의 1세기에 걸친 투자로 이루어낸 업적을 불과 20년 만에 압축해서 성취했다.

구이저우성을 자전거로 여행한 후에 나는 '중국 특색 사회주의中国特色社会主义'라는 중국만의 특별한 이념을 좀 더 다른 시각으로 보게 되었다. 중국에서는 개인과 개인 사이에서 이른바 낙수 효과나 부의 재분배가 거의 이루어지지 않는다. 그보다는 국가가 정치를 장악하고 빈곤이 완전히 사라진 세상을 건설하기 위해 우선 막강한 권력으로 경제적 자원을 통제한다는 레닌주의를 실행에 옮기고 있다. 구이저우성의 발전 과정을 포함해 독자들이 주목했으면 하는 몇몇 또 다른 지역의 발전 과정을 면밀하게 살펴보면, 이러한 중국 특색 사회주의가 실제로 무엇을 의미하는지 어느 정도는 정확히 파악할 수 있다.

우선 세계에서 가장 높은 교량 100개 중 45개가 구이저우성에 있다. 공항은 열한 곳이 있으며 세 곳을 추가로 건설 중이다. 고속도로 총길이는 약 8,800킬로미터로 중국의 행정구역 중 성 기준으로는 4위에 해당한다.[4] 고속철도 노선의 전체 길이도 약 1,600킬로미터에 달한다. 구이저우성의 사회 기반 시설에는 이렇게 20세기 방식의 강철과 콘크리트 건조물만 있는 것은 아니다. 구이양은 연평균기온이 일정해서 온도나 습도 관리 비용 절감에 유리하다는 점을 내세우며 '빅데이터 밸리big data valley'를 자처한다. 온갖 자료 저장 장치를 모아놓은 거대한 시설은 구이저우성을 인공지능 시대를 뒷받침하는 첨단 사회 기반 시설의 상징처럼 만들었다.

우리와 이야기를 나눈 구이저우성 주민들은 곳곳에 놓인 교량에 자부심을 보였다. 나와 두 친구는 자전거를 타고 가파른 협곡 위에 세워진 교량들을 건너갔다. 관영 언론에서는 구이저우성이 일종의 '교량 박물관'이 되었다고 광고하는데, 실제로 그중 몇 곳은 관광지로 개발되고 있다. 구이저우성에서 열 번째로 높고 세계 기준으로는 23위에 해당하는 한 교량에는 세계에서 가장 높은 번지점프 시설이 있다. 공학자들은 이런 교량이 건설될 때마다 해당 지역 사이 이동 시간이 몇 시간에서 몇 분으로 단축되었다고 발표한다. 그러면 실제로 도심과 멀리 떨어진 지방에 사는 주민들도 편리한 생활을 누릴 수 있다. 특별히 연결할 목적지 없이 교량부터 건설된 경우도 일부 있지만, 몇 년이 지나면 이 교량을 중심으로 사람들이 모여들 것이다.

하지만 이렇듯 놀라운 공학 기술의 역작이 즐비해도 구이저우성 대부분이 여전히 빈곤에 시달리고 있다. 이곳의 주민 1인당 소득은 8,000달러로 아프리카 남부 보츠와나와 비슷한 수준이며, 중국 전국 평균보다 40퍼센트 낮고 베이징이나 상하이 같은 상대적으로 부유한 도시와 비교하면 3분의 1에도 미치지 못한다. 어느 날 내 친구 크리스천은 구이저우성에 노동 가능한 성인의 숫자가 얼마나 적은지와 관련해 이렇게 말했다. 기타와 관련된 직업을 찾지 못한 사람은 대부분 다른 지역으로 이주했고, 아이들은 조부모에게 맡겨졌다. 2010년 구이저우성 중학교 졸업생 중 고등학교에 진학한 수는 절반에 불과한데, 이건 중국에서도 가장 낮은 수준이다.[5] 언론에는 아이들이 새벽녘부터 일어나 험난한 산길을 걸어야 학교에 갈 수 있다는 이야기가 자주 보도되었는데, 줄사다리까지 타고 올라가야 하는 길도 있었다.[6]

이렇게 고립된 지역이면서 중국에서 네 번째로 가난한 성, 그러니까 가구 소득이 미국 뉴욕주의 15분의 1 수준에 불과한 구이저우성이지만 고속도로 길이는 뉴욕주의 3배에 달하며, 고속철도망 역시 잘 운영될 정도로 사회 기반 시설은 대단히 우수하다. 그런데 구이저우성의 사례가 중국에서는 그다지 특별한 게 아니다. 공학자 중심의 국가인 중국은 전국에서 쉴 새 없이 비슷한 공공사업을 추진하고 있으며, 구이저우성은 중국 성장 전략의 결과물을 극단적으로 드러내는 사례라 할 것이다.

지금 중국은 뭐든 만들고 세우느라 정신이 없다. 1990년대 이후 본격적인 개혁·개방 정책에 따라 시작된 건설 열풍은 2008년 중앙정부가 세계 금융 위기에 대응하기 위해 대규모 공공사업을 계속 승인하면서 다시 한번 추진력을 얻었다.

1993년 미국 주간 고속도로에 해당하는, 성과 성 사이를 연결하는 중국 최초의 고속도로가 완성되었다. 곧 사방에 고속도로가 깔렸고, 수도 베이징과 인근 항구도시 톈진天津을 연결하는 첫 고속도로가 개통되었을 때 태어난 아이는 2011년 법적으로 운전 가능한 나이인 18세가 되었을 때는 미국 전체 주간 고속도로 길이를 능가하는 거리를 달릴 수 있었다. 2020년 중국이 2차 고속도로망을 완성하자 그 길이는 미국 전체 고속도로 길이와 거의 비슷했다.[7] 1차 고속도로망이 완성되기까지는 18년이 걸렸지만, 2차 고속도로망은 그 절반 정도 기간에 완성되었다.

그리고 얼마 지나지 않아 수많은 차가 도로를 가득 채웠다. 1990년 중국의 자동차 수는 50만 대였다.[8] 2024년에는 그 숫자가 4억 3,500만 대로 늘어났고, 그중 상당수가 전기차였다.[9] 그런데 중국이 고속도로를 깔고 자동차만 만들어낸 건 아니다. 대중교통 규모도 그에 못지않게 늘어났다. 2003년부터 2013년까지 상하이에는 뉴욕시 전체 지하철 노선과 맞먹는 규모의 지하철 노선이 추가되었다. 2025년에는 중국 도시 51곳에 지하철 노선이 건설될 예정이며, 그중 11개 노선은 뉴욕시 전체 노선보다 길다. 현재 중국은 전 세계 모두를 합친 것보다 더 긴 고속철도망을 보유하고 있는데, 세계 2위인 스페인보다 10배는 더 길다. 고가 철교 위를 쏜살같이 지나가는 세련된 은색 열차는 방송으로만 봐도 아주 근사하며, 관련 사진이 광고판과 책 표지를 장식한다. 중국에서는 매년 약 20억 명이 넘는 승객이 고속철도를 이용한다고 한다.

또 중국에서는 대형 화물선 위로 이동한 거대한 기중기가 바둑판처럼 보이는 컨테이너를 이리저리 옮기는 영상을 자주 볼 수 있다. 수출량이 급증함에 따라 중국의 항구는 세계에서 가장 바쁘게 움직이는 항구가 되었다. 상하이만 해도 2022년에는 미국 항구 전체를 합친 것보다 더 많은 화물을 처리했다.[10] 2000년대 초에는 중국의 수출이 원활하지 않았는데, 그건 항구가 부족했기 때문이 아니라 주요 수출항이 모여 있는 광둥성의 전력이 부족했기 때문이다. 그래서 중국은 주로 석탄을 연료로 하는 새로운 발전소를 건설했다. 화석연료를 사용하는 발전소 말고도 중국은 매년 새롭게 풍력 및 태양광발전 시설을 건설하는데, 새롭게 추가되는 발전 용량은 역시 매년 새롭게 공급되는 전 세계 친환경 전력량의 3분의 1에서 많게는 절반 이상에 달한다고 한다. 또 서부에서 만들어낸 친환경 전력을 동부 산업지대로 보내고 있다.

미국 펜실베이니아에서는 1957년 세계 최초로 상업용 원자력발전소가 가동을 시작해 전력을 생산했다. 중국에서는 1991년 자국 최초로 상업용 원자력발전소가 가동을 시작했는데, 2025년 기준으로 55곳의 원자력발전소가 가동 중이고 미국은 54곳이다. 미국의 경우 문을 닫은 원자력발전소 몇 곳을 다시 열 수 있겠지만 새로 건설 중인 발전소는 단 한 곳뿐이다. 반면 중국에서는 31곳이 건설 중이다. 21세기 이후 완공된 미국 원자력발전소도 한 곳뿐으로, 15년 동안 300억 달러 이상의 비용이 들어갔다. 2024년 8월에 중국 정부는 원자로 11기 건설을 승인했는데 예상 비용이 모두 합쳐 300억 달러였다.[11]

그렇지만 중국이 가장 신경 쓰는 분야는 주택 건설이다. 중국의 도시 지역 인구는 1978년 이후 매년 평균 1,600만 명씩 증가했다. 이는 35년 동안 매년 뉴욕시와 보스턴을 합친 크기의 새로운 도시가 하나씩 세워졌다는 뜻이다.[12] 베이징과 상하이, 선전의 주택 가격은 급등했지만 건설이 빠르게 진행되고 임금이 상승하면서 주택 구매력도 전반적으로 크게 높아졌다. 2007년부터 2018년까지 도심지 주택의 경우 평균 가격은 평균 가구 소득의 9배에서 7배로 떨어졌다.[13] 그런데 건설 분야가 호황을 맞이하면서 철강, 알루미늄, 구리, 시멘트, 그리고 유리 소비가 많이 늘어났다. 캐나다의 정책 분석가 바츨라프 스밀Vaclav Smil에 따르면 2018년부터 2019년까지 중국은 44억 톤의 시멘트를 생산했는데, 이는 미국이 20세기 전체에 걸쳐 생산한 시멘트 양과 거의 맞먹는다고 한다.[14]

이런 건설 호황은 중국이 부유해진 원인이자 결과다. 건설 경기 호황은 경제활동을 직접적으로 자극해 주택과 고속도로, 지하철과 발전소 건설이 건설 현장 밖 자재 시장 수요 급등과 일자리 창출로 이어졌다. 또 도시화가 가속화되면서 농촌에 살던 주민이 대거 도시로 이주했고, 도시 인구의 생산성은 훨씬 더 높아졌다. 중국의 노동력이 확대되는 중요한 시기에 이렇게 먼저 갖춰진 사회 기반 시설은 중국 수출 기반 제조 전략의 토대가 되어주었다.

중국을 부강하게 만든 주역은 사실 마오쩌둥 시대의 억압에서 벗어나 더 나은 삶을 추구하게 된 중국 국민 자신이라고 할 수 있다. 그리고 공공사업과 건설에 대한 중앙정부의 열정 역시 빠른 경제성장을 도왔다. 중국이 인도나 인도네시아, 그 밖의 개발도상국과 다른 이유를 바로 여기에서 찾아볼 수 있는데, 이런 국가들의 성장률이 낮은 이유 중 하나가 바로 부족한 주택과 사회 기반 시설이다. 정부가 국민에게 필요한 시설 건설을 소홀히 한 것이다.

이렇게 중국은 미국이 100년 넘게 걸려 이룩한 건축물이며 구조물 등을 단 수십 년 만에 따라잡았지만, 동시에 많은 부작용이 뒤따랐다. 우선 미국과 마찬가지로 중국에도 도시가 지나치게 많다. 중국 사람들은 지난 수십 년 사이 아주 적극적으로 과거의 유산을 파괴하는 데 앞장섰다. 문화대혁명 당시 마오쩌둥이 홍위병에게 불교 사찰을 약탈하고 공자와 유교의 흔적을 파괴하며 조상들의 무덤을 파헤치도록 명령한 것이 대표적인 사례다. 최근에는 단순히 문화유산에 대한 공격보다 더 체계적인 파괴 행위가 이루어졌는데, 한 마을 전체를 밀어버리고 그 자리에 넓은 도로를 깔거나 콘크리트 구조물을 세우는 일도 있었다. 하지만 중국의 신축 구조물 중에서 눈길을 끌 만한 매력과 아름다움을 지닌 곳이 그리 많지 않은 건 안타까운 일이다.

공학자 중심 국가에서는 뭐든 위에서 아래로 한눈에 내려다

보는 걸 좋아한다. 고속도로 나들목이나 교차로의 기하학적 구조, 줄지어 선 태양광 시설, 그리고 적절한 각도에 맞춰 저 멀리서 바라본다면 오염 물질을 뿜어내는 화학 공장조차 짜릿한 풍경을 제공할 수 있다. 그렇지만 저 멀리 내려다보이는 도시의 환경이 항상 쾌적하고 살기 좋은 것은 아니다. 베이징이나 선전 같은 대도시는 도심지 정비가 되어 있지 않고 보행자를 위한 공간이 충분하지 않다. 그러다 보니 도시를 가로지르는 데 너무 많은 시간이 걸린다.

개인적으로는 상하이 생활이 훨씬 더 만족스러웠다. 상하이의 경우 많은 거리가 자동차가 아니라 보행자에 맞춰 조성되었던 과거의 모습이 그대로 남아 있다. 특히 내가 살던 구 프랑스 조계지租界地는 지금도 여전히 녹음이 우거져 있고 어디를 가든 찻집이 가득하다. 보행자의 천국인 상하이에서는 수많은 지하철역에서 15분만 걸으면 원하는 곳은 대부분 갈 수 있다. 상하이 당국은 2025년까지 매년 120곳의 새로운 공원을 만들어 1,000곳이 넘는 녹지를 확보하겠다고 약속했다.[15] 인구 2,500만 명이 넘는 이 도시는 놀라울 정도로 잘 운영되고 있는데, 일본 도쿄처럼 번창한 상업 공간을 갖추어 지하철역 안에도 작은 만두 가게가 있을 정도다. 또 상하이와 인근 도시를 연결하는 고속철도망 역시 훌륭한데, 그렇게 상하이와 연결된 첨단 기술 기업 알리바바Alibaba의 본거지 항저우杭州나 많은 다국적 기업의 제조 시설이 있는 쑤저우蘇州 등은 중국에서 가장 크게 발전한 도시다.

미국의 자동차 문화는 중국에도 뿌리를 내렸지만, 상하이에서는 여전히 어디든 자전거로 쉽게 이동할 수 있다. 최근 몇 년 동안 상하이는 강변을 따라 약 24킬로미터 길이의 자전거도로를 닦고 주변에는 습지 공원을 조성했다. 벽돌로 지은 창고며 유리로 뒤덮인 고층 건물 사이를 자전거를 타고 지나노라면 이곳이 과연 상하이인지 뉴욕인지 헷갈릴 정도다. 나도 종종 자전거를 타고 강을 따라 달리면서 상하이 엑스포를 준비하는 건설 현장이며 메르세데스-벤츠 아레나(2010 상하이 엑스포 부지에 지은 실내 경기장—옮긴이), 화물선이 통과할 수 있을 만큼 높다란 교량, 그리고 아름답게 보존된 온갖 구조물을 구경했다.

중앙정부 주도로 진행되는 건설 사업에는 분명히 장점이 있다. 구이저우성 주민들은 여전히 생활이 넉넉하지 않지만, 가서 직접 이야기를 들어보니 모두 새로운 교량과 철도가 생겨서 기쁘다고들 했다. 매년 10퍼센트가 넘는 경제성장률을 경험하는 중국 사람들은 대략 7년마다 모든 것이 새롭게 바뀌는 듯한 기분을 느낄 것이다. 10퍼센트의 성장률이라면 경제가 2배 규모로 성장하는 데 7년 정도 걸린다. 다시 말해 성능이 더 좋은 자동차, 더 많은 지하철 노선, 더 깨끗한 거리, 더 많은 공원, 그 밖의 수많은 생활환경의 발전을 맛볼 수 있다는 뜻이다.

좌파로 위장한 베이징의 보수주의자들

미국은 과거 빈곤 지역 환경을 개선하는 데 막대한 투자를 했다. 그렇지만 지금 미국 국민은 대규모 건설 계획에는 그다지 관심을 보이지 않는다. 환경 파괴 문제도 있거니와, 완성될 때까지 오랜 시간이 걸리는 데다 애초에 그런 계획 자체가 너무 드물게 진행되어 삶의 질이 얼마나 달라지는지 느끼거나 기억하는 사람이 거의 없기 때문이다.

이제 미국 사람들은 눈에 보이는 역동적인 풍경이 진보적인 느낌을 만들어낸다는 사실을 알아차리지 못한다. 텍사스나 애리조나, 새로운 마천루와 수많은 주택이 세워진 남부 지역 주민이라면 그런 느낌을 알지 않을까. 하지만 북동부와 캘리포니아의 대도시는 대부분 지나치게 경직되어 있다. 여기저기 새로 지은 구조물이나 건축물이 있기는 하지만 예쁜 가게나 찻집, 혹은 100만 달러가 넘는 건축 비용이 들어간 화장실 등이 있다고 해서 실질적인 변화에 대한 열망이 함께 끓어오를 수 있을까?

어쩌면 이런 상황 때문에 중국을 이해하기 어려울지도 모른다. 실제로 생활과 환경이 개선되면서 얻을 수 있는 장점을 제대로 인식하지 못한다면, 그에 따른 자부심이나 만족감 역시 이해하기 어렵다. 중국은 변했고, 그 결과 중국 국민은 상하수도 시설, 고속도로와 고속철도, 아름다운 공원과 현대식 상업 공간을 얻었다. 그리고 국민 대다수가 불과 얼마 전까지만 해도 그런 편의 시설이나 기반 시설이 없었다는 사실을 잘 기억하고 있다. 이러한 성장의 기세는 대단히 중요하다. 번쩍거리는 마천루나 철도는 공산당의 정통성을 뒷받침하는 핵심 요소다. 시진핑 주석 시대가 길게 이어지면서 중국의 성장세가 상당히 느려졌다고 하지만, 사람들은 여전히 개선과 발전에 대한 희망을 지니고 있다. 더 나은 기반 시설이 구축됨에 따라 국민들은 전국적으로 발전이 진행되고 있다고 느낄 것이다.

지난 2008년 중국이 고속철도 건설을 강행하자 가난한 나라가 부유한 선진국조차 감당하기 어려운 값비싼 기반 시설 건설을 추진하는 건 무리라는 비난이 들끓었다. "아무리 사회 기반 시설 투자라고는 해도 경제 발전 수준에 비해 지나치게 과도할 수 있다." 경제학자 마이클 페티스Michael Pettis의 말로, 이는 페티스만의 특별한 감상은 아니었다.[16] 그렇지만 당시 중국의 철도는 승객용 열차와 화물용 열차가 같은 선로를 사용하면서 엄청난 혼잡을 겪었고, 열차 지연은 일상이나 마찬가지였다. 하지만 승객 전용 고속철도망을 구축하면서 지연은 완전히 사라졌다.

2019년 세계은행이 시행한 연구에 따르면 중국의 고속철도망은 경제적으로 유지할 수 있을 뿐만 아니라, 열차표 판매만으로도 건설비를 충분히 회수할 수 있다고 한다.[17] 중국이 고속철도를 비교적 저렴하게 건설할 수 있었던 건 표준화된 설계와 탁월한 관리 능력 덕분이었다. 중국에서 고속철도 건설 평균 비용은 1킬로미터에 약 2,000만 달러로 유럽보다 40퍼센트 이상 저렴하며, 예상 비용이 엄청나게 치솟은 캘리포니아와 비교하면 80퍼센트 정도 더 저렴하다.[18] 세계은행의 연구 결과 또한 더 넓은 관점에서 볼 때 중국의 고속철도가 단순한 경제적 수익 말고도 이용객의 시간 절약, 지적 및 사업적 교류 증대, 교통사고 및 교통 체증 감소, 탄소 배출량 감소 등 적지 않은 이익을 중국에 가져다주었음을 보여준다.[19, 20, 21]

베이징 중앙정부는 부자에게 걷은 세금을 재분배하는 대신 사회 기반 시설에 투자한다. 공산주의 혁명을 시작했던 레닌은 운송이나 전력 생산 같은 전략적 부문에 대해 '국가 경제의 핵심commanding heights of the economy'이라는 개념을 처음 사용했다. 구이저우성에 높이 솟은 교량을 보면 이런 국가 경제의 핵심이 무엇인지 잘 이해할 수 있다.

중국식 사회주의라는 관점에서, 공학자 중심 국가는 사람들에게 중요한 한 가지를 제공하기 위해 생겨났다. 바로 공공사업을 통한 물리적 환경의 개선이다. 중국이 공학자 중심 국가가 되어 크게 성장할 수 있었던 요소 중 하나가 바로 소비에트연방을 동경하며 자란 자칭 공산주의자들이다. 시진핑 주석을 비롯한 지금의 중국 공산당 지도부는 마르크스 사상이 깊이 뿌리내린 교육제도 아래 성장했다. 이들에게 생산 활동이란 공산주의를 발전시킬 수 있는 고귀한 행위였으며, 소비 활동은 비열한 자본주의적 행위였다. 공산당은 오직 중앙정부에만 전략적인 대형 건설 계획을 이끌 지혜가 있으며 일반 소비자, 즉 국민 개개인의 활동은 그저 자원을 낭비하는 행위일 뿐이라고 생각했다. 이에 따라 일반 국민이 많은 자원을 소유하는 걸 반대하는데, 그 과정에서 시간이 흐르면 국가보다 개인의 주체적 능력이 더욱 강화될 날이 올 것이라고 믿었다.

중국 공산당도 마르크스의 탄생일을 기념한다. 5년마다 열리는 공산당 전국 대표 대회를 마무리할 때마다 인민대회당에서는 사회주의를 대표하는 노래 '인터내셔널Internationale'이 군악대의 연주로 울려 퍼진다. 그렇지만 앞에서 언급했던 것처럼 중국은 좌파로 위장한 보수주의자가 지배하는 국가이기도 하다. 아마도 현재 스스로 사회주의나 공산주의국가라고 지칭하는 국가 중에서 중국만큼 세금을 적게 거두는 곳은 없을 것이다. 대략 인구의 4분의 3이 소득세를 내지 않을 정도다.[22] 또 재산세도 대부분 부과하지 않아 부유한 도시 주민들은 재산을 거의 그대로 유지할 수 있다. 다만 중국은 소비세에 더 많이 의존하는데, 그러면 부자보다 서민이 더 큰 부담을 짊어지기 때문에 모순적인 상황이라고 볼 수 있다.

지금까지 베이징 중앙정부는 재산세를 부과하겠다고 여러 번 발표했지만 실제로 실행한 적은 한번도 없다. 거기에는 정치적인 이유도 있는데, 중국 지도부는 '대표 없이는 과세도 없다'는 미국식 구호에 더 익숙한 것 같다. 다시 말해 국민에게 드러나지 않게 상대적으로 부담이 덜한 방식으로 세금을 거둬들이면 국민이 국가의 재정에 대해, 그리고 자신들의 정치 참여 권리와 관련해 의문을 제기할 위험이 줄어든다.

다만 이렇게 되면 복지에는 인색해질 수밖에 없다. 중국은 GDP의 약 10퍼센트만 복지 예산으로 지출하는데 이에 비해 미국은 GDP의 20퍼센트, 유럽은 평균 30퍼센트를 복지 예산으로 지출한다.[23] 연금이나 건강보험 관련 예산 역시 경제 규모가 비슷한 국가들에 비해 훨씬 더 낮다. 특히 실업보험에는 매우 인색해서 중국의 실업자 중 약간이나마 복지 혜택을 받을 자격이 있는 것은 전체의 약 10퍼센트에 불과하다.[24] 때때로 중국 내 진짜 좌파가 이러한 상황에 항의하기도 했지만, 정부 당국은 항의를 받아들이는 대신 마르크스 이념과 관련된 독서 모임을 조직하려던 학생들을 구금했다.[25]

무엇보다 시진핑 주석 본인이 복지 혜택의 확대가 필요하다는 의견을 강력하게 반박한다. 2021년 어느 중요한 자리에서 시진핑 주석은 연설을 통해 이렇게 말했다. "우리가 더 높은 수준의 발전을 이루어냈다고 해도 현금이나 현물 형태의 복지가 과도하게 이루어져서는 안 된다. 우리는 국민이 복지를 권리로 의식하고 게을러지는 걸 경계해야 한다."[26] 복지 제도가 국민을 게으르게 만든다니! 하지만 이건 중국 공산당 지도자와 과거 로널드 레이건 미국 대통령이 겹쳐 보이는 여러 언행 중 한 가지 사례에 불과하다.

중국의 경제 모형은 단지 마르크스 사상을 단순하게 적용한 것과는 거리가 멀다. 중국 공산당은 중국의 제도나 체계는 중국만의 특별한 상황을 따를 뿐이라고 주장한다. 마르크스와 레닌의 이념을 따르는 국가의 특징인 계획경제는 중국이라는 공학 중심 국가의 오래된 성향, 그중에서도 특히 건설이나 국가 통제 문제와 어느 정도 맞물리는 지점이 있다. 그렇지만 중국에도 자본주의적 요소가 어느 정도 존재하며, 중국이 소비에트연방 방식을 따르다 무너진 국가들과 달리 훨씬 더 견고한 경제모형을 만들어낼 수 있었던 이유도 바로 여기에 있다.

국가 주도의 건설과 통제, 그리고 자본주의라는 요소가 공존하면 때로는 갈등이 발생할 수밖에 없다. 중국에서 디지털 플랫폼 기업이 높은 수익성을 바탕으로 규모를 점점 키워가자 공산당이 통제에 들어갔는데, 이 이야기는 6장에서 더 자세히 다루도록 하겠다. 어쨌든 중국 공산당과 정부는 거대해진 첨단 기술 기업과 사업 분야에 대해 적지 않은 불만을 지녔다. 사람들은 국가의 개입 없이 상품을 사고 돈을 빌렸고 다양한 편의를 제공받았다. 무엇보다 미국 실리콘밸리가 그랬듯 중국 디지털 플랫폼이 만들어낸 억만장자도 자신들이 일궈낸 부와 지혜를 과시하기 시작했다. 결국 공산당은 이들이 사회에 영향력을 행사하기 전에 먼저 일격을 가했다. 사회 전반에 걸쳐 경제적 관계에 대해서만큼은 최종 결정권을 유지하고 싶은 것이 가장 큰 이유였다.

중국 일반 가정이 수입의 상당 부분을 비상 상황에 대비해 저축하는 건 중국의 사회 안전망이 부실하기 때문이다. 그렇지만 공학 중심의 국가는 이런 상황을 오히려 더 선호한다. 시진핑 세대는 1950년대에 성년이 되었고, 당시 중국은 스탈린의 정책과 이념을 모방해 중앙정부가 기업을 통제하는 동시에 중공업을 중심으로 산업화에 박차를 가했다. 그러면서 공산당은 지금의 고통을 참아내고 절약한다면 미래의 삶이 더 나아질 수 있다고 반복해서 이야기하고 또 이야기했다.

시진핑이 태어난 1953년, 베이징 중앙정부는 국가 자원을 집중해 700개의 산업화 시설을 완성한다는 제1차 5개년 개발 계획을 발표한다. 소비에트연방의 선례를 그대로 따르는 동시에 적지 않은 지원을 받아 금속가공 공장, 화학 시설, 방위산업체 등을 포함한 여러 사업에 필요한 기술적 지침도 확보했다. 2021년, 시진핑 주석은 과거 소비에트연방의 그 어떤 시도보다 훨씬 더 야심 가득한 제14차 5개년 개발 계획을 발표했다.

공학자 중심 국가의 이런 거침없는 행보는 비단 건설 사업에만 국한되지 않는다. 제14차 5개년 과학기술 계획의 서문에는 '우주의 기원과 진화에 대한 기초과학 연구를 수행하며 화성 궤도 탐사 및 소행성 탐사 같은 성간 탐사를 수행할 것'이라는 내용이 명시되어 있다. 또 거기에서 그치지 않고 '고밀도 X선 자유 전자 레이저 장치, 고고도 우주선 관측소, 포괄적 극한 조건 실험 장치, 그리고 배경 방사선(특정 지점의 환경에 존재하는 방사성물질에서 방출하는 방사선—옮긴이)이 극히 적은 지하 심층 최첨단 물리 실험 시설 등'을 만들거나 건설할 예정이다. 중국은 우주 탐사뿐만 아니라 '대형 쇄빙선'을 이용해 극지방 심해 탐사에도 나서려고 한다.

대중교통과 관련해서는 '도시 철도망 3,000킬로미터 추가 계획'과 함께 건설 예정인 고속철도 및 고속도로 구간도 명시되어 있다. 전력 확보에 대한 주요 목표로는 '티베트 자치구 야를룽창포강 하류에 수력발전 시설을 건설할 것'이며, 이를 통해 싼샤 댐 발전 용량을 3배로 늘리고 서부와 동부를 연결하는 초고압 송전선을 건설할 예정이다. 또 기후변화 대응 계획, 특히 수자원 관리에 대한 계획도 세워두었다. 7세기에 만든 대운하를 연상시키는 남수북조南水北條 사업을 추진할 예정인데, 3개의 운하를 건설하고 중국 남부의 강에서 물을 끌어들여 메마른 북부 도시에 공급하겠다는 야심 찬 사업으로 2050년 완공이 목표다. 이 사업에는 중국 전역에 대규모 저수지를 건설하고 대규모 홍수 조절 시설을 건설하는 계획도 포함되어 있다.

제14차 5개년 개발 계획을 보면 성간 연구를 비롯해 국가 주도의 여러 대규모 사업 계획을 중심으로 한다는 사실을 알 수 있다. 일반 소비자를 위한 사업도 있지만 앞서 언급한 계획만큼이나 사람들의 흥미를 자극하지는 않는다. 예컨대 소비 진작을 위해 '농촌 지역 전자 상거래 범위를 확대한다'거나 '불량 제품 보상 제도 개선', '도시 내 면세점 개선' 등과 같은 조치를 한다는 내용이 있다. 물론 이런 것도 중요하지만 화성 궤도 진출 같은 사업에 비하면 하찮게 느껴지는 건 분명하다. 경제 분야 전문가들이 세운 계획이라고는 하나, 과학 관련 사업에만 심혈을 기울이고 소비 장려 조치 등은 그저 장식처럼 덧붙인 게 뚜렷이 느껴지는 것이다. 중국 관료들이 의미하는 소비 장려를 위한 조치란 대개 새로운 상업 지구 건설이나 오래된 산업 장비를 교체하는 것 등을 의미하는데, 다시 말해 가계소득에서 더 많은 부분을 지출하도록 만들기보다 필요한 장소 건설에 대한 투자를 여전히 더 중요하게 여기는 듯하다.

마오쩌둥이 지배하던 시절 중국은 생산수단에 대한 완전한 국가 통제를 통해 마르크스의 이념을 문자 그대로 실천하려 했다. 그리고 덩샤오핑은 이 실패한 실험에서 벗어나 중국을 완전히 바꾸었다. 덩샤오핑이 즐겨 언급한 것처럼, 그가 생각하는 사회주의의 핵심 특징은 경제적 재분배가 아니라 '더 큰 과업을 달성하기 위해 자원을 집중하는 것'이었다. 이러한 유연한 사고방식을 통해 중국은 적응 능력을 크게 높이고 더 높은 성장을 이루어내며 21세기인 지금까지도 공산당 정권을 유지할 수 있었다. 이런 덩샤오핑의 관점에서 미국은 사회주의 목표를 상당 부분 이뤄낸 국가로 원자폭탄을 만든 맨해튼 프로젝트, 주간 고속도로 건설, 아폴로 달 탐사 계획 등은 주어진 자원을 모두 위대한 업적을 달성하는 데 집중한 사례다. 어쩌면 레이건 대통령이 내세웠던 전략적 방위 구상조차 사회주의 이념의 결과물로 받아들여졌는지 모른다.

'허영심으로 가득 찬 엉터리 계획', 리짜이융 스캔들

공학자 중심 국가가 제대로 기능한다면 상하이처럼 아름다운 도시를 건설할 수 있다. 다만 상하이는 아주 예외적인 예다. 애초에 상하이는 거의 100년 전부터 중국에서 가장 부유하고 서구화된 도시였다. 또 공학을 앞세우는 국가에도 문제점은 많다. 과연 무엇이 문제인지 확인하기 위해 다시 한번 구이저우성으로 돌아가보자.

번쩍거리는 새로운 교량 아래에는 여전히 가난한 주민들이 살고 있지만, 거기에 더해 막대한 부채에 대한 부담이 도사리고 있다. 구이저우성에서 여러 건설 사업이 시작되었을 때 사람들은 이런 사회 기반 시설을 통해 경제활동이 계속 유지되리라는 희망을 품었다. 그리고 그런 희망 중 일부는 실제로 실현되었다. 구이저우성의 소득은 2011년부터 2022년까지 매년 10퍼센트씩 늘어났는데, 도시화와 더불어 새로운 기반 시설을 통해 탄력을 받은 관광산업이 크게 도움이 되었다.

그렇지만 구이저우성의 기반 시설 관련 지출에 대해서는 대부분 성과가 부족한 것처럼 보인다. 초고층 교량 건설에는 엄청난 비용이 들어갔지만, 아직 그 비용을 회수할 만큼 수입이 발생했다고는 보기 어렵다. 열한 곳의 공항 중 다섯 곳을 오가는 항공편은 매주 12편 미만이지만 아직 3개의 공항을 더 건설 중이다.[27] 결국 현재 구이저우성 부채 비율은 중국의 성 중 가장 높은 편에 속하며, 실제로 재정난이 피부에 와닿기 시작했다. 그러자 지난 2022년 구이저우성 재무국은 대단히 이례적으로 더 이상 부채를 감당할 수 없다는 의견을 공개적으로 발표했다. 하지만 얼마 뒤 구이저우성 당국은 직접 발표했던 이 의견을 철회하고 말았다.[28]

이런 구이저우성의 반응에 대해 베이징 중앙정부는 크게 분노했다. 중국에서는 사람들이 빚을 받으러 온 수금 대행 업자보다 중앙정부가 파견하는 정치 감찰관을 훨씬 더 두려워한다. 공산당은 중앙기율검사위원회 소속 관리들을 구이저우성으로 파견했다. 이들은 중국에서 인정하는 최소한의 법적 관례조차 무시할 수 있다. 이들의 임무는 법을 앞세운 범죄 수사가 아니라 부패 행위와 재정 비리, 그리고 공산당에 대한 정치적 반동 행위까지 포함하는 다소 모호한 개념의 '공산당 기율 위반' 행위를 찾아내는 것이다. 어떻게 보면 중앙기율검사위원회는 중세 유럽의 종교재판소와 유사한 부분이 있으며, 모든 공산당원에게 공산당이 정한 교리와 규정을 강요한다.

그렇게 구이저우성으로 파견된 조사관들은 세계에서 가장 높은 교량이 놓인 구이저우성 최서단 도시 류판수이六盤水에서 수상한 점을 발견했다. 1962년에 태어난 리짜이융李再勇은 류판수이를 위해 원대한 계획을 세운 인물로 류판수이 공산당 서기로 재임한 3년 동안 23개의 관광 사업 계획을 승인했는데, 그중에는 고급스러운 중국식 사찰, 멀리서 보면 아름답지만 가까이에서 자세히 보면 조잡한 복제품에 불과한 유럽풍 광장 등이 있었다. 리짜이융은 스키 관광도시를 꿈꿨지만 류판수이에서는 눈이 1년에 고작 몇 센티미터 내릴 뿐이었다. 하지만 리짜이융은 관광객을 유치하기 위해 자칭 아시아 최장 거리를 자랑하는 스키장 전용 리프트를 건설했으며, 조성된 스키장을 눈으로 덮기 위해 수십 대가 넘는 인공 제설기도 동원했다. 또 눈에 보이는 언덕배기에는 모두 밤나무장미를 심었다. 이 독특한 나무의 열매는 돋아난 가시 때문에 흉해 보이지만, 맛이 좋아서 지역 주민들에게 인기가 있었다. 어쨌든 리짜이융은 의지가 충분하고 제설기만 넉넉히 갖춰진다면 맨땅에서 시작해도 훌륭한 관광 중심지를 만들 수 있다고 믿었다.

하지만 류판수이 주민은 대부분 리짜이융의 계획에 회의적이었다. 폭포와 카르스트지형의 동굴, 푸르른 산은 있었지만 류판수이는 전체적으로는 볼 때 그리 아름답거나 매력적인 곳이 아니었고, 지역 산업도 주로 석탄과 철광석 채굴에 집중되어 있었다. 이곳을 보도하기 위해 찾아온 방송국 제작진을 보고 "여기는 볼 게 별로 없다. 그런데 볼만한 걸 억지로 만들려면 엄청난 돈이 들어가지 않겠는가?"라고 말하는 주민이 있을 정도였다. 하지만 리짜이융은 이곳을 관광지로 만들 수 있다고 믿었고, 그런 자기 생각과 계획을 실천하기 위해 막대한 자금을 동원했다. 지역 은행들은 도시의 최고위직 인사가 추진하는 계획에서 감히 발을 뺄 수 없었다.

하지만 이런 리짜이융의 노력은 아무런 결과도 낳지 못했다. 류판수이는 스키 관광 명소가 되는 데 실패했다. 관광객들은 겨울이 다가오자 진짜 스키장과 진짜 눈이 있는 북동부 지역으로 떠났다. 베이징과 상하이의 부유층 관광객 역시 리짜이융이 만든, 겉만 번지르르한 유럽 복제품을 외면하고 진짜 이탈리아나 오스트리아로 갔다. 엉터리 유럽식 광장은 주민들이 키우는 염소들의 놀이터가 되었고, 염소들은 애써 가꾼 잔디를 다 뜯어먹었다. 밤나무장미 묘목도 모두 말라 죽고 말았다.

그렇게 해서 류판수이에 남은 건 210억 달러에 달하는 새로운 부채였다. 가난한 성의 가난한 도시 입장에서는 엄청난 금액이 아닐 수 없었다. 중앙기율검사위원회는 리짜이융의 사업 투자를 두고 '허영심으로 가득 찬 엉터리 계획'이라고 비난하며 은밀하게 사법절차를 진행했다. 2024년 관영 언론에서는 황금시간대 텔레비전 특별 방송을 통해 리짜이융의 사례를 보도했다.[29] 그는 여전히 훤칠한 풍채를 자랑했지만 구금 생활 후 염색약을 구할 수 없었는지, 아니면 큰 고통을 겪었는지 머리카락이 새하얗게 변해 있었다. 어두운 조명이 비치는 방 안에서 리짜이융은 자신이 무모하게 사업을 추진한 것에 대해 이렇게 설명했다. "모든 걸 국가 예산으로 진행했을 뿐이다."

그렇지만 리짜이융은 공금을 자기 멋대로 유용했고, 게다가 그러는 과정에서 아슬아슬한 정치적 곡예도 감행했다. 사실상 뿌리가 수백 년은 거슬러 올라가는 공산당의 인사 정책 중 하나가 관료를 여러 지역으로 순환 배치해 폭넓은 경험을 쌓는 대신, 한곳에 뿌리내려 권력 기반을 확보하지 못하게 하는 것이다. 즉 중국에서는 조 바이든처럼 경력을 쌓아가는 관료를 거의 찾아볼 수 없다. 바이든은 부통령에 이어 대통령이 되기 전까지 줄곧 델라웨어주에서만 정치가로 활동했다. 그런데 리짜이융은 류판수이에 정착하기 전까지 주로 구이저우성에서 관리로 일했다. 그가 한곳에서만 지내며 더 높은 자리로 오를 수 있었던 비결은 경제성장과 관련된 실적 과시였다.

공학자 중심 국가의 정치체제는 건설을 장려한다. 결국 중국의 정치 지도자는 선출되는 게 아니라 누군가에게 선택받아 자리에 오른다. 더 높은 관직에 오르기 위해서는 중국 공산당 중앙조직부에서 철저히 평가받아야 하는데, 이 중앙조직부는 중앙선전부, 그리고 중앙기율검사위원회와 함께 공산당의 가장 중요한 통치 수단이다. 중앙조직부에서는 지도력과 충성심, 청렴도 등 몇 가지 측정 지표를 바탕으로 각 지역 공산당 지도자를 평가하며, 공무원이나 관료의 경우 정치적 반대 의견을 이겨내고 경제성장을 이끌 수 있는지도 평가한다.

그렇지만 자신이 대표로 있는 성이나 현의 경제성장에 탁월한 의견을 내는 공산당 고위직은 거의 찾아볼 수 없다. 게다가 지방정부는 재산세 수입이 거의 없어 주로 지역 토지를 부동산 개발 업체에 매각해서 필요한 자금을 조달한다. 이런 인사 정책과 재정 관리 방식이 결합되어 겉으로는 그럴듯해 보이는 사업 계획에 투자를 강행하고, 퇴임한 후에야 비로소 실체를 드러내는 리짜이융 같은 공산당 고위직 겸 지방 지도자가 계속 나오는 것이다.

리짜이융은 상관들에게 좋은 인상을 심어주는 걸 진짜 목표로 삼았고 한동안은 성공을 거두었다. 공산당은 그에게 구이저우성 부성장 자리를 내주었고 그는 몰락하기 전까지 5년간 자리를 지켰다. 그러다 부채 상환 기한이 다가오면서 리짜이융의 경력은 끝났다. 리짜이융이 텔레비전 방송에 나와 자백 아닌 자백을 한 후 몇 개월이 지나 법원은 그에게 사형 구형과 함께 2년간의 집행유예를 선고했다.[30]

구이저우성에서 체포된 관리는 리짜이융만이 아니었다. 2023년 베이징 중앙정부의 명령으로 수많은 고위급 관리가 조사받았고 구이저우성 전 당서기까지 체포되었다. 다시 한번 말하지만, 구이저우성의 상황이 중앙정부의 성장 전략에서 벗어난 건 아니다. 중국의 거의 모든 지방에서 관광객 유치에 실패한 우스꽝스러운 유럽 복제품, 채무 상환이 불가능한 미활용 기반 시설, 뒤늦게라도 예산이나 자원을 절약하기 위해 애쓰는 과도하게 개발된 도시 등 의심스러운 사업 계획의 결과물을 얼마든지 찾아볼 수 있다.

리짜이융은 터무니없는 개발 계획을 추진했다. 서부 구이저우성처럼 낙후된 지역으로 가게 된 관리라면 누구라도 그렇게 했을지 모른다. 하지만 리짜이융은 베이징 중앙정부가 세운 정치 곡예 무대에서 너무 지나치게 자신만 믿고 재주를 부렸다.

중국의 맨해튼 '톈진'의 가려진 실패

공학자 중심 국가가 만든 결과물에 화려하게 성공한 상하이만 있는 건 아니다. 때로는 잘못된 투자로 낭패를 본 류판수이도, 때로는 과도하게 개발되기 전까지는 성공을 거두었던 톈진도 찾아볼 수 있다. 내가 베이징에 살던 무렵에는 톈진이라는 이름 자체가 과유불급의 대명사로 쓰였다. 그래서 어느 날 나는 기차를 타고 30분 정도 달려 직접 톈진에 가보기로 했다.

톈진은 경제적으로는 비교적 넉넉한 도시다. 2000년대가 되자 '중국의 맨해튼'을 목표로 일종의 금융 특구를 건설하는 데 막대한 자금을 투자했다. 처음에는 단지 홍보를 위한 과장인 줄 알았는데, 톈진은 정말로 맨해튼의 교육기관까지 들여오는 데 성공했다. 줄리아드 음악학교의 첫 국제 분교가 2020년 문을 연 것이다. 톈진은 과거 중국이 모든 경제 관련 계획을 소비에트연방의 사례에서 찾던 시절, 중국에서 가장 먼저 산업화가 진행된 도시 중 하나였다. 그런데 지금은 미국의 러스트 벨트Rust Belt(미국의 중서부와 북동부의 일부 지역을 표현하는 호칭으로 20세기 후반 산업 쇠퇴를 겪었다.—옮긴이)처럼 2차산업은 쇠퇴했고, 기대했던 금융 특구 효과도 그리 크지 않다. 톈진이 금융 특구로 지정한 빈하이濱海 지역의 고층 건물은 대부분 비어 있다. 2020년 내가 찾아간 평일에는 빈하이 중심가에 사람들 몇 명이 돌아다니고 있었지만 상가에는 사람이 거의 보이지 않았다. 중국의 맨해튼이 텅 빈 도시로 전락한 것이다.

톈진에는 비록 텅 비어 있지만 중국에서 세 번째로 높은 97층짜리 고층 건물뿐만 아니라 사진 찍기 좋은 도서관 중 한 곳도 있다. 톈진 빈하이 도서관을 설계한 네덜란드 건축가들은 도서관 중앙에 밝은 흰색 구체를 배치했고 그 주변을 따라 굽이치는 곡선 모양으로 서가를 구성했다. 그렇지만 이 서가 역시 진짜 책은 거의 갖춰져 있지 않았다. 가까이 다가가보니 그 아름다운 서가에 꽂혀 있는 건 표지만 씌운 가짜 책이었다. 주변에는 책을 읽거나 둘러보는 대신 인증 사진을 찍는 사람들만 가득했다.

나는 톈진 도서관이 중국 경제 전체를 상징하는 일종의 은유가 아닌가 가끔 생각한다. 멀리서 보면 인상적으로 느껴지는 훌륭한 겉모습과 달리, 정작 중요한 내부는 텅 비어 있다. 톈진은 그 멋진 고층 건물을 진짜 사업체로 채우는 데 집중할 수도 있었지만, 그 대신 텅 빈 공간만 더 만들었다. 그리고 결국 남은 건 감당할 수 없는 부채뿐이었다.

미국의 신용 평가 회사 무디스는 톈진시와 구이저우성 두 곳을 중국에서 부채가 가장 많은 지역으로 평가했다. 두 지역의 GDP 대비 부채 비율은 거의 이탈리아 수준에 육박한다.[31] 2018년 톈진은 빈하이의 성장률이 크게 과장되었음을 인정했고, GDP를 거의 20퍼센트까지 하향 조정해야 했다.[32] 중국 정부가 관련 통계나 자료 위조를 인정하는 건 드문 일이다. 따라서 중앙정부가 인근에 또 다른 대규모 개발 계획을 추진하는 모습은 더욱 의문을 자아낸다. 톈진에서 멀지 않은 곳에 시진핑 주석이 주도하는 대표적인 신사업 지구 중 하나인 슝안신구雄安新区가 있다. 시진핑 주석은 슝안신구가 중국에서 가장 현대적인 도시이자 '중국의 다음 세기를 책임질 전략'의 중심이 될 것이라고 선언했다. 시진핑 주석의 관심이 이 정도로 크기 때문에 슝안신구가 대규모 투자를 받을 가능성이 크다. 그렇지만 시진핑 주석이 자리에서 물러나거나 관심을 다른 곳으로 돌린다면 슝안신구 역시 또 다른 빈하이로 변할 수 있다.

베이징과 톈진, 그리고 슝안신구를 연결하는 구역 같은 거대 도시 중심지 건설 역시 중앙정부의 입맛에 맞춘 투자의 일환이다. 베이징에서는 12개 도시 지역을 집중 투자 대상으로 지정했다. 북부의 베이징, 동부의 상하이·항저우·쑤저우, 남부의 선전·홍콩·광저우, 중부의 우한·창사, 그리고 서부의 충칭·청두 등 5대 중심 지역 인구는 평균 1억 1,000만 명에 달하는데 이는 일본 인구와 거의 같다. 중국 정부는 철도와 지하철 및 버스 노선, 고속도로에 투자해 이들을 지역의 중심지로 연결하고 있다. 세계은행의 수석 도시계획 고문을 역임한 알랭 베르토Alain

Bertaud는 경제 전문지 《이코노미스트Economist》와 나눈 대담에서 이러한 집적 지역이 이전에는 볼 수 없었던 수준의 생산성을 어떻게 달성할 수 있는지 이야기했다. 산업혁명 당시 영국이 다른 국가들을 앞서나갈 수 있었던 것도 이런 식의 차별화 전략 덕분이었다.[33]

집적 지역 건설은 좀 더 많은 건설 계획을 통해 성장을 꾀하는 전략의 일환이기도 하다. 그리고 비단 중국 정부뿐 아니라 중국 기업들도 비슷한 전략을 취하고 있다. 미국과 유럽은 중국 기업의 과잉 생산을 이유로 무역 전쟁을 선포하고 외교적 압박을 가하고 있으며 철강, 알루미늄, 태양광 패널, 전기 자동차 등에 대해서는 상계관세(수출국 정부가 자국 기업에 보조금이나 장려금을 지급해 수출 상품의 가격을 낮췄을 때, 수입국이 자국 산업을 보호하기 위해 그 보조금만큼 관세를 추가로 부과하는 조치-옮긴이)를 부과했다. 공학자 중심 국가는 서비스업보다 건설 및 제조업 성장에 훨씬 더 관심이 많다.

잔혹하리만큼 치열한 중국 내 제조 경쟁

중국은 현재 연간 약 9,000만 대의 자동차가 판매되는 전 세계 시장에서 연간 약 6,000만 대의 자동차를 생산할 수 있는 역량을 갖추고 있다. 그중에서 약 3분의 1은 전기차, 3분의 2는 내연기관차다.[34] 중국의 국내 시장 규모가 생산량의 절반에도 미치지 못하면서도 이렇게 많은 자동차를 생산하는 건 모든 지방이 자동차 제조업의 중심지가 되길 바라기 때문이다. 중국에는 100개가 넘는 자동차 회사가 있으며 대부분 규모가 크지 않고 치열하게 경쟁 중이다. 자동차 회사가 모두 지방정부에서 많은 지원을 받기 때문에 경쟁이 치열할 수밖에 없다. 모든 지방정부가 저렴한 할부 이자와 할인을 통해 지역에서 생산되는 자동차를 널리 알리려 애쓰는데, 예를 들어 상하이에는 현지에서 생산되는 SAIC-폭스바겐 차량이 가득하고 선전에도 역시 지역 최고 회사 BYD가 시장을 장악하고 있다.

때로는 파산조차 이런 자동차 생산을 막지 못하는 경우도 있다. 소형 전기차 회사인 즈더우知豆는 2019년에 파산했지만 5년 후 정부의 지원을 받고 구조 조정을 거쳐 다시 생산을 시작했다.[35] 2020년 파산 직전까지 갔던 웨이라이蔚来, NIO도 허페이合肥시에서 구제금융을 지원받은 후 활기를 되찾아 다시 전기차를 판매하고 있다. 미국도 금융 위기 이후 디트로이트의 자동차 회사에 특별 구제금융을 제공한 적이 있지만, 중국에서는 지방정부가 끊임없이 지원한다. 그러다 보니 실제로 대규모 생산과 판매를 제대로 감당할 수 있는 자동차 회사는 거의 없으며, 이렇게 자국에서 남아도는 자동차를 판매하기 위해서는 수출에 의존할 수밖에 없다.

중국 정부는 소비자에 대한 지원보다 공급이 원활하게 이루어지는 데 훨씬 더 크게 신경 쓴다. 이러한 원칙은 2020년에 더욱 분명하게 드러났다. 미국이 세 차례에 걸쳐 총 3,200달러 이상을 지원하는 등 서구 선진국 정부들은 가계에 현금을 지급하는 방식으로 팬데믹 사태에 대응했지만, 중국은 어떤 지원도 하지 않았다. 실업 급여 정도만 아주 조금 인상했는데, 그것도 실업자 수백만 명 중 극히 일부만 혜택을 받을 수 있었다.[36]

베이징 중앙정부는 국내 노동자를 도울 최선의 방법은 일자리로 되돌려보내는 것이라는 판단을 내렸다. 다시 말해 개인 가계에 현금을 지원하는 대신 기업의 생산 재개를 돕겠다는 것이었다. 중국은 제로 코로나 정책을 추진하면서 외국인 여행객을 차단하고 SARSCoV-2(코로나19를 유발하는 코로나 바이러스 균주—옮긴이)가 발견된 모든 지역에 장기 봉쇄 조치를 시행하는 등 과감하게 대응했다. 베이징 중앙정부는 특히 제조 업체가 생산을 계속 유지하길 바랐다. 전 세계가 마스크나 면봉, 재택근무용 전자 제품 등 팬데믹 시기에 필요한 제품 생산에 어려움을 겪었고, 소비자에게는 경제적 여유가 있었기에 이런 수요를 감당할 수 있는 건 중국 공장이 유일했다.

한동안 이런 계획은 효과가 있었다. 중국의 무역 흑자는 2021년에 사상 최고치를 기록했고, 2022년에도 다시 최고치를 기록하며 그 규모가 거의 1조 달러에 육박했다. 트럼프 대통령이 대부분의 중국산 제품에 관세를 추가로 부과했음에도 미국과 중국 사이의 무역 거래량은 2022년 사상 최대치에 달했다.[37]

이러한 수출 호황도 지역 봉쇄에 따른 경제적 손실을 메우지 못했지만, 베이징 중앙정부는 업체에서 더 많은 제품을 생산할 수만 있다면 경제 상황은 회복될 것이며 국민에게 현금을 비롯한 다른 복지 혜택을 제공할 필요는 없을 거라고 생각했다.

그렇게 엄청난 양의 제품이 쉬지 않고 쏟아져 나왔다. 2020년 가을 상하이 외곽에 있는 첨단 기술 관련 제조 업체의 공장을 방문한 기억이 난다. 한 임원이 나를 초대해 새로 설치한 생산 설비를 견학하게 해줬다. 그 임원은 중국 국적으로 주로 미국 기업에서 일했지만 여전히 양국을 오가며 바쁘게 일하고 있었다. 견학이 끝난 후 그의 사무실에서 차를 마시며 우리는 왜 미국은 공장 운영에 어려움을 겪는지, 왜 지금 사람들이 필요로 하는 개인 보호 장비를 제대로 생산하지 못하는지 가볍게 이야기를 나누었다.[38] "미국의 제조 업체는 마스크나 면봉을 만드는 일이 이른바 '핵심 역량'에 속하는지 끊임없이 질문을 던졌고, 대부분은 아니라고 판단했습니다." 임원은 문득 찻잔을 내려놓고 나를 바라보았다. "반면 중국 기업들은 돈을 버는 것이 핵심 역량이라고 판단했기에 마스크나 시장에 필요한 다른 제품들을 생산하기 시작했죠."

다시 2020년으로 돌아간다면 세계 최대 전자 제품 생산 업체인 폭스콘Foxconn이나 세계 최대 규모의 전기차 제조 업체인 BYD, 그리고 중국 2위 전자 상거래 업체인 징동닷컴京东商城 등이 만들어내는 마스크를 시장에서 살 수 있을지도 모른다. 여러 회사가 마스크 제조나 금융업에 뛰어들기 위해 일부 생산 설비를 재정비했다. 중국의 대기업은 대부분 주저하지 않고 경쟁 기업의 핵심 사업 분야를 공략하기 위해 뛰어든다. 예를 들어 화웨이Huawei는 통신 설비 관련 장비 생산을 주력으로 하지만, 샤오미 같은 스마트폰 만드는 기업을 위협하는 수준까지 사업을 확장했다. 그리고 지금은 두 회사 모두 자동차 사업에 뛰어들어 서로 경쟁 중이다. 이러한 사업 확장은 치열한 시장 경쟁이라는 환경과 더불어 기업이 더 쉽게 신제품을 출시할 수 있도록 돕는 정부 보조금으로 더욱 탄력을 받는다.

이런 정부 보조금 덕분에 각 기업은 서로 엇비슷한 제품을 쏟아내는 동시에 무자비하게 낮은 가격으로 경쟁한다. 그리고 자기들보다 먼저 경쟁 상대의 자금이 고갈되길 기대할 수도 있다. 중국은 현재 전 세계 태양광발전 산업을 장악하고 있지만, 이런 과잉 생산능력 때문에 관련 기업 대부분이 만족할 만한 이익은 거두지 못하고 있다. 따라서 이런 식으로 운영되는 중국 기업 중 상당수는 일단은 잔혹한 가격 전쟁으로 전 세계 다른 경쟁사들을 시장에서 끌어내리나, 결국 자신들이 사업을 접어야 하는 상황에 부닥친다.

그런데 이러한 흐름이 계속되는 사이 중국 주식시장에서는 이해하기 어려운 이상한 현상이 발견되었다. 투자자들은 중국 주식시장 실적과 GDP 성장률 사이에 아무런 상관관계가 없다는 사실을 알아차렸다. 1992년부터 2018년까지 중국 경제는

8배나 성장했지만, 상하이 증권거래소에서 발표하는 종합 주가지수인 '상하이 종합 주가지수'는 주요 지수 중에서도 최악의 실적을 기록했다. 중국에서는 취약한 기업 지배 구조를 포함한 여러 이유 때문에 국내 주가가 그야말로 춤이라도 추듯 제멋대로 요동친다.[39] 예컨대 중국의 기업들은 태양광발전 시설 같은 특정한 기술 분야를 독점하고 있지만, 큰 수익을 낼 수 있는 기업은 거의 없다.

규모와 속도에 대한 집착이 낳은 '두부로 만든 집'

하지만 우리가 투자자를 동정할 필요는 전혀 없다. 이른바 중국 특색 사회주의 때문에 훨씬 더 큰 피해가 발생하는 경우가 있기 때문이다. 환경은 이러한 모든 건설 사업의 주요 피해자 중 하나다. 중국의 환경문제는 그냥 넘어갈 수준이 아니지만, 언제나 경제 개발이라는 대의에 의해 뒷전으로 밀려난다. 엄청난 양의 강철과 콘크리트를 퍼부어 고속도로를 건설하는 동안 주변 환경은 대부분 파괴된다. 게다가 이러한 고속도로 건설에는 엄청난 양의 에너지 자원도 필요하다. 중국은 현재 전 세계 모두를 합친 것보다 더 많은 석탄을 소비하고 있다.[40] 지난 10년 동안 중국의 대기 환경은 조금씩 개선되었지만, 중공업에 대한 집착으로 여전히 많은 도시에서는 칙칙하고 끔찍한 스모그를 마주해야 한다.

중국에서는 환경을 보호하기보다 오히려 건설을 통해 문제를 해결해보려 한다. 하지만 지난 5년 동안 중국은 기후와 관련된 비극을 반복적으로 맛보았으며, 거기에 더해 홍수를 조절하고 수자원을 적절하게 분배하기 위해 또 다른 대형 건설 사업에 투자했다. 하지만 상황이 개선되었다는 걸 증명하기는 어렵다. 2022년 여름, 충칭으로 자전거 여행을 다녀온 지 1년이 지나 다시 그곳을 찾았을 때 발견한 건 사방을 덮친 역사적 가뭄이었다. 충칭을 감싸고 흐르는 두 강 중 하나인 자링강이 거의 말라버린 걸 보고 나는 경악을 금치 못했다. 거대한 양쯔강조차 눈에 띄게 마른 지역이 있었다. 사람들은 더위를 피해 집 안에만 머물렀는데, 강물이 너무 말라 수력발전이 불가능해지면서 냉방장치도 쉽게 가동할 수 없었다.

중국이 겪은 또 다른 기후 관련 재난을 살펴보면 지하철이 물에 잠기면서 공식적으로만 14명이 익사한 허난성 대홍수, 2022년 겨울 발생한 중국 중부 지역의 대정전, 그리고 2024년 10만 명의 이재민이 발생한 광둥성 대홍수 등이 있다. 중앙정부가 주도한 대형 건설 사업이 이런 재앙에 가까운 상황을 어쩌면 개선했을지도 모르고, 또 어쩌면 아무런 영향도 미치지 못했을지도 모른다. 그렇지만 환경 과학자들은 이러한 종류의 공학적 접근으로 상황이 과연 달라질 수 있는지 의문을 제기할 때가 많다. 댐을 건설하면 홍수를 줄이는 데 도움이 될 수도 있지만, 하류 흐름이 줄어들고 증발에 따른 유량 손실이 늘어나 가뭄을 더 악화시킬 수도 있다.

중앙정부가 나서서 대규모 댐을 건설하면 생태계는 물에 잠기고 주민들은 정든 터전을 떠날 수밖에 없다. 현재 세계에서 규모가 가장 큰 댐은 충칭에서 멀지 않은 곳에 있는 싼샤 댐으로, 건설 과정에서 최대 150만 명의 주민이 이주해야 했다. 정부의 보상 조건은 대부분 나쁘지 않지만 새로운 고속도로든 상가든 피해를 볼 수밖에 없고, 개발에 반대하는 주민들을 정부는 수단과 방법을 가리지 않고 인정사정없이 쫓아버린다.

특히 가장 큰 피해를 보는 건 소수민족이다. 이들은 베이징 중앙정부의 사회공학 정책에 그대로 당할 수밖에 없다. 예를 들어 중국은 좀 더 쉽게 감시하기 위해 일부 티베트 주민을 야크와 말을 방목할 수 있는 고산지대에서 저지대 농장으로 억지로 이주시켰다. 번화가의 주택단지로 밀려난 유목민이 과연 뭘 할 수 있을까? 평생 농사를 짓고 가축을 돌보던 농촌 주민들이 고층 건물이 즐비한 곳으로 가서 살게 되었을 때 어려움을 겪는 건 어쩌면 당연한 일이다. 콜로라도대학교 소속 연구원 2명은 지역 주민을 억지로 고향에서 몰아내는 과정에 사용되는 중국 정부의 강압적 전략을 연구한 바 있다. 이른바 '사고 작업'이라고 불리는 이 전략은 이주를 자발적이고 행복한 선택으로 포장하거나 정부 지시를 거부하는 완강한 주민들과 집중적인 일대일 면담을 진행하는 것 등 종류도 다양하다. 그렇게 주민이 지쳐 나가떨어질 때까지 유인책과 위협을 반복하다가 결국 100퍼센트의 '자발적' 이주율을 달성하는 것이다.[41]

무모하게 진행되는 건설 사업은 종종 형편없는 결과물을 만들어낸다. 건설업자들은 학교 건물을 짓는 데도 값싼 자재를 사용했는데, 2008년 쓰촨성을 강타한 지진으로 수백여 곳의 학교 건물이 무너지고 공식적인 통계로만 5,000명이 넘는 어린 학생이 사망했다. 절망한 부모들은 정부의 부정부패에 대해 직접 알아보기 위해 나섰지만 공권력에 의해 가로막혔다. 정부가 주도하는 공공사업은 이를 책임진 공무원에게 사업 전반에 걸쳐 상당한 재량권을 부여하기 때문에 뇌물을 받을 기회도 많다. 아니, 설사 공무원이 정직하게 업무를 처리하더라도 처음 사업을 수주한 업체가 비용이 더 저렴한 건설 업체를 찾아 계약을 맺고, 다시 중간 수수료를 주고받으며 계약에 계약이 이어지는 방식이 이어지다 결국 터무니없이 싼 비용으로 공사를 맡겠다는 업체가 나타난다. 학부모들은 이런 부실 공사로 무너진 쓰촨성 학교들을 두고 '두부로 만든 집豆腐渣工程'이라고 불렀다. 다시 말해, 더 크고 더 많이 짓는다고 해서 항상 좋은 결과물이 나오는 건 아니다.

이와 함께 많은 건설 사업이 너무 많은 석탄을 태워 생산된 지나치게 많은 철강과 시멘트를 낭비하고 있다. 이런 수많은 자원을 고속도로 건설 같은 겉으로만 거창하게 보이는 사업이 아니라 건강이나 교육 같은 보다 내실 있는 사업에 활용할 수 있다면 얼마나 좋겠는가.

한편 부유한 가정 출신인 상하이 학생들은 다른 나라 학생들과 겨루어도 부족함 없는 실력을 과시하지만, 도심에서 멀리 떨어진 농촌 지역의 교육은 여전히 수준이 형편없는 경우가 많다. 코로나 팬데믹은 의사와 간호사의 부족을 비롯해 필요한 중환자실 병상 수가 미국의 6분의 1에 불과한 현실 등 중국 의료 체계의 취약성을 적나라하게 드러냈다.[42] 리짜이융 같은 관리라면 값비싼 장비로 가득 찬 크고 화려한 병원을 짓는 데 더 관심이 있을지도 모른다. 그렇지만 중국 공산당이 의료적 성과보다 신축 건물이라는 실적에 더 큰 보상을 해주기 때문에 시설 운영이 가능한 숙련된 기술자 배치 문제는 뒷전으로 밀려난다. 공학자 중심 국가는 주로 기록에 남을 만한 규모의 건설 사업에 초점을 맞춘다. 공중화장실은 많지만 휴지는 거의 제공되지 않는다. 중국 어디에서도 수돗물을 마시라고 권하는 곳은 없다. 심지어 상하이도 마찬가지다.

멈추지 못하고 달리는 중국, 그 자리에 가만히 멈춰 선 미국

공학자와 기술자를 앞세우는 중국은 지난 40년 동안 이것저 것 가리지 않고 건설 사업을 진행해왔으며, 그 결과 상당한 성과와 더불어 상당한 손해도 입었다. 중국이 건설 사업을 줄이고 반대로 미국은 늘린다면 미래는 더 나아질지도 모른다.

결국 나는 중국과 미국은 여러 면에서 서로 완전히 다르다는 사실을 깨달았다. 중국의 일반 가정은 소득의 상당 부분을 저축하지만, 미국에서는 필요할 때 돈을 빌리거나 신용거래에 의지하는 게 어렵지 않다. 중국은 정책적으로 경제의 공급 측면에 훨씬 더 집중한다. 예컨대 제조 업체에 특별 자금 지원 등 온갖 정책적 지원을 제공하는 반면, 소비는 억제하는 편이다. 반대로 미국은 부동산 가격이 비싼 도시에서는 임대료 책정에 간섭하고, 가계에 현금 지원을 하는 등 주로 수요를 키우고 유지하는 데 집중한다.

이런 두 가지 접근 방식에는 모두 문제가 있다. 더 크고 긴 다리를 세운다고 해서 중국이 세계 최대의 경제 대국이 될 수는 없다. 또 국내에서 소비될 만한 규모의 2배 이상으로 자동차를 언제까지나 생산할 수도 없다. 미국 역시 경제의 수요 측면에 지나치게 집중하는 것이 문제가 될 수 있다는 사실을 깨달았다. 예를 들어 연방 정부가 주택이 부족해 임대료가 치솟는 도시 주민들에게 임대료를 지원하면 임대인은 가격을 더 올릴 수 있고, 따라서 임차인은 아무런 이득도 얻지 못한다. 치솟는 대학 등록금에 대한 재정 지원을 늘려도 등록금은 그대로 인상하고 지원금 일부를 다른 곳에 써버리는 대학도 있다. 이제 미국은 '지나친 수요의 문제', '공급 측면의 진보주의', 그리고 '진보 원리 탐구' 같은 의제와 다양한 활동을 통해 그동안의 공급 제약 정책에 변화를 꾀하고 있다. 개인적으로는 이와 관련된 좋은 제안이 널리 채택되길 바란다.

미국과 중국의 경제적 협력으로 여러 집단이 많은 혜택을 보았다. 그렇지만 그 과정에서 양국의 경제체제 관련 문제점은 상황이 더 나빠졌다. 미국은 중국의 제조업에 지나치게 의존하면서 국내 공급 측면을 점점 더 소홀히 했다. 중국은 또 어떤가. 미국이 중국 상품을 언제든 사주었기 때문에 경제 분야에서 수출 의존도를 낮출 필요성을 전혀 느끼지 못했다. 하지만 두 나라의 사이가 조금씩 벌어진다면 미국과 중국 모두 어려움을 겪을 수밖에 없다. 미국은 공공사업 관련 건설과 제조업 역량 강화에 필요한 모든 자원과 능력을 되찾아야 하며, 중국은 국민이 나태해질지 모른다는 두려움을 떨쳐내고 국민의 소비에 좀 더 힘을 실어주어야 한다.

어느 쪽도 쉬운 일은 없다. 경제가 흔들릴 때마다 베이징의 중앙정부는 마치 기다렸다는 듯 또 다른 대규모 공공사업 계획안을 발표한다. 2023년 말, 약 1년간의 저성장이 지속된 이후 중국은 홍수 예방과 자연재해 복구에 1조 위안, 즉 약 1,400억 달러의 예산을 편성하겠다고 발표했다.[43] 계속해서 이어지는 5개년 개발 계획에서 드러난 것처럼, 중국의 모든 본능과 감각은 여전히 건설 사업을 향해 있다. 정부 각 부처와 국영기업은 항상 그다음 철도 연장, 그다음 교량, 그다음 지하철 노선에 대한 계획을 세우곤 한다. 앞서 세운 계획이 완료된 상태에서 새로운 예산을 투입하는 것은 경제성장에 빠르게 영향을 미칠 수 있으며, 새로운 교량 건설에 대한 지출은 경제통계에 즉각적으로 영향을 미친다. 2008년 대규모 사회 기반 시설 투자 이후 중국에서 신규 투자가 진행될 때마다 성장률이 감소했다는 사실은 전혀 중요하지 않다.[44] 중국 공산당 내부에는 공학과 기술 관련 인사가 넘쳐날뿐더러 마르크스와 레닌의 이념을 따르는 이상, 경제적 주도권을 국민에게 넘기고 싶어 하지 않기 때문에 끊임없이 건설 사업을 진행한다.

건설 사업의 규모를 줄이고 대신 질을 높인다면 물론 더 좋을 것이다. 그렇지만 사회 기반 시설 부족에 대한 인식이 상대적으로 낮은 미국 기준으로 중국을 판단해서는 안 된다. 멈추지 못하고 계속 달리는 것도 문제지만, 그보다 더 나쁜 건 아예 전혀 움직이지 못하는 상황이다.

미국의 상황을 볼 때 1970년대를 기준으로 전에는 얼마나 많은 건설 사업이 진행되었는지, 그리고 이후에는 상황이 얼마나 변했는지 확인하고 깜짝 놀라곤 한다. 2016년 기준으로 중국은 GDP의 13.5퍼센트를 기반 시설 건설에 투자했지만, 미국은 지난 30년 동안 매년 평균 3퍼센트 투자에 그쳤다.[45] 이런 차이를 한쪽은 좀 더 줄이고 한쪽은 좀 더 늘리는 식으로 더 좁혀나갈 수는 없을까?

나는 이 책을 주로 예일대학교 연구실에서 썼다. 예일대가 있는 뉴헤이븐은 메트로 노스Metro North 철도 노선이 뉴욕과 안정적으로 잘 연결되어 편하지만 속도가 다소 느린 것이 단점이다. 어느 날인가 1915년 메트로 노스 노선 시간표를 우연히 보게 되었는데, 뉴욕 그랜드 센트럴 역에서 뉴헤이븐을 오가던 급행열차의 운행 시간은 약 2시간으로 2025년과 별 차이가 나지 않았다. 물론 지금은 그때보다 정차하는 역이 더 늘어났기 때문에 이런 비교가 정확한 건 아니겠지만, 근처 주민들이 적어도 100년 전보다는 더 빠른 열차 운행을 요구하는 건 무리가 아니라고 생각한다. 미국 북동부 전체는 더 빠르고 편리한 노선 운행이 절실하게 필요하다. 현재 이 지역의 유일한 고속철도인 아셀라Acela를 유럽이나 아시아의 고속철도와 비교한다면, 앞에 붙은 '고속'이라는 명칭은 빼버려야 하지 않을까.

미국이 어떤 건설 사업을 지나치게 엄청난 비용을 들여 추진한다고 해도 그리 큰 문제는 아니라고 생각하는 사람도 있다. 어쨌든 여전히 미국은 부유한 강대국이니까. 그런데 사실 그런 식의 느린 접근은 전 세계적인 재앙을 불러올 수도 있다. 중국이 탁월한 역량을 과시하는 태양광이나 풍력발전, 그에 따른 송전 설비 건설 같은 대규모 사업이 진행되지 않는다면 의미 있는 탈탄소 시대를 맞이하기 어렵다.

조 바이든 행정부는 기후변화에 대응하기 위해 막대한 예산을 투입했지만 미국에서는 사업 자체가 너무 느리게 진행된다.

이와 관련해서 교훈이 될 만한 한 가지 사례가 있다. 미국 최초의 해상 풍력발전소가 될 수도 있었던 케이프 윈드Cape Wind 사업에 대한 이야기다. 어떤 개발 업체가 육지보다 빠르고 일정하게 불어오는 해풍을 이용해 매사추세츠 해안에 풍력발전소를 건설하려고 했다. 희망 부지였던 낸터킷 해안 근처 하이애니스포트Hyannis Port에는 케네디 가문처럼 부유하면서도 진보 시민을 자처하는 사람들이 살고 있었다. 이들은 힘을 합쳐 비영리단체를 설립했고, 하버드에서도 가장 유명한 법학 교수 중 한 명을 포함한 여러 변호사를 영입해 개발 사업을 반대하고 나섰다. 결국 16년에 걸친 소송전 끝에 개발 업체는 케이프 윈드 사업을 포기하고 말았다.

환경문제 검토에 따라 재생에너지 사업 계획이 지연된 사례는 이 밖에도 많다. 해상 풍력발전 시설의 경우 2024년 미국에서는 42메가와트 시설이 가동 중이었고 932메가와트 시설이 건설 중이었으며, 놀랍게도 2만 978메가와트 시설이 건설 허가를 기다리고 있었는데 대부분 환경문제 관련 검토와 분석 결과가 허가를 가로막았다.[46] 현재 전 세계 재생에너지 설비의 대부분은 중국에서 건설되고 있다. 2023년 미국이 6기가와트 규모의 신규 풍력발전 설비를 추가하는 동안 중국에서는 76기가와트 규모의 설비가 추가되었다.[47, 48] 그해 중국에는 전 세계 풍력 및 태양광발전소의 3분의 2가 건설되었으며, 이는 G7 선진국 모두를 합친 것보다 4배는 많은 수치다.[49]

법률가 중심 국가는 부유층의 이해관계를 아주 효과적으로 보호한다. 공학자 중심 국가는 다음 사회 기반 시설 건설 계획에 대해 참을성이 부족한 편이다. 중국에서 부유층이 법적 수단을 동원해 청정에너지 사업 계획을 취소하도록 압력을 가하는 것은 상상하기 어렵다. 만일 정말로 기후와 관련된 비상사태가 발생한다면 다른 국가들도 중국처럼 발 빠르게 움직여야 한다.

미국에서도 건설의 미덕에 대한 인식이 되살아나기 시작했다. 이러한 정치적 의식은 의외로 환경보호나 지역사회 보존이라는 명분을 내세워 관련 사업을 지연시키곤 했던 정치적 좌파 사이에서 시작되었다. 《뉴욕 타임스》에 글을 기고하는 언론인 에즈라 클라인Ezra Klein은 캘리포니아의 고속철도와 뉴욕 2번가 지하철, 그리고 거의 모든 대도시 주택단지처럼 민주당 성향이 가장 강한 지역에서 건설 관련 사업이 진행되기 가장 어렵다고 지적했다.[50] 에즈라 클라인과 역시 언론인인 데릭 톰프슨Derek Thompson은 함께 저술한 책 『풍요로움Abundance』에서 규제를 풀고 공급 측면의 진보주의를 실현할 것을 주장하기도 했다.[51]

중국 특색 사회주의의 장점이 빛을 발할 수 있는 지점이 바로 여기다. 대규모 건설 사업은 때로 시장의 기능 자체를 무력화한다. 구이저우성 사람들에게 실제로 주어진 건 많지 않을 수 있다. 그렇지만 새로운 도로와 고속철도를 이용해 시장과 도시로 이동할 때 이런 기반 시설은 이들에게 일종의 자부심이 될 수 있다. 건설 후 투자 비용을 회수할 수 없을 때는 채권자와 은

행이 반발할 수 있지만, 중국에서는 이를 서민이 누릴 수 있는 사회적 혜택에 대한 일종의 보조금이나 지원금으로 여긴다.

그렇다면 중국에서는 공급 측면의 진보주의가 실천되고 있는 걸까? 그건 아니다. 중국에는 미국의 좌파가 받아들일 수 있을 정도의 '진보적인' 모습이 전혀 없기 때문이다. 중국의 건설 방식이란 주민을 삶의 터전에서 몰아내고, 환경보호나 근로자 안전 문제에 대해서는 비교적 무심하며, 관련 주민들과의 실질적 소통 없이 오직 공익만 추구하는 방식을 의미한다.

중국의 과도한 건설 사업과 계획에 따라 심각한 사회적·재정적·환경적 비용이 소비되었다. 따라서 미국은 이런 방식을 비판 없이 모방할 필요는 없다. 다만 중국의 이런 사례는 미국에 일종의 정치적 교훈을 제공한다. 중국은 재정 문제는 생각보다 큰 제약이 되지 않는다는 사실을 보여주었다. 영국의 유명한 경제학자 존 메이너드 케인스John Maynard Keynes가 "우리가 실제로 할 수 있는 일이라면 어떻게든 감당할 수 있다"라고 말했듯이 말이다. 미국처럼 상대적으로 사회적 기반 시설이 부족한 곳이라면 건설 사업은 경제활동 증가를 통해 장기적 이익을 창출할 수 있으며, 그렇게 되면 투입된 비용을 빠르게 회수하는 것도 가능하다. 그리고 기반 시설이 부족한 지역에서 진행되는 대규모 건설 사업은 지역 주민을 행복하게 만들어주는 동시에 현금 지급 같은 복지 혜택에 회의적인 재정적 보수주의자를 만족시킬 수 있는 효과적인 재분배 수단이기도 하다.

공학자 중심 국가는 정부의 과도한 예산 소비에 항의하는 이른바 채권시장 자경단을 신경 쓰기보다 국민의 삶을 실질적으로 개선하는 데 더 집중했다. 구이저우성 주민들은 지난 수십 년에 걸쳐 생활환경이나 조건이 상상할 수 없을 정도의 수준으로 향상되는 모습을 직접 목격했다. 중국 공산당은 자유로운 기업 활동을 허용하고 대규모 사회 기반 시설을 건설함으로써 국민의 동의를 얻어 지배 체제를 유지할 수 있었다.

중국의 정책 입안자는 미국 투자자들의 근본적인 원칙, 즉 투자를 줄이고 자산을 축소해 수익을 창출한다는 효율성 중심의 투자 원칙에 얽매이는 것을 거부해왔다. 물론 어쩌면 미래에 재정난을 초래할지도 모르지만, 지금까지는 대규모 건설 사업을 통해 소수의 지배층뿐 아니라 서민의 삶도 크게 바뀌었다. 효율성에 대한 이런 무관심은 중국이 또 다른 성공을 거두도록 하는 데 핵심 요인이었다. 중국이 첨단 제조 기술 및 산업 분야를 선도할 수 있는 건 대규모 노동력을 보유한 동시에 낮은 수익률을 감내하기 때문이다.

3장
BREAKNECK

기술 강국 중국은 왜 제조업에 목숨을 거는가

미국에서
금형 전문가를 모은다 해도
당장 회의실 하나를
채울 수 있을지는 알 수 없다.
하지만 중국에서라면
축구장 여러 곳을 채우는 일도
그리 어렵지 않다.

선전은 중국은 물론 세계에서도 가장 빠르게 성장한 도시다. 인구는 1980년 30만 명에서 2000년에는 700만 명, 그리고 2020년에는 1,800만 명으로 급증했다.[1] 출신 지역으로 엄격하게 평가받는 많은 중국인에게 선전은 수많은 외부인이 뒤섞인 기회의 땅이다. 지금도 가끔 광고판에 등장하는 선전의 광고 문구 중 하나를 보자. '여기에 들어온 순간부터 당신은 선전 주민이다!' 아마도 고령화된 계층이 파리나 런던처럼 일정한 수준으로 배타적 성향을 유지하는 베이징이나 상하이를 겨냥한 구호이리라.

1980년 덩샤오핑이 선전을 이른바 '경제특구'로 지정했을 때 선전은 당시 영국 영토였던 홍콩과 바로 맞닿아 있다는 점 말고는 달리 특별한 점이 없었다. 덩샤오핑은 만일 선전이 성공을 거둔다면 자신을 제외한 다른 공산당 지도부는 감히 손대기를 주저하는, 그러니까 중국 경제에 대한 사회주의 방식의 억압을 무너뜨릴 수 있을 거라고 확신했다. 덩샤오핑은 선전에 아낌없는 지원 정책을 펼치고 야심이 있는 사람이라면 선전으로 이주하라는 내용의 글을 관영 매체에 싣기도 했다.

이런 덩샤오핑의 부름에 응한 건 경제적 기회를 거의 누리지 못했던 농촌 주민, 그리고 경직된 국영기업에서 일하며 좌절감을 느끼던 도시 주민이었다. 이주민들은 중국이 자본주의 시대로 진입하는 과정에서 큰 역할을 했다. 이들은 1980년대에 장난감, 의류, 그리고 기타 소비재 제조업에 뛰어들었고, 매년 생산능력을 키워갔다. 2000년대에 이르러 선전은 주요 전자 산업의 중심지가 되었고 중국의 노동력은 21세기 초반에 시작된 규모가 가장 큰 사업적 시도의 선봉이 되었다. 바로 지구에 사는 거의 모든 사람의 손에 스마트폰을 쥐여주겠다는 야심 찬 시도였다.

'중국의 실리콘밸리' 선전의 탄생

지난 2007년 미국에서 스티브 잡스가 아이폰을 발표했을 때 선전만큼 대량생산에 적합한 곳은 없었다. 애플은 몇 년 전에 아이팟 생산 규모를 크게 늘린 전례가 있었고, 따라서 선전이야말로 잡스가 구상했던 가장 대담한 제품을 만들어줄 도시라는 결론을 내렸다.

그렇게 해서 아이폰은 가장 보기 드문 소비재 중 하나가 되었다. 아이폰은 어디에서나 볼 수 있을 뿐만 아니라 사회적 지위를 상징하는 물건으로 여겨지기도 한다. 또 미국의 영감과 영업 능력이 대만의 폭스콘 같은 제조 협력 업체가 관리하는 수백만 명의 중국 노동자와 만나 최첨단 전자 제품을 탄생시킨, 양국 무역 관계 역사상 가장 크게 성공을 거둔 결과물이기도 하다. 수천 개의 부품을 조립해 세계에서 가장 복잡한 소비재를 만들어내는 노동력을 확보하는 일은 그리 쉽지 않았지만, 이 일이 성공함으로써 애플은 최초로 시가총액이 1조 달러를 넘는 기업으로 발돋움했다.

이러한 협력을 통해 더 큰 이득을 보는 것은 오히려 중국일지도 모른다. 애플의 기업 가치가 급등하는 동안 중국은 국제적 협력을 통해 매년 수십만 명이 넘는 자국 노동자를 확보했고 그 과정에서 국력이 자연스럽게 성장했다. 이후 여러 중국 기업은 이 노동력을 그대로 활용해 선전을 중심으로 전기차와 배터리, 일반 소비자용 무인기 등 다른 산업 분야에서도 세계를 선도하기 시작했다.

중국은 첨단 기술에 대해 미국의 실리콘밸리와는 완전히 다른 방식으로 접근했다. 소셜 미디어나 전자 상거래 같은 가상공간을 위한 기술이 아닌 현실 세계의 기술, 산업적 기술 확보에 집중한 것이다. 중국에서 생각하는 기술의 결과물이란 반짝이는 물체가 아니다. 선전 같은 공학 기술의 실무 공동체가 바로 그런 기술의 결과물이다. 선전에서 기술이란 직원들의 머릿속과 손안에 존재한다. 이제부터 1980년대에 옷과 장난감을 만들던 도시가 30년 후 어떻게 세계에서 가장 정교한 전자 제품을 만들 수 있을 정도로 수준 높은 기술을 확보했는지 알아보려 한다.

이 책 제일 앞부분에 언급했듯 중국의 첫인상은 그리 깔끔하지 않다. 물론 아주 깨끗하고 잘 정돈되어 있는 곳도 있는데, 내가 중국에서 가본 곳 중 정리 정돈이 가장 잘되어 있는 곳은 다름 아닌 애플 제품을 생산하는 공장이었다. 모든 노동자는 항상 자기 자리를 지키며, 직급이나 하는 일은 입고 있는 작업복을 보면 알 수 있다. 예를 들어 생산 관리자는 녹색 작업복을 입고, 조립 담당은 파란색 작업복을 입는다. 남자든 여자든 머리가 기준 이상으로 길면 위생 모자를 착용해야 한다. 공장에서 다른 회사 제품을 생산하는 곳에는 함부로 출입할 수 없다. 퇴근할 때는 혹시 몰래 들고 가는 물건은 없는지 확인하기 위해 6개 정도의 검사 및 확인 장치를 통과한다. 정해진 시간이 되면 구내식당이나 기숙사로 가고, 이후에는 자유 시간을 갖게 된다.

공장 단지에는 비슷한 건물이 여러 개 모여 있기에 자칫 길을 잃기 쉽다. 아이폰 생산 덕분에 단지 규모는 엄청난 속도로

커졌다. 선전 북부에 있는 폭스콘 제조 공장 단지의 면적은 무려 500에이커(약 61만 2,000평—옮긴이)에 달하며, 기숙사는 물론 식료품점, 찻집, 소방서, 병원, 영화관, 수영장, 그리고 공장 측에서 운영하는 다양한 식당도 있다. 이쯤 되면 그냥 공장 단지가 아니라 소규모 도시라고 할 수 있으며, 특히 크리스마스 수요를 감당하기 위해 생산량이 늘어나는 초가을에는 모여드는 노동자 수가 정점에 달한다. 기숙사도 빈자리 없이 가득 차서 한 방에 6명 이상이 모여 살기도 한다. 조립 설비는 하루 8시간씩 3교대로 가동하는데, 특히 아이폰을 생산하지 않는 순간은 단 1분도 없다. 가장 바쁜 기간에는 30만 명 이상이 모이는데, 30만 명이라면 미국 피츠버그나 세인트루이스 인구와 맞먹는다. 2009년 발표된 한 중국 보고서에 따르면 폭스콘에서는 매일 쌀 40톤, 돼지고기 20톤, 밀가루 10톤, 그리고 식용유 80톤을 소비하는 것으로 추산된다.[2]

2020년 폭스콘 이름으로 고용된 직원은 전 세계적으로 100만 명에 달한다.[3] 10년 전 선전에서 아이폰을 본격적으로 생산했을 때 어쩌면 골프장용 전기차를 타고 단지 안을 돌아다니는 누군가를 본 사람이 있을지도 모른다. 바로 폭스콘의 모기업인 홍하이 정밀공업鴻海精密工業股份有限公司의 창업자 궈타이밍郭台銘이었다. 당시 궈타이밍은 회사 수영장에서 수영으로 하루를 시작한 후, 특별히 자전거 종을 단 골프 전기차를 타고 밤늦게까지 공장 주변을 돌아다니며 생산 상황을 확인했다.[4] 고국 대만에서 보여준 업무에 대한 궈타이밍의 헌신과 노력은 전설로 전해 내려온다. 궈타이밍은 델이나 애플 같은 미국 기업에 적극적으로 접촉해 제품 생산 계약에 성공했으며, 기술 관련 비밀을 철저히 지키면서 제품의 품질을 유지한 채 계약 날짜에 정확하게 대량 생산함으로써 신뢰를 얻었다.

궈타이밍에게는 엉뚱한 면도 있는데, 그는 지난 2019년 꿈에 대만에서 바다의 수호신으로 알려진 마쭈媽祖 여신이 나타나 대만 총통 선거 출마를 권했다며 정치인으로서 출사표를 던져 당후보 선거에서 2위를 차지하기도 했다.

또 선전 공장 단지에 정부의 인가를 받아 폭스콘대학교를 설립해 25개 전공 학과를 개설했고, 그중 대부분이 공학 관련 학과였다.[5] 궈타이밍은 자신 못지않은 일 중독자만 심복으로 삼았다. 폭스콘 임원들은 일주일에 6일간 공장에 출근했으며 일요일에는 따로 모여 공부했다. 처음에는 주로 공학 원리를 주제로 삼았는데, 전직 임원에 따르면 최근 몇 년 동안 정치 교육이 더욱 중요해져서 중국 최고 지도자의 어록을 공부해야 한다고 한다. 10년 전 선전이 자유로웠던 시절 배운 '스티브 잡스 사상'이 규제가 더 강화된 지금은 '시진핑 사상習近平思想'으로 바뀐 것이다.

아무리 시대가 바뀌고 노동자 대우가 달라져도, 전자 제품 조립은 결국 지긋지긋한 반복 작업의 연속이다. 폭스콘에서는 가늘고 긴 손가락을 높이 평가해서, 더 섬세하고 민첩하다고 여겨지는 여성 노동자에 대한 선호도가 특히 높다. 내가 공장 관리자들에게 미국에서 아이폰을 생산하지 않는 이유를 물었을 때, 제일 먼저 나온 말도 바로 손가락이었다. 대만 관리자들은 내게 이렇게 말했다. "미국 사람들의 두툼한 손가락을 보세요. 그런 손으로 아이폰처럼 복잡한 제품을 어떻게 조립할 수 있겠어요?"

시진핑 사상 공부와 전자 제품 조립 중 어느 쪽이 더 지루한 반복의 연속인지 나로서는 판단하기 어렵다. 물론 둘 다 지루한 일이겠지만 공장에서 이루어지는 작업은 노동자들에게 더 큰 고통을 주었다. 2010년 12명이 넘는 노동자가 선전의 공장 기숙사에서 투신자살을 시도하지 않았다면 폭스콘에 대한 진실이 지금처럼 드러나지는 않았을 것이다. 이 비극으로 폭스콘과 애플은 위기관리 체제에 들어갔다. 언론을 피하던 궈타이밍 회장은 외국 언론인 몇 명에게 공장 단지 일부를 개방했고, 이후 기숙사 주변에는 더 이상의 사고를 막기 위해 넓이만 300만 제곱미터(약 90만 평—옮긴이)에 달하는 그물망을 설치했다.[6]

아이폰 판매가 폭발적으로 증가하면서 폭스콘은 끊임없는 인력 부족에 직면했고, 얼마 지나지 않아 선전 공장만으로는 더 이상의 성장을 기대할 수 없게 되었다. 궈타이밍은 노동자들이 선전으로 모이는 걸 기다리지 않았다. 대신 최대 규모로 인력 공급이 가능한 지역으로 이전하기로 결정했다. 그리고 중국에서 인구가 가장 많은 지역인 남서부의 쓰촨성과 충칭, 상하이를 중심으로 하는 동부 지역, 그리고 북부의 허난성에 공장을 세웠다. 이 지역들은 여전히 애플의 주요 생산지로 남아 있으며, 그중 규모가 가장 큰 공장 단지는 허난성의 성도 정저우郑州에 있다. 성수기에는 정저우에서만 약 35만 명의 노동자가 일할 수 있을 정도다.

중국 각 지역 관리들은 폭스콘 공장을 유치하기 위해 서로 경쟁했다. 이들은 폭스콘이 해당 지역에서 만들어내는 일자리와 세금 수입에 군침을 흘렸고, 이런 실적을 바탕으로 고속 승진도 가능하다고 생각했다. 그래서 폭스콘에 필요한 노동자를 얼마든지 공급하겠다고 약속했다. 청두에서는 생산량을 감당하기 위해 하급 공무원들이 각자에게 할당된 수의 노동자를 모아야 했고, 할당량을 채우지 못하면 직접 공장에서 일하라는 지시를 받기도 했다. 할당량을 채우지 못한 하급 공무원은 거기에 더해 할당량을 다 채운 동료들에게 잔혹한 놀림까지 받았다고 한다. "공장에서 일한다고 해서 투신자살 같은 건 사절이야" 같은 놀림이었다.[7]

허난성의 경우 공무원들은 노동자를 끌어모으는 기술이 다른 지역에 비해 더 뛰어났다. 2016년 허난성에서는 아이폰 생산량 급증에 대응하기 위해 한 국영 석탄 회사에서 필요한 인력을 '빌려' 왔다.[8] 2017년《파이낸셜 타임스》보도에 따르면 최대 3,000명이 넘는 고등학생들이 공장에 동원되었으며, 그중 일부는 하루 11시간씩 일했다고 한다. 일하지 않는 학생에게는 학교에서 졸업장을 주지 않았다고 한다. 대외적으로 이들은 '직장 체험'을 아이폰 공장에 자원한 이른바 '수습사원'으로 알려졌다.[9] 2022년에 코로나 사태가 터지고 공급망이 마비되자 이번에는 제대한 중국 인민해방군 예비역들을 공장으로 끌어들였다.[10] 당시 폭스콘 허난성 공장에서는 제로 코로나 정책에 저항하는 시위가 가장 극렬하게 벌어졌고, 젊은 노동자들은 벽돌을 집어 던지며 시위 진압 부대에 맞섰다.

헬렌 왕Helen Wang은 2000년대 초 미국 캘리포니아에서 폭스콘 임원으로 일하다가 애플 조달 책임자로 영입되었다. 그리고 아이폰 첫 제품의 부품 조달 업무를 맡게 되었다. 나와의 대담에서 헬렌 왕은 해당 업무를 맡았을 때 가장 먼저 떠오른 생각이 '도시 건설'이었다고 말했다.[11] 실제로 도시 규모의 공장 단지를 건설하려면 애플 본사와 폭스콘, 그리고 중국 정부 관계자들이 다 함께 힘을 합쳐야 했다. 헬렌 왕은 선전에서 적합한 부지를 확보하기 위해 산지를 평평하게 밀어버리는 작업이 진행되었다고 말했다. 또 다른 애플의 전 기술진에 따르면 한 지역과 계약을 맺은 후 4개월이 지난 다음 미국을 떠나 현장에 가보니 허허벌판이 6층짜리 건물로 바뀌어 생산을 준비 중이었다고 한다. 선전과 쓰촨, 그리고 허난성의 공무원들은 노동력 확보에 협력했을 뿐만 아니라 저렴한 토지와 막대한 세금 환급 혜택을 제공했으며, 도로와 기숙사까지 함께 세웠다. 베이징 중앙정부도 이를 지원하기 위해 일종의 '보세 구역'을 조성하고 허가했다. 정부는 기업과 긴밀히 협력해 노동자와 부품을 공장으로 보내고, 완성된 제품은 공장 밖으로 운송했다.

덩샤오핑은 다른 개혁파 지도자들의 도움을 받아 선전을 자본주의 이념이 꽃필 수 있는 곳으로 만들었다. 자본주의 이념의 실현에 필요한 건 무엇일까? 바로 선전이 1990년에 시작한 주식시장이다. 그 밖에는? 열악한 노동조건 속에서 쉴 새 없이 돌아가는 공장이다. 미국의 월마트는 이 지역에 막대한 자본을 투자해 양말이나 장난감, 그 밖의 일상용품 등 소비자가 원하는 거의 모든 상품을 조달했다. 2002년 월마트는 해외 조달 본부를 금융 중심지인 홍콩에서 공장들이 모여 있는 선전으로 이전했다. 그리고 그 무렵 선전의 공장들은 양말이나 옷 정도가 아니라 훨씬 정교한 제품을 생산했다. 소형 배터리를 비롯해 각종 전자 제품 연결 장비, 화면 장치 등 온갖 종류의 전자 부품을 어렵지 않게 만들어낼 수 있었다.

하지만 이런 성장이 공짜로 이루어진 건 아니다. 예를 들어 공장들 때문에 해양 환경이 오염되자 바다에서 굴이 사라졌다. 폭스콘과 월마트, 그리고 다른 여러 다국적 기업은 처참한 작업 환경으로 비난받았다. 선전에서는 새 건물이 지나치게 빨리 지어졌다. 정부는 '다섯 가지 부족', 즉 설계와 도면, 공식적 허가, 감독 시공, 등록이 없는 건물에 대해 우려를 내비쳤다. 《선전경제일보深圳商报》에 따르면 1983년에 세운 농촌 건물의 8분의 1이 심각한 구조적 문제를 겪었고, 때로는 그대로 무너진 사례도 있었다고 한다.[12]

홍콩에 살던 무렵 나는 선전을 자주 찾았다. 여객선을 타고 아름다운 경치를 감상하며 가거나, 그게 불편하다면 두 곳을 잇는 지하철을 이용할 수도 있다. 오늘날 선전은 중국에서 가장 살기 좋은 곳 중 하나로, 마천루와 상가가 가득하고, 거대한 나무도 많다. 그렇지만 도시의 과거는 완전히 사라지지 않았다. 큰길 사이사이로 반이나마 보존된 옛 마을이 즐비하게 늘어서 있어 유리로 이루어진 고층 건물보다 더 도시에 생동감을 불어넣는다. 업무 관련 회의가 끝나면 골목길로 들어가 낮에는 작은 직물 공방이었다가 밤에는 냉장고에 맥주를 가득 채운 채 해산물 철판 요리를 파는 작은 가게로 변신하는 이 도시 속 마을을 찾곤 했다.

선전의 중심은 화창베이華強北 종합 상가 단지다. 이곳은 여러 건물이 함께 어울려 늘어서 있는 거대한 시장으로, 향신료나 비단이 아니라 도매용 전자 제품이 진열대에 가득 차 있다. 보통 투명한 플라스틱 진열용 상자 위에 밝게 빛나는 간판이 걸려 있으며, 그 상자 안에는 전선, 반도체, 어댑터, 콘덴서, 그리고 상상할 수 있는 모든 전자 부품이 가득 담겨 있다. 사방이 활기가 넘치는 소음으로 가득한데, 사람들이 대량 주문 가격을 흥정하는 왁자지껄한 소리에 거래를 마치고 상자를 포장하는 소리 등이 가득 차면서 온통 시끌벅적한 분위기가 감돈다.

화창베이를 처음 찾아갔을 때 수백여 곳이 넘는 가게를 지나가다가 고래가 인쇄된 휴대전화 덮개를 보았다. 재미있다는 생각이 들어 하나 사려고 물어보니 주인은 좀 당황한 듯 보였다. "보통 100개 이상 주문받아요." 주인은 결국 잠시 시간을 들여 주문기 설정을 바꿨고, 나는 원하는 대로 하나만 살 수 있었다.

선전을 비롯해 광저우, 둥관, 주하이, 그리고 여섯 곳이 넘는 다른 주변 도시의 인구를 모두 합치면 독일 전체 인구와 맞먹는다. 이 지역도 꽤 매력이 있다. 홍콩에는 숨 막힐 듯 아름다운 산과 마천루가 즐비하고, 광저우에는 멋진 사찰이며 대저택이 있다. 그렇지만 이 지역을 거대한 산업 단지, 특히 전자 제품 생산지로 바라보는 게 더 이해하기 쉬울 것이다. 선전 중심부만 벗어나도 쉽게 알아볼 수 있는데 먼지 낀 길을 따라 공장과 창고, 공구상이 늘어서 있고 대부분 아름다움과는 거리가 멀다.

누군가 선전을 '중국의 실리콘밸리'라 부른다면 그건 아주 적절한 표현이다. 캘리포니아의 팰로앨토에서 샌호세까지 이어지는 구간과 비슷하게 선전 역시 아름다운 자연경관 속 고속도로를 따라 늘어선 답답해 보이는 사무용 건물로 가득하다. 내 친구들은 선전도 실리콘밸리처럼 젊은 사람들이 모여 새로 사업을 시작하기에 좋은 곳이라고 말하곤 했다. 여럿이 함께 저녁을 먹으며 제안을 교환하고 정확하게 업무를 분담한 뒤 다음 날 아침부터 바로 일을 시작한다. 반면 베이징에서의 저녁 식사 자리는 끝없이 오가는 술잔에 고위층 인맥에 대한 과시와 허세, 그리고 어정쩡한 업무 분담으로 가득하다.

애플이 그저 멀리 있는 업체에 새로운 업무 지시만 내린 건 아니다. 그보다 애플 본사와 선전이 긴밀한 협력 관계를 이어갔다고 하는 게 옳은 관점일 것이다. "애플 본사가 제품 설계도만 보내는 게 아니다. 그러면 마치 상호작용이 전혀 없는 것처럼 들리지 않나."[13] 애플 CEO 팀 쿡Tim Cook이 어느 언론과 나눈 대담에서 한 말이다. 캘리포니아에서 설계하고 다른 지역에서 생산한다는 개념에는 '일종의 긴밀한 협력 관계가 그 바탕에 있어야 한다.' 지난 2019년 미국의 유나이티드 항공은 애플이 자사 영업에 얼마나 큰 도움이 되는지 보여주는 홍보물을 제작했다.[14] 유나이티드 항공은 애플이 샌프란시스코에서 상하이까지 매일 비즈니스석 50석을 예약해준 덕분에 매년 3,500만 달러의 수익을 올렸다고 밝혔다. 계산하면 한 노선에서만 1만 8,000석이 넘는 비즈니스석을 판매한 것이다.

전 세계에 위치한 수십 곳이 넘는 애플 제조 시설은 모두 정확히 같은 수준의 품질을 유지해야 한다. 그런 이유로 애플 본사에서는 기술 관련 관리자들을 선전을 비롯한 아시아의 현지 공장에 파견해 머물게 하고, 생산 문제를 해결할 때까지 돌아오지 말라고 지시했다. 품질 일관성에 대한 이러한 지시는 내가 공장을 찾아갔을 때 엄격하고 딱딱한 느낌을 받은 이유를 설명하는 데 도움이 된다. 생산 과정은 매우 위계적이었고, 마치 군부대처럼 전체적으로 질서가 잡혀 있었다. 폭스콘 모기업 공식 명칭에 '정밀공업'이라는 말이 들어가는 것도 일견 이해가 가는 상황이었다.

2012년《뉴욕 타임스》에 실린 한 기사에 따르면 애플은 아이폰 생산 초기에 약 9,000명의 산업공학 전문가를 채용해야 했다.[15] 본사 분석가들은 미국에서 그렇게 많은 전문가를 한꺼번에 찾으려면 9개월은 걸릴 것으로 예상했다. 그런데 중국에서는 2주 만에 모든 채용이 끝났다. 우수한 인력이 충분할수록 설계와 생산 기간이 단축된다. 팀 쿡도 이런 말을 했다. "미국에서 금형 전문가를 모은다 해도 당장 회의실 하나를 채울 수 있을지는 알 수 없다. 하지만 중국에서라면 축구장 여러 곳을 채우는 일도 그리 어렵지 않다."[16]

애플과 폭스콘은 품질 기준을 유지할 수 있는 노동자 확보 말고도 선전의 또 다른 장점을 발견했다. 한곳에 촘촘히 모여 유기적으로 연결된 여러 공장은 제조 과정에 유연성을 제공한다. 내가 만난 애플 전 직원은 갑작스러운 설계나 기능 변경으로 예측 불가능한 수요가 발생한다고 지적했다. 애플은 가장 중요한 아이폰 부품, 그러니까 촬영 장비나 메모리, 그리고 반도체 칩 등이 어디에서 어떻게 공급되는지는 잘 파악하고 있지만, 그 외의 부품 공급망과 관련해서는 예상치 못한 일이 끊임없이 발생한다.[17] "설계나 기능이 바뀌면 거기에 맞춰 새로운 부품이나 공정이 필요합니다. 예를 들어 특정한 종류의 접착제나 크기가 약간 다른 나사가 필요한 식이죠."

따라서 애플로서는 급하게 필요한 다른 공급 업체를 찾아야 하는데, 이 직원은 이렇게 설명했다. "하지만 선전에서는 새로운 나사 수십만 개 정도는 어렵지 않게 만들어낼 수 있는 공장을 쉽게 찾아낼 수 있습니다."

선전에서라면 전자 제품을 생산하는 데 필요한 거의 모든 부품을 조금만 움직여도 찾아낼 수 있다. 이런 접근성은 곧 높은 효율성과 이어진다. 어떤 문제를 급하게 처리해야 할 때, 다음 날 아침 모든 관련 공급 업체 대표를 한자리에 모을 수 있다면 몇 주는 걸릴 회의 일정도 몇 시간으로 줄일 수 있다. 그리고 만약 예상치 못한 문제가 발생할 경우, 근처에 당장 도움을 요청할 수 있는 친절한 공장도 많다. "만약 가스 누출 사고가 발생해도 바로 이웃을 찾아가 필요한 부품이나 공구를 가져다 쓰고 다음 날 돌려주면 됩니다." 어느 미국 사업가가 내게 해준 말이다.[18]

선전의 노동자들은 그렇게 음악 재생 장치며 스마트폰, 그리고 여러 전자 제품을 조립하며 기술을 배워나갔다. 그리고 얼마 지나지 않아 현장 관리자와 일부 전문가는 화창베이의 폐기장을 돌아다니며 남는 부품으로 뭘 할 수 있을지 고민했다. 이러한 부품들은 매년 성능이 향상되었는데, 월간지 《와이어드Wired》의 전 편집장 크리스 앤더슨Chris Anderson은 이를 두고 '스마트폰 전쟁을 통해 얻은 부수적 이득'이라 불렀다.[19] 스마트폰 부품 공급망에 수천억 달러가 투자되면서 카메라, 센서, 배터리, 모뎀 등 전자 부품의 가격이 급락했고, 우리는 한때 소수의 부유한 강대국이 특별한 용도로만 사용하던 첨단 장비를 주머니에 넣고 돌아다닐 수 있게 되었다.

많은 기업이 이런 부수적 효과를 바탕으로 성장에 성장을 거듭했다. 실제로 선전은 세계 최대 전기차 제조 업체 BYD, 세계 최대 일반 소비자용 무인기 제조 업체 DJI, 그리고 세계 최대 통신 장비 제조 업체면서 그만큼 많은 어려움을 겪는 화웨이를 포함해 중국에서 가장 역동적인 기업의 본사가 위치한 곳이다. 지금의 전기차는 스마트폰에서 빌려온 전자 부품으로 가득 차 있으며, 일반용 소형 무인기 역시 스마트폰에 필요한 여러 부품을 합치고 거기에 날개를 달아 만든 것이나 다름없다.

선전의 이런 마법과도 같은 성장은 매년 발전을 거듭하는 수많은 전자 부품의 산 위에 올라선, 세계에서 가장 창의적인 공학자와 그동안 첨단 전자 제품 조립 기술을 익힌 수백만 명의 노동력이 하나로 합쳐진 결과다. 이 활기 넘치는 생태계는 전동 보드나 스쿠터, 가상현실 헤드셋 등 애플의 첨단 제품 뒤를 따라가며 수많은 다른 제품을 탄생시켰고, 앞으로 또 어떤 제품이 나올지 상상조차 가지 않는다.

중국은 그저 모방만 한다?
밑바닥에 감춰진 중국 제조업의 진짜 역량

지난 2017년, 첨단 기술 관련 분야를 취재하기 위해 중국으로 갈 때만 해도 미국에서 중국 기업은 혁신을 이룰 수 없다는 말이 자주 오갔다. 중국이 할 수 있는 일은 그저 모방하고 훔치는 일뿐이라는 것이다. 실리콘밸리 일부에서는 선전에서 놀라운 일이 벌어지고 있다는 사실을 알았지만, 다른 미국 사람들이 중국을 대하는 태도는 대체로 그런 식이었다.

그러다가 내가 중국을 떠난 2023년 무렵에는 그런 시각이 많이 바뀌었다. 중국이 전기차를 비롯한 친환경 기술의 주요 생산국이 된 후로는 중국에서 개발 가능한 주요 핵심 기술은 하나도 없다고 말하는 사람은 많이 줄어들었다. 중국의 첩보 활동 역량이 미국의 국가 안보를 위협하고, 중국의 제조 역량이 서구 기업을 집어삼킬 수도 있는 위기 상황에서 불안감이 과거 중국을 무시하던 태도를 몰아내고 있었다. 하지만 우리는 여전히 선전 같은 제조업 중심 지역의 역량을 제대로 평가하지 못하며, 중국 전체의 기술적 역량이 어떻게 발전했는지에 대해 진지하게 관심을 기울여본 적이 없다.

아이폰은 중국의 꾸준한 기술 발전의 상징과도 같다. 2007년 애플은 미국의 화면 부품, 일본의 카메라 부품, 한국의 메모리칩, 독일의 센서 등 아이폰에 들어가는 거의 모든 고부가가치 부품을 선전으로 보냈다. 선전은 대신 이런 부품 조립에 필요한 노동력을 제공했는데, 당시 이런 노동력은 아이폰 최종 가치의 약 4퍼센트에 해당했다. 어느 전직 애플 임원은 그 후 10년 동안 중국이 자체적으로 부품을 더 많이 조달하게 되면서 결국 아이폰 공급망도 계속 '중국화'되었다고 고백했다.[20] 그러다 2017년에 아이폰 X이 출시될 무렵에는 음향 부품과 충전 모듈, 그리고 배터리 팩 등의 부품이 중국에서 생산되었고, 한 분석에 따르면 아이폰 X 최종 가치의 약 25퍼센트가 중국 몫이었다.[21]

2010년대 들어 중국은 미국에서 진정한 기술 혁신으로 인정하는 디지털 플랫폼을 개발하기 시작했다. 2017년에 알리바바나 텐센트Tencent 등 거대 첨단 기술 기업은 온라인에 접속하는 10억 명의 중국 사용자를 두고 바이트댄스ByteDance 같은 신흥 기업과 치열한 경쟁을 벌였다. 알리바바 같은 전자 상거래 기업은 미국의 인기 가수 테일러 스위프트Taylor Swift를 상하이 행사에 초대하는 등 깜짝 놀랄 만한 할인 판매 행사를 열었고, 이런 노력은 곧 구매 열풍으로 이어졌다. 중국 소비자는 세계 어느 나라 소비자보다 열정적으로 온라인 구매에 참여했다. 뛰어난 물류망을 갖춘 인구 밀집 도시에 거주하면 이런 기업들을 통한 상품의 구매와 배송이 더 빠르게 이루어진다. 중국 사람들은 선진국의 생활 방식을 몇 단계 건너뛰어 개인용 컴퓨터와 이메일, 신용카드 대신 스마트폰을 비롯해 텐센트의 위챗WeChat 앱 등을 통해 생활을 꾸려나갔다. 2017년부터는 틱톡이 인기를 얻었고, 전 세계 채굴 서버 대부분이 중국에 있다는 점을 생각해봤을 때 중국은 인공지능 분야뿐만 아니라 가상 화폐 시장까지 장악할 것으로 예상되었다.

그런데 몇 년이 지난 후 시진핑 주석이 중국 디지털 플랫폼 기업을 공격했다. 시진핑 주석은 특정 산업을 지원하고 자신의 치적을 쌓는 걸 더 중요하게 생각했다. 특히 가상 산업과 경제를 경멸해서 이른바 자본의 '야만적 성장'을 비난했으며, 대신 실제로 눈에 보이는 산업 발전에 집중했다. 다시 말해 국가의 모든 역량을 제조업에 쏟아붓겠다는 뜻이었다. 중국은 반도체나 항공기 등 몇몇 핵심 산업 분야에서는 서구 국가에 비해 여전히 몇 걸음 뒤처져 있지만, 다른 분야는 대부분 거의 따라잡았다.

중국은 초고압송전선, 고속철도, 그리고 5G 통신망 구축 분야에서 세계를 선도하고 있다. 중국 제조 업체는 독일이나 일본에 근접한 수준의 금형 장치, 강철 프레스, 로봇 팔 같은 자동 생산 설비를 만들어낸다. 가전제품 분야에서도 다른 아시아 경쟁자 대부분을 제쳤는데 화웨이를 비롯해 오포Oppo, 비보Vivo, 그리고 샤오미 같은 휴대전화 제조 업체는 그동안 애플에 큰 도움을 준 노동력 및 부품 생태계를 그대로 활용했다. 2025년 현재 세계 최대 휴대전화 제조 업체는 애플과 삼성이며, 그 뒤를 주로 개발도상국 시장에 집중하는 6개 중국 기업이 따르고 있다.

중국은 대부분 전자 상거래 시장에서 찾아볼 수 있는 초저가 상품뿐 아니라 고급 음향 장비나 주방용품도 다수 생산한다. 하지만 노동자들이 이렇게 다양하고 많은 제품을 만들어도 사람들이 다 알아보는 세계적인 상표나 명성을 구축한 중국 기업은 거의 없다. 예컨대 1970년대부터 음향 기기, 게임 장비, 디지털 카메라, 휴대용 계산기 등의 분야에서 완전히 새롭고 혁신적인 제품을 개발해 전 세계 소비자를 사로잡은 일본 기업들에 비하면 훨씬 뒤처져 있는 것이다. 중국이 거둔 성취는 대부분 좋은 제품을 저렴하게 만드는 데 집중되어 있다. 그렇지만 나는 품질 좋은 제품을 만드는 것만으로도 중국의 명성이 높아질 가능성은 있다고 생각한다. 품질이 좋아지면 기업의 명성도 따라서 높아지는 법이다. '메이드 인 저팬'에 대한 인식이 조잡한 싸구려 제품에서 고부가가치 제품으로 바뀌어간 것처럼 중국 기업들 역시 적어도 10년 안에 지금보다 더 좋은 평가를 받게 될 것으로 예상된다.

중국이 확실하게 거둔 산업적 성공은 청정 기술, 다시 말해 경제 탈탄소화에 필요한 재생 전력 생산 장비 분야와 관련이 있다. 2025년에 중국 기업들은 태양광 산업 가치 사슬의 모든 부문을 장악하고 전기차에 동력을 공급하는 대용량 배터리 대부분을 생산하며, 풍력발전기를 비롯해 수소 전기분해 설비 분야에서도 주도적 위치를 점할 것이다.

물론 아직 취약한 분야도 존재한다. 항공기 엔진이나 반도체 기술을 서구 선진국 도움에 의존하는 것을 중국 지도부는 큰 약점으로 여긴다. 중국에서 생명공학 관련 산업은 규모가 크지만, 중국 제약 회사는 아직 세계 시장을 선도할 수준의 신약이나 백신을 개발하지 못했다. 중국 대학에서 미국 과학계가 깜짝 놀랄 정도의 획기적인 논문을 발표하는 경우는 흔치 않다.

실제로 중국은 순수 과학 분야에서는 여전히 상당한 약점을 보인다. 일본 연구자들이 순수 과학 분야에서 20개가 넘는 노벨상을 받는 동안 중국 국적자가 받은 과학 분야 노벨상은 단 1개뿐이다. 이제 중국은 과학 분야를 발전시키기 위해 막대한 자원을 투자하고 있다. 2019년 중국은 최초로 달 뒤편에 탐사선을 보냈는데, 그로부터 1년 후 중국 과학자들은 위성을 이용한 양자 암호화 통신에 성공했다. 중국 우주국国家航天局은 2030년까지 달에 사람을 보내겠다고 발표했다. 물론 그보다 60년이나 앞서 달에 우주선을 보낸 미국을 능가하는 성과는 아니지만, 중국이 점점 더 어려운 과제를 달성할 수 있도록 과학적 역량에 꾸준히 투자하고 있다는 사실을 보여주는 신호다.

미국과 중국은 이런 면에서도 전혀 다른 모습을 보여준다. 미국에서 혁신이란 항공우주국과 대학, 혹은 연구실에서 일하는 과학자들에게 기대할 수 있는 결과다. 미국은 최초의 태양광 전지, 최초의 개인용 컴퓨터, 최초의 비행기 같은 발명의 순간을 기념한다. 반면 중국에서는 기술 혁신이 신제품이 대량생산되는 작업 현장에서 시작된다. 첨단 기술 분야에서 중국의 부상을 뒷받침하는 건 현장에서 배우면서 끊임없이 개선해나가는 놀라운 능력이다.

핵폭탄 기밀 부품 제조법을 잃어버린 미국

기술에 대해 이야기할 때 우리는 세 가지를 구분해야 한다. 첫째, 기술은 곧 도구다. 예컨대 요리할 때 필요한 냄비, 프라이팬, 칼, 그 밖의 조리 기구 등이다. 둘째, 기술은 명확한 지침이다. 기록으로 남길 수 있는 요리법, 설계도, 특허 등이 여기에 포함된다. 그리고 가장 중요한 세 번째, 기술은 절차적 지식 혹은 과정 지식이다. 다시 말해 실제 경험을 통해 얻은 숙련도로, 이런 지식은 쉽게 전달되지 않는다. 요리 경험이 전혀 없는 사람에게 달걀을 익히는 간단한 일을 시킨다고 해보자. 모든 게 잘 갖춰진 주방에 상세한 요리 방법을 알려준다고 해도 결과물은 여전히 엉망진창일 것이다.

건축에 대한 접근 방식만 봐도 중국이 절차적 지식에 어떤 의미를 두는지 확인할 수 있으며, 중국 문화에 관련된 더 깊고 흥미로운 점을 보여준다. 내가 가장 좋아하는 중국 관련 책 중 하나는 벨기에의 중국학자 시몽 레Simon Leys가 쓴 짧은 글을 모아놓은 『쓸모없음의 전당The Hall of Uselessness: Collected Essays』이다.[22] 이 책에 실린 '과거에 대한 중국의 태도'라는 글에서 레는 중국 건축가들의 건축 기술을 고찰한다.

지금까지 전 세계 건축가들은 시간의 흐름을 거스르기 위해 노력해왔다. 고대이집트와 중세 유럽에는 돌로 지은 거대한 피라미드와 성당이 있었다. 그런데 레의 지적처럼 중국의 건축가들은 오히려 무너지고 깨지기 쉬운 자재를 사용해 시간의 흐름에 순응하는 방식을 선택했다. 사찰 하나를 보더라도 나무로 기둥을 세우고 종이를 덧댄 문을 붙이면, 시간이 흐를수록 자주 고치고 손봐야 한다. 레는 '건물에서 영원이라는 요소가 빠져야 한다'라고 썼다. '영원이라는 요소는 건축가의 것이다'라면서 말이다. 중국의 건축가들은 가장 튼튼한 재료를 사용하는 대신, 세월의 덧없음을 그대로 받아들이고 자신들의 영혼이 담긴 건축양식이 영원히 이어지는 쪽을 택했다.

이런 사상의 가장 좋은 사례는 중국이 아니라 일본 토착 종교 신토를 따르는 신사神社 중 한 곳인 이세 신궁伊勢神宮에서 찾아볼 수 있다.[23] 이세 신궁은 일본에서 가장 신성한 신사로, 서기 690년에 처음 세워진 이후 장인들이 재건축을 거듭해왔다. 목재와 건초로 세운 신성한 건물을 20년마다 완전히 새로 짓는 것이다. 2033년에는 63번째 재헌납을 위한 작업이 시작될 예정이다. 일본 편백나무로 높다랗게 마루를 올리고 억새를 말려 지붕을 덮는데, 7세기부터 사용한 건축 기술이 그대로 이어져 못을 전혀 사용하지 않고 목재를 그대로 짜서 맞춘다. 여기까지는 복잡한 기술이 필요하지만, 나머지 부분은 비교적 간단하다고 한다.

이런 의식이 이어지는 이유는 뭘까? 일본 고유의 신도 신앙에서 말하는 영혼의 윤회나 재탄생도 어느 정도 관련이 있을 것이다. 또 신사 건물은 쌀 창고와 비슷한데, 농업의 신에게 바친 쌀 창고 역시 수십 년마다 새로 짓는다. 건축 기술을 보존하기 위한 노력의 일환이라는 주장도 있다. 20년이라는 시간은 한 세대를 상징하며, 이세 신궁 관리인들은 신사 재건에 대한 지식을 다음 세대에 전수하기 위해 노력해왔다. 62번째 재건축 현장을 직접 목격한 환경학자 에다히로 준코枝廣淳子는 한 노인이 젊은이들에게 다음에는 일을 넘기겠다고 말하는 걸 들었다고 한다.[24]

에다히로는 「20년마다 반복되는 재건축으로 영원히 이어지는 신사의 역사」라는 글을 썼다. 신사 관리인들은 수백 년 단위로 계획을 세운다. 일본의 다른 지역에서 필요한 목재를 실어 오는 대신 신사 인근에 자급자족이 가능할 만큼 편백나무를 심는, 200년 앞을 바라보는 장기 계획이 있을 정도다. 그런 계획이나 의식을 보면 그동안 서구 사회가 얼마나 많은 절차적 지식을 포기했는지 생각하게 된다. 예컨대 2019년 프랑스에서 노트르담 드 파리 화재가 발생했을 때 성당 건축에 대한 지식이 얼마나 부족한지 적나라하게 드러났다. 나는 나무로 지은 이세 신궁이 돌로 지은 거대한 피라미드나 성당보다 더 오래 이어지리라 확신한다.

절차적 지식을 수용한다는 건 웅장한 기념물이 아닌 영원을 구현하려는 사람들에게 거는 기대감이다. 거기에 '기술'을 멋진 대상이 아니라 실제 생활의 한 부분으로 봐야 한다는 걸 의미한다. 따라서 중국과 일본의 방식이 이 절차적 지식에 더 가까운 것이다. 일본의 장인들이 7세기에 지은 신사에 대한 지식을 보존하기 위해 이토록 큰 노력을 기울일 때, 우리는 어떻게 하면 지금까지 이룩한 방대한 기술 문명을 계속 유지할 수 있을까? 신사의 목조건물은 현대의 자동차 공장보다 훨씬 더 단순하며 반도체 공장과는 비교할 수도 없다. 그렇다면 현대인은 장인의 의식을 거행하지 않고도 생산 기술에 대한 지식을 후대에 전해줄 수 있을까?

그 대답은 글쎄, 아마도 그러기는 어렵지 않을까. 보잉이나 인텔만 가야 할 방향을 잃은 게 아니다. 이세 신궁의 재건축을 기다리는 20년 정도의 시간 동안 미국 정부가 핵무기 소재만큼이나 중요한 걸 잊었던 사례가 있다. 몇 년 전 국가핵안보국National Nuclear Security Administration에서는 핵폭탄 제조에 꼭 필요한 기밀 부품인 이른바 '포그뱅크fogbank' 제조법이 사라졌다는 사실을 알아차렸다. 생산 과정에 대한 기록을 제대로 보관하지 않았고, 생산 방법을 아는 전문가가 모두 현직에서 은퇴했기 때문이다. 국가핵안보국은 이 제조 방법을 되살리기 위해 6,900만 달러를 써야 했다.[25]

남아 있는 설계도나 청사진도 기술적으로 가치가 있는 정보를 전달하기는 어렵다. 현대 기술과 관련된 가장 상세한 지침서를 과거로 보낼 수 있다고 상상해보자. 로마 황제의 마차를 만드는 기술자가 자동차 제작과 관련된 가장 상세한 설명서나 정교한 설계도를 손에 쥔다 해도 과연 뭘 할 수 있겠는가? 지금 사람들에게 당장 인텔 반도체나 ASML(네덜란드의 반도체 장비 회사—옮긴이) 장비의 설계도가 손에 들어오더라도 할 수 있는 일이 딱히 없을 것이다. 나 역시 설명서를 보면서도 간단한 가구를 조립하는 데 어려움을 겪는다.

절차적 지식은 주로 사람들의 머릿속, 그리고 다른 기술자들과의 관계 유형에 존재하기 때문에 수준이 어느 정도인지 정확히 확인하기 어렵다. 우리는 이러한 무형자산을 특별한 비법, 축적된 기록, 혹은 암묵적 지식이라고 부르기도 한다. 이러한 지적 자산은 선전처럼 경험이 풍부한 인력을 확보해 구체화한다. 선전에서는 누군가 아이폰 공장에서 일하다가 다음 해에는 경쟁사 휴대전화 제조 업체에서 일하고, 그다음에는 무인기 회사를 세울 수도 있다. 선전의 공학자는 신제품에 대한 아이디어가 있다면 열정적인 투자자를 쉽게 찾을 수 있다. 따라서 중국의 선전이야말로 공장 소유주, 숙련된 공학 전문가, 경영자, 투자자, 그리고 연구자가 고급 전자 제품 생산 분야에서 경험이 가장 풍부한 노동력과 함께 어우러지는 공학적 실무 활동의 공동체라고 할 수 있다.

미국의 실리콘밸리도 예전에는 그런 모습이었다. 하지만 이제는 제조 가능 인력이라는 핵심 연결 고리가 사라졌다. 이러한 실무 활동 공동체의 가치는 그 어떤 단일 기업이나 공학 전문가보다 크며, 일종의 기술 생태계로 이해되어야 한다.

지금까지 미국의 상상력은 제작 설비 자체나 설계도를 만드는 데 지나치게 집중되었다. 인텔의 전설적인 CEO 앤디 그로브Andy Grove는 지난 2010년 미국은 이제 '신화적 창조의 순간'보다 생산 제품의 '규모 확장'에 더 집중해야 한다며 정곡을 찔렀다.[26] 그로브는 실리콘밸리가 발명과 생산 중 특히 혁신을 포함한 발명에만 집중하고 있다고 지적했다. 그는 연구와 개발이 생산 과정에서 배우는 과정을 반복하지 않으면 결국 기술 생태계가 무너진다는 사실을 잘 알고 있었다.

미국도 선전의 성공을 따르고 싶어 하지만, 선전의 성공에 대해 기껏해야 피상적인 수준으로 이해하고 있을 뿐이다. 미시간대학교 교수이자 내 아내인 실비아 린트너Silvia Lindtner는 10년 넘게 선전의 기술 생태계를 연구해왔다. 2015년 오스트리아 정부에서는 알프스산맥에 선전 생태계를 만들 수 있을지 문의했고, 2016년에는 백악관에서 선전의 성공에서 배울 점을 알려달라고 요청했다. 하지만 아내도 나와 마찬가지로 각국 정부가 선전의 핵심을 잘 이해하지 못한다고 느꼈다. 이들은 선전을 공학적 실무 활동의 공동체로 받아들이지 않았고, 개인 혁신가나 발명가에게 더 관심이 있었다. 이런 발명에 대한 집착은 실리콘밸리가 중국의 진정한 위력을 제대로 평가하는 데 걸림돌이 되었다. 나는 제작 설비나 설계도를 기술 발전의 궁극적 목표로 보는 게 아니라, 더 나은 과학자와 제조 업체를 양성하는 이정표 정도로 여겨야 한다고 생각한다. 기술은 사람과 절차적 지식으로 이해하는 것만으로는 부족하다. 우리가 만들어내는 기술을 통제할 수 있는 주체적 감각을 더 강화하는 것이 진짜 기술이다.

무너지는 미국의 제조업, 확장하는 중국의 제조업

기술을 사람으로 보는 관점은 미국과 중국의 경제 관계가 왜 단절되었는지 이해하는 데도 도움이 된다. 1990년대를 지나 특히 중국이 세계무역기구에 가입한 2001년 이후 미국 기업들은 제조 시설을 중국으로 이전하느라 정신이 없었다. 애플과 선전의 협력 관계는 선전이 세계에서 가장 혁신적인 전자 제품 생산 중심지로 거듭나는 데 도움을 주었지만, 애플 주주들이 거둔 승리는 미국이라는 국가 입장에서는 곧 패배이자 손실이었다.

미국 제조업 분야 고용은 1980년 1,900만 명으로 정점을 찍었다. 2000년에도 1,700만 명가량이 일하고 있었지만, 그 후 10년 동안 중국의 영향과 기술 변화를 겪었고, 특히 2010년 세계적인 금융 위기가 닥치면서 미국의 제조업 노동인구는 1,100만 명으로 급감했다.[27] 2025년 미국의 제조업 분야 노동자 숫자는 약 1,300만 명으로 추산된다.

때로 정부나 사회 지도층은 제조업의 노동력 이탈에 대해 이상하리만큼 느긋한 태도를 보인다. 1993년 부시 대통령의 수석 경제 고문이었던 마이클 보스킨Michael Boskin은 이런 농담을 던지기도 했다. "컴퓨터 칩? 그게 무슨 감자칩 같은 건지?"[28] 이는 미국에서 제조업이 사라져도 큰 문제가 아니라는 지도층의 인식을 엿볼 수 있는 예인데, 그 때문인지 공장의 해외 이전을 반대하는 노조 지도부와 소수의 비주류 경제학자를 감상주의자로 몰아가기도 했다. 클린턴 행정부와 뒤를 이은 부시 행정부 모두 미국 기업의 공장이 중국으로 옮겨 가는 것을 그대로 내버려두었다. 하지만 지금은 제조업 이탈로 미국이 경제적, 정치적 파멸을 맞이했다는 사실이 더욱 분명해졌다. 우리는 이제야 비로소 당시 사건이 미국을 기술적으로 얼마나 후퇴시켰는지 알게 되었다.

미국의 역사적 기업 상당수가 어려움을 겪고 있다. 수십 년을 힘겹게 버텨온 디트로이트 자동차 회사들은 이제 전기차로 바뀌는 시대의 흐름을 힘겹게 견뎌내는 중이다. US 스틸, 제너럴 일렉트릭, 그리고 IBM에 남은 건 과거의 그림자뿐이다. 제품 출시 지연과 구조 조정의 악순환을 반복하는 인텔은 반도체 선도 기업에서 대만 TSMC에도 크게 뒤처진 기업으로 전락했다. 2017년 보잉 737 MAX 항공기 2대가 추락하는 사고 이후 보잉은 항공기 안전을 최우선으로 하겠다고 약속했다. 그렇지만 2024년에 또다시 항공기 출입문이 비행 중 떨어져나가는 사고가 발생했다. 게다가 인텔과 마찬가지로 보잉 역시 오랫동안 준비해온 신형 기체의 출시를 계속해서 뒤로 미루고 있다.

심지어 군산 복합체도 어려움을 겪고 있는 듯 보인다. 미국은 매년 거의 1조 달러에 달하는 국방 예산을 쓰는데, 이는 미국의 뒤를 잇는 10개국 국방비 총액과 거의 비슷한 규모다.[29] 하지만 이런 투자에 대한 수익은 불확실하다. 러시아가 우크라이나를 침공한 후 미군은 불과 몇 개월 만에 수년 동안 모아두었던 군수품 비축분을 우크라이나 지원에 모두 소진했지만, 미국 군수 공장은 생산량을 늘리는 데 어려움을 겪고 있다. 전투기는 엄청난 보급 지연과 비용 초과에 직면했다. 미 해군은 모든 함선과 잠수함의 보충이나 수리 일정이 예정보다 1년에서 3년 지연되었다고 보고했다.[30]

물론 미국의 제조업이나 공장이 모두 부진을 겪는 건 아니다. 테슬라는 자동차 생산 분야에서 미국의 큰 희망이다. 반도체 생산 장비를 비롯해 의료 기기나 농업 장비 등 여전히 많은 제조업 분야에서 선두를 달리는 기업도 많다. 지난 몇 년 사이 미국이 제조업 분야에서 거둔 가장 큰 성공은 코로나 팬데믹을 이겨내는 데 큰 도움이 된 mRNA 백신 생산이었다. 그러나 의료 및 제약 분야에서 거둔 성공도 마스크나 면봉 같은 기본 필수품을 생산하지 못한 다른 미국 제조 업체들의 실패를 메우기에는 역부족이었다.

미국의 제조업 기반은 몇 가지 예외적인 분야를 제외하면 완전히 무너져 내렸다. 왜 이렇게 많은 제조 업체가 무너졌을까? 개인적으로는 투자 문화부터 살펴봐야 한다고 생각한다. 월스트리트에서는 자본이 적게 드는 사업, 즉 소셜 미디어나 검색엔진 같은 디지털 플랫폼에, 그리고 복잡한 제조 시설보다 설계에 더 집중하는 반도체 기업에 훨씬 더 적극적으로 투자해왔다. 테슬라가 상하이에 생산 공장을 짓지 않았더라면 미국은 전기차 시장에서 중국에 훨씬 뒤처졌을 것이다. 게다가 그런 테슬라조차 늘 살얼음판을 걸어왔다. 2018년에 일론 머스크는 테슬라가 큰 성공을 거둔 모델 3의 생산량을 늘리려다가 큰 어려움에 빠졌다고 말했다. 훗날 그는 그 시기가 '무척이나 고통스러웠다'고 회고했다.[31]

돌이켜 보면 이런 제조업 분야의 선도 기업도 자금 조달에 어려움을 겪었다는 사실은 미국 금융 체제에 대한 고발이나 마찬가지다. 실물경제에서 금융의 비중이 지나치게 커지는 금융화는 기업 지배권의 향방과 맞닿아 있다. 제너럴 일렉트릭에 대해서는 회사가 금융 문제에 발목이 잡혀 있는 게 아니냐는 주장이 강하게 제기되었다. 보잉의 경우 이런 측면이 더욱 두드러지게 드러나는데, 한때 안전과 품질에 집착하는 공학 전문가들이 이끌던 보잉의 최상층부는 이제 좋은 항공기가 아니라 주주와 투자자의 이익에 더 집중하는 임원진이 차지했다.

그렇지만 진짜 문제는 절차적 지식의 중요성을 제대로 이해하지 못하는 미국의 정책 입안자들과 경영진에게 있다고 생각한다. 미국 제조 업체는 중국에 수많은 공장을 세우면서 30년 가까이 절차적 지식을 제대로 쌓지 못했다. 미국 공장이 한 곳한 곳 문을 닫을 때마다 생산 기술과 관련 지식이 영원히 사라졌다. 현장의 노동자, 기술자, 제품 설계자는 일자리를 잃었고, 공급 업체와 기술 고문 역시 어려움을 겪었다. 미국의 모든 공학적 실무 활동 공동체가 해체되면서 남은 건 러스트 벨트로 불리는 지역뿐이었다. 일부 주지사와 시장은 이러한 쇠락을 막기 위해 노력했지만, 세계화라는 명분을 앞세워 저임금 생산을 추구하는 경제학자들과 경영진의 끊임없는 비난에 시달렸다. 오늘날에도 많은 미국 경제학자가 제조업의 특별한 의미 자체에 의구심을 품고 있으며, 서비스 경제로 전환할 수밖에 없다고 믿는다.

선전 같은 저임금 생태계는 마치 거대한 진공청소기처럼 미국이 쌓아온 절차적 지식을 빨아들였다. 베이징 중앙정부는 시장을 미국 기업에만 개방했던 일본의 전철을 따르지 않기로 다짐했다. 중국은 외국 제조 업체가 시행하는 노동자교육을 대부분 환영했다. 일본의 수출 대부분을 자국 기업이 주도하는 것과 달리, 중국의 경우 상당 부분이 애플과 테슬라 제품이라는 점은 이런 중국 경제의 개방성을 나타내는 지표라 할 수 있다. 그렇지만 필요한 절차적 지식을 축적한 이후의 선전은 미국이 추구하는 것만큼 새롭고 혁신적인 전자 제품을 주도하는 도시가 되었다.

미국 기업에 의존해 제조업의 선두 주자가 되는 게 베이징 중앙정부가 그린 큰 그림의 일부였는지는 분명하지 않다. 그렇지만 중국 정부는 자신들이 뭘 하고 있는지 어느 정도 확실히 이해하고 있었다. 중국은 2018년 테슬라에 전례 없는 특혜를 주었다. 상하이 공장에 대한 완전한 소유를 허용한 것이다. 그 전까지는 중국에 공장을 세우거나 사업을 추진할 때는 반드시 동종의 중국 기업과 합작하는 형태를 취해야 했고, 일본과 독일, 그리고 미국 기업은 중국이라는 거대한 시장에 진출하기 위해 여러 국영기업과 협력했다. 중국 정부는 국내 기업들이 토요타나 메르세데스-벤츠 같은 기업으로부터 배우고 언젠가는 품질이 비슷한 제품을 만들어내길 기대했다. 하지만 실제로는 중국 자동차 제조 업체의 연구 역량은 해외 업체에 대한 의존 때문에 크게 향상되지는 않았다.

그러다 테슬라의 등장으로 중국 전기차 시장은 큰 충격을 받았다. 중국 산업계는 테슬라의 중국 내 활약상을 두고 '메기 효과'라는 용어를 사용했다. 강력한 경쟁자를 국내 시장으로 불러와 중국 기업을 자극하겠다는 발상이었다. 중국 기업이 한 걸음 더 내딛도록 하기 위해 선택한 고육지책이었다. 2019년 상하이 테슬라 공장에서 테슬라 전기차가 생산되기 시작하자 BYD의 경우 매출은 11퍼센트, 그리고 이익은 42퍼센트 감소했다.[32] 하지만 결국 테슬라의 등장은 시장 전체에 긍정적인 영향을 미쳤다. 미국에서와 마찬가지로 테슬라의 대담한 영업 전략으로 소비자는 전기차를 내연기관 자동차와 똑같은 차로 받아들였다. 또 테슬라는 중국의 생산 설비 생태계에도 투자했는데, 중국 자동차 제조 업체들은 이 생태계를 활용해 더 나은 국산 자동차를 생산할 수 있었다. BYD 역시 이러한 기회를 이용해 2023년 기록적인 수익률을 거두면서 세계 최대 전기차 제조 업체로 자리 잡았다. 심지어 중국 공산당의 주요 매체에서조차 테슬라의 이런 '메기 효과'와 그로 인한 결과를 크게 찬양했다.[33]

애플의 또 다른 중요한 협력 업체로 선전에 본사를 둔 럭스셰어立訊精密의 창립자 왕라이춘王来春은 이런 상황을 "봉황과 함께 있으니 더 멀리 날 수 있지 않은가"라며 마치 시를 읊듯 표현했다.[34] 이는 자본주의 이념이 자리 잡은 선전이 중국 공산당에 가르쳐준 또 다른 교훈으로, 시장에서의 경쟁은 낮은 가격과 높은 품질을 이끌어낸다.

애플과 테슬라 모두 중국 노동자를 자사 제품 생산에 투입하기 위해 막대한 노력을 기울였고, 그만큼 막대한 수익을 올렸다. 이러한 사례는 중국의 다른 공학적 실무 활동 공동체인 동부 도시 원저우温州의 신발 및 의류 생산 중심지, 우시无锡와 쑤저우의 의료 장비 생산 중심지, 그리고 구이저우성 정안현 산간 지역의 기타 생산 중심지 등에서 다양한 형태와 수준으로 찾아볼 수 있다. 현재 중국에서 제조업에 종사하는 노동자는 대략 1억 명 이상이며, 이는 미국의 8배에 달하는 규모다. 새로운 절차적 지식 창출을 가능하게 만드는 실로 엄청난 규모라고 볼 수 있다.

제조업에 대한 집중을 통해 중국이 미국과의 기술 경쟁에서 얻을 수 있는 또 다른 이점도 있다. 중국 기업들은 그저 미국 과학자들이 기초연구를 완성할 때까지 기다렸다가 생산을 장악하면 된다. 태양광 산업의 본질도 이와 비슷하다. 최초의 태양광 전지를 발명한 건 미국의 벨 연구소이며, 본격적으로 태양광발전을 위한 장비를 만든 건 독일 기업이다. 그런데 중국은 이 태양광발전을 '신흥 전략 산업'으로 지정했고, 중국 기업들이 여기에 앞다투어 뛰어들었다. 중국 기업들은 독일산 장비를 사들인 다음 최고 성능의 태양광 전지를 만들기 위해 치열한 경쟁을 벌였다. 2010년대 중반이 되자 중국 기업들은 생산 장비 일체는 물론 태양광 산업 가치 사슬 전체를 만드는 방법을 터득했다. 지난 10년간 태양광발전 비용이 급락한 건 미국의 강점인 순수 과학기술이 획기적으로 발전해서가 아니라 중국의 강점인 효율적 생산능력이 자리를 잡았기 때문이다. 그리고 기후변화 문제뿐 아니라 중국의 국력도 크게 혜택을 입었다.

순수 과학은 물론 중요하다. 중국은 반도체와 항공기 산업에서 여전히 부진을 면치 못하고 있는데, 그건 이런 산업이 태양광 산업보다 과학적으로 훨씬 더 복잡하기 때문이다. 기술이라고 해서 다 제조 공정 반복으로 쌓인 지식을 통해 향상되는 건 아니지만, 대부분 그런 과정을 거칠 수 있다. 많은 기업이 이윤은 적고 경쟁은 잔혹한 환경에서 반복되는 작업으로 지식을 쌓으면 선전과 같은 공학적 실무 활동 공동체가 생겨난다. 이런 공장들은 애플이나 테슬라가 내세우는 이름처럼 화려하지는 않지만, 매일 수백만 명의 노동자가 출근해 절차적 지식을 쌓아간다. 그리고 이것이 중국의 기술적 역량을 뒷받침하는 밑바탕이 된다.

트럼프의 대중 압박, 중국의 기술 독립을 낳다

중국은 절차적 지식과 이를 가능케 하는 공학적 실무 활동 공동체의 중요성을 인정함으로써 기술 초강대국으로 부상했다. 이렇게 절차적 지식의 중요성을 인정하는 모습은 중국의 부상을 조금 더 긍정적으로 바라보는 데 도움을 줄 수 있다. 중국 공산당은 자국의 기술 부문이 베이징 중앙정부의 현명한 계획과 결단을 통해 지금처럼 발전했다고 주장한다. 또 미국 정부는 중국의 정부 보조금을 포함한 부정행위와 사이버 절도 같은 속임수 등을 비난하며 경제 분야에 미치는 중국 정부의 영향력을 과장한다.

그렇지만 경제문제에 대한 중국 정부의 끊임없는 개입이 과연 긍정적 결과를 가져오는지 정확한 근거를 찾아보기 어렵다. 연구에 따르면 중국 정부의 보조금으로 업체 생산성이 그렇게 많이 커지지는 않았다.[35] 시진핑 주석의 공격적인 산업 육성 정책은 미국뿐만 아니라 많은 개발도상국과도 무역 갈등을 일으켰다. 중국이 기술적 성공을 거두었다고 해서 국가가 현명하게 주도해 미래를 계획할 수 있다는 주장을 이해하고 받아들이기는 어렵다. 중국 정부가 외국 기업에 기술을 넘기도록 강요하고, 특정 산업 분야에 보조금을 쏟아붓고, 특정 기업을 보호하기 위해 다른 기업에 피해를 주는 등의 압력을 행사할 때 오히려 역효과가 나는 경우가 더 많다. 국영 자동차 제조 업체를 지원하기 위해 강제로 기술이전 협약을 맺으면서 자체 혁신 역량에 대한 투자 의지는 사라졌다. 중국의 자동차 산업 분야에서 성공을 거둔 건 테슬라의 합작 없는 중국 진출로 어쩔 수 없이 홀로서기를 해야 했던 BYD 같은 민간 기업이었다.

미국 정부는 중국의 수많은 무역 관행에 대해 계속해서 불만을 제기해왔다. 강제 기술 이전을 비롯해 수출 가격을 낮게 유지하기 위한 환율 개입, 자국 기업에 대한 보조금과 관대한 신용 조건, 그리고 최악의 경우 무단 사이버 침입이나 국가 주도 해킹 등을 통해 미국 기업 비밀을 훔치는 중국의 관행은 외국 기업에 종종 불공평하고 때로는 대단히 불편한 환경을 제공할 뿐이다.

트럼프 행정부는 이런 중국에 대응해 무역 전쟁을 시작했다. 단순히 중국 제품에 관세를 더 부과하는 걸 넘어, 중국 기업의 손발을 묶기 위해 새로운 기술 통제 정책을 확대 시행했다. 베이징에 머물면서 트럼프 행정부의 이런 무역 전쟁, 기술 전쟁이 가져오는 결과를 조사하던 중, 문득 트럼프 대통령이 겨냥하는 중국 기업은 어디일까 궁금증이 들었던 기억이 난다. 중국 첨단 기술 기업의 이름이 지금까지 미국 정부 관계자들조차 거의 들어보지 못한, 잘 알려지지 않은 미국 정부 기관이 관리하는 제재 명단에 올랐다. 한번 미국의 자금이나 기술 지원이 차단되면, 다시 그런 지원을 받기가 쉽지 않다.

그동안은 미국 정부가 수출 극대화, 그리고 수입 최소화를 지향하는 중국의 중상주의적 무역 관행에 맞서 싸우는 게 옳다고 생각했다. 그러면서 동시에 이 전쟁이 트럼프 대통령의 혼란스러운 지휘 아래 대부분 비효율적인 방식으로 진행되고 있다고도 생각했다. 특히 트럼프 행정부건 바이든 행정부건 상관없이 안보 중심 시각으로 상황을 바라보는 게 회의적으로 느껴졌다. 중국이 주도권을 잡는 동안 방관만 하지 않았다면 미국은 여전히 많은 기술적 요충지를 장악하고 있지 않을까? 그리고 무엇보다 미국 정부가 수출 통제를 일찌감치 강화했다면 미국만의 독창성을 따라잡을 수 없는 나라로부터 기술적 우위를 되찾는 건 그리 어려운 일이 아니었을 것이다.

트럼프 행정부는 분명 중국 기업을 압박했지만, 그 과정에서 미국 기업, 특히 반도체 기업은 공급 업체로서의 역량과 신뢰를 잃었다. 지금까지 중국 기업은 세계적으로 경쟁력 있는 스마트폰이나 무인기를 제작해 판매하기 위해 대부분 미국산인, 시장에서 가장 우수한 부품을 사들였다. 그런데 미국산 부품을 손에 넣을 수 없게 되니, 평소라면 전혀 고려하지 않았을 국내 공급 업체를 찾기 시작했다.

실리콘밸리에서 일할 때 나는 지식이 맥주잔 비우는 속도를 따라 퍼져나간다는 말을 종종 들었다. 공학자들은 기술적 문제를 해결하기 위해 서로 대화하는 걸 좋아하는데, 이것이 바로 지식이 널리 퍼져나가는 방식이다. 그러다 경쟁 기업이나 경쟁국에 지식 또는 기술을 빼앗길 때도 있다. 장기적으로 보면 국가가 어떤 기술을 독점하기란 쉽지 않은 일이다. 만일 그런 일이 가능했다면 미국은 훨씬 더 큰 과학적 혁신을 이룬 영국이나 독일에 뒤처져 있을 것이다.

미국 정부가 여전히 많은 기술력을 보유하고 있다면서 우쭐대며 자화자찬하는 동안 미국 기업은 20년 이상 중국에서 공학적 실무 활동 공동체를 구축해왔다. 이 공동체에는 기술적 병목현상을 극복하기 위해 노력하는 사람들이 보여들었다. 이들의 성장과 발전을 멈추는 일은 쉽지 않았다. 오히려 미국 정부가 내세우는 정책이 그 발전을 더 부추길 위험도 있었다. 지금까지 중국 기업은 여러 기술적 제약을 극복하고 혁신을 이루어냈다. 미국 정책 입안자들이 예상했던 급격한 몰락에 직면하는 대신, 일부 기업은 오히려 더 건전한 속도로 성장을 이어가고 있다.

기술 강국의 자리에 오른 중국이 여전히 제조업을 사수하는 이유

불과 20년 전, 외국 기업들이 선전 같은 지역에서 성장을 위한 씨앗을 뿌렸다. 그리고 이제 미국과 중국의 관계는 악화되었다. 그러면 선전 같은 공동체의 활기가 줄어들까? 물론 그럴 것이다. 다만 그날이 그렇게 빨리 오지 않는다는 게 문제의 핵심이다.

중국에서 제조와 생산을 중단하는 과정에는 긴 시간이 걸릴 것이며, 쉽게 진행될 가능성도 적다. 다국적 기업은 효율성 높은 생산 거점이자 거대 시장인 중국에서의 완전 철수를 여전히 꺼린다고 말한다. 현재 애플은 베트남과 인도에 생산 시설을 구축하기 위해 막대한 노력을 기울이고 있지만, 이들 국가의 기반 시설이나 노동력이 중국을 따라잡는 데는 그만큼 시간이 걸리기 때문에 그리 빠르게 진행되지는 않을 것이다. 애플의 2023년 최신 공급 보고서에 따르면 상위 200개 공급 업체 중 156곳의 생산 공장이 중국에 있다.[36] 그리고 그중 72곳이 광둥성 선전시에 있는데 미국과 베트남, 인도의 생산 공장을 합친 것과 거의 맞먹는 수준이다.

한편 시진핑 주석은 여전히 제조업 사수를 고집한다. 중국 공산당은 어쩌면 세계에서 가장 기술에 집착하는 집단일지도 모른다. 이 공학자 중심 국가는 다국적 기업이 자국에서 빠져나가기 전에 기술 주도권을 확보하기 위해 노력하고 있다.

지난 2023년 광둥성처럼 제조 업체가 많이 모여 있는 장쑤성江蘇省을 시찰한 시진핑 주석은 "실물경제는 국가 경제의 토대이자 부를 창출하는 근원이며 국력을 떠받치는 중요한 기둥"이라고 말했다.[37] 시진핑 주석은 또한 실물경제가 '인간의 생산성, 삶, 그리고 발전'의 기반이라고 덧붙였는데, 그동안 중국은 관영 언론을 통해 '허구' 경제라고 불러온 디지털 가상 경제나 금융 경제보다 제조된 상품의 세계인 실물경제를 우선시해야 한다고 거듭 강조해왔다.[38] 또 중국의 국영 연구소 연구원들은 금융화를 제조업의 쇠퇴와 동일시해 비판하는 경우가 많다.

시진핑 주석은 단지 제조업에 대한 야심만 가지고 있는 게 아니다. 아마도 '완벽주의자'라는 표현이 모든 걸 더 잘 설명해주지 않을까. 경제 연구소 게이브칼 드래고노믹스의 베이징 지사 책임 연구원 앤드루 뱃슨Andrew Batson은 2024년 중국의 공업정보화부 부장으로부터 중국은 국제연합이 산업 생산을 분류하기 위해 정한 419개 산업 제품 범주에서 하나도 빠지지 않고 제품을 생산하기 때문에 '포괄적인' 산업용 연결망을 갖추고 있다고 과시하는 이야기를 들었다고 한다.[39] 대단히 중국스럽다는 생각이 드는 과시였다.

뱃슨은 또한 시진핑 주석이 제조업과 관련한 표현을 바꿨다는 사실도 알아차렸다.[40] 지금까지 중국 지도자들은 산업 고도화의 중요성에 대해 언급했는데, 다시 말해 중국에 더 이상 필요 없는 노동 집약적 산업이나 환경오염이 문제가 되는 산업에 대한 투자를 제한하겠다는 뜻이다. 하지만 시진핑 주석은 중국이 완벽주의를 목표로 한다고 선언했는데, 이는 '저사양 산업' 조차 중국에서 퇴출되지 않는다는 뜻이다. 미국을 비롯한 다른 선진국들이 어느 정도 인정한 논리, 즉 인건비가 낮은 국가로 제조업이 몰리는 경제 논리를 따르는 것과는 별개로 시진핑 주석은 각각의 산업 분야가 계속해서 국가 경제 규모를 따라 옮겨 가는 것 자체를 원하지 않는다.

따라서 2021년 발표된 제14차 5개년 개발 계획을 보면 중국 경제에서 제조업이 차지하는 비중이 일정하게 유지되어야 한다고 되어 있다. 이미 중국 GDP의 28퍼센트를 제조업이 차지하고 있는데, 이는 독일의 21퍼센트나 일본의 20퍼센트보다 훨씬 높은 수치다. 10퍼센트 정도인 미국과 영국 같은 탈산업화 경제는 말할 것도 없다. 그동안 시진핑 주석은 제조업을 포기하고 서비스업을 주요 산업으로 삼는 데 관심이 없다고 거듭 주장해 왔다. 여러 주요 연설에서 시진핑 주석은 가상 경제를 위해 실물경제를 포기한 '특정 서방 국가들'을 언급했다. 특별히 어떤 서방 국가를 말하는지는 중요하지 않다. 시진핑 주석은 "실물경제가 모든 것의 기반이므로 절대로 탈산업화를 해서는 안 된다"고 선언했다.[41]

중국이라는 공학자 중심 국가가 가고자 하는 방향이 바로 이것이다. 중국은 공공사업뿐 아니라 제조업에서도 국가적 역량이 쌓이기를 바란다. 변호사 중심 국가와 마찬가지로 공학자 중심 국가 역시 경제학자들과 쉽게 각을 세운다. 경제학자들은 영국의 경제학자 데이비드 리카도David Ricardo의 비교 우위 이론을 인용해 제조업 이전을 옹호하지만, 공학자 중심 국가는 어쨌든 서비스업이 더 멋있어 보인다는 이유로 제조업을 포기한다는 사실 자체에 경악한다.

지금까지 중국은 의류나 신발 같은 저사양 제조업을 포기해야 한다는 경제적 압박감을 느끼지 못했다. 구이저우성같이 값싼 노동력이 풍부한 중국 내 빈곤 지역이 여전히 많은 것도 한 가지 이유다. 관세가 인상되면 이러한 추세가 지속되지 않을 수도 있겠지만, 결국 시진핑 주석이 바라는 대로 된다면 아시아나 아프리카, 그리고 전 세계의 다른 개발도상국은 중국이 지배하는 산업 사다리를 따라 오를 수 없게 된다. 선진국들도 긴장을 풀 수는 없다. 중국은 경제 규모가 워낙 크기 때문에 기술 주도권을 차지하기 위해 원하는 모든 산업 분야를 공략할 수 있는 재정적 역량 또한 갖추고 있다. 따라서 덴마크가 풍력발전 산업에서, 그리고 한국이 메모리 칩 산업에서 그랬던 것처럼 소규모 선진 국가들은 이제 어떤 전략을 선택해야 할지 고민해야 한다.

중국은 모든 걸 가지려 한다. 중국의 정치 지도부는 오랫동안 서구의 지배에 대한 증오심을 품어왔으며, 동시에 과학과 기술, 그리고 산업 생산능력만 갖췄다면 중국도 성공할 수 있었을 거라는 환상을 키워왔다. 청나라가 아편전쟁에서 패배한 후 모든 중국 지도자는 기술력이 뒤처지는 것에 대해 대단히 분개했다. 산업 기반을 유지하는 것은 중국이 다시는 패배하지 않기 위한 최선의 보호책이며, 이러한 흐름은 국민당 지도자 쑨원, 쑨원의 뜻을 이어받은 장제스, 그리고 이후 공산당 통치자에 이르기까지 현대 중국의 지도자들에게 그대로 이어진다. 덩샤오핑은 농업, 공업, 국방, 그리고 과학기술 분야를 아우르는 이른바 4대 현대화四個現代化 경제정책을 통해 중국이 사회주의에서 벗어날 수 있는 위대한 계획을 시작했다. 최근 몇 년 동안 시진핑 주석 역시 비록 '혁신 주도 개발 전략'이나 마르크스 이념에서 영감받은 '새로운 생산력' 같은 단조로운 표현을 쓰기는 했지만, 특히 기술 분야에서 더욱 발전해 자립해야 한다는 요구를 점점 더 압박하듯 내놓고 있다.

한편 인터넷에서는 기술에 대한 집착으로 어쩌면 중국에서 가장 흥미로운 움직임이 될 수도 있는 온라인 운동이 탄생했다. 어떤 집단도 조직적 활동을 허락받지 못하는 엄격한 인터넷 검열 국가인 중국에서 일단의 지식인이 목소리를 냈다. 산업당工業黨을 자처하는 이들은 자유롭게 모여 글을 쓰는 사람들이다. 이들의 주장은 간단하다. 각 국가는 서로 무자비하게 경쟁한다. 과학과 기술은 이러한 약육강식의 경쟁을 결정짓는 힘이다. 따라서 국가는 과학과 기술 추구를 중심으로 하나로 뭉쳐야 한다. 산업당 무리는 애국적 관점에서 공산당이야말로 이런 주장에 적합한, 세계에서 가장 유능한 정치조직이라 생각한다.

나는 산업당에 대한 몇 가지 기본적인 글이나 책을 몇 개월에 걸쳐 읽었다. 일부는 영어로 번역되기도 했지만 대부분 중국어 원본 그대로이며, 그나마 그저 인터넷 게시판에서 올라온 뜻모를 장광설뿐이다.[42] 이 글들은 중국의 자유주의자와 민주주의 옹호자, 그리고 때로는 마오쩌둥을 동경하는 좌파까지 하나로 몰아서 경멸하는 호전적 어조를 띠는 경우가 많다. 그리고 감상주의에 빠진 사람들을 '감상당情怀党'이라 부르며 거부한다.

이 산업당 핵심 인물들의 배경은 다양하다. 가장 연장자라고 하는 왕샤오둥王小东은 2011년 인터넷에 올린 글을 통해 산업당이라는 이름을 최초로 알렸다. 왕샤오둥은 경제학자 출신이며 열렬한 민족주의자로서 자신에게 주어진 소명을 찾았다. 1990년대 이후 왕샤오둥은 중국이 서구 사회, 특히 미국적 가치를 맹목적으로 따르지 말 것을 촉구하는 내용의 책을 연이어 발표했고, 이러한 사상은 가장 널리 알려진 책 『중국은 불쾌하다中國不高興』에서 정점을 이룬다. 왕샤오둥은 이 책을 통해 미국이 주도하는 질서에 대해 더욱 공격적으로 접근해야 한다고 직설적으로 이야기한다.

또 다른 인물 중칭钟庆은 일본에서 전기공학을 공부했고 중국의 인터넷 게시판에서 일찌감치 존재감을 드러내며 자신의 주장을 발전시켰다. 2005년 발표한 책 『설거지인가, 공부인가刷盘子, 还是读书』를 통해서는 과학과 기술을 추구하기 위해 경제문제를 기술 관료가 전적으로 담당할 것을 주장했다.[43] 전투기와 반도체를 개발하기 위한 시급한 계획을 추진하기 위해서는 저사양 제조업을 포기해야 한다는 주장도 담겨 있다. 지난 몇 년 동안 이런 산업당 사상에 가장 적극적으로 영향을 미친 사람은 선전닝난산深圳宁南山이라는 가명을 쓰는 작가다. 선전닝난산은 자신을 선전에 거주하는 중산층이라고 소개하는데, 국영 정책 연구소에서 일하고 있을 가능성이 크다. 그의 글은 공산주의 중국의 정통 이념에 완전히 들어맞으며, 미국의 과학기술 독점을 깨기 위해 반도체에 집중하는 점진적 과학기술 투자 접근 방식을 옹호한다. 이러한 모습 때문에 산업당 내에서도 정치적으로 온건한 인물로 여겨지기도 한다.

산업당 사상을 선전하는 가장 흥미로운 방식은 아마도 인터넷 연재소설인 『린가오의 샛별臨高啟明』일 것이다. 2009년부터 지금까지 어느 작가 집단이 연재하고 있는 이 소설은 현대 중국에서 500명이 1628년으로 시간 여행을 떠나 중국 최남단 하이난에 있는 열대의 섬 린가오에 도착했다고 가정하는 대체 역사소설이다. 이들의 목표는 바로 명나라에 산업혁명을 일으키는 것이다. 마첸추马前卒는 소설 연재 초기에 참여한 작가이자 중국 인터넷에서 가장 흥미로운 인물 중 한 명이다.[44] 2011년 산업당 활동을 본격적으로 이끈 그는 중국에서 가장 끔찍했던 열차 충돌 사고가 발생한 후 고속철도 사업을 개선해야 한다고 강력히 주장했고, 실제로 그렇게 되었다. 마첸추는 또한 독립적인 성향의 사상가로 최근 몇 년 동안 정부 지출의 낭비를 폭로

하고 러시아의 우크라이나 침공도 비판해왔다. 이러한 독특한 입장 때문에 때로는 중국 당국의 감시 대상이 되기도 했다.

소설 연재에 참여한 작가 중 산업당 당원임을 정식으로 밝힌 사람은 아무도 없다. 이들은 그저 인터넷에서 자유롭게 만난 사이로 가끔 서로 대화를 나누는 정도라고 한다. 마첸추는 아예 산업당이라는 이름 자체를 거부했으며, 왕샤오둥은 최근 들어 민족주의적 성향을 어느 정도 버린 듯하다. 심지어 중국이 아직 서구 민주주의 세계와의 관계를 단절할 준비가 되어 있지 않다고 주장할 정도다.[45] 이들 중 일부는 학계와 정책 연구소 등에서 활동하는데, 이는 정부의 정책 입안자들과 직접적인 관계를 맺고 있다는 사실을 의미하며 이들의 주장 중 일부는 중국 관영 언론에 실리기도 한다. 흥미로운 일이지만 일본에서 유학한 이력이 있고, 중국에는 과거 자신들을 괴롭혔던 일본을 본받아야 한다고 주장하는 사람도 소수지만 존재한다. 대부분 군사 지식에 밝아 다양한 무기의 사양을 줄줄 외우기도 하며 이들에게는 중공업이 해결할 수 없는 문제는 아무것도 없다.

이런 글이나 이력을 보고 있노라면 산업당이라는 이름이 역사적으로 오래된 사상을 그저 현대식으로 부르는 명칭은 아닌지 하는 생각이 든다. 여기에 참여하는 사람들은 미래주의적 성향을 띠면서 자유주의의 모호함을 비난하고, 동시에 과학과 기술을 추구하기 위해 경제를 집중해야 한다고 주장한다.

이들은 단순히 과거의 전체주의를 되살리려는 것일까? 산업당은 기술 전문 관료들이 선전 기관을 이용해 국민에게 과학과 제조업에 집중하도록 동기를 부여하는 통치를 원하며, 이를 위해 사회의 탈정치화를 추구한다. 이들은 다원주의를 조롱하는 남성 중심 집단으로 전쟁을 옹호하지는 않지만, 중국이 다른 어떤 나라보다 강한 나라가 되는 미래를 갈망한다. 산업당은 다양한 사상가에 대해 언급하기보다 침략자를 물리치고 산업 기반을 구축한 마오쩌둥이나 스탈린 같은 강력한 지도자를 주로 인용하는 경향이 있다. 다시 말해 기술을 통한 힘을 숭배하는 모습을 보여준다.

이런 산업당이 열렬히 지지하는 문학작품이 바로 류츠신刘慈欣의 공상과학소설 3부작 『삼체地球往事』다.[46] 『삼체』는 지난 수십 년 동안 가장 성공한 중국의 문화 수출품 중 하나로, 미국 독자들에게도 찬사를 받았을 뿐만 아니라 넷플릭스에서 영상화를 위해 대규모 제작비를 투자하기도 했다. 나 역시 『삼체』 3부작에 깊이 매료되었다. 이 소설의 대략적 내용은 마오쩌둥이 일으킨 문화대혁명의 희생자가 인류에 대해 혐오감을 품고 외계인을 불러들여 인류 문명의 정복을 꾀한다는 것인데, 이 계획이 드러나면서 각국 정부는 남아 있는 시간 동안 대책을 마련하려 한다.

류츠신의 이야기는 드넓은 은하계를 배경으로 1,800만 년이라는 기나긴 시간에 걸쳐 펼쳐진다. 지구 우주선 거의 전부를 파괴하는 물방울 모양의 무인 탐사선, 온 세상을 담을 수 있는 양성자 크기의 입자, 단 한 명의 관찰자에게만 보이는 별이 빛나는 하늘 등 소설에는 그야말로 놀라운 모습이 가득하다. 주요 등장인물은 추론과 속임수를 포함한 전략적 질문 속에서 고군분투하며, 잘못된 선택은 개인뿐만 아니라 인류 전체에 치명적일 수 있다.

『삼체』 3부작의 도덕적 측면은 한편으로는 가장 암울한 세계관에 의해 생동감을 얻지만, 또 한편으로 이 책은 실존적 투쟁 속에서 인류만의 독창성을 찬양한다. 작가 류츠신은 외계인의 위협을 물리치기 위해 기술 전문 관료주의의 권위를 맹목적으로 따르는 인류의 모습을 묘사한다. 과학자와 공학자는 궁극적인 의사 결정권자이므로 이 문제에 대해 인본주의자나 감상주의자, 혹은 심약한 사람이 설 자리는 어디에도 없다. 각국 정부조차 수백만 명의 희생을 주저하지 않고 감수하는 엄선된 천재들의 의지에 복종할 수밖에 없다. '어두운 숲을 통해 보이는 음흉한 불길에 물든, 피에 젖은 피라미드'를 닮은 적대적인 문명 앞에서, 유일하게 남은 냉혹한 진실은 생존뿐이라는 게 바로 류츠신의 『삼체』 3부작을 관통하는 사상이다.[47] 류츠신은 생존 의지를 가장 냉혹하게 드러내고자 하는 중국 공산당에 유리한 내용을 반복해서 풀어나간다.

미국에 남은 '대량생산'이라는 과제

이쯤 되면 산업당 지지자가 굳이 류츠신의 작품을 자신들이 본보기로 삼을 경전처럼 떠받드는 이유를 쉽게 알 수 있을 것이다. 또 이 책은 공학자 중심 국가를 떠받치는 이념에 대한 지침서가 될 수도 있다.

중국은 미국이 마치 기다렸다는 듯 치워버린 수많은 지저분한 산업을 받아들였는데, 어떤 경우는 그냥 단순한 비유만은 아니다. 예컨대 희토류 금속은 이름과는 다르게 실제로는 별로 희귀하지 않다. 그렇지만 이걸 채굴해서 가공하려면 엄청난 양의 전력과 물이 필요하며, 그 과정에서 대기 중으로 발암물질이 배출된다. 서구 세계에서 희토류 금속을 채굴해 가공할 만한 역량을 갖춘 곳은 거의 없어서 중국이 이 공급망을 장악하고 있다.

저사양 제조업이라고 해서 다 희토류 사업 정도로 심각한 건 아니지만, 미국은 이런 제조업을 그만둘 의향이 있었고 그런 결정이 국가에 얼마나 큰 타격을 줄지 알아차리지 못했다. 1980년대 미국의 텔레비전 제조업이 쇠퇴한 상황과 지난 10년 동안 보잉과 인텔이 겪어온 부진을 똑같이 비교하는 건 어렵다는 사실은 인정한다. 그렇지만 기술 생태계를 공학 실무 활동 공동체와 비교해서 생각해보면, 절차적 지식이 사라지면서 공장 폐쇄가 가속화되고, 그 결과 생산 차질에 더 많은 일자리 손실이 발생한 건 당연한 일이다. 또 중국 노동자들이 그저 주문대로 아이폰을 조립하는 수준에서 가장 중요한 부품을 생산하는 수준으로 올라서게 된 것도 당연한 일이다. 어떤 나라가 절차적 지식을 잃으면 다른 나라가 산업 전체를 얻게 된다.

그러는 사이 미국도 정책 방향이 바뀌었다. 제조업 일자리를 회복하고 싶기 때문이었지만 이 문제를 실제로 어떻게 달성할지는 대단히 불분명하다. 트럼프 행정부는 관세 정책을, 그리고 바이든 행정부는 보조금 정책을 펼쳤지만, 결정적 변화는 일어나지 않았다. 실제로도 중국의 대미 수출은 2022년에 거의 최고치를 기록했는데, 트럼프 행정부가 중국에 관세를 부과하기 시작한 2018년과 거의 같은 수준이다.[48]

그렇다면 미국의 상황은 어떻게 해야 달라질까? 우선은 중국이 어떻게 기술 초강대국으로 성장할 수 있었는지 잘 파악해야 한다. 만약 의회에서 "중국은 우리의 지식재산권을 모조리 훔치고 있다" 같은 구태의연한 설명만 늘어놓는다면 미국은 절차적 지식 구축의 중요성을 절대로 깨닫지 못할 것이다. 그리고 기술적 결함을 해결해야 한다는 절박함도 이해하지 못할 것이다.

동시에 미국은 자국의 기술적 역량에 대해 좀 더 겸손해져야 한다. 미국이 중국을 연구할 가치가 있는 경쟁자로 인정하는 순간 성공을 위한 새로운 전략을 더 빨리 세울 수 있을 것이다. 중국 기업은 현재 전기차 배터리 부문에서 세계 시장을 선도하고 있다. 그렇다면 왜 디트로이트 주변에 중국 기업의 공장 설립을 허용하는 대신 기술 이전을 요구하지 않는 걸까? 미국 정부는 중국 배터리 제조 업체에 자국의 대규모 자동차 시장에 대한 접근을 허락하는 대가로 지식재산권의 이전을 요구할 수 있지 않을까?

그리고 미국이 앞으로 어떤 종류의 기술을 추구해야 하는지도 생각해볼 필요가 있다. 중국 공산당이 허구의 경제라고 조롱하는 인공지능이나 암호 화폐, 그리고 다른 관련 기술에 정말로 국가적 역량을 모두 쏟아부어야 할까? 아니면 미국 사회 지도층 사이에서는 오래전에 관심이 사라진, 그리고 투자자들 사이에서도 선호도가 떨어진 중공업으로 돌아가야 할까?

현실적으로 미국이 다시 중국보다 더 큰 제조국이 되는 건 불가능하다. 중국과 비교해 훨씬 적은 인구, 더 높은 임금과 생활수준, 그리고 세계 기축통화인 달러의 지위 때문에라도 미국이 그렇게 되기 어려운 것이다. 실제 생활에서도 미국 노동자가 선전이나 허난성 노동자의 근무 조건을 감당하는 모습은 상상하기 어렵다. 하루 8시간 이상 같은 자리에서 일하고, 정해진 시간에 구내식당에서 밥을 먹은 뒤 밤에는 기숙사 방 하나에 6명이 빽빽이 들어차 지낸다. 반면 미국 중서부 지역의 제조업 노동자들은 대체로 픽업트럭을 몰고 가족이 있는 집으로 돌아가는 것을 선호한다.

일단은 미국의 기술 분야에 큰 문제가 있다는 인식에서 모든 걸 시작해야 한다. 지금까지는 제조업의 전략적 중요성을 애써 무시한 사람들이 매우 많았는데, 이 문제를 해결하려면 무엇보다 절차적 지식을 우선시하는 공학 실무 활동 공동체를 재구성해야 한다. 바로 제조업의 모든 부문을 다시 일으켜 세우겠다는 뜻이다. 노동자를 재교육하고 제조 업체가 대량생산 방식을 다시 익힐 수 있도록 특혜나 보조금을 지원해야 한다.

다소 비현실적으로 들릴 수도 있겠지만 만일 아이폰이 선전이 아닌 미국에서 생산되었다면 지금쯤 디트로이트나 클리블랜드, 혹은 피츠버그 같은 미국 도시들이 전 세계 제조업을 이끄는 도시로 칭송받을지도 모른다. 또 일반 소비자용 무인기나 호버보드(공중 부양 보드—옮긴이), 전기 자동차 배터리, 가상 현실 헤드셋 같은 혁신적인 후속 제품 역시 미국 기업 손에서 탄생했을 수도 있다. 공학자들이 굳이 미국 본사를 떠나 비행기를 타고 태평양을 건너 생산 공장을 찾아갈 필요도 없었을 것이다. 미국의 본사 근처에서 제품 개선에 주력하며 최신 제품에 '캘리포니아 설계, 펜실베이니아 조립'이라는 설명서를 붙일 수 있었을 것이다.

어쨌든 미국은 최소한 국내 산업 연구소에서 나오는 결과물을 직접 대량생산할 수 있을 정도로 제조업 분야에서 역량을 되찾아야 한다. 대량생산 역량이 아니라 과학적 혁신만 계속 중요시한다면, 태양광 설비를 먼저 발명하고도 생산은 중국에 넘겼던 것처럼 다시 한번 산업 전체를 잃을지도 모른다. 미국은 천재적 혁신가들의 빛나는 순간을 기념하길 바라지만, 나는 과학 연구소의 새로운 발명보다 대기업의 제품 생산이 영광스러운 성취라고 생각한다. 이런 사실을 간과한다면 미국 과학자들이 설치한, 기술 선도로 이어지는 사다리를 또다시 중국 기업들이 밟고 오르게 될지 누가 알겠는가.

선전도 언젠가는 빛을 잃을 것이며, 어쩌면 그 과정이 이미 시작되었는지도 모른다. 2021년 마지막으로 선전을 찾았을 때 화창베이 전자 상가를 지나가는데, 그곳에서는 전자 부품이 아니라 화장품을 더 많이 팔고 있었다. 경쟁이 지나치다 보니 이곳 사업가들이 피부 관리 제품 수요 증가까지 주목하게 된 것이다. 물론 화장품이 시진핑 주석이 원하는 탈산업화 저항이라는 목표에 들어맞는다고 보기는 어렵지만, 관영 언론에서까지 '화창베이의 컴퓨터 칩이 화장품으로 바뀌다' 같은 제목을 단 기사를 내보내며 이러한 추세를 보도했다.[49]

선전의 이런 변화는 어쩌면 공학자 중심 국가조차 소비자의 요구를 거부하거나 시대의 흐름을 거스를 수 없다는 현실을 보여주는 것이 아니었을까? 하지만 그런 상황은 그리 길게 이어지지는 않았다. 중국 제품의 엄청난 물결이 전 세계를 휩쓰는 지금, 화창베이는 다시 전자 제품이나 부품을 주로 판매하고 있다. 과잉투자와 탈산업화를 거부하는 고집 덕분에 중국은 지금도 여전히 미국 러스트 벨트의 불행한 운명을 피해 가고 있다.

공학 전문가들이 현실 세계에서의 건설 사업에만 집중한다면 중국은 더 나아질 것이다. 그렇지만 그들의 야심은 거기에서 그치지 않는다. 불행한 일이지만 베이징 중앙정부의 바탕을 이루는 것은 사회공학자들이다. 수십 년 전 인구공학을 실제로 적용하기로 했던 비참한 결정의 결과는 중국의 기술적 역량, 그리고 더 나아가 중국의 세계적 위상에 찬물을 끼얹은 중요한 위협 중 하나가 되고 말았다.

4장
BREAKNECK

역사상
가장 충격적인
사회 실험,

한 자녀 정책

여성들은 조국을 위해
임신을 포기하라는 설교를
끊임없이 들었고,
동의하기 전까지는
집으로 돌아갈 수 없었다.

공학자 중심 국가라는 새로운 개념의 핵심에는 인구 조절에 대한 의지가 자리하고 있다. 1980년대 내내 덩샤오핑과 베이징 지도부는 기술자와 공학자를 중앙정부로 불러올리는 일이야말로 곧 마오쩌둥의 실정에 대한 반격이라고 판단했다. 그렇지만 이들 역시 주변 상황을 고려하지 않는 단순한 통계만 사용하는 잘못된 과학주의에 사로잡혔고, 지금 당장 인구를 줄이지 않으면 재앙이 닥칠 거라고 예상하고 말았다. 그렇게 이 공학자 중심 국가의 한 자녀 정책 추진은 지난 반세기 동안 중국의 다른 어떤 정책보다 더 큰 사회적 고통을 초래했다. 그리고 중국은 그 실패를 만회하고자 다시 한번 사회공학이라는 도구를 꺼내 들었다.

2013년 가을, 시진핑 주석은 베이징에 있는 공산당 본부에 중화전국부녀연합회中华全国妇女联合会 지도부를 불러 모았다. 1년 전 중국 최고위직인 주석 자리에 오른 시진핑은 편안하고 온화한 표정에 공산당의 표준 작업복을 차려입고 나타나 여성을 공식적으로 대표하는 이 공산당 산하 단체에 중국의 경제 발전은 남녀평등에 달려 있다고 역설했다. 남녀평등이 완성되면 '수억 명의 중국 여성이 더 큰 책임을 맡을 수 있다'라는 주장이었다.[1] 지도부 위원들은 시진핑 주석의 말을 주의 깊게 경청하며 연신 수첩에 뭔가를 적어 내려갔다.

그로부터 10년 후, 시진핑 주석은 다시 연합회 지도부 앞에 섰다. 체중은 약간 줄었고 흰머리가 는 것 외에는 변한 게 거의 없었다. 여전히 같은 작업복에 같은 장소, 그리고 사람들이 수첩에 적어 내려가는 모습도 똑같았다. 시진핑 주석은 시종일관 온화하게 웃고 있었지만, 연설은 이전보다 어조가 더 강해졌다. 그는 여성들에게 경제 발전을 통해 자아실현을 추구하라고 하는 게 아니라 가정을 꾸리라고 조언했다.

2023년에 시진핑 주석이 자신을 만나기 위해 모여든 여성들에게 제시한 방향은 다소 전통적인 이야기처럼 들린다. 남편을 행복하게 만들고 노인을 보살피는 게 여성의 역할이다. 그리고 무엇보다 중요한 건 자녀의 출생과 양육이다. 시진핑 주석은 "이제 새로운 결혼과 출산 문화를 이끌어야 한다"라고 말했다. 즉 '젊은 세대가 사랑과 결혼, 출산, 그리고 가정에 대해 어떻게 생각해야 하는지'에 대해 공산당의 지침을 강요하고 있었다.《이코노미스트》는 기사를 통해 당시 분위기를 전하며 이런 직설적인 제목을 달았다. '여성이 가정을 지키며 자녀를 출산하기만을 바라는 중국.'[2]

2023년 초 중국은 마오쩌둥의 대약진운동으로 수백만 명이 굶주림에 시달렸던 1960년 이후 처음으로 중국의 인구가 줄었다고 발표했다. 그 수준은 미미했지만, 이대로라면 향후 수십 년에 걸쳐 매년 더 큰 폭으로 인구가 감소할 게 분명했다. 2100년이 되면 중국의 인구는 지금의 절반으로 줄어들어 약 7억 명에 이를 것으로 예상된다. 중국의 출생률은 급락하고 있다. 중국의 공식적인, 그리고 과장된 게 분명한 신생아 숫자 통계는 가장 비관적인 예측치조차 밑돌았다. 2019년 중국에서 태어난 신생아 숫자는 약 1,500만 명이었지만, 4년 후에는 900만 명으로 감소했다. 불과 몇 년 전 국제연합이 '저출산 전망'이라고 표현했던 수치보다 더 낮은 수준이었다. 2024년에는 600만 명이 결혼했는데, 이 역시 10년 전과 비교해 약 절반 수준에 불과하다.[3] 현재 중국 가정의 평균 자녀 수는 1.0명으로, 안정적인 인구수 유지에 필요한 2.1명에 크게 못 미친다.[4]

2023년 5월, 시진핑 주석은 공산당 관례를 무시하고 세 번째 주석 임기를 시작했다. 이 과정에서 또 다른 관례도 깨졌다. 바로 공산당 최고 지도부에서 여성을 몰아낸 것이다. 지난 수십 년 동안 공산당 중앙정치국 위원 25명 중 최소한 1명 이상은 여성이었으며, 이들은 종종 당에서 가장 어려운 임무를 맡곤 했다. 우이吳儀는 세계무역기구 가입을 위한 협상을 이끌었고 2003년 사스 사태에 대응했다. 쑨춘란孫春蘭은 코로나 사태가 일어나자 관련 봉쇄 조치 시행을 감독했다. 우이도 쑨춘란도 때로는 평범한 남성뿐인 분야에서 탁월한 능력을 발휘했다. 그런데 시진핑은 세 번째로 주석 임기를 시작하자 중앙정치국 위원 정원을 24명으로 줄여 여성에게 할당되었던 한 자리를 없앴다. 어쩌면 시진핑 주석은 여성을 중국 중앙 정치에서 배제함으로써 본보기를 보이려 했을지도 모른다.

이제 공산당 중앙정치국 남성들의 모든 정치적 시선은 여성의 몸을 향하고 있다. 시진핑 주석의 중국 정부는 전통주의 출산 관행을 강요하는 운동을 벌이고 있으며, 동시에 성 소수자에 대한 탄압도 시작했다. 출산을 정치적 문제로 삼은 건 이번이 처음이 아니다. 마오쩌둥은 서방 제국주의자들의 침략을 막는 방법 중 하나로 출산을 장려했다. 덩샤오핑은 반대로 인구 조절 정책을 시행해 중국을 지옥으로 만들었다. 그리고 이제 세 번째로 시진핑 주석이 또다시 인구공학을 들고나와 이번에는 출산 장려 정책을 펼치고 있다.

미사일 연구자의 발상에서 시작된 20세기 최대 인구정책

마오쩌둥은 기술이나 공학과는 거리가 멀었던 사람으로, 베이징대학교 사서 시절 중국 공산당 창당에 참여했고 이후 군벌이 되었다. 1949년 중화인민공화국을 수립한 후 마오쩌둥의 위상은 거의 신과 같은 수준이나 다름없었다. 마오쩌둥은 문학이나 철학을 읽고 공부하는 데 신경 썼고, 세부적인 국가 운영은 저우언라이周恩來나 덩샤오핑, 그리고 천윈陈云 같은 기술 전문 관료에게 맡겼다. 군대를 이끄는 지휘관인 동시에 시인이기도 했던 마오쩌둥의 재능은 어쩌면 마오쩌둥이 늘 입에 올렸던 오래된 격언인 '인민이 모이면 힘이 된다人多力量大'를 통해 진면목을 드러냈는지도 모른다.

1949년, 중국은 세계에서 인구가 가장 많은 나라였다. 수십 년에 걸친 전쟁이 끝나고 세워진 이 새로운 국가는 자국 인구가 얼마나 되는지 정확한 숫자조차 제대로 알지 못했다. 중국 정부에서는 5억 명 정도로 추정했는데, 1953년 시행한 인구조사에서 거의 6억 명에 달하는 것으로 집계되었을 때는 축하하지 않을 이유가 딱히 없었다.

마오쩌둥은 많은 인구를 힘의 원천으로 여겼다. 거의 반평생을 군대를 이끌며 국민당, 일본군과 싸우며 보낸 마오쩌둥은 새로운 공산주의국가를 세운 지 불과 1년 만에 한국전쟁에 참전했는데, 실제로는 한국군이 아니라 핵무기로 무장한 미군이 상대였다. 당시 여러 국가 지도자들은 핵무기의 위협에도 평온한 태도를 유지하는 중국 측 모습에 당혹감을 느꼈다고 한다. 1954년에 인도 수상 자와할랄 네루Jawaharlal Nehru를 만난 마오쩌둥은 자신은 미국의 핵 공격을 두려워하지 않는다고 자랑스럽게 말했다.[5] 마오쩌둥은 서방 제국주의자들에게는 수많은 중국 인민을 모두 몰살시킬 만큼의 원자폭탄이 없다고 자신했고, 3년 후에 마주했던 소비에트연방의 서기장 니키타 흐루쇼프Nikita Khrushchev에게는 "우리는 원자폭탄을 두려워해서는 안 된다. 재래식 전쟁이든 핵전쟁이든 어떤 종류의 전쟁에서나 우리는 승리할 것"이라고 말하기도 했다. 서방 제국주의자들을 상대로 승리를 거둘 수 있다면 중국 인민의 절반이라도 잃을 각오가 되어 있다는 말이었다.[6] "결국 시간은 흐를 것이며 우리는 그 어느 때보다도 더 많은 자녀를 계속 낳을 것이다." 소비에트연방 측에서는 세계 멸망을 불러올 수도 있는 핵전쟁에 대해 이렇게 태연자약한 마오쩌둥의 모습을 보고 놀랐는지 나중에 중국의 핵무기 개발 지원을 중단하고 말았다.

마르크스는 토머스 맬서스Thomas Malthus의 인구 과잉 문제 연구를 비판했고, 마오쩌둥은 그런 마르크스의 뒤를 따르듯 인구 과잉으로 문제가 발생한다는 주장은 터무니없다고 생각했다. "중국의 인구가 많다는 건 얼마나 다행스러운 일인가." 마오쩌둥이 1949년 했던 말이다.[7] "중국은 인구가 몇 배 더 증가하더라도 해결책을 찾을 충분한 능력을 갖추고 있다.[8] 그 해결책이란 바로 생산능력이다. 토머스 맬서스 같은 서방 부르주아 경제학자들의 터무니없는 주장, 즉 식량 증가가 인구 증가를 따라잡을 수 없다는 주장은 오래전 마르크스주의자들에 의해 이론적으로 철저히 반박되었을 뿐만 아니라, 소비에트연방과 중국이 실제로도 완전히 무너뜨렸다."

하지만 중국의 다른 지도자들이 모두 여기에 동의한 건 아니다. 마오쩌둥이 문학이나 철학에 몰두하는 동안 덩샤오핑은 중앙정부가 이끄는 계획경제를 추진했다. 덩샤오핑을 비롯한 지도부는 인구 조절 없이는 5개년 개발 계획을 실행하기 어렵다고 판단했다. 그렇게 해서 몇 가지 가족계획 정책을 추진하도록 마오쩌둥을 설득했고, 1970년대까지 일련의 당근과 채찍을 포함한 관련 정책이 승인되어 결혼 연령이 늦춰지고 피임 방법도 널리 알려졌다.

하지만 마오쩌둥은 성격이 대단히 변덕스러웠다. 때로는 다른 사람들 말에 귀를 기울이다가도 때로는 물러서지 않겠다는 듯 발버둥을 쳤다. 마오쩌둥이 문화대혁명을 일으키기 전 중국의 인구는 7억 명이 넘었다. 마오쩌둥은 끊임없이 나라를 들쑤셨고 10년이 넘는 정치적 격변이 이어졌다. 문화대혁명이 절정에 달했을 무렵 노동자들은 좌파 교리를 두고 싸웠고, 대중은 폭도가 되어 반동분자로 낙인찍은 사람들을 공개적으로 폭행했으며, 학교도 일터도 문을 닫고 다들 마오쩌둥이 이끄는 새로운 혁명에 뛰어들었다. 1976년 마오쩌둥이 세상을 떠나면서 비로소 혼란은 가라앉았지만, 중국은 이미 난장판이 되어 있었다.

기본적인 정부 기능도 큰 피해를 보았다. 문화대혁명은 인구조사 같은 체계적인 행정 업무 자체를 조롱하고 무시했다. 덩샤오핑이나 경제정책을 주관했던 천윈 등 중국 최고 지도부는 단지 중국의 인구가 많다는 사실 외에 정확한 통계는 전혀 알지 못했고, 그저 9억 명이 넘었을 정도로만 추측했다. 그러다 1978년 말 통계 기관에서 중국 인구가 거의 10억 명에 도달했다고 보고하자 지도부는 큰 충격에 휩싸인다. 이제는 인구가 늘어난다고 해서 좋아하는 시대가 아니었다. 먹여야 할 입이 늘어나면 늘어날수록 덩샤오핑의 중국 현대화 정책은 위협받을 수밖에 없었다.

그러다 중국에서 가장 뛰어난 공학자 중 하나가 지극히 합리적인 해결책을 제시했다. 쑹젠宋建은 원래 수학과 통제 이론을 공부했던 미사일 연구 과학자였는데, 그가 제안한 해결책이 바로 한 자녀 정책一孩政策, 혹은 계획 생육 정책计划生育政策이었다. 쑹젠은 체격이 상당했고, 단정하게 올려붙인 머리 아래로 뭉툭한 코와 두툼한 턱이 튀어나와 있었다. 학술회의에 참석할 때면 그는 종종 목소리를 높였고, 연설이나 발언은 웃는 얼굴로 두툼한 손을 힘차게 휘두르며 마무리했다. 쑹젠의 자신만만한 태도에는 사실 그럴 만한 이유가 있었다. 중국 최고 지도부가 일개 과학자의 개인적 주장을 받아준 경우는 쑹젠을 제외하면 거의 찾아보기 힘들었고, 정치적 영향력은 가히 아인슈타인에 비교될 정도였다. 아인슈타인이 백악관에 보낸 편지 한 장으로 미국의 원자폭탄 개발이 시작되었다는 일화는 과학계에서 아주 유명하지 않은가.

쑹젠은 1931년 중국에서 두 번째로 인구가 많은 북부 산둥성의 시골 가정에서 태어났다. 그 무렵 산둥성으로 일본군이 쳐들어오면서 이 지역은 가장 큰 피해를 보았다. 일본 점령 시기에 성장한 쑹젠은 10대 시절 공산당 휘하 팔로군八路軍에 입대해 낮에는 군인으로 복무하고 밤에는 학교에 다녔다. 쑹젠은 주변 고등학생 중에서 유일하게 대학에 진학했으며, 1953년에는 소비에트연방 유학이라는 더욱 큰 기회를 얻었다.

모스크바 국립대학교에서 쑹젠은 주어진 정보를 분석해 처리하는 새로운 학문, 사이버네틱스cybernetics를 접하게 된다. 수학과 연계되는 사이버네틱스는 제2차 세계대전 중 시작된 컴퓨터나 정보처리 관련 연구를 포함해 여러 새로운 분야 중 하나였다. 그 창시자라고 할 수 있는 노버트 위너Norbert Wiener가 1948년 발표한 연구서 『사이버네틱스』는 수학 방정식이 아닌 '동물과 기계에 대한 통제와 소통'이라는 매혹적인 부제목 덕분에 큰 인기를 얻었다. 위너는 장치의 출력물을 최적화 과정을 통해 계산 과정으로 반복해서 돌려보내는 방식으로 복잡한 장치를 제어할 수 있는 수학적 방법을 개발하고자 했다. 간단하게 말해 사이버네틱스는 기술적 또는 생물학적 장치의 체계를 조절하고 제어

하는 방법에 대한 학문이다. 사이버네틱스라는 개념은 당대 지식인들을 사로잡았다. 애초에 '기계적 지능'이나 '체계 분석' 같은 그 자체로 매력적인 용어가 등장할뿐더러, 내재해 있는 모호성을 통해 반박을 피해서 이론적으로 자유롭게 주장을 펼칠 수 있었기 때문이다. 잠시 관심에서 멀어진 때도 있었지만 사이버네틱스는 지금까지도 끊임없이 언급되는 개념으로, 1956년 다트머스 학술회의Dartmouth Conference에서 인공지능이라는 용어를 만든 것도 바로 사이버네틱스와 관련이 있다. 철학자 마르틴 하이데거Martin Heidegger는 철학은 쇠퇴하고 있으며, 이제는 사이버네틱스가 그 뒤를 이을 것이라고 주장하기도 했다.

소비에트연방과 중국의 관계가 악화되자 쑹젠은 1960년 베이징으로 돌아와 평생 사이버네틱스 이론에 천착했다. 귀국 후 쑹젠은 로켓 개발을 담당하는 국가 기관 제7 기계개발부第七机械工业部의 수석 과학자 중 한 명으로 뽑혀 중국의 잠수함 발사 탄도미사일 개발에 참여했다. 쑹젠은 재능이 뛰어난 과학자였을 뿐만 아니라 정치적 영향력을 행사하는 감각도 탁월했다. 그는 중국에서도 가장 유명한 과학자라고 하는 첸쉐썬钱学森의 지도를 받았는데, 미국에서 추방된 후 중국의 핵무기 개발을 주도했던 첸쉐썬과 함께 『엔지니어링 사이버네틱스工程控制论』라는 연구서도 발표했다. 쑹젠은 문화대혁명 당시에도 심하게 공격받을 정도로 유명했는데, 외국 과학자들과의 교류를 이유로 홍위병들이 쑹젠을 간첩 혐의로 고발하자 당시 국무원 총리였던 저우언라이는 깜짝 놀라 다른 고위급 과학자들과 함께 고비 사막에 있는 중국 위성 발사 기지로 보내 쑹젠의 신변을 보호했다.

실제로 쑹젠을 비롯한 군사 분야 과학자들은 공산당의 비호를 받으며 정치적 특권을 누렸다. 혁명운동 동참에 대한 강요도 별로 없었고, 미사일을 비롯한 각종 무기 개발과 관련된 전권을 부여받기도 했다. 애초에 공산당은 사회과학자보다 군사 분야 과학자를 더 존중했는데, 경제학이나 사회학에 대한 사회과학자들의 주장이 마오쩌둥의 의견과 종종 어긋났던 것도 그 이유 중 하나였다. 예컨대 1950년대가 지나가는 동안 마오쩌둥은 인구 조절을 주장하는 경제학자가 나타나면 무자비하게 괴롭히기도 했다. 또 군사 분야 과학자는 일반 대학 교수보다 대부분 정치적으로 더 넓은 인맥을 갖추었으며, 당 최고위층 지도부가 대학교수의 의견에 귀 기울이는 경우는 거의 없었다. 쑹젠은 그 밖에도 외국과의 학술 교류는 물론 중국에 몇 대밖에 없는 첨단 컴퓨터 장비를 사용하는 등의 특권과 함께 동료 과학자들과 흥미가 있는 학문 분야에 과감하게 참여할 수 있는 정치적 자유도 누렸다.

당시 전 세계는 환경 재난에 대한 불안감이 컸고, 1968년 『인구 폭탄The Population Bomb』이라는 책을 펴내기도 했던 생물학자 파울 에를리히Paul Ehrlich를 비롯한 자연과학자들, 그리고 1972년 「성장의 한계The Limits to Growth」라는 보고서를 발표한 비정부 기구 로마 클럽Club of Rome 같은 여러 연구소와 단체는 세계 인구가 지구의 '수용 능력'을 넘어서면서 앞으로 인류는 생활수준의 점진적 하락과 완전한 멸종 사이 어딘가를 떠돌게 될 것이라고 설명했다. 서구 과학자들이 특히 인구는 많지만 가난한 중국과 인도에 대해 우려하고, 마오쩌둥이 세상을 떠나면서 중국에서 인구 조절 논의가 시작되었을 때 쑹젠은 여전히 미사일 개발에 몰두 중이었다.

환경 재난을 주장하는 학자들의 의견을 듣기 위해 해외로 나간 쑹젠은 중국에서도 인구 조절을 위한 조치를 빨리 시행해야 한다고 확신했다. 1978년 핀란드 헬싱키로 날아가 사이버네틱스 관련 학술회의에 참석한 그는 그곳에서 자연과학자들의 최신 의견을 경청했다. 거기에는 대재앙에 대한 경고와 함께 지구의 종말이 올 시기를 예측하는 발표도 포함되어 있었다. 훗날 쑹젠은 이 발표를 듣는 순간 '대단히 흥분했다'고 회고했다.[9]

베이징으로 돌아온 쑹젠은 함께 일하던 과학자 몇 사람과 함께 인구 관련 연구를 시작했다. 중국의 인구조사는 1964년이 마지막이었고, 실제 인구 규모를 아는 사람은 아무도 없었기 때문에 결코 쉬운 일은 아니었다. 이들은 인구통계 외삽법(과거와 현재의 인구 데이터의 추세를 분석해 미래의 인구 규모와 구조를 예측하는 방법—옮긴이)이라는 부정확한 방법에 의존한 채 결국 두 가지 결론에 도달했다.[10]

- 첫째, 중국이 인구 증가 추세를 그대로 묵인한다면 중국

인구는 현재 여성 1인당 3.0명의 출생률에 따라 2050년에는 30억 명, 그리고 2080년에는 40억 명을 넘어설 것이다.[11]

• 둘째, 중국의 천연자원 규모는 곧 적절한 인구 규모와 연결된다. 쑹젠과 동료들은 이 계산에 다양한 변수를 대입했다. 중국의 경작지 면적, 수자원 규모, 농업, 2차산업, 그리고 3차산업의 장기적 예상 성장률 추세 등을 대입해본 결과 중국의 적정 인구는 7억 명 선이라는 결론이 나왔다.

지금 와서 돌아보면 쑹젠의 이런 결론은 다 엉터리로 보일 뿐이다. 무엇보다 허점이 너무 많았다. 쑹젠은 "다음 세기 후반기까지 중국의 인구는 45억 명으로 늘어나 현재 세계 인구와 맞먹을 것이다. 그리고 계속해서 영원히 늘어날 것"이라고 주장했다. 인구가 일정한 속도로 계속해서 증가한다는 믿음인데, 이런 식의 직선적 분석 결과를 믿는 건 공학자 출신뿐일지도 모른다. 쑹젠은 이웃의 동아시아 국가들이 이미 깨달은 사실, 즉 경제성장이 이루어지고 교육 수준이 높아짐에 따라 출생률이 떨어질 수 있다는 사실을 전혀 인지하지 못했다. 그리고 중국의 자원이 제한되어 있다고 가정했을 뿐, 기술 변화나 무리한 계획경제를 벗어나려는 덩샤오핑의 정책 등으로 농업 생산성이 늘어날 가능성 같은 건 전혀 고려하지 않았다. 얄궂은 일이지만 이런 기계적 사고방식으로 쑹젠은 사이버네틱스의 본질과 멀어지고 말았다. 그의 방식은 각각의 변수나 반응을 적극적으로 받아들이지 못했기 때문이다.

만일 상황이나 환경이 조금 달랐다면 이런 계산이나 결과가 진지하게 받아들여지지 않았을 수도 있었다. 하지만 당시는 1970년대였고, 중국 최고 지도부는 중국이 직면한 경제적 어려움에 대한 외부 의견은 전혀 필요로 하지 않았다. 덩샤오핑과 천윈이 과학적 논리에 따라 4대 현대화 정책을 적절하게 추진하기만 한다면 중국을 구할 수 있다는 행복한 상상을 하는 상황, 이것이 바로 당시 베이징 중앙정부의 분위기였다. 무엇보다 그 중심에 선 과학자가 바로 공산당조차 잘 알고 신뢰하던 쑹젠이 아닌가. 쑹젠이 중국 지도부를 향해 마치 미사일 궤도를 미리 설정하듯 인구 증가 추이도 엄격하게 관리하고 조절할 수 있다고 장담하자, 지도부는 여기에 귀를 기울이지 않을 수 없었다.

미국의 중국 전문가이자 인류학자인 수전 그린핼시Susan Greenhalgh는 유명한 저서 『단 한 명의 아이Just One Child』에서 쑹젠이 중국의 한 자녀 정책에 미친 영향을 추적했다. 관련 정책 회의에 참석한 쑹젠과 고위층 과학자들은 당시 중국에 있던 가장 정교한 컴퓨터 장치를 이용한 계산 결과를 바탕으로 자신들의 주장을 펼쳤다. 한 자녀 정책에 회의적인 사람들이 주판이나 휴대용 계산기를 사용해 인구 증가를 예측하던 시절이었다.[12, 13] 쑹젠은 자신들의 예측을 기계가 전용 용지에 그린 정밀한 선으로 표현해 제시했지만, 다른 쪽에서는 손으로 대강 그린 선을 자료라며 제시했다. 애초에 절대 공정한 대결이 될 수 없는 상황에서 과학자들은 모든 면에 걸쳐 다른 경쟁자를 압도했다.

아마 쑹젠이 없었더라도 중국은 급진적인 인구 조절 정책을 시행했을 것이다. 1970년대 말이 되자 중국 지도부는 어떤 형태로든 개입이나 간섭이 필요하다고 생각했다. 쑹젠은 중국이 한 가정에 1명 이상의 자녀를 허용할 수 없는 과학적 근거를 제시했고, 이에 대해 이의를 제기하는 건 고작 몇몇 집단에 불과했다. 농촌 주민들의 반발을 예상한 지방 공산당 간부, 노동력 없는 노인만 늘어나는 상황을 지적한 사회과학자, 그리고 군 병력 문제를 걱정하는 군부 등이었다.

이들 모두 자신들의 의견을 내세우는 데 실패했다. 쑹젠의 뒤에는 한 자녀 정책을 강력하게 추진하는 중앙정부의 거물 천윈이 있었고, 나머지 지도부도 대부분 여기에 동의했다. 두 자녀를 허용하는 게 더 나을 수도 있다든가, 아니면 교육정책이나 피임 확대만으로 충분할 거라고 생각했던 정책 입안자는 소수에 불과했다. 무엇보다 덩샤오핑이 한 자녀 정책을 강력하게 지지하고 나섰다. 덩샤오핑과 천윈은 정책 실행을 책임지는 수백만 명의 지방 공무원에게는 한 자녀라는 목표가 더 단순하게 받아들여질 수 있다는 걸 직관적으로 알아차린 노련한 행정가였다. 쑹젠은 결정된 정책에 과학적 근거를 통해 힘을 실어주었다. 덕분에 중국 지도부는 가장 단순한 목표가 가장 중요하고 필요한 목표라고 굳게 믿을 수 있었다.

그렇게 해서 1980년, 베이징 중앙정부는 마침내 한 자녀 정책을 채택해 시행한다. 쑹젠의 위상은 자신의 새로운 정책을 과학적이고 현대적인 모습으로 치장하겠다는 덩샤오핑의 목표에 딱 맞아떨어졌고, 거기에 기계장치가 정밀하게 그린 도표도 있었다. 당시 덩샤오핑과 천윈은 중국의 1인당 평균 경제성장률을 염두에 두었는데, 인구가 적을수록 1인당 소득이 늘어난 것처럼 보인다는 잘못된 생각을 하게 되었다. 몇 년이 지난 후 쑹젠은 자연과학자들이 사회과학자들과 비교해 얼마나 더 똑똑한지 과시했다. 혹시라도 누군가에게 비난이나 공격을 받을 경우 '자연과학의 높은 위상을 앞세우고 아무도 건드리지 못하는 영역으로 슬며시 물러나는 것'이 쑹젠의 전략이었다.[14] 쑹젠의 자화자찬은 끊임없이 이어졌다. 1988년 발표한 『인구 조절人口控制』에서 쑹젠과 공저자는 '인구 문제 연구는 통계 및 양적 연구 방법론을 사용함으로써 인간 감정의 개입이나 사회적 윤리 같은 좋지 않은 영향으로부터 자유로워졌다'라고 썼다.[15]

그렇지만 중국 공산당이라고 해도 인간의 감정이나 사회적 윤리를 아예 무시할 수는 없었고, 국민이 곧 불신의 눈초리로 바라볼 것이라는 사실도 잘 알고 있었다. 따라서 공산당은 전례 없는 방식, 즉 모든 당원에게 공개적으로 서한을 보내는 방식으로 자녀를 1명만 낳는 모범을 먼저 보여달라고 요청했다. 그린핼시에 따르면 이 서한의 초안 작성이라는 영광을 안은 건 다름 아닌 쑹젠이었다.[16] 결과는 당연히 예상대로였다. 쑹젠이라는 인물은 사람들의 마음을 요령 좋게 달래기에는 너무나 오만했기에, 결국 공산당은 쑹젠의 초안을 폐기하고 선전 전문가들에게 그 일을 맡겼다.

그해 9월 17일, 1,600단어 분량의 공개서한이 관영《인민일보人民日報》에 실렸다.[17] '이번 세기 말까지 중국의 인구를 12억 명 이하로 유지하기 위해 국무원은 전국의 인민들에게 각 부부가 한 자녀만 낳도록 촉구하는 호소문을 발표한다. 이는 4대 현대화와 미래 세대의 건강과 행복, 그리고 모든 인민의 장기적으로, 또 동시에 지금 당장 얻을 수 있는 이익과 관련된 중요한 조치다. 무엇보다 공산당 중앙위원회는 모든 당원이 앞장서서… 적극적이고 책임감 있게, 그리고 인내심을 가지고 꼼꼼하게 인민을 대상으로 홍보와 교육을 시행할 것을 요청한다.'

이 서한을 보면 감정에 호소하는 어조로 부부가 한 자녀만 낳을 것을 '촉구'하고 있다. 또 인구 증가로 떨어지는 생활수준이나 농지에 가해지는 부담을 예로 들며 최대한 합리적인 주장으로 보이려 애썼다. 오늘날에도 이 정책의 명칭만으로는 시행 과정에서 발생한 폭력성을 떠올리지 못한다. 당시 정부는 여성의 인권 따위는 아랑곳하지 않고 강제로 불임이나 임신 중절 수술을 자행했다. 한 자녀 정책 시행은 대부분 농촌 주민에게 깊이 뿌리박혀 있던 습관을 강제로 바꾸는 걸 의미했다. 다시 말해 이는 그야말로 전례가 없는 대규모의 사회공학적, 그리고 인구공학적인 조치였다.

40년 동안이나 여성의 몸에 가해진 국가적 테러 캠페인

한 자녀 정책은 갑작스럽게 시작되었고, 얼마 지나지 않아 점점 행정의 복마전처럼 변해갔다. 이 정책이 시행된 후 약 35년 동안 여기에 영향받지 않은 중국 가정은 거의 없었다. 1990년까지도 첫아이를 가지려면 여성은 직장을 비롯해 당 간부들에게 최대 12가지의 서류를 확인받고 피임에 동의하는 동의서도 제출해야 했다.[18] 운이 없으면 농촌 지역을 휩쓴 것 같은 대규모 불임 수술과 임신 중절 조치에 휘말리기도 했다. 그 시대를 살아간다는 게 어땠는지 이야기하는 농촌 사람들에게는 아마도 '고통스러웠다'라는 표현이 가장 먼저 떠올랐을 것이다.

베이징 중앙정부는 인민해방군 장성 출신 첸신중钱信忠을 국가가족계획위원회 위원장으로 임명했다. 첸신중은 마치 군사작전처럼 치밀하게 정책 시행을 위한 초기 단계를 계획했다. 우선 가족계획 담당 공무원을 중심으로 구성한 순회 부서를 이른바 '충격 부대'로 임명하고 이 대규모 '전투'를 위해 '일대일 전술'을 실행하도록 지시했다. 작전 계획의 핵심은 '충격 공격'이었는데, 원래는 결정적인 성과를 얻기 위해 정치적 동원을 강조하는 사회주의 운동에서 유래한 용어였다. 이 부대는 공무원 및 당 간부, 지역 집행관, 그리고 마을을 순회하는 의료진으로 구성되었다. 각 지역 병원은 자궁 내 장치 삽입, 나팔관 결찰술,

정관수술, 그리고 임신 중절이라는 '네 가지 수술'을 언제든 시행할 준비가 되어 있어야 했다.

첸신중은 아직 상황을 파악하지 못한 농촌에 충격 부대를 투입했다. 1980년 한 자녀 정책이 시작되었을 당시, 도시 출생률은 부부당 1.0명으로 줄어드는 추세였지만 농촌의 경우는 2.5명에 가까웠다. 중국 인구의 5분의 4가 몰려 있는 농촌 지역에서 다산은 경제적 안정을 위한 밑바탕이었다.[19] 여러 명의 자녀, 특히 아들이 없이는 충분한 노동력과 노후 지원을 기대할 수 없었다.

1982년이 되자 중국도 마침내 1964년 이후 처음으로 제대로 된 인구조사를 시행할 수 있을 정도의 행정조직력을 갖췄다. 덩샤오핑과 첸신중은 조사 결과를 침울한 심정으로 확인했는데, 지난 18년 동안 중국 인구는 3억 명이 늘어나 10억 명 돌파라는 단일국가 신기록을 세웠다. 중국 지도부는 인구 조절의 필요성을 더욱 절감했다. 곧 가족계획이 '기본 국가정책'으로 선포되었고, 헌법에 명시됨으로써 가족계획 자체가 논쟁의 영역에서 제외되었으며, 첸신중은 더욱 힘을 얻어 자신의 의지를 따라 무자비하게 움직였다.

1983년 첸신중은 공산당 전체 조직은 물론 모든 국가기관을 동원해 관련 정책을 대대적으로 밀어붙였다. 그해 중국에서는 1,600만 건의 여성 불임 수술, 그리고 1,400만 건의 임신 중절 수술이 실행되었다. 정책 시행 전인 1975년만 해도 중국 전역에서 진행된 불임 수술은 300만 건, 중절 수술은 500만 건 정도였다.

이 정도 수치를 달성하려면 강압적인 방법을 동원할 수밖에 없다. 작전 실행의 첫 번째 단계는 협박이었다. 지방 공무원들은 이번에는 '설득 부대'가 되어 임신부들을 찾아갔다. 최대 10명으로 구성된 이 부대가 부드러운 말로 설득하는 경우는 드물었다. 어느 미국 학자는 광둥성에서 한 무리의 여성이 남편이나 다른 가족 없이 마을 회관에 동원되는 장면을 목격했다. 그곳에서 여성들은 조국을 위해 임신을 포기하라는 설교를 끊임없이 들었고, 결국 한 명씩 차례로 중절에 동의하도록 요구받았으며, 동의하기 전까지는 집으로 돌아갈 수 없었다.[20] 1982년 《뉴욕 타임스》 기사는 광둥성의 한 가족계획 담당 공무원의 말을 인용했다. '한 사람당 평균 열 번 이상 같은 말을 해야만 했다. 상대가 만만치 않다면 100번이 넘도록 설득이 반복되었다.' 또 이 기사에는 여성들을 대규모 집회에 모아놓고 중절에 동의하도록 강요했다는 내용도 실려 있다.[21]

충격 부대나 설득 부대를 다그치고 채찍질하는 구호도 등장했다. '목표 달성을 위해 수단 방법을 가리지 마라'[22], '전력을 다하되 창의적으로 어려움을 극복하라.'[23] 이런 구호만 보아도 여성의 임신과 출산을 막기 위해서라면 모든 수단과 방법을 가리지 말라는 허가를 내준 것이나 다름없었다. 이러한 협박 전술은 대부분 효과가 있었다. 공무원이 점점 더 집요하게 돌아가며 찾아오는 걸 견딜 수 있는 사람은 거의 없었다. 하지만 이러한 전략이 먹히지 않아도, 직장에서의 해고나 최대 몇 년 치 임금에 해당하는 벌금을 부과하겠다고 위협할 수 있었다. 게다가 필요하다면 해당 여성이나 다른 가족을 잡아 가둘 수 있었는데, 다시 말해 외부 세계와 접촉할 수 없는 상태에서 매일 식비 같은 필요 경비를 당사자가 직접 책임져야 하는 상황이 될 수도 있었다. 그러다가 때로는 가구나 재봉틀, 혹은 소나 다른 가축을 압류했고, 심지어 중장비를 동원해 사는 집의 지붕을 허물기도 했다.[24] 이쯤 되면 자녀를 한 명쯤 더 키울 수 있다고 생각했던 부부조차 과연 그 생각이 옳은지 의구심이 들 수밖에 없었다.

해당 공무원에게는 주어진 할당량을 채우는 게 최대 관심사였다. 이들은 정해진 불임 수술이나 임신 중절 할당량을 채우면 좋은 평가 점수에 현금 보상까지 받았지만, 만일 그렇지 못하면 반대로 직위는 강등되고 급여도 삭감되었다. 가족계획 시행 성과는 공무원 인사 평가의 일부였다. 당시 중국에서 활동했던 기자 니컬러스 크리스토프Nicholas Kristof는 임신 7개월이던 한 여성에게 공무원들이 즉시 출산을 강요했던 일화를 기록했다. 그해에는 해당 지역 출생률에 여유가 있었지만, 내년에는 과연 그 기준이 어떻게 바뀔지 알 수 없었기 때문에 차라리 중절보다 조산을 강요한 것이다. 이들은 출산이 임박한 여성들을 끌어모으기 위한 '부대'를 조직했다. 그리고 지역 의사들의 반대에도 조산을 강행했다.[25] 크리스토프는 앞서 언급한 임신 7개월 여성이 출산 중 출혈로 거의 죽을 뻔했고, 결국 아이는 사망했다고 기록했다. 그리고 여성 역시 신체장애를 안고 살아야 했다.

임신한 여성이 중절에 동의하지 않으면 공무원들이 강제로 시행할 수 있었다. 임신 후 불러오는 배를 감출 수 없었기 때문에 출산이 거의 임박해서 중절 수술을 받는 경우도 적지 않았다. 어떤 경우에는 아이가 수술 과정에서 살아서 태어나기도 했다. 1985년《워싱턴 포스트The Washington Post》에 연재된 관련 기사에서 기자 마이클 와이스코프Michael Weisskopf는 의사들이 때때로 아이의 머리에 포름알데히드를 주사하거나 집게로 머리를 부수었다고 기록했다.[26] 하지만 보통은 질식시키거나 죽을 때까지 그대로 내버려두는 방법을 택했다.

쑹젠의 고향 산둥성은 가장 악명 높고 엄격한 정책 시행 사례를 경험했다. 구안현固安县의 신임 공산당 서기 쩡자오치曾昭起는 가족계획 성과가 산둥성 최하위를 기록한 것에 굴욕감을 느꼈다. 그래서 4월 어느 날, 당 최고위 간부 22명을 소집해 잘못을 질책하고 더욱 강력하게 조치해야 한다고 닦달했다. 그리고 5월 1일부터 8월 10일까지 해당 지역에서 출산이 단 한 건도 있어서는 안 된다고 못 박았다. 현재 일부 공개된 보고서를 보면 임신 기간이나 출산 허가 여부에는 관계없이 임신한 모든 여성이 중절을 강요받았다는 증언이 남아 있다.[27] 당시 이 문제를 두고 같은 지역의 공무원과 주민으로 마주하는 데 어려움이 있었기 때문에, 쩡자오치는 산둥성 다른 지역의 강경파 공무원들을 동원했다.

구안현에서 일어난 이 사건을 일컫는 표현이 두 가지 있다. 바로 '백일 무자녀 운동百日無孩運動'과 '양 도살 사건殺羊羔事件'이다. 사건이 일어난 1991년은 양의 해였기 때문에 양을 죽인다는 표현을 사용했다. 이 도살 사건은 결국 쩡자오치에게 유리하게 마무리되었고, 그는 원하는 대로 승진을 거듭했다. 게다가 훗날 당에 의해 미래세대돌봄위원회 부위원장에 임명되기까지 했지만, 아무도 그런 사실을 어색하게 여기지 않는 것 같았다.[28]

첸신중은 출산이 임박한 상황에서도 중절을 강요하는 데 주저함이 없었지만, 그래도 불임 수술을 더 선호했다. 중절은 누구에게나 번거롭고 고통스러운 일이었지만, 불임 수술은 상대적으로 더 간편하고 확실한 해결책이 될 수 있었다. 의사들은 출산을 마친 여성에게 이른바 '자궁 내 피임 장치Intrauterine Device, IUD'를 삽입하기도 했는데, 때로는 해당 여성에게 그 사실을 알리지 않아도 상관없었다. 다만 여성들이 삽입된 장치를 제거하려는 시도가 잦아지자, 첸신중은 되돌릴 수 없는 수술인 나팔관 결찰술이 더 낫다고 생각했다. 또 두 자녀 이상을 둔 부부는 무조건 불임 수술을 받아야 한다고 주장했다.[29] 모두 그랬던 건 아니지만, 둘째 자녀를 출산한 산모에게 바로 불임 수술을 했다는 기록이 남아 있을 정도다.[30] 여성의 의사를 묻는 일 없이 바로 진행되는 불임 수술은 베이징 중앙정부 입장에서도 문제가 될 수 있는 조치였다. 유아 사망률은 여전히 높았고 농촌 주민들은 더 이상 아이를 가질 수 없다는 사실이 두려울 수밖에 없었다. 그래도 1999년 중국 보건부 통계에 따르면 가임기 기혼 여성의 35퍼센트가 불임 수술을 받았다고 한다.[31]

어쨌든 한 자녀 정책 시행을 위해 진행된 이런 강제 불임이나 중절 수술은 농촌 주민들에게는 엄청난 고통이었고, 국가가 자신들을 가축처럼 대한다는 사실에 대해서도 크게 분노했다. 농촌에서 돼지를 다루는 것과 비슷한 방식으로 아내와 딸에게 불임 수술이 자행되었다. 또 중절을 진행하는 과정에서 때로는 정말로 여성들을 돼지우리 같은 곳에 잠시 가두는 일이 벌어지자 상황은 점점 더 악화되었다. 《워싱턴 포스트》 기사에서 와이스코프는 이렇게 썼다. '출산을 불과 3개월여 앞둔 여성을 포함한 많은 임신부가 몸이 묶인 채 잠시 돼지우리에 갇혀 있다가 차에 실려 지역 병원 수술대로 끌려갔다.'[32] 여성의 신체에 입은 피해는 엄청났다. 출산 후 삽입하는 스테인리스 스틸 IUD는 장기적으로 문제를 일으킬뿐더러 출혈도 빈번하게 발생했다. 또 2년쯤 뒤에는 효과가 떨어지기도 했다. 중절 수술이나 나팔관 결찰술은 종종 단체로 급하게 진행되었고, 마취 없이 진행될 때도 많았다. 물론 남편이 원한다면 정관수술을 받을 수도 있었지만, 대개 1:4 비율로 여성이 나팔관 결찰술을 받는 횟수가 더 많았다.

한 자녀 정책은 도시 지역에서는 별다른 문제로 이어지지 않았다. 도시 주민들은 대부분 상황을 이겨낼 수 있었고, 둘째를 낳기 위해 해외로 나갈 기회도 더 많았다. 한편 공산당은 상황이 불안한 소수민족 지역에서는 신중하게 접근했다. 인구 과잉과 관련된 문제는 티베트나 신장웨이우얼 자치구의 현지 주민이 아니라 그곳으로 이주한 한족 정착민과 관련이 있었기 때문이다. 때때로 벌금도 해결책이었다. 아니, 아이를 더 낳게 되더라도 뇌물이면 어느 정도 해결이 가능했다. 결국 지역 공무원들은 자신과 지역 주민 모두를 보호할 수 있도록 상황을 은폐하는 데 더 많은 관심이 있었다.

거친 공격에 저항해야 할 때 사람들은 정치학자 제임스 C. 스콧James C. Scott이 '약자의 무기'라고 부른 방법을 사용했다.[33] 일단 가장 간단한 저항 방법은 다른 지역으로 도피하는 것이었다. 여성은 갓 태어난 아이를 데리고 돌아와 이미 벌어진 상황에 대한 관대한 처분을 기대할 수도 있었다. 그렇지만 이런 식으로 아이를 낳는 것 역시 위험한 전략이었다. 많은 지역에서는 이런 경우 합법적인 출산에 제공되는 교육이나 의료 혜택을 허용하지 않았다. 다시 말해 유아 예방접종도 받지 못하고 학교에 입학할 수도 없으며, 토지소유권까지 빼앗길 수도 있다는 뜻이었다. 이런 식으로 태어나면 태생적으로 2등 또는 3등 국민이 되며, 그러다 결국 아무런 기술도 없이 떠도는 이주민이 될 가능성이 가장 컸다.[34]

여성들은 겨울에 출산할 수 있도록 임신 시기를 맞추려 했다.

그때쯤이면 부풀어 오른 배를 두꺼운 옷으로 가릴 수 있기 때문이다. 정부에서는 임신 여부를 일일이 확인하지 못한다는 사실을 알아차리고 금전적 보상을 제시하며 이웃끼리의 고발을 장려했다. 소수민족의 경우 자녀가 2명 이상 있어도 어느 정도 관대한 처분을 받았기 때문에, 갑자기 정부 당국도 몰랐던 티베트, 다이, 혹은 묘족 등의 소수민족 혈통을 주장하는 사람들이 늘어나기도 했다. 그러다가 첫째 아이가 장애아일 경우 둘째 아이를 가질 수 있도록 정책이 조금 완화되었을 무렵, 둘째 아이를 낳기 위해 장애아를 데려와 자기들 자식이라고 주장하는 부부가 있었다. 작가 피터 헤슬러Peter Hessler는 자기 책에 그 사연을 싣기도 했다. 어쨌든 그 부부는 두 번째 출산 허가를 받는 데 성공했다.[35]

담당 공무원과 대면하는 건 마지막으로 희망을 걸어볼 만한 수단이었다. 농촌 주민들은 이들이 세 가지만 기대한다고 말했다. 그건 바로 벌금 같은 금전이나 곡식, 그리고 목숨이었다. 때로는 분노한 마을 사람들이 공무원의 집을 부수고 가축을 죽이는 등 보복을 자행했다. 심지어 공무원의 자녀를 납치하는 일도 빈번하게 일어났고, 아예 공무원을 죽이기도 했다. 불을 지르는 건 너무 흔해서 공무원들은 불이라면 치를 떨었다. '나팔관 결찰술 책임자' 자리를 맡은 지 열흘 만에 집이 몽땅 불타버린 공무원도 있었다.[36] 이렇게 담당 공무원에 대한 공격이 잦아지자 일부 지역에서는 보복을 금지하는 법을 제정하기도 했다. 예를 들어 산시성에서는 '출산 계획 담당 공무원이나 그 가족을 모욕, 상해 또는 비방하는 행위'를 금지하는 법안이 통과되었고, 그러다 결국 담당 공무원이나 당 간부의 상해나 피해를 보상하는 특별 보험 제도까지 마련되었다.[37]

관련 담당자들은 중국 공무원 사회에서 가장 미움받는 대상이 되었지만, 이들에게도 사실 특별한 권한이나 재량권 같은 건 없었다. 교육 수준은 고등학교 졸업자가 절반에 불과했으며, 8명 중 1명만이 의료 관련 교육 경험이 있었는데, 그런 사람들이 불임 수술에 동원된 것이다.[38] 급여는 대부분 낮았고, 이 업무를 맡은 후에는 동료 공무원에게 경멸의 시선까지 받는 터라 사기도 의욕도 크게 떨어졌다. 각각 세 차례에 걸쳐 설문 조사가 시행되었는데 관련 공무원 절반 이상이 이 일을 그만두고 싶다는 의사를 표시했다.[39]

한 자녀 정책 시행은 첸신중이 적극적으로 개입한 1983년 정점에 달했다. 그리고 그해 말 첸신중은 자리에서 물러났다. 이후 베이징 중앙정부는 정책을 다소 완화해 강압적 전략을 그만두고 농촌 지역 주민을 포함해 더 많은 부부에게 둘째 아이를 허용하는 새로운 지침을 발표했다. 하지만 잔혹한 일상은 끊임없이 이어졌다. 중국 보건 연감에 따르면, 1991년 산둥성 구안현에서 대규모 임신 중절이 자행된 바로 그해에 많은 여성이 가임기에 접어들면서 불임 수술과 중절이 다시 급증했음을 알 수 있다. 비록 그 이후에 한 자녀 정책이 많이 완화되었다고는 해도 불임 수술과 임신 중절이 여전히 시행된 것이다.

10년 넘게 진행된 한 자녀 정책으로 농촌 지역은 공포에 휩싸였다. 공무원들은 진심으로 지역의 출산 관행을 바꾸기 위해 노력한다는 사실을 주민들에게 알려야 했다. 관영 언론 매체를 찾아보면 당시 기록이 가끔 보이는데, 강제 불임 수술과 낙태, 그리고 신생아 살해 사건을 보도하며 사람들에게 정부가 진행하는 한 자녀 정책의 문제점이 얼마나 심각한지 알리고 있다. 결국 중국 정부는 문화적 관점의 변화를 유도해 정책을 계속 진행하려 했다.

실종된 4,000만 명의 여자아이들

한 자녀 정책의 악명 높은 결과 중 하나가 바로 높은 여아 살해율이다. 농촌 지역에서는 많은 자녀를 원했지만, 아들이 최소 하나 이상이면 그걸로 만족했다. 그런데 한 자녀 정책으로 무조건 아들을 선호하는 현상이 벌어졌다. 여아 살해에 대한 보고가 관공서로 밀려들었다. 여자아이는 태어나자마자 질식, 익사, 혹은 독살 등으로 살해당한 뒤 쓰레기 더미에 버려졌다. 관영 언론조차 '현재 중국에서 여아를 멋대로 살해해 유기하는 현상과 여아를 낳은 여성을 학대하는 현상이 만연하고 있다'며 '심각한 사회문제로 대두되었다'고 이런 사실을 씁쓸한 듯 인정했다.[40]

1990년대 초에 초음파검사 기계가 널리 보급되면서 성별을 선택하는 중절 수술이 가능해졌다. 따라서 출산 후 살해되는 사례가 줄어들기는 했지만, 1999년 보고에 따르면 중국의 공식 출생 성비는 여아 100명당 남아 120명에 달했다. 다만 이 비율은 여아 100명당 남아 111명으로 감소했다. 하지만 그 이후에도 수십 년에 걸쳐 약 4,000만 명의 여성이 '실종'되었다고 인구학자들은 추정한다.[41]

하지만 갓 태어난 딸아이를 포기하는 용기가 누구에게나 있었던 건 아니다. 미국 매사추세츠 출신 교수인 케이 앤 존슨Kay Ann Johnson은 중국 북부 지역에서 현장 연구를 진행하다가 생후 3개월 된 여자아이를 입양했다. 그로부터 20년 후, 그는 당시 경험이 실린 『중국의 숨겨진 아이들China's Hidden Children: Abandonment, Adoption, and the Human Costs of the One-Child Policy』을 발표하는데, 해외로 입양된 중국 아이들이 친부모가 겪은 어쩔 수 없었던 상황을 이해하도록 돕기 위해서였다. 예상치 못하게 태어났거나 입양된 아이들은 빠르면 세 살 무렵부터 자신이 법적 차별을 받거나 버림받았다는 사실을 알게 되고 "태어나지 말았어야 했다"라는 말을 하기도 한다.[42] 존슨은 수많은 대담을 통해 아버지를 비롯한 농촌 주민들이 자신의 아이를 키울 수 없다는 고뇌와 분노로 오랫동안 감정적으로 상처를 입었다는 사실을 발견했다. 이 문제에 대해 선택의 여지는 없다고 느꼈지만 동시에 깊은 상실감과 개인적인 자괴감이 뒤따랐다.

친부모가 딸을 버릴 때는 그래도 좋은 입양 가정을 찾기 위해 애썼다. 아이가 아예 없거나 아들만 있는 집이었다. 딸을 문 앞에 내려놓은 뒤에는 집 안 사람들의 관심을 끌기 위해 작은 폭죽 같은 걸 터뜨린다. 그러면 누군가 나와서 갓난아기를 발견하고는 무슨 사정인지 즉시 알아차린다. 근처에서 적당한 가정을 찾지 못하고 아이의 운명이 어떻게 될지 전혀 알 수 없을 때는 마지못해 도시를 찾아가 아이를 버릴 수도 있었다. 도심에서는 골판지 상자나 쓰레기 더미에서 아기 울음소리가 들리는 것이 흔한 일이 되었다.

한 자녀 정책으로 아동 유기와 유괴도 많이 늘어났다. 인신매매 조직이 중간에 개입해 아이를 키울 수 없는 가정과 아이를 더 원하는 가정을 연결했다. 때로는 여자아이를 유괴해 키워 나중에 신부로 팔아넘기기도 했지만, 아들을 원하는 가정이 대부분이라 남자아이 유괴가 더 잦았다. 아동 밀매는 각 지역을 넘나드는 범죄로 번졌다. 2004년에는 장거리 버스에서 가방에 담긴 여자아이 24명이 발견되었는데, 약물 투여로 정신을 반쯤 잃은 채 입양 가정으로 향하고 있었다. 이 사건으로 대규모 유아 혹은 아동 인신매매 조직이 적발되었고, 조직원들에게는 사형이 선고되었다.[43] 납치된 아동을 구출하기 위한 공안의 단속은 2000년대 내내 계속되었다.[44]

케이 앤 존슨은 『중국의 숨겨진 아이들』에서 중국 정부가 아동을 강제로 데려간 몇 가지 사례를 언급했다.[45] 그중에는 허가 없이 아이가 태어난 어떤 집을 향해 여러 방향에서 포위하듯 접근했던 7명의 남자 이야기도 있었다. '정부 공무원이나 사주 받은 인력이 부모의 권리를 박탈하고 아이를 빼앗아 갔다. 비탄에 빠진 부모는 아무것도 할 수 없었다. 이건 그야말로 정부가 자행하는 납치였다. 남은 건 절망뿐이었다.'

이런 국가 주도의 납치 역시 한 자녀 정책의 일그러진 결과물 중 하나다. 중국은 1990년대 초부터 아이들을 해외로 입양 보냈고, 이 아이들을 데려와 미국 가정으로 보내려는 입양 기관이 중국으로 몰려들었다. 외국인 부모에 대한 심사 절차는 엄격했지만, 아이를 선택하고 보내는 절차까지 항상 투명했던 건 아니다. 게다가 중국 보육원 시설도 열악한 경우가 많았다. 아이를 입양하기 위해 단체로 중국 우한을 찾았던 미국 부모 중 입양 대상으로 염두에 두었던 아이들이 연달아 사망했다는 통지를 받은 사람도 있었다.[46] 중국 정부와 합의한 국제 협약에 따라 입양을 원하는 외국 부부는 3,000달러에서 5,500달러 정도의 기부금을 내야 했는데, 중국 보육 시설 입장에서는 엄청난 금액이었고, 따라서 입양이 아이들을 해외로 파는 사업이라는 인식이 생겼다. 물론 이러한 편견이 공정한 시각이 아닐 수도 있겠지만, 안타깝게도 중국 지방정부가 이런 거액의 기부금이나 후원금을 탐내는 경우가 적지 않았다.

마오쩌둥의 고향이자 한 자녀 정책과 관련된 최악의 사례가 적지 않게 일어났던 후난성은 입양과 관련해서도 문제가 많았다. 농촌인 룽후이현隆回县의 부모들은 담당 공무원이 나타날 때마다 아이를 숨기기에 바빴다. 공무원들은 허가 없이 태어난 아이들을 찾아 최소 16명 이상 강제로 끌어내 보육원으로 보냈다.[47] 그리고 그들 중 몇 명은 결국 미국과 폴란드, 그리고 네덜란드로 입양되었다. 룽후이현 주민들은 지방정부가 자금을 확보하기 위해 아이들을 납치했다고 비난했고, 미국 부모들이 실제로 보육원 출신이 아닌 아이들을 데려갔을 가능성을 제기했다.[48]

한 자녀 정책은 인터넷 시대가 본격적으로 시작된 후에도 계속해서 시행되었다. 2012년 산시성 농촌에 사는 23세 여성 펑젠메이冯建梅에게 둘째 아이가 생겼다. 담당 공무원은 부부가 벌금을 내지 않자 펑젠메이의 눈을 가리고 차에 억지로 태운 후 읽지도 못하는 서류에 서명하게 했다. 그런 다음 사산을 유도하는 주사를 놓았다. 여기까지는 지금까지 흔히 있었던 일이지만, 이번에는 특이하게도 펑젠메이의 남편이 피투성이가 되어 죽은 사산아 옆에 누워 있는, 지친 아내 사진을 중국 초창기 소셜 미디어 플랫폼에 올렸다. 이 게시물은 널리 알려졌고, 젊은이들은 크게 분노했다. '한 자녀 정책이 국가 시책이라는 명목으로 오랜 세월 공공연히 사람들을 죽이고 있다'고 비난하는 댓글이 달릴 정도였다.[49]

중국 관료주의의 타성 때문이었는지 문제의 한 자녀 정책이 폐지되기까지는 너무나 오랜 시간이 걸렸다. 그동안 국가 가족계획위원회를 거쳐 간 행정 직원은 50만 명, 지방의 집행 담당은 120만 명, 그리고 지방 공무원은 모두 합쳐 600만 명이 넘는다. 또 관영 언론 보도에 따르면 정책 시행으로 거둬들인 벌금만 2,000억 달러에 이른다고 한다.[50] 이런 관료주의 아래에서 일자리를 얻고 수입을 챙긴 수백만 명에게는 이 정책이 중단되지 않는 게 더 중요했다. 그러면서 가족계획위원회는 허가받지 않고 태어난 자녀가 있는 가정을 찾아냈다. 2010년 시행된 인구조사에서 출산율이 폭락했다는 것이 확실하게 입증될 때까지 베이징 중앙정부는 위원회를 해산하지 않았다.

마침내 한 자녀 정책으로 인한 성과도 줄어들고 공무원들의 관심도 식어가자, 두서없는 정리 과정을 거쳐 공식적으로 정책 시행이 종료되었다. 한 자녀 정책은 2015년에 두 자녀 정책으로, 그리고 2021년에는 세 자녀 정책으로 바뀌었다. 한 자녀 정책이 시행된 35년 동안 중국에서는 현재 미국 인구수에 육박하는 총 3억 2,100만 건의 임신 중절 수술이 이루어졌고, 1억 800만 명의 여성과 2,600만 명의 남성이 불임 수술을 받았다.[51] 2024년 베이징 중앙정부는 중국 아동의 해외 입양을 중단하겠다고 발표했다. 그때까지 해외로 입양된 아이들은 15만 명이 넘었고, 그중 약 절반이 미국으로 갔으며, 거의 모두 여자아이였다.[52]

공학 중심 국가의 잔혹한 인구정책은 무엇을 남겼나

2024년 이 부분을 쓰고 있을 때 아내 실비아가 유산했다. 첫 임신을 하고 3개월쯤 지난 무렵이었다. 나는 슬픔에 잠긴 채 중국에서 일어난 대규모 불임 및 임신 중절 수술에 대한 글을 다시 쓰기 시작했다. 그렇지만 어떻게 국가 주도로 출산이 임박한 수많은 임신부에게 강제로 중절 수술을 시켰는지 도무지 상상이 가지 않았다. 당시 미국 여성들은 임신을 중절할 수 있는 자유에 대해 걱정 중이었다. 실비아도 나도 중절 수술을 강제로 시키든, 아니면 강제로 가로막든 어느 쪽도 인도적이지 않다고 생각했다. 국가는 개인, 특히 여성에게 선택권을 주어야 한다고 생각했다.

나는 1992년에 중국에서 태어났다. 어머니와 당시의 한 자녀 정책에 대해 이야기를 나눠보니 어머니는 무엇보다 관료주의의 행태를 제일 먼저 떠올렸다. 나를 낳기 위해 수많은 서류를 작성해야 했는데, 그중에는 출산한 후 불임 수술을 하겠다는 내용의 서약서도 있었다. 어머니는 내가 태어나기 전인 1991년은 중국에서 두 번째로 많은 중절 수술이 이루어진 해라는 내 설명을 듣고 깜짝 놀랐다. 1983년보다 수십만 건 정도 적기는 했지만 1991년 중절 건수는 1,400만 건이었다. 당시 내 부모님은 도시 주민으로 한 자녀 정책의 폐해를 실감하지 못했다. 앞에서도 이야기했지만, 이러한 강제 조치로 가장 큰 피해를 본 건 농촌이었다. 무엇보다 부모님은 여타 도시 주민들처럼 아이는 하나면 충분하다고 생각했고, 내가 일곱 살 때 캐나다로 이주한 후에도 잠깐 둘째에 대한 이야기가 오갔지만, 결국 더 이상 아이를 갖지 않기로 했다.

한 자녀 정책은 특히 도시 주민들에게 알게 모르게 영향을 미쳤다. 내 또래 중국 사람들은 형제자매가 있는지 물어보는 경우가 별로 없다. 그리고 만일 있다는 이야기를 들으면 굉장히 호기심을 보인다. 나에게는 여자 사촌이 셋 있는데, 부모님은 좀 더 살가운 사이가 되기를 바라는지 종종 친남매처럼 지내라고 권하시곤 했다.

시간이 지나면서 충격적인 기억은 어느 정도 사라졌다. 그렇지만 농촌 사람들에게는 그 기억이 사라지지 않고 남아 있다. 한 자녀 정책에 대해 궁금해하는 외국인들로서는 상대적으로 특권을 누린 중국의 도시 출신 주민들에게는 생생한 이야기를 듣지 못할 것이다. 지방 사람들이 중국을 떠나 다른 나라에서 공부하고 생활하는 경우는 드물다. 국내 이주를 제한하는 또 다른 사회공학 정책인 후커우 제도 때문에 도시로 이주하는 것조차 어려울 때가 많다. 나를 깊은 생각에 잠기게 만드는 '중국의 농민들이여, 그대들은 어찌 그리 비참한가'라는 구절을 한 자녀 정책에 대한 이야기를 나올 때마다 떠올리곤 한다.[53] 이 말을 남긴 건 현재 중국 정부를 비판했다는 이유로 수감 중인 농업 및 축산업 기업가 쑨다우孙午다.

오직 공학을 중시하는 국가만이 한 자녀 정책 같은 제안을 할 수 있을 것이다. 미사일을 연구하던 과학자를 불러들여 인구 문제 해결을 맡기는 곳이 또 있을까? 그 뿌리는 통제에 집착했던 덩샤오핑과 천윈의 성향에 어느 정도 닿아 있다. 두 사람은 경제문제를 해결하기 위해 인구문제를 강제로 해결하려 했다. 물론 마오쩌둥에 대한 반발심도 어느 정도 있었겠지만, 쑹젠의 영향력도 무시할 수는 없다. 쑹젠의 영향을 받은 덩샤오핑과 천윈은 자신들이 서방의 생태학적 연구를 바탕으로 통제 이론에 따라 대중의 열의와는 상관없이 과학적이고 논리적으로 행동하고 있다고 생각했다. 자신을 기술 전문 관료로 여겼던 것이다.

법률가 중심 국가도 한 자녀 정책에 대해 논쟁했지만, 결국 포기했다. 미국을 비롯한 다른 서구 국가들 역시 파울 에를리히의 『인구 폭탄』을 읽고 엄격한 인구 조절 정책 시행을 고려했지만 사회과학자들, 그중에서도 특히 경제학자들이 이러한 선형적 예측의 결함을 재빨리 알아차리고 비판에 나섰다. 반면 중국의 사회과학자들은 마오쩌둥의 학대에 일찌감치 기세를 잃었다. 중요한 시기에 중국에는 이런 정책 채택에 저항할 지식인 저항 세력 자체가 부족했다. 또 중국 지도부는 맬서스 사상을 새롭게 해석한, 지구 파멸에 대한 예측을 받아들일 정도로만 서방측과 교류했을 뿐, 반발이나 비판 의견까지 들을 정도로 교류한 것은 아니었다.

무엇보다 한 자녀 정책을 밀어붙일 수 있었던 건 공학자 중심 국가뿐이었다. 당시 중국에는 이 정도로 엄청난 규모의 통제를 진행할 수 있는 관료 제도가 유지되고 있었지만, 여기에 맞서 법적 보호를 요구하며 싸울 수 있는 시민사회가 충분히 자리 잡은 상태가 아니었다. 애초에 공산당 자체가 이런 식의 정책을 실행하도록 만든 집단이다. 위계를 엄격하게 따지고 집단적 행동을 지향하는, 레닌의 사상을 따르는 정치집단이 하는 일이었다. 거기에 첸신중 장군 같은 무자비한 인물이 책임자로 임명되면서 엄청난 규모의 불임과 중절 수술을 진행할 수 있었다.

한 자녀 정책은 공학 중심 국가 중국이 저지른 끔찍한 범죄 중 하나다. 또 한 국가가 국민을 욕망과 목표, 그리고 권리를 지닌 개인이 아니라 통제 가능한 하나의 집단으로만 볼 때 어떤 결과가 발생할 수 있는지 보여주는 생생한 사례이기도 하다.

수전 그린핼시는 공산당 내부에서 한 자녀 정책에 대해 극렬하게 반대한 몇 안 되는 인물 중 한 명인 량중탕梁忠堂의 이야기를 들려준다. 그렇지만 량중탕은 중앙정부와는 거리가 먼 변방 산시성의 교수였기에 정책 결정에 영향을 미칠 수 없었다. 대신 량중탕은 베이징의 지도부가 농촌 사람들을 문화적 가치와 경제적 필요의 관계에 따른 출산 욕구를 지닌 개인 인격체로 받아들일 수 있도록 노력했다. 그러나 이와 반대로 농촌 사람들을 국가의 적절한 판단에 따라 통제할 수 있는 통계상의 변수로만 여긴 쑹젠의 사이버네틱스 세력에는 대항할 수 없었다.[54] 첸신중은 “가족계획은 부부가 개인적으로 결정하기에는 너무나 중요한 문제”라고 말했다.[55] “자녀 출산은 다른 경제 및 사회 활동과 마찬가지로 국가정책의 문제다. 출산이야말로 전략적 고려 사항이기 때문이다.”

나의 부모님은 중국에서 태어나고 자라면서 중국의 식량과 물자 부족 현상을 실제로 체험했다. 쌀을 비롯해 식용유, 자전거, 그리고 주택에 이르기까지 모두 배급제였고 원하는 물건을 구하는 건 여간 어려운 일이 아니었다. 그래도 부모님은 대학에 진학할 수 있는 극소수 고등학생에 속했다. 아버지에게 한 자녀 정책이 타당했는지 물어보자 아버지는 “런타이둬人太多”라고 대꾸하셨다. ‘사람이 너무 많아!’라는 흔한 중국식 표현이다. 출퇴근 시간에 지하철을 타거나 휴가철에 명승지를 여행하는 중국 사람이라면 지금도 누구나 그 말을 자신도 모르게 중얼거리곤 한다.

1980년에 한 자녀 정책이 도입되기 전에도 중국은 모든 것이 부족했고, 그 사실을 부인할 수는 없다. 그렇지만 이런 현상은 사회주의 계획경제의 결과였다. 중국의 사회주의는 농업 집단화, 중공업 육성, 그리고 국방 분야에 대한 막대한 지출이 특징이었고 일반 소비재 생산에 신경 쓸 여유는 거의 없었다. 덩샤오핑이 중국을 사회주의 밖으로 끌어내자 이런 부족 현상이 어느 정도 완화되기 시작했는데, 덩샤오핑 자신은 사회주의 계획경제 체제를 끝내려고 하면서 동시에 국민에게 계획과 통제를 강요하려 한다는 이 얄궂은 상황을 인식하고 있었는지는 알 수 없다.

한 자녀 정책 시행 이후에도 중국 인구는 40퍼센트 늘어났다. 특히 베이징은 2배, 상하이는 4배로 늘어났지만, 중국 사람들은 그 어느 때보다 풍요로운 삶을 살고 있다. 물질적 풍요를 누리며 더 나은 삶을 더 쉽게 누릴 수 있게 된 것이다. 이러한 변화는 주로 경제적 독립을 포기하고 세계 다른 나라와 교역을 시작하면서 이루어졌다. 마오쩌둥의 경제정책은 중국에 기근과 빈곤을 불러왔지만, 1949년 나온 마오쩌둥의 발언에는 동의하지 않을 수 없다. "중국은 인구가 몇 배 더 증가하더라도 해결책을 찾을 충분한 능력을 갖추고 있다. 그 해결책이란 바로 생산능력이다."

공산당은 모든 게 부족한 중국의 상황을 인정하는 게 아니라 국민에게 책임을 돌리기로 결정을 내렸다. 그리고 중국 지도부가 고집했던 엉터리 경제체제가 아니라 '인구 과잉'이 문제의 핵심이라는 결론을 내렸다. 그렇게 한 자녀 정책이 진행되고 여아 살해가 일어나기 시작하자 베이징 중앙정부는 그에 따른 언론의 보도에 당혹해했다. 그래서 공산당이 애초에 국민에게 불가능한 선택을 강요했다는 사실을 인정하는 게 아니라, 또다시 국민에게 책임을 돌리고 비난했다. 공산당 지도부는 여아 살해를 '봉건적 관행'과 '농민의 사고방식'이 만들어낸 결과라고 규정했다. 하지만 문제를 해결하려는 노력은 권고나 교육으로만 그칠 정도로 미온적이었다. 인구 조절은 여전히 중국의 가장 중요한 문제였고, 사라진 수백만 명의 여자아이는 그보다 훨씬 덜 중요했다.

또 공산당은 한 자녀 정책에 정당성을 부여하기 위해 환경 문제를 내세웠다. 정책이 시행되는 동시에 대규모 산업화가 시작되었고, 경제성장을 이룰 수는 있었지만, 자연 생태계는 적지 않게 파괴되었다. 중금속이 땅속으로 스며들고 수자원이 오염되었다. 매연과 오염 물질이 하늘을 뒤덮었다. 선전에서 굴의 씨를 말린 건 늘어난 인구가 아니라 국가가 주도한 산업화였다. 한 자녀 정책은 실제로는 중국의 무분별한 환경 파괴와 동시에 진행되었지만, 어쩌면 정책 입안자들은 이 정책을 내세우며 그 동안의 환경 파괴를 정당화할 수 있는 일종의 도덕적 허가장을 손에 넣었는지도 모른다.

한 자녀 정책은 어떻게 기억될까? 2015년 한 자녀 정책이 공식적으로 폐지될 당시 3명의 인구학자가 《가족계획 연구Studies in Family Planning》라는 학술지에 다음과 같은 평가를 실었다. '앞으로 미래 세대가 중국의 한 자녀 정책을 당혹감과 불신의 눈초리로 되돌아볼 가능성이 높다.[56] 20세기 후반에 급속한 인구 증가라는 어려움에 직면한 모든 국가 중에서 왜 유독 중국만이 그렇게 극단적인 정책을 선택했는지 이해할 수 없는 사람들이 많을 것이다. 가족과 친족, 효의 가치를 존중하는 사회에서 도대체 정부가 왜 거의 한 세대가 지나도록 그런 가족이나 친족 관계를 사실상 말살하는 정책을 시행했는지 이해할 수 있을까. 또 출생률 감소가 상당 수준 진행된 후에도 계속해서 그런 정책을 유지한 이유도 이해할 수 없을 것이다. 무엇보다 왜 중국

이 그런 해로운 정책을 완전히 끝낼 때까지 그토록 오래 걸렸는지 역시 이해할 수 없을 게 분명하다.'

한 사녀 성책과 관련해서 가장 가슴 아픈 사실은 중국에서는 사실 출생률을 낮출 필요가 없었다는 점이다. 이미 이전의 좀 더 덜 강압적인 가족계획 정책으로 출생률은 떨어지고 있었다. 1970년대 초 중국의 출생률은 여성 1인당 약 6.0명이었지만 10년 후, 중국 정부가 한 자녀 정책을 시행했을 때 출생률은 2.7명으로 떨어졌다.[57] 저명한 인구학자들은 한 자녀 정책이 거둔 출생률 감소 성과에 대해 여전히 논쟁을 벌이고 있다. 관영 언론은 지난 40년간 가족계획 정책을 통해 4억 명 이상의 인구 증가를 막았다고 주장한다.[58] 그렇지만 이런 주장은 쑹젠이 제시한 예측과 마찬가지로 일방적인 선형적 가정으로 설득력을 잃는다.[59] 또 정부가 발표한 자료에도 일관성이 부족해서 한 자녀 정책으로 출생률이 어떤 영향을 받았는지 파악하기란 어려운 일이다.

인구학자들은 한 자녀 정책이 아니라 덩샤오핑의 경제정책으로 출생률이 줄어들었다고 평가한다. 도시화의 진행과 교육 수준 향상도 그렇지만, 무엇보다 경제성장이야말로 현대사회가 고안해낸 가장 효과적인 인구 억제 예방책이 아닐까. 이웃의 일본과 한국, 그리고 대만 역시 이런 식으로 출생률을 낮출 수 있었다.

한 자녀 정책의 진정한 유산은 여성에게 가해진 신체적 상처와 더불어 심리적 상처, 성 불평등, 그리고 급속한 고령화 등일 것이다. 특히 인구 고령화는 한 자녀 정책과 관련해 예측할 수 있는 문제였고, 실제로 1980년 중국 공산당이 발표한 공개서한에도 이런 내용이 등장한다. 다만 이 서한에서 공산당은 미래에는 1명의 젊은이가 4명의 노인을 부양해야 한다는 우려를 일축하고 한 자녀 정책으로 국가가 모든 인민의 노후를 넉넉하게 보장할 수 있을 정도로 국가적 번영이 이루어진다고 주장했다. 하지만 상황은 변했고, 선전 기관에서는 국민에게 정부를 신뢰하라고 말하다가 다시 정부에 부담을 주지 말라고 말을 바꾸었다. 전에는 '자녀는 하나면 충분하다. 나이 들면 국가가 돌본다'라는 선전 구호를 내세웠지만 이제 '자녀가 셋만 있어도 국가의 지원 같은 건 필요 없다'라는 구호가 그 자리를 대신했다.[60]

쑹젠도 첸신중도 한 자녀 정책을 추진하는 과정에서 자신들이 했던 역할에 대해 별반 후회는 없는 듯하다. 첸신중은 1983년 국제연합인구기금United Nations Fund for Population, UNFPA으로부터 인도에서 강제 불임 수술을 주도했던 인디라 간디Indira Gandhi와 함께 제1회 국제연합 인구상을 받는 얄궂은 영예를 안았다. 그리고 가족계획위원회 위원장 이후 다른 직책은 맡지 않다가 2009년 98세의 나이로 세상을 떠났다.

한편 쑹젠은 2025년 현재까지도 건재하다. 1980년 이후 중국 공정원 원장을 비롯해 과학기술부 부장과 국무위원 같은 고위직을 거쳤고, 20년간 공산당 중앙위원회 위원도 역임했다. 쑹젠은 타고난 정치가였으며 중국 인구와 관련해 아무런 문제도 일어나지 않았지만, 중국 인구 폭탄 문제를 해결했다면서 스스로 승리를 신인할 수 있는 인물이었다. 또 사이버네틱스에 대한 열정도 절대로 식지 않아서, 1984년 발표한 야심 가득한 논문을 통해 기술 전문 간부로 구성된 부서의 지원을 받는 강력한 지도자가 사이버네틱스 이론을 활용해 사회 전체를 관리해야 한다고 주장했다.[61]

공직에서 완전히 물러나기 전인 2002년, 쑹젠은 마지막으로 역사 관련 연구에 참여했다. 이집트를 방문한 직후 그는 중국 고대 문명에 관련된 상세한 연표가 존재하지 않는다는 사실에 당혹감을 느꼈다. 중국은 5,000년 이상 역사가 이어졌다고 주장하지만 처음 2,000년에서 3,000년 정도는 다소 모호하다. 쑹젠은 중국 문명이 지금까지의 기록보다 1,400년 이상 더 오래전에 시작되었다는 이론을 정립했다.[62] 이 무슨 놀라운 업적이란 말인가! 과거의 영광이 누구도 상상하지 못할 만큼 훨씬 더 영광스러웠다는 주장만큼 더 좋은 이야기는 없다는 게 많은 중국 사람들의 생각인 듯하다.

역사 문제는 쑹젠이 자신의 뛰어난 지성과 비전문가의 열정으로 국가가 원하는 목표를 향해 얼마나 헌신했는지 보여주는 마지막 사례였다. 물론 역사 연구가 누군가에게 어떤 피해를 준 건 아니다. 하지만 적어도 한 자녀 정책만큼은 엄청난 상처를 남겼다. 과학적인 분석 결과의 이용 책임을 고위층 지도자들에게 떠넘긴 후에도 이어진 정치적 영향력을 생각하면, 쑹젠을 아인슈타인과 비교한 건 어쩌면 실수였는지도 모르겠다. 아마도 더 적절한 비교 상대는 소비에트연방의 주류 정치가들과 영합해 기근을 불러오고 농업을 후퇴시킨 생물학자 트로핌 리센코Trofim Lysenko가 아닐까.

쑹젠의 사례를 통해 나는 '오직 과학만을 따르라'고 주장하는 사람들을 의심하게 되었다. 누구든 권력을 쥐게 된 사람이 과학을 사회적, 윤리적 맥락으로 바라보지 않고 과학 자체를 추구해야 할 대상이라 말한다면 상당히 주의를 기울여야 한다. "과학자나 전문가는 일하는 사람이지 군림하는 사람이 아니다"라는 윈스턴 처칠의 말은 지금 생각해도 참 대단한 명언이 아닌가.

13년 만의 인구 감소, 공산당의 새로운 선택

2100년이 되면 중국의 인구는 7억 명 수준으로 줄어들 것으로 예상된다. 생각해보면 7억 명은 쑹젠이 제시한 대로 중국 형편에 가장 적절한 인구 규모이기도 하다.

그런데 이런 상황을 기꺼이 받아들이기는커녕, 시진핑 주석과 베이징 지도부는 다시 상황을 뒤집으려 한다. 2022년 이후부터 중국의 부활을 향한 공산당의 위대한 여정에 힘을 실어줄 인구가 매년 줄어들게 된다. 출생률이 줄면서 우선 각 지역의 산부인과 관련 시설이 문을 닫기 시작했다.[63] 2025년에는 성인용 기저귀가 유아용 기저귀 판매량을 앞지를 것으로 예상된다.[64] 중국에 풍요보다 먼저 찾아온 건 바로 고령화였다. 중국보다 14년 앞서 인구가 막 줄어들던 시절의 일본은 지금보다 2배 가까이 부유했던 국가였다.[65]

인구를 줄이기 위해 이토록 온갖 충격적인 일을 벌인 나라가 또 있을까? 이전 세대의 모든 세계 지도자들과 마찬가지로 마오쩌둥 역시 중국의 한 자녀 정책에 경악했을 게 틀림없다. 사람이 모이면 권력이 생긴다. 정치 지도자들은 대부분 더 많은 사람, 더 많은 권력을 원한다. 인구 감소는 지정학적 우위를 점유할 수 있는 중국의 국력을 서서히 무너뜨릴 것이다.

시진핑과 나머지 공산당 지도부는 중국의 저출산 흐름을 심상치 않은 시선으로 바라본다. 2023년 전국부녀연합회 회의에 참석한 시진핑 주석은 세 번째 주석 임기를 시작하며 '출산 장려 정책을 개선하고 시행할 것'이라고 다짐했다.[66] 중국의 한 자녀 정책은 2016년에는 두 자녀 정책으로, 그리고 2021년에는 세 자녀 정책으로 바뀌었지만 출생률은 많이 증가하지 않았다. 중국의 출생률 1.0명은 현재 일본보다 낮으며 최근의 저출산율 전망치에조차 미치지 못하는 수준이다.

그래서 공산당은 마지막으로 남은 상대를 골라 비난의 화살을 돌렸다. 그 상대는 바로 여성이었다. 오늘날 중국에서 여성으로 살아간다는 건 쉽지 않은 일이다. 무엇보다 한 자녀 정책을 시행하는 동안 여자아이 숫자가 크게 줄어들었다. 그 결과 지금은 남성 숫자가 약 4,000만 명 더 많은 것으로 추산된다. 경제 부문에서는 성공한 여성 기업가나 억만장자를 많이 찾아볼 수 있지만, 앞에서도 언급했듯 시진핑은 정부 최고위직에서 여성의 자리를 빼앗았다. 시진핑 주석은 여성이 그저 조용히 화목한 가정의 중심이 되어야 한다고 주장하는데, 다시 말해 더 많은 아이를 가지라는 뜻이다. 이러한 주장은 사회 전반에서 여러 반향을 일으키고 있다. 젊은 중국 여성들에게 명절은 즐거운 날이기는커녕 짜증 나는 날이다. 많은 친척을 만나지만 물어보는 질문은 늘 한 가지다. 미혼 여성이라면 언제 결혼할지, 그리고 기혼 여성이라면 언제 아이를 가질지.

언론인이자 사회학자 레타 홍 핀처Leta Hong Fincher는 여성들이 특히 관영 언론 매체로부터 견뎌야 하는 뻔뻔스러운 모욕에 대해 기록했다. 핀처의 책 『남아 있는 여자들Leftover Women: The Resurgence of Gender Inequality in China』을 보면 관영 언론 매체에서 27세라고 못 박은 이른바 결혼 불능 나이의 여성이 어떻게 경멸의 대상이 되어 버림받는지, 그리고 그런 상황을 한탄하는 온갖 모욕적인 기사를 어떻게 견뎌내야 하는지가 나와 있다. '남아 있는 여자라는 함정을 빠져나오는 여덟 가지 방법'이라든가 여성의 날 직후 올라온 '남아 있는 여자들에게 동정의 여지가 있을까?' 같은 제목의 기사와 기고문을 한번 생각해보자.[67] 핀처는 미혼 여성에 대해 이런 낙인을 찍는 이유가 도시 여성들의 결혼과 출산을 더 압박하기 위해서라고 썼다.

심지어 결혼한 후에도 여성을 향한 관영 언론 매체의 냉정한 시선은 계속 이어진다. 신화통신사新華通訊社의 어떤 사설은 여성들에게 남편의 불륜을 알게 되더라도 조용히 참고 지내라고 권했을 정도다. '남편의 불륜을 알게 되면 엄청난 분노에 휩싸일 수 있다. 그렇지만 소란을 피우는 건 곧 남편의 '체면'을 깎는 행위라는 사실을 알아야만 한다. 그러니 남편을 비난하기 전에 몸단장부터 제대로 해보는 건 어떨까?'[68] 전국 부녀연합회는 종종 이러한 분위기에 더 바람을 집어넣는 역할을 한다. 부녀연합회는 여성 문제를 다루는 정부 기관이기 때문에 국가 정책을 주관하는 위치가 되는 경우가 많은데, 이곳의 한 전직 직원은《월스트리트 저널》과의 대담에서 광저우에 있는 사무실의 경우 여성 권익 옹호보다 소셜 미디어 업체의 성별 관련 주제를 검열하기 위해 더 많은 예산을 쓴다고 폭로했다.[69]

과거 덩샤오핑을 비롯한 후계자들의 인구 조절 정책이 시진핑 주석 시대가 되어 출산 장려 정책으로 바뀌면서 중국은 다시 한번 공학자 중심 국가 방식에 의존하려 하지만, 그런 식으로는 시대의 흐름을 되돌릴 수 없다는 사실을 깨달은 것 같다. 출산을 막을 수 있는 수단은 많았지만, 출산으로 이어지는 성관계를 장려할 만한 수단이나 도구가 과연 있겠는가?

관영 언론이 출산을 장려하기 위해 기울이는 노력은 눈물겨울 정도다. 2018년에는 2명의 학자가 40세 미만 노동자라면 무조건 부담해야 하는 '출산 기금'을 만들고, 2명 이상의 자녀를 둔 부부가 그 기금에서 보조금을 받을 수 있도록 하자고 제안했다. 하지만 무자녀 가정에 대한 또 다른 세금이라는 비난을 받은 이 제안은 아무런 성과도 거두지 못했다.[70]

2021년, 한 관영 언론 매체에 공산당원이라면 무조건 3명 이상의 자녀를 가져야 한다는 주장을 담은 무기명 기고문이 올라왔고, 이례적일 정도로 어조가 격렬했다.[71] '비단 그 가정뿐만 아니라 국가 발전에도 도움이 될 게 자명하다. 중국의 공산당원이라면 무조건 3명 이상의 자녀를 가져야 할 책임이 있다! 결혼하지 않거나, 아니면 결혼했더라도 한두 명의 자녀만 낳는 비겁한 행동을 해서는 안 된다'는 주장은 인터넷에서 거센 반발이 일자 곧 삭제되었다. 정치적 충성심으로 엮인 집단에서 많은 자녀를 낳을 것을 요구하는 일은 그리 낯선 풍경은 아니다. 그렇지만 나치 독일의 친위대 사령관 하인리히 힘러Heinrich Himmler가 친위대 장교들에게 많은 자녀를 낳으라고 권했을 때 인용했다는 일화가 좀 더 세련된 방식이라고 생각된다. "친위대 장교라면 아이가 4명 이상은 되어야 한다! 음악의 아버지 바흐를 생각해보라! 바흐는 집에서 열세 번째 아이였다! 다섯 번째나 여섯 번째, 아니, 열두 번째 아이가 태어난 후 바흐 어머니가 '이제 충분하다'고 생각했다면 그 심정은 이해가 가더라도 바흐의 놀라운 음악 작품이 탄생할 수 있었겠는가?"[72]

30년이 넘도록 계속된 한 자녀 갖기 설득은 결국 효과가 있었다. 그 시기 그런 교육을 받고 가임기에 접어든 중국 여성들은 자녀는 아예 없거나 하나면 충분하다고 생각했다. 이제 더 많은 자녀를 낳으라는 정부와 사회의 새로운 압력에 대해 여성들은 과거 지방 곳곳에 도배되다시피 했던 인구 억제를 촉구하는 구호나 벽보 사진을 인터넷에 올리며 저항하고 있다. 2021년 시행된 중국 사회 동향 설문 조사에서 1995년 이후 출생한 중국 여성의 절반은 자녀를 아예 낳지 않거나 낳더라도 하나 정도만 원한다고 대답했다.[73] 전국부녀연합회와 관영 언론의 괴롭힘과 무시를 겪은 여성들이 육아에 대한 열정이 식은 건 어쩌면 당연한 일이다. 중국 남동부 한 도시에서 나이 든 미혼 도시 여성이 농촌의 무직 남성과 결혼하면 많은 혜택을 주겠다고 발표하자 여성들은 어이없다는 반응을 보였다.[74] 왜 도시 여성이 직장을 그만두고 직업도 없는 게으른 남성과 결혼해야 하나? 중국 법정이 점점 이혼을 허락하지 않게 되자 결혼에 대한 흥미 역시 점점 더 줄어들었다. 2000년대 중반까지 이혼을 신청하면 70퍼센트는 허가가 났지만, 10년 후에는 그 수치가 40퍼센트로 떨어졌다.[75]

한 자녀 정책은 한 세대 반 이상 계속되다 폐지되었지만, 영향력은 그보다 훨씬 더 오래 지속될 것이 분명하다. 나로서는 공학자 중심 국가에서 앞으로 과연 출생률이 급증할 수 있을지 의구심이 든다. 헝가리나 이스라엘을 비롯해 수많은 나라에서 갖가지 출산 장려 정책이 시행되었지만, 국가정책을 통해 출생률을 장기간 체계적으로 높일 수 있다는 증거는 거의 찾아볼 수 없다. 또 중국은 다른 나라 못지않게 출생률을 높이기 위한 정책을 내놓고 있지만, 사회적, 기술적 접근 방식에서 상당히 뒤처져 있다. 중국에서 체외수정 시술을 할 수 있도록 공식적으로 허가받은 병원은 600여 곳에 불과하다.[76] 게다가 중국 정부는 미혼 여성이 난자를 얼려 보관하는 걸 법으로 막고 있다. 미혼 여성이 나이 든 후에라도 임신을 시도하기 위해 난자를 보관하려면 대만이나 태국으로 가야 한다.

시진핑 주석의 장담처럼 중국이 공학자 중심 국가만 할 수 있는 전략을 통해 다른 나라와 다르게 더 성공적으로 출생률 증진 정책을 시행하는 건 가능할 것이다. 그렇지만 적어도 지금까지는 가임기 여성들이 여기에 별다른 관심을 보이지 않았다. 그러면 중국 정부는 더 많은 아이가 태어날 수 있도록 어떤 기술적 해결책을 고안하지 않을까? 현재는 저사양 기술을 사용하는데, 예컨대 도시 여성들은 해당 지역 공무원에게 언제 아이를 가질 계획인지 묻는 전화를 정기적으로 받는다고 한다. 이 호기심 많은 공무원은 여성의 마지막 생리가 언제였는지 묻거나 고양이를 키우는 게 아이를 대신할 수 없다고 주장하며 논쟁까지 벌인다. 무엇보다 꼬치꼬치 캐묻는 잔소리가 특징인데, 어떤 여성은 '부모님도 한 번 정도 묻는 자녀 계획을 정부 공무원은 다섯 번이고 여섯 번이고 지치지 않고 또 물어 온다'는 글을 인터넷 게시판에 올렸다.[77] 또 '이 공무원들은 그저 재촉하기 위해 전화할 뿐이고, 실질적인 출산 지원에 관한 이야기는 아무것도 없었다'고도 했다.

공학자 중심 국가는 모든 관심을 여성에게만 쏟지 않고 남성에 대해서도 뭔가 고민 중이다. 관영 언론 매체 역시 '남아 있는' 남성들에 대해 걱정하기 시작했다. 결혼이 불가능한 중국 남성이 수천만 명에 이르게 된다면 공공 안전에 큰 위협이 될 수 있으며, 어느 대학 연구원의 말처럼 '여성을 납치하거나 음란물에 중독될 수도 있다.'[78] 남성들은 또한 인터넷 소셜 미디어 등을 통해 정관수술을 받기가 너무 어려워지고 있다는 불평도 올린다. 일부 병원에서는 자녀가 있다는 걸 증명하지 못할 경우 남성의 정관수술을 거부한다. 중국 보건 연감은 정관수술 통계가 깜짝 놀랄 정도로 줄어들었음을 보여준다. 정관수술은 시진핑이 주석이 된 2014년에는 18만 1,000건이었지만 2019년에는 5,000건 미만으로 감소했다. 시대가 바뀌자 남성들도 출산과 관련된 국가정책의 매운맛을 톡톡히 보고 있다.

중국의 한 자녀 정책은 인구수를 쉽게 통제하고 조정할 수 있다는 주장을 반박하는 본보기 중 하나다. 그리고 여기 동원된 사회공학은 중국 사회 전반에 걸쳐 큰 피로감을 안겨준 정신적 패배주의를 낳았다. 그렇지만 중국은 한 자녀 정책을 시작한 지 정확히 40년 만에 훨씬 더 야심 찬 사회통제 실험을 시작했다. 이번에는 디지털 감시 기술의 도움을 받아 사람들의 신체를 통제하고 영혼까지 조종하려는 시도였다.

5장
BREAKNECK

공학적 통제의 정점,

제로 코로나

확성기를 장착한 무인기가
틀어박혀 웅크리고 있는
주민들로 가득 찬
주택단지 위로 날아와
이렇게 외치기 시작했다.
“자유를 향한 영혼의 갈망을
억누르라.”

코로나 팬데믹에 대한 중국의 대응은 공학자 중심 국가의 장점과 광기 모두를 담고 있다. 중국의 대응은 공학자 중심 국가가 다른 나라들은 거의 시도조차 하지 않을 일들을 어떻게 해내는지 뚜렷이 보여주는 동시에, 무자비하고 강제적인 조치가 정말 어떻게 인류의 안녕과 자유를 비극적 결과로 이끌어갈 수 있는지도 보여준다.

나는 중국이 코로나 바이러스로 시작된 강력한 전염병 사태를 몰아내기 위해 3년 동안 추진한 제로 코로나 정책을 모두 경험했다. 전염병이 발생한 첫해, 사방에서 맹위를 떨치는 바이러스를 자국에서 몰아낸 후의 중국은 마치 고요하고 평화로운 왕국처럼 느껴졌다. 두 번째 해가 되자 상황은 여전히 꽤 괜찮았지만, 중국 정부가 정책을 어떻게 바꿔나갈지 생각하며 우리는 모두 초조한 심정으로 시간을 보냈다. 그리고 세 번째 해에는 모든 게 완전히 산산조각이 났다.

팬데믹 초기,
아직 활기가 넘치던 국제도시 상하이

2020년 코로나 팬데믹 첫해가 저물어갈 무렵, 나는 베이징을 떠나 상하이에 있었다. 수도 베이징의 강렬한 정치적 분위기도 마음에 들었지만, 경제 중심지인 상하이의 매력도 무시할 수 없었다. 1949년, 스탈린 이념을 따르는 건축가들이 사회주의 특유의 웅장함을 갖춘 도시를 새로 세우기 전까지 베이징은 수백 년 동안 청나라의 수도였다. 상하이에서 온 손님들은 베이징에 사는 우리를 이렇게 놀렸는데, 그때마다 여간 짜증이 나는 게 아니었다. "프랑스에 살 수 있는데 굳이 왜 북한에 가서 살고 있어?"

그러다가 후베이성의 성도인 우한시武汉市에서 공식적으로는 '코로나 바이러스 감염증-19'라고 부르는 전염병이 시작되어 폭발적으로 퍼지기 시작했다. 팬데믹 규제로 베이징은 평상시보다 훨씬 더 엄격하게 통제받는 도시가 되었다. 그래서 베이징과 비교해 훨씬 더 느슨하게 통제되는 상하이로 거처를 옮기고 나니 생활이 정말 더 밝아졌다. 사람들은 거리를 활보했고, 대부분 훨씬 더 따뜻한 상하이 날씨 속에서 우리는 마스크도 쓰지 않은 채 즐겁게 시간을 보냈다.

소비에트연방에서 수련한 공학자들이 베이징을 상징적인 도시로 다시 일으켜 세우기 훨씬 전에 상하이를 찾은 프랑스 사람들은 이곳을 즐거움이 넘쳐나는 도시로 만들었다. 19세기 유럽 제국들은 당시만 해도 보잘것없는 무역항이던 상하이를 중국이라는 거대한 시장에 진출하기 위한 교두보로 바꾸었다. 영국과 미국, 그리고 프랑스 등이 각각 자국 거주민이 중국 법을 무시하고 살 수 있는 독립된 조계지를 확보했다.[1] 영국과 미국 조계지에는 황푸黃浦강을 따라 세계에서 두 번째로 큰 은행 건물을 비롯해 보험 회사와 무역 회사, 그리고 각종 위락 시설 등이 건설되었다. 당시 아시아에서 가장 높이 솟아오른 유럽 식민 지배의 증거는 마치 런던 같은 대도시를 그대로 옮겨 온 듯했으며, 오늘날까지도 아름답고 기묘한 상하이 마천루의 일부로 남아 있다. 지금은 물론 어디서나 중국 국기가 펄럭이는데, 현대의 중국이 식민지가 결코 아니라는 사실을 노골적으로 보여주는 증거라고 할 수 있다.

프랑스 조계지는 영국이나 미국과는 또 달랐다. 웅장한 건물보다 주로 주택이며 정원이 가득하고, 런던과 파리의 공원에서 흔히 볼 수 있는 잎이 무성한 플라타너스가 거리를 따라 늘어서 있었다. 상하이는 가로등과 전차, 증권거래소, 백화점, 그리고 영화관을 비롯한 현대적 편의 시설이 도입된 아시아 최초의 도시였다. 당시 상하이가 '동양의 파리'라는 별명으로 불린 것도 과장이 아니었다.

당시 상하이를 지배하는 건 중국 사람이 아닌 외국 사람들이었고, 이들은 행정가가 아니라 상인이었다. 각국 조계지의 영향력이 커지면서 때로는 갈등도 발생했지만, 모두가 사이좋게 협력해 상하이를 사치스럽고 부유한 도시로 만들었다. 상하이 주요 산책로에 자리 잡은 메이시스 백화점에 가면 뉴욕의 최신 유행을 바로 맛볼 수 있었다. 다소 불건전한 즐거움을 찾는다면 몇 구역 떨어진 곳에 위치한 카바레나 재즈 클럽, 그리고 도박장에서 즐겁게 시간을 보내거나 국적을 가리지 않고 모여든 유흥업소 여성들을 만날 수도 있었다. 20세기 초 상하이는 가히 세계 유흥 산업의 중심지라고 할 만했다. 사방에 아편굴이 가득했고, 전 세계 마약의 약 90퍼센트가 상하이에서 거래되었다.[2] 무시무시한 중국 범죄 조직이 이런 불법 거래를 주도하면서 상하이의 다른 어떤 정치 세력 못지않은 강력한 영향력을 행사했다.

그러다 1930년대가 되어 일본의 잔혹한 침략이 시작되면서 상하이에는 어둠의 그림자가 드리웠다. 상하이는 이제 다양한 민족이 공존하는 혼돈의 도가니였다. 여전히 서양 사업가들이 자리를 잡고 주로 아시아 손님에게 화장품이며 담배, 서양에서 넘어온 사치품 등을 팔아 재산을 축적했다. 중국에서 가장 발전한 도시에서 일하며 급성장한 중산층, 극심한 빈곤 속에서 살아가는 수많은 떠돌이 노동자, 찢어지게 가난한 거지와 고아, 별반 달라지지 않은 삶을 살아가는 유대인과 백계 러시아인, 무국적 난민, 그리고 상하이를 마음껏 활개 칠 수 있는 치외법권 놀이터로 여기는 소수의 초부유층도 있었다. 좌파 운동가 역시 이런 정신없이 자유로운 분위기 속에서 하나둘 모여들었다. 1921년 상하이에서는 12명의 지식인이 프랑스 조계지에 모여 중국 공산당을 창당했다.

일본의 침략과 마오쩌둥의 통치에서 살아남은 후 1980년대가 되자 상하이는 옛날 명성을 되찾았다. 베이징 중앙정부가 상하이를 너무나 노골적으로 편애하자 다른 지역 주민들이 줄 서서 뭔가를 기다리다가도 갑자기 "상하이 동지들 먼저!"라 외치고 신랄한 웃음을 터뜨린다는 농담이 떠돌았다. 오늘날 상하이의 좋지 않은 과거는 더 이상 눈에 보이지 않지만, 식민지와 조계지 시절 역사의 잔재가 곳곳에 남아 있는 가운데 소비 친화적 현대화가 도시를 감싸고 있다. 황푸강 서쪽에는 신고전주의 양식의 우아한 석조건물과, 그리고 반대편에는 상하이를 상징하는 마천루와 마주하고 있다. 이 마천루들은 다시 한번 아시아 최고층 건물로 자리 잡았지만, 모두 유리로 둘러싸여 있다는 점에서 차이가 있다.

상하이에서 내가 살던 집은 옛 프랑스 조계지에 있었는데, 지금도 플라타너스와 근사한 찻집이 즐비하다. 나는 집 근처 지역이 정말 마음에 들었다. 집에서 남쪽으로 20분 정도만 걸어가면 프랑스 이민자가 연 빵집이 있었는데, 사과 파이며 바게트를 팔았다. 다시 북쪽으로 20분 정도 걸어가면 전 세계 여섯 곳뿐이라는 스타벅스 최고급 매장 중 한 곳이 있었다. 2층 건물에 음료 판매대가 6개나 있는 이 매장은 스타벅스가 '커피에 대한 열정을 보여주는 화려한 무대'라고 홍보하는 곳이었다. 동쪽으로 20분 정도 걸어가면 이번에는 중국 공산당 제1차 대회가 열렸던 회색 벽돌의 멋진 박물관이 나온다. 그리고 박물관 주위에는 룰루레몬, 칼하트, 르라보 등 다양한 회사의 상품을 파는 거대한 상가 건물이 있다. 여름에 이 상하이 공산당 박물관에 들어가기 위해 줄을 서다가 문득 덥다고 느꼈다면, 바로 옆 쉐이크쉑에서 시원한 음료수를 사 먹을 수도 있다.

상하이 시절을 되돌아볼 때 그저 화려하고 아름다운 도시의 모습만 그리운 건 아니다. 상하이 곳곳에는 세상에서 제일 근사한 음식점도 자리하고 있다. 보통은 스촨요리四川料理를 중국에서 제일로 쳐준다지만, 개인적으로는 상하이를 더 높이 평가한다. 상하이는 수백 년에 걸쳐 중국에서 가장 부유하고 풍요로운 도시였으며, 그 때문에 세련되고 정교한 요리가 발달했다. 아침 식사는 대나무 찜통에 담아 내온 만두를 식초와 생강을 살짝 곁들인 양념에 찍어 먹는 게 어떨까. 상하이 국수는 파기름을 뿌려 삶은 돼지고기에 다시마 몇 조각을 곁들여 나온다. 상하이의 요리는 계절에 따라 매우 다양하며, 이 지역의 풍부한 재료를 잘 활용한다. 가을에는 찐 참게를 마음껏 맛볼 수 있는데, 부드러운 속살뿐 아니라 짭짤하고 쫄깃한 밝은 주황색 내장 덕분에 더 진귀하게 느껴진다. 봄은 더욱 좋다. 봄이 되면 시장에는 상하이 사람들이 좋아하는 도수 높은 술과 함께 볶아 먹는 푸성귀가 가득하다. 그러다 날씨가 더 따뜻해지면 죽순이 나오는데, 식당에서는 갓 따 온 죽순을 국이나 찜 요리에 넣어 달콤하고 부드러운 맛을 더하기도 한다.

그해 봄, 상하이는 아주 아름다웠다. 중국의 제로 코로나 전략 덕분인지 병은 거의 퍼지지 않았다. 우한에서 전염병이 발생한 지 몇 개월이 지나 2020년 4월 무렵이 되었을 때, 미국에서는 여전히 사람들이 집 안에 웅크리고 있는 동안 나는 외식도 하러 나갔고, 그해 여름 말에는 영화관에도 갔다(다만 당시 상하이 영화관에서 볼 수 있었던 유일한 영화는 크리스토퍼 놀런 감독의 〈테넷Tenet〉이었는데, 내용이 너무 난해해서 영화관에 드나들 수 있다는 것이 더 좋았는지는 확실하게는 모르겠다!). 2020년 미국에 있는 부모님에게 미국으로 돌아가도 괜찮은지 물어보니 뜻밖의 대답이 들려왔다. 어지간하면 오지 말라는 것이었다. 어머니는 트럼프가 있는 미국으로 돌아오는 것보다 중국에 그대로 있는 편이 훨씬 낫다고 말했다. 부모님 건강은 별문제 없었고 내가 굳이 같이 있지 않아도 된다는 사실이 다행으로 느껴졌다.

사실 전염병 자체는 두렵지 않았다. 그저 중국 밖으로 나갔다가 다시 들어오는 절차가 걱정스러웠을 뿐이다. 중국이 전염병 전파를 막기 위해 사용한 핵심 전략 중 하나가 중국으로 들어오는 모든 사람을 정부가 지정한 숙소로 보내 격리하는 것이었는데, 지역에 따라 2주에서 3주 이상 좁은 방에서 나올 수 없는 경우도 있었다.

그래서 나는 중국 밖으로 나오지 않고 구이양에서 충칭까지 자전거를 타고 가보는 등 다양한 일에 몰두했다. 2021년에는 찰스 디킨스의 고전소설 『황폐한 집』이나 레프 톨스토이의 『전쟁과 평화』 같은 대작 소설을 읽기도 했다. 그러다가 지금은 아내가 된 미시간대학교 교수 실비아도 만났다. 당시 실비아는 뉴욕대학교 상하이 분교에서 안식년을 보내고 있었다. 기술 문화 관련 민족지학자인 실비아는 과거 중국에서 머물며 연구를 계속하기도 했다. 2021년 실비아가 떠나올 때까지도 미국은 여전히 사람들이 직접 만나는 일이 거의 없는 삭막한 곳이었고, 그래서인지 어렵게 여행을 허가받아 중국으로 돌아갈 수 있게 되어 평소보다 더 기뻤다고 한다. 격리 기간이 끝난 후 실비아는 상하이의 활기 넘치는 거리를 돌아다니며 자유를 만끽했다. 우리는 자전거를 타고 상하이 이곳저곳의 음식점과 찻집을 돌아다니며 서로에 대해 알아갔다.

그 어떤 나라도 시도하지 못했던 강력한 봉쇄 조치가 시작되다

하지만 상황이 완전히 정상으로 돌아온 건 아니었다. 직장 건물이나 식당은 물론 야외에 있는 상가까지, 공공장소에 들어가려면 어디든 입구를 지키고 있는 건장한 남자에게 스마트폰을 꺼내 추적 및 확인을 위한 QR 코드를 보여주어야 했다. 녹색은 정상, 노란색은 확진자와 어느 정도 접촉했음을 의미했다. 빨간색은 전염이 되었다는 표시였지만, 병에 걸렸다면 벌써 격리 조치가 되었을 테니 그것까지 확인할 필요는 없었으리라. 사람들의 위치를 찾아내는 기지국과 확인 작업은 때때로 오류를 일으켰다. 감염자가 있는 식당 근처를 지나가는 것만으로도, 아니 아예 들어가본 적이 없어도 노란색으로 표시될 수 있었다.

사람들은 종종 왜 자신이 녹색이 아닌지 제대로 설명해주는 사람이 없는지 불평도 했지만, 격리나 이동 제한 정도는 감수할 만한 불편함으로 느껴졌다. 다른 나라의 상황을 생각해보면, 공공장소에 들어갈 때마다 주머니 속을 더듬어 스마트폰을 꺼내 감염자 접촉 여부를 확인하는 정도는 그렇게 큰 문제가 아니었으니까. 게다가 당시 중국은 이런 통제를 조금씩 순차적으로 강화했기 때문에 중간중간 느끼는 불편함을 호소하고 개선을 요구하는 것도 어느 정도 가능한 듯 보였다.

그렇지만 나는 조금씩 상황이 바뀌고 있다는 걸 느꼈다. 중국에서 나는 주로 팬데믹 사태 이전부터 삐걱거리던 미국과 중국의 관계를 살펴보고 있었다. 2020년 한 해 동안 트럼프 대통령은 중국의 첨단 기술 기업을 공격했고, 나는 이동이 점점 불편해지는 상황에서도 이런 부분을 조사했다. 그런데 중국 내부에서는 미처 예상하지 못했던 일이 벌어지고 있었다. 중국을 제외한 전 세계가 코로나 팬데믹에 제대로 대응하지 못하게 되자 시진핑 주석은 더욱 대담해졌다. 공식적으로는 '공동의 번영'을 달성하기 위해 다 같이 노력하자고 하면서도 디지털 플랫폼이며 부동산 개발 업체에 대한 단속에 나섰다. 내가 상대하는 고객들은 중국 현지에 아는 사람이 거의 없었기 때문에 주로 나에게 여러 질문을 했다. 우한에서 전염병이 발생한 이후 중국은 다른 어느 나라보다 이런 상황을 더 잘 통제하는 듯 보이는데, 그 이유가 무엇이냐는 것이었다. 나는 그저 솔직하게 대답할 수밖에 없었다. 적어도 지금까지는 그냥 중국이 잘 대처하고 있다고 말이다.

2021년 12월이 되자 과학자들이 이전 코로나 바이러스보다 전염성이 훨씬 더 강하다고 하는 오미크론 변종 바이러스에 대한 소식이 전해졌다. 나는 그해 마지막 날 올린 연말 소식지에서 오미크론이 중국에 미친 영향에 대한 개인적인 생각을 적었다. '중국 정부가 지금까지 취했던 그 어떤 조치보다 훨씬 더 강력한 봉쇄와 격리 조치를 시행할까 봐 우려된다.' 트위터에 올린 내용은 좀 더 노골적이었다. '혹시 있을지 모를 심각한 봉쇄 상황에서 살아남기 위해 나는 세 가지를 준비했다. 장기 보관이 가능하며 열량이 풍부한 중국의 전통 과자 웨빙月餠, 가상 세계를 마음껏 달릴 수 있는 실내 자전거 장비, 그리고 로버트 알터가 번역한 히브리어 성경이다.'

사실 시진핑 주석은 전염성이 더 강한 변종 바이러스를 통제하는 데 필요한 조치를 보여주었다. 2021년 말에 북서부 도시가 봉쇄되었다. 한겨울에 식량은 바닥났고, 끔찍한 이야기가 흘러나오기 시작했다. 임신 8개월인 한 여성은 진통을 느껴 병원에 입원하고 싶었지만, 병원 측에서는 PCR 검사를 받은 후 양성인지 음성인지 결과가 나올 때까지 입원을 거부했다. 결과 확인까지 몇 시간 이상 걸리는 상황에서 약 2시간 후, 심한 출혈이 시작되었다. 결국 여성은 병원 안에 들어가보지도 못하고 유산하고 말았다. 이런 사연은 검열로 삭제될 때까지 입소문을 타고 퍼졌다.[3]

2022년 봄이 되자 상하이의 분위기도 얼어붙었다. 제철 푸성귀나 죽순을 살 수 없었다. 베이징 중앙정부는 인구 2,500만 명의 대도시 상하이에 봉쇄 및 격리 조치 명령을 내렸다. 주민 대부분은 2개월 이상 집 밖으로 나갈 수 없었다. 전염병이 처음 퍼지기 시작했을 때 상하이는 특별한 조치 없이 견뎌내며 깊은 인상을 주었고, 그것은 마치 공학자 중심 국가의 역량을 보여주는 증거 같았다. 하지만 얼마 지나지 않아 어떤 나라도 감히 시도하지 않았던 가장 강력한 격리 조치가 시작되었다.

봄이 되자 상하이에도 오미크론 변종 바이러스가 퍼졌다. 2022년 3월 초 상하이 당국은 해외에서 입국한 사람들을 격리 수용하는 숙소가 안전 수칙을 제대로 지키지 않아 청소 담당 직원 몇 명이 감염되었으며, 이들이 지역사회에 오미크론 바이러스를 퍼뜨렸다고 발표했다. 상하이는 이제는 익숙한 팬데믹 대응 전략을 실행했다. 일단 대규모 검사가 시작되었다. 그리고 양성 판정을 받은 사람들을 체육관이나 행사용 건물을 개조해 수천 개의 임시 병상을 설치한 집중 격리 시설로 이송했다. 모든 확진자의 이동 경로를 추적하고, 주요 접촉자가 발견되면 그가 거주하는 지역을 철저하게 봉쇄했다.

봉쇄의 조건과 규칙은 간단했다. 당국이 공식적으로 시행하는 PCR 검사, 즉 코나 목 안을 면봉으로 긁어 검사할 때를 제외하고는 누구도 집 밖으로 나갈 수 없었다. 상하이의 거의 모든 사람은 지상의 마당 같은 공간을 중심으로 여러 개의 건물이 둘러싸고 있는 주택단지에 살고 있다. 나는 6층짜리 작은 다가구 주택단지에 수십 가구와 함께 살았지만, 그보다 더 많은 사람이 각각 수백 가구가 사는 더 높은 건물에 모여 있었다. 평소라면 이런 고층 건물이 더 장점이 많았을지 모르지만 나는 얼마 지나지 않아 작은 단지에 사는 것이 얼마나 큰 행운인지 깨달았다. 단 한 명의 확진자로도 주변 전체가 감염된다고 가정할 때, 거주하는 주택단지의 규모가 클수록 당국에서 아예 단지 전체를 봉쇄할 가능성이 훨씬 더 컸기 때문이다.

지금까지는 상하이의 팬데믹 대응 전략이 잘 먹혀들었지만, 이번에는 달랐다. 3월 내내 신규 확진자 수가 매일 증가했다. 도시 곳곳에서는 주택단지를 둘러싸는 2미터 높이의 플라스틱 차단 벽이 점점 늘어났다. 차단 벽은 곧 확진자가 생겼다는 표시였다. 식당, 찻집, 그리고 거리의 다른 사업장들이 문을 닫았다. 거리가 조용해지는 대신 확성기 소리가 끊임없이 울려 퍼졌다. 당국은 여러 차례 내가 사는 곳의 모든 사람을 근처 시설로 불러 검사를 받게 했다. 다행히 나는 음성 판정을 받았고, 내가 알고 마주치는 사람들도 모두 음성 판정이 나왔다. 만약 양성 판정이 나왔다면 대규모 격리 시설로 이송되었을 것이며, 위치 추적을 통해 감염자와의 접촉이 의심되는 경우 판정 여부와 상관없이 며칠 동안 집 밖 출입을 할 수 없었을 것이다. 내 친구 몇 명도 바이러스 감염자, 혹은 감염 가능성이 있는 사람과 접촉했기 때문에 집에 머물러야 한다는 지시를 받았다.

3월 말이 되자 상하이는 공포에 휩싸였다. 특별히 예감이 더 좋지 않았던 어느 날, 실비아와 나는 불과 1시간이 채 되지 않는 동안 친구 3명으로부터 사흘 동안 집 밖으로 나갈 수 없다는 소식을 전해 들었다. 바로 이웃 사람이 확진자와 아주 가깝게 접촉한 적이 있었기 때문이다. 그날 아침 실비아와 나는 자전거를 타고 한때 유대인 난민을 수용했던 것으로 유명한 아르데코 양식 건물인 엠뱅크먼트 빌딩 근처 찻집을 찾았다. 그리고 함께 크루아상을 먹으며 상하이가 이렇게 조용했던 적은 없었다고 말했다. 집으로 돌아오는 길에 달라진 엠뱅크먼트 빌딩의 모습을 보았다. 출입구를 봉쇄한 의료진과 공안이 서로에게 파란색 테이프로 표시한 흰색 방호복을 입히고 있었다. 마치 건물을 포위 공격할 준비를 하는 것처럼 보일 정도였다. '다바이大白', 즉 '흰색 거인'이라는 별명이 붙은 담당 직원들은 얼마 지나지 않아 제로 코로나 정책 시행을 상징하는 무시무시한 존재가 된다.

정례 기자회견에서 상하이 당국 관계자들은 도시 전체에 대한 전면 봉쇄령 선포는 사실이 아니라고 거듭 부인했다. 신규 감염자 수가 매일 증가하고 있음에도 상황이 나아졌다고 말하기도 했다. 3월 24일 관영 영어 신문인 《차이나 데일리China Daily》에는 '상하이, 도시 봉쇄 계획 없어'라는 제목의 기사가 실렸다.[4] 상하이 보건위원회 위원 중 한 명인 우판吴凡은 3월 26일 열린 기자회견에서 상하이는 "봉쇄하기에는 너무 중요한 도시다"라고 주장했다.[5] 그런 다음 그녀는 약간 오만한 어조로 "상하이는 상하이 시민들만의 도시가 아니다. 상하이는 세계경제의 원동력이며, 이곳이 봉쇄된다면 전 세계가 흔들릴 것"이라고 덧붙였다.

우판이 다소 격앙된 선언을 한 다음 날, 상하이는 결국 봉쇄를 발표했다.[6] 다만 발표 내용 자체는 지극히 평범했다.[7] 상하이는 앞으로 8일 동안 지속될 '제한 기간'에 들어가기 위해 먼저 '일부 일시 정지' 조치를 시행하겠다고 했다. 먼저 도시의 동쪽 절반이 봉쇄되고, 그다음 시차를 두고 서쪽 절반이 봉쇄될 예정이었다. 직장인들에게는 재택근무 명령이 떨어졌고, 모든 사업체는 일단 문을 닫았다. 황푸강을 사이에 두고 도시의 두 지역을 연결하는 다리와 통로가 차단되었다. 정부 당국은 식량을 공급하고 의료 지원도 보장하겠다고 약속했다. 그리고 이 모든 봉쇄 조치는 4월 5일에 종료될 것이라고 밝혔다.

그렇지만 상하이 봉쇄는 4월 5일 이후에도 아주 오랫동안 지속되었다. '제한 기간'에 들어갔는데도 확진자 수는 폭발적으로 증가했다. 봉쇄는 8일이 아닌 8주 동안 지속되었고, 그러다가 마침내 6월에 다시 시작되었다. 나는 종종 《차이나 데일리》의 '상하이, 도시 봉쇄 계획 없어'라는 기사 제목을 떠올린다. 돌이켜 보면 이 기사 제목은 두 가지 의미로 해석될 수 있었다. 처음에는 상하이 당국이 봉쇄 조치를 시행하지 않겠다는 의사를 밝힌 것으로 이해했다. 그렇지만 지금은 이후 발생한 일들에 대해 매우 정확하게 설명했다는 생각이 든다. 상하이는 2,500만 명의 주민을 8주 동안 집에 가두는 계획, 다시 말해 도시 봉쇄에 대한 계획 자체가 아예 없었던 건 아니었을까.

정부가 띄운 무인기가 상하이 상공 곳곳에 나타났다. 코로나 팬데믹이 시작된 후 당국은 확성기가 달린 무인기를 띄워 규정을 준수하지 않는 사람들을 향해 안내를 시작했다. 마스크를 쓰지 않은 사람 머리 위로 윙윙거리는 무인기 소리가 들려왔다. 그리고 그 사이로 일그러지고 찢어지는 듯한 목소리가 마스크를 쓰거나 집으로 돌아가라고 소리쳤다.[8] 공무원인 한 이웃 주민은 무인기가 허가 없이 모인 사람들에게 접근하면 어떤 일이 일어날지 내게 알려주었다. '사람들을 해산시키려 할 것이다.' 다시 말해 경고하고 나무란다는 뜻이었다. '동시에 지상 단속 인력에 실시간으로 상황을 전달할 것이다.'[9]

상하이 봉쇄가 막 시작되었을 때는 무인기가 당황스러울 정도로 이상한 방향으로 사용되기도 했다. 상하이 최고위직 정신 건강 담당자가 안 그래도 우울한 분위기의 기자회견장에 나타나 예상외의 재미있는 상황을 만들었다. 상하이 주민들에게 '자유를 향한 영혼의 갈망을 억누르라'고 요구한 것이다.[10] 그러자 인터넷과 소셜 미디어 이용자들이 이를 두고 조롱하기 시작했다. 사람들은 정부 관리의 시인 같은 표현이 익숙하지도, 달갑지도 않았다. 4월 어느 날 밤, 봉쇄 조치가 본격화된 후 확성기를 장착한 무인기가 틀어박혀 웅크리고 있는 주민들로 가득 찬 주택단지 위로 날아와 이렇게 외치기 시작했다. "자유를 향한 영혼의 갈망을 억누르라." 무인기에서 불빛이 깜빡이며 여성의 목소리가 한동안 반복해서 재생되었다. "그리고 바이러스가 퍼질 수도 있으니 창문을 열고 노래하지 마라."

이제는 농담조차 하기 어려운 상황이 되었다.

인구 2,500만 대도시에서 펼쳐진 악몽 같은 상황들

2022년 4월이 지나가자 상하이를 짓누르는 압박감은 감당할 수 없는 수준이 되었다. 사람들의 가장 큰 우려와 관심사는 봉쇄 조치 이후 식료품 확보였다. 저녁에 발표된 갑작스러운 봉쇄령으로 상하이 동쪽의 푸둥浦東 주민들은 식료품을 사다 놓을 시간이 단 몇 시간밖에 남지 않았다. 내가 살던 서쪽 푸시浦西 지역은 그래도 나흘간의 여유가 있었다. 그동안 당국이 봉쇄령을 계속 부인하는 바람에 주민들의 긴장감이 다소 풀어졌기에 미리 뭔가를 준비한 사람은 거의 없었다. 물론 식료품을 준비했던 주민조차 과일이나 채소 같은 것은 열흘이나 그 이상 보관하기 어려웠다.

상하이 당국은 식료품 배급을 약속했고 처음에는 그런대로 상황이 괜찮았다. 나와 친분이 있는 상하이 사람들은 모두 과일과 채소, 고기가 든 꾸러미를 받았다. 일관성 없이 대충 꾸린 듯했지만 어쨌든 모두 반가워했다. 그러나 이런 정부 지원은 금방 중단되었다. 봉쇄령 해제가 예정되어 있던 4월 5일에 봉쇄령 연장이 발표되었고, 사람들은 다시 식자재를 걱정했다. 4월 중순이 되자 주변 친구들 거의 모두가 며칠 이상 먹을거리가 부족해 고생했다. 어린 자녀들에게 먹이기 위해 식사를 포기하겠다는 부모도 있었다. 미국인 친구 에마는 정부 지원으로 받은 꾸러미를 풀자 갓 잡아 깃털까지 붙어 있는 닭이 한 마리 들어 있었다고 한다. 어떻게 해야 할지 알 수 없었지만, 그것 말고는 먹을 게 하나도 없었다. 결국 그는 유튜브에 접속했다. 마음을 다잡고 닭 내장을 제거하는 방법을 알려주는 영상을 찾았으나 실제로 해보려니 여간 거북한 일이 아니었다.

정부 지원이 끊기자 사람들은 업체 배달로 문제를 해결하려 했지만, 주문량 폭주를 감당할 수 없었다. 업체별로 메이퇀

美团은 오전 6시, 징동닷컴은 6시 30분, 프레시포Freshippo는 오전 7시, 그리고 융후이永辉는 오전 8시로 알람을 맞춰놓고 적어도 30분 안에는 주문해야 매진되기 전에 뭐라도 확보할 수 있었다. 식료품 공급이 어려워진 이유는 여러 가지인데, 당국이 상하이로 들어오는 화물차 운송을 제한한 것도 이유 중 하나였다. 외부에서 드나드는 운전기사들 때문에 바이러스가 퍼질까 염려했기 때문이다. 따라서 운전기사들은 각 지역을 통과할 때마다 검사 결과가 나올 때까지 화물차 안에서 기다려야 하는 경우가 많았다. 아예 운전석 밖으로 나오는 것조차 금지했기 때문에 줄지어 늘어선 차들이 전혀 움직이지 못할 때 운전석 안에서 볼일을 보는 운전기사 영상이 빠르게 퍼져나가기도 했다.[11] 운전기사들은 마치 '갇혀 있는 짐승' 같은 신세에 좌절한 듯 분통을 터뜨렸고, 상당수가 일을 그만두었다. 4월 중순의 화물차 운송량은 평상시의 15퍼센트 수준에 불과했다.

그렇게 도시 지역으로 반입된 식료품조차 주민들 손에 들어가기 전에 대부분 먹지 못할 정도로 상하는 일이 많았다. 식료품 조달 및 배급 책임은 공무원 조직 중 최하위 계층이라고 할 수 있는 상하이의 주민 위원회에 맡겨졌는데, 이 위원회 인력 대부분이 가장 중요한 서류 작업이 아니라 공산당 선전 활동에나 익숙한 노령 자원봉사자들이었다. 또 그동안 별문제 없었던 개인 배달도 중단되었다. 노란색이나 하늘색 작업복을 입고 스쿠터 뒷자리 상자에 식료품을 담아 운반하던 배달 직원도 봉쇄 조치에서 벗어날 수 없었다. 일부 직원은 일을 계속하기 위해 노숙자가 되는 쪽을 선택했다. 이들은 아예 사람들과 접촉하지 않는 개방된 장소, 즉 다리 밑이나 다른 공공장소에서 잠을 자는 대신, 도시 곳곳을 돌아다니며 먹을거리를 배달하고 더 높은 수수료를 받았다.

상하이 주민들은 2022년에, 그것도 중국에서 가장 부유한 도시에 살면서 배고픔을 염려해야 한다는 현실에 놀라지 않을 수 없었다. 사람들은 중국의 불평등을 줄이겠다는 시진핑 주석의 새로운 대표 정책 '공동 번영'이 중국에서도 가장 자본주의적인 도시에서 10년 앞서 달성되었다고 음울하게 중얼거렸다. 정부에 연줄을 대고 식료품을 더 쉽게 구하는 일부 계층도 있었지만, 남녀노소나 빈부격차에 상관없이, 그리고 내국인이나 외국인 할 것 없이 거의 모든 사람이 식량이 없는 배에 함께 올라탄 것이나 다름없었다. 인터넷에는 유명 인사들이 겨우 달걀이나 푸성귀 정도를 배달로 주문하고 300달러 가까이 썼다는 불평이 올라왔다.[12] 심지어 식료품 배달 회사에 투자한 중국 최고의 투자자 중 한 명이 소셜 미디어를 통해 다른 사람들에게 어디를 가야 먹을거리를 구할 수 있는지 묻는 진풍경이 벌어지기도 했다.[13]

식료품과 관련된 불만의 목소리가 점차 커지자 공산당은 오랜 세월 검증된 전략, 즉 희생양 만들기로 대응에 나섰다. 관영 언론 매체는 이웃은 아랑곳하지 않고 먹을거리를 사재기하는 사례 몇 건을 보도했다. 그런 사례가 정말 있었는지는 중요하지 않았다. 문제의 핵심은 그게 아니었다. 갑작스러운 봉쇄 발표로 상하이 식량 공급망이 심각하게 무너졌고, 거기에 장거리 및 지역 배송 모두가 문제를 일으켰다는 것이 이번 사태의 핵심이었다.

4월 하순으로 접어들자 사람들은 스스로 살길을 찾았다. 내 친구 오언은 봉쇄가 시작되기 불과 몇 개월 전에 베이징에서 상하이로 이사했다. 미국에서 온 그는 30대 초반으로, 대학을 졸업하고 베이징의 한 정책 연구 기관에서 일했다. 오언이 혼자 사는 집은 잡화점이 보이는 어느 소박한 주택가의 국수 가게 위층이었다. 앞서 언급했던 것처럼 푸시 지역은 봉쇄 조치가 시작되기 전에 며칠 정도 식료품을 준비할 시간이 있었다. 봉쇄 발표가 나온 다음 날, 오언은 아침 일찍 일어나 가게로 향했는데 문도 열지 않은 가게 앞에는 이미 사람들이 길게 늘어서 있었다. 오언은 다진 소고기와 함께 신선한 채소 몇 봉지를 간신히 챙겼다. 그리고 볼로녜세 양념을 넣고 조리한 뒤 몇 덩이로 나눠 냉동실에 넣어두었다.

막 봉쇄가 시작되었을 때는 오언도 정부에서 나눠주는 큼지막한 식료품 꾸러미를 받았다. 그 안에는 고추며 토마토, 청경채, 마늘, 생강, 감자 등이 들어 있었다. 다음 주가 되자 조금 작은 꾸러미가 도착했다. 그리고 그게 끝이었다. 몇 주가 지나는 동안 정부는 아무런 도움도 주지 않았다. 오언은 매일 배달 업체를 통해 뭐라도 구입하려고 했지만 성공한 적이 없었다. 근처에 사는 다른 사람들도 다들 얼마 안 되는 먹을거리라도 손에 넣기 위해 안간힘을 썼다. 며칠이 지나도록 아무 일도 할 수 없자 생각보다 상황이 심각하다는 생각이 들었다.

오언은 종이에 자신의 위챗 아이디를 적어 집 밖에 붙여두었다. 위챗은 중국에서 가장 널리 쓰이는 대화용 앱으로, 사람들은 보통 수십 개가 넘는 대화 모임을 드나든다. 가족이나 직장 동료, 대학 친구, 같은 취미를 공유하는 모임 등. 오언은 그 건물에서 1층 가게를 제외하면 가장 아래층에 살았기 때문에, 코로나 검사를 받으러 오르내리는 사람들이 모두 오언의 위챗 계정을 볼 수 있었다. 얼마 지나지 않아 건물 주민 모임에 오언도 추가되어 서른여섯 가구가 모인 새로운 대화 모임이 생겨났다. 오언이 처음부터 이런 비공식적인 모임의 대표가 되려 했던 건 아니었다. 상하이에 온 지 얼마 되지 않은 파란 눈의 키 큰 남자가 중국인만 사는 건물의 대표가 되는 건 어쩐지 어울리지 않기 때문이다. 오언은 내게 "그런데 어쩌다 모임의 일원이 되고 나니, 이웃들이 모두 내게 이제부터 뭘 어떻게 할 거냐고 묻는 것 같았어"라고 말했다. 결국 오언은 관계 당국과 소통하며 공동 행사를 주관하는 대표가 되었다.

위챗 모임을 통해 이웃끼리 서로 도울 수 있게 되었다. 그건 나이가 많은 사람들도 마찬가지였다. 디지털에 익숙하지 않아도 멀리 있는 아들이나 딸이 얼마든지 도울 수 있는 것도 디지털 소통 방식의 장점이었다. 모임의 가장 중요한 목적은 공동 구매였는데, 오언은 도매 업체에 직접 대량으로 주문하는 방식을 시도해보았다. 대량 주문이 관심을 끌었는지 모르겠지만, 어쨌든 드디어 건물로 배달이 오기 시작했다!

그렇게 4월의 남은 날들을 견딜 수 있었지만, 문제는 여전히 남아 있었다. 대량으로 주문하면 다양한 식료품을 확보하기 어렵다. 모두에게 필요한 달걀 같은 건 상관없지만, 버터가 필요하다고 해서 다 함께 버터를 사자고 설득하기는 어려운 것이다. 어느 날인가 오언은 맛있는 빵이 몹시 먹고 싶었다고 한다. 하지만 이웃들이 탐탁지 않게 여길 만한 사치였기에, 오언은 결국 마을 건너편에 있는, 빵을 구워 파는 가정집을 찾아가 40달러를 주고 빵 한 덩어리를 샀다.

주문한 식료품이 도착하면 다들 교대로 돌아가며 집마다 물건을 전달했다. 이런 공동 모임은 여러 곳에 생겼는데, 승강기가 없는 건물의 경우 생수는 무게가 너무 많이 나가기 때문에 서로 합의해서 구매하지 않기도 했다. 오언은 홍보 회사라는 본업이 있어 정기적으로 물건 옮기는 일은 할 수 없었다. 어쨌든 공동 구매 책임을 맡았다면 필요한 식료품을 확인하고 업체를 찾아 제대로 주문하는 일에만 많은 시간과 정성이 들어갔다. 다만 이런 대량 주문이 모두에게 가능한 건 아니었다. 주민의 숫자가 적으면 업체가 바로 반응할 정도로 많은 양을 한꺼번에 주문하기 어렵다. 그리고 노인들에게도 역시 이런 디지털 방식의 모임이며 구매와 주문이 어려울 수밖에 없었다.

4월까지 엄격한 봉쇄 조치가 계속되었지만, 상하이의 신규 감염자 숫자는 계속 늘어났다. 따라서 봉쇄 기간을 연장한다는 발표가 나와도 놀라는 사람은 아무도 없었다. 이제는 모두 감염자 숫자가 0이 될 때까지 봉쇄는 끝나지 않는다는 사실을 알고 있었다.

나는 오언에게 봉쇄 조치를 했는데도 왜 그렇게 많은 사람이 코로나 바이러스에 감염되었는지 물어보았다. "내 생각에는 검사 때문인 것 같아." 오언의 대답이었다. 사람들은 거의 매일, 때로는 하루에 두 번씩 봉쇄와는 상관없이 코로나19 검사를 받으러 드나들어야 했다. 의료진이 주택단지에 나타나 위챗이나 확성기로 모든 사람을 아래층으로 부른다. 내려오지 않는 사람이 있으면 1층 입구에 설치된 초인종을 누른다. 그래도 소용없으면 직접 찾아가 문을 두드린다. 그러면 전염병에 걸린 적도 없고 자기 집을 거의 떠나본 적도 없는 사람도 감염 여부를 알 수 없는 이웃 사람들과 함께 서로 부대끼며 좁은 승강기를 타고 오르내리는 참으로 모순적인 상황이 펼쳐지는 것이다.

물론 누가 어떻게 코로나 바이러스에 감염되었는지 정확히 알 수 있는 사람은 아무도 없었다. 오미크론 변종 바이러스가 집마다 연결된 배관이나 환기장치를 통해 흘러 들어갔을까? 아니면 식료품을 전달할 때? 그런데 사람들은 대부분 매일 진행하는 검사 과정 중 감염되었다고 생각한다. 줄을 서서 기다리는 동안 앞뒤로 서 있는 이웃에게서 말이다. 가끔은 모든 사람과

다 접촉하는 의료진부터 바이러스에 감염되었다는 이야기가 나오기도 했다. 그러면 당연히 검사받는 사람도 감염될 수 있다. 엄격한 조치에도 신규 확진자 수는 봉쇄가 해제될 때까지 약 4주 동안 계속 증가했다.

사람들은 정확한 정보 없이 바이러스 자체에 두려움을 느꼈다. 중국 정부는 2년여에 걸쳐 코로나 바이러스 감염에 대한 두려움을 조장하기 위해 할 수 있는 모든 일을 했다. 아무도 이 전염병을 '평범한 감기'라고 부르지 못하도록 검열하기까지 했다. 만일 검사를 했는데 바이러스 양성 판정이라도 나온다면 상황은 훨씬 더 복잡해졌다. 중국 정부는 양성 판정을 받은 사람들이 집에 머무르는 것을 허용하지 않았다. 2020년 우한 사태 초기부터 정부 당국은 코로나 바이러스에 감염된 사람은 무조건 주변 사람 모두에게, 어쩌면 건물 전체에까지 바이러스를 전파한다는 사실을 깨달았다. 그래서 감염자들은 거대한 중앙 격리 시설 중 한 곳으로 이송되었지만, 당연히 쾌적하게 지낼 만한 곳은 결코 아니었다. 바이러스 양성 판정이 나온 CNN 방송의 한 제작자는 5만 개 이상의 병상을 갖춘 상하이 최대 규모 행사장 건물 안에서 지내는 게 얼마나 불편한지 설명하기도 했다.[14] 제작자는 24시간 꺼지지 않는 불빛, 오전 6시만 되면 PCR 검사를 받으러 나오라고 외치는 확성기, 그리고 화장실이나 더러운 빨랫감의 악취가 곳곳에서 진동하는 상황을 묘사했다.

감염자들을 격리 시설로 이송한 후에는 담당 직원이 빈집에 들어가 방역 작업을 했다. 가구며 책, 전자 제품, 옷, 피아노 등 사람과 접촉한 모든 곳에 소독약을 뿌린다는 뜻이었다. 반려동물이 있는 경우는 특히 곤란했는데, 집을 비우는 동안 이웃에게 돌봐달라고 부탁할 수도 있었지만, 그런 도움을 받을 수 없는 사람들은 고통스럽더라도 반려동물을 길거리에 내버려두고 어떻게든 되기만을 바라는 결정을 내릴 수밖에 없었다. 아니면 그대로 집 안에 두고 언제 끝날지 모르는 불확실한 격리 기간 동안 견딜 수 있을 정도의 먹이를 함께 두는 것도 방법이기는 했다. 그러다 방역 요원이 반려견 한 마리를 쫓아가 도망가지 못할 때까지 때리는 영상이 퍼지자 사람들은 어떤 결정을 내려야 할지 더 갈팡질팡하게 되었다.[15]

어린 자녀를 둔 부모들은 더욱 큰 두려움을 느꼈다. 상하이의 경우 모두 양성 판정이 나와도 영아나 유아를 부모와 떼어놓는 정책을 시행했다. 좁은 금속 침대에 누워서 우는 아기의 사진이 퍼져나갔고, 공황 상태에 빠진 부모들은 며칠이 지나도록 병원 직원에게서 자녀의 상태에 대한 소식을 전혀 듣지 못했다고 언론에 폭로했다.[16] 한 여성은 기자에게 코로나 바이러스 같은 건 더 이상 무섭지 않다고 말했다.[17] "사랑하는 사람들과 헤어지는 게 무엇보다 두려워요." 인터넷에서 격렬한 항의가 이어지자 결국 상하이 당국은 자녀 격리 정책을 철회했다.[18]

어느 날, 오언은 아랫배에 가벼운 통증을 느꼈다. 자세히 살펴보니 오른쪽 허벅지와 사타구니 사이에 주먹만 한 크기의 혹이 보였다. 인터넷을 찾아보니 탈장이라고 했다. 소장小腸 일부가 몸 안에서 원래 있던 자리를 빠져나온 것인데, 남성에게 흔히 발생한다고는 하지만 대개는 나이가 들어서야 발생한다. 다행히 심한 통증은 없었는데, 오언은 왜 이런 일이 생겼는지 어리둥절할 뿐이었다. 아마도 거의 움직이지 않는 생활에 따른 압박감이 몸과 마음을 짓누르는 데다 갑자기 심하게 재채기를 한게 복합적으로 작용했을지 모른다고 오언은 말했다.

그는 병원에 가지 않기로 했다. 아니, 사실 병원에 가는 일 자체가 거의 불가능했다. 사람들이 크게 분노한 사례가 있는데 상하이에서 천식을 앓던 어느 49세 간호사의 이야기다. 이 간호사는 쓰러져서 사망하기 전까지도 근무하던 병원에서조차 치료받지 못했다.[19] 기저 질환이 있는 사람들은 정기적으로 복용해야 하는 약이 떨어질까 봐 두려움에 떨었다. 약을 구하려고 애쓰는 일이 종일 신경 써야 하는 또 다른 부담이 될 수 있었다. 내 동료 중 한 명은 당뇨병을 앓던 삼촌이 상하이 봉쇄 기간에 혈액투석을 받지 못해 사망했다고 말했다. 사람들은 병원이 코로나 바이러스 감염을 제외한 모든 질병을 대부분 무시하는 걸 보고 놀라지 않을 수 없었다.

상하이 봉쇄처럼 수많은 사람이 동시에 경험한 사건이 또 있을까. 인구 2,500만 명의 도시가 악몽 같은 상황부터 그저 답답한 상황까지 다양한 상황을 견뎌냈다. 모두가 식료품 부족을 경험한 건 아니다. 특정 주택단지, 특히 정부 공무원이 사는 곳은 비교적 규칙적으로 음식을 구할 수 있었다. 내성적인 사람들은 혼자서 삶을 꾸려가는 방법을 찾았다. 봉쇄가 진행되는 동안 그저 위챗 등으로만 서로 소통한 이웃들이 있었다. 모든 걸 견딜 수 있다고 생각하는 사람들에게조차 봉쇄가 얼마나 오래 지속될지 아무도 모른다는 사실은 감내하기 힘든 어려움이었다.

지역 공무원들은 점점 말수가 줄어갔다. 봉쇄가 언제 끝날지 자신들도 알 수 없다는 게 가장 큰 이유였다. 팬데믹 시기, 아마도 가장 불안했던 건 자주 바뀌는 정부 정책이 아니었을까. 사람들은 코로나 바이러스 검사를 받기 위해 줄을 서는 것 말고는 언제 밖에 나갈 수 있을지 몰랐고, 이웃들과 힘을 합쳐 먹을거리를 구하기 위해 엄청난 돈을 쓰며 몸과 마음을 평상시처럼 유지하려고 애썼다.

많은 사람이 종일 스마트폰을 쥐고 게임을 하거나 식료품을 구하기 위해 필사적으로 노력하는 것 말고는 아무 일도 하지 않았다. 그냥 소셜 미디어에 시간을 허비하는 때도 많았다. 상하이 봉쇄에 대해 지금 우리가 알고 있는 많은 정보는 위챗이나 웨이보, 그 밖의 다른 디지털 플랫폼에 공유된 글이나 영상을 통해 나온 것이다.

상하이 주민 대부분이 적어도 몇 번 이상 엄청난 좌절감을 경험했다. 밤에 냄비며 프라이팬을 두드리는 건 널리 알려진 항의 표시로 자리 잡았다. 몇몇 영상에는 압박감을 해소하려는 듯 건물 전체에서 사람들이 한꺼번에 비명을 지르는 모습도 보였다. 정부가 무인기를 날려 보내 사람들에게 '노래'를 멈추라고 지시한 것도 이런 일이 있어서가 아니었을까. 어떤 여성은 자기 집 안마당을 알몸으로 돌아다니기도 했다. 고층 건물에서 바닥으로 뛰어내려 자살한 사람의 모습을 담았다고 주장하는 영상이 수도 없이 돌아다녔다. 그리고 공안이나 공산당을 비난하며 악을 쓰는 사람들의 영상을 앞다투어 공유했다. 코로나 바이러스 음성 판정이 나왔는데, 격리 시설로 데려가겠다고 억지를 쓰는 공안에게 맞서는 모습을 직접 영상으로 찍은 부부도 있었다.[20] 음성 판정 결과를 보여주었지만, 공안은 "내가 양성이라고 하면 양성인 것"이라고 대꾸했다.

이미 충분히 강력했던 중국의 검열 체제는 이런 위기 속에서 빛을 발하며 놀라운 대응 방식으로 어려움에 맞섰다. 불만과 항의를 담은 영상은 인터넷에 올라오자마자 빠르게 삭제되었다. 상하이 주민들이 중국 국가의 첫 소절 '일어나라! 노예가 되기를 원치 않는 자들이여!起來! 不願做奴隸的人們!'를 앞다투어 올리자, 이 게시물 역시 삭제되었다. 검열 당국은 전국인민대표대회 대변인이 했던, 격리가 불법일 수 있다는 발언을 올린 게시물도 삭제했다. 잠시였지만 소셜 미디어 플랫폼에서 '상하이'라고 검색하면 아무것도 나오지 않게 처리한 적도 있었다.

당국의 검열 속도를 뛰어넘은 영상도 있었다. 누군가, 혹은 여러 사람이 몇 개의 영상을 모아 시간대별로 편집해 '4월의 목소리上海四月之声'라는 제목의 새로운 영상을 만들었다. 총 6분 분량의 이 영상에는 상하이는 너무 중요한 도시라 봉쇄할 수 없다는 발언부터 시작해 먹을거리를 요구하는 사람들이 고함치는 모습, 아픈 아버지의 치료를 간청하는 한 남성의 모습, 그리고 아무것도 할 수 없다고 토로하는 지친 공무원들의 모습 등이 담겨 있었다. 이 영상은 며칠 동안 내 위챗 상위 검색어에 포함되어 있었다. 사람들은 검열과 삭제를 막기 위해 온 정성을 기울여 그 영상을 공유하고 또 공유했다. 아무리 삭제해도 영상은 퍼지고 또 퍼졌다. 블록체인에까지 저장되었다고 하니 분명 후세에 길이길이 남을 것이다.

4월 말이 되었을 때 내 외국인 친구들 대부분, 특히 아이가 있는 친구들은 중국을 떠났고 그중 몇몇은 다시는 돌아오지 않았다. 비싼 비행기표 가격도 그다지 중요하지 않았다. 그렇게 살던 집을 나와 공항에 가기 전에는 같은 집으로 돌아오지 않겠다는 서약서에 서명해야 했다. 평소 공항까지 30달러면 충분했던 택시 요금은 움직일 수 있는 교통수단이 별로 없다는 이유로 300달러까지 치솟았다.

상하이의 신규 확진자 수는 4월 말에 정점을 찍었다. 5월이 되어 식료품 공급 사정이 나아지자 미국계 은행 같은 곳에서는 주요 고객에게 사치스러운 선물을 전달하기도 했다. 내 친구 중 한 명은 가재 샐러드를 배달받았다고 말했는데, 당시에는 정말 터무니없는 사치처럼 느껴졌다. 그리고 6월 1일, 정부 당국은 조심스럽게 상하이의 도시 기능을 하나씩 정상으로 되돌렸다.

군사작전처럼 밀어붙인 '역동적 제로 방역 정책'

상하이 봉쇄는 중국 팬데믹 상황이 극적으로 전개되는 동안 일어난 주요 전환점 중 하나였다. 3년에 걸쳐 팬데믹 상황이 계속되면서 사람들의 감정은 분노에서 자부심, 그리고 절망으로 변해갔다.

2020년 초 팬데믹 1단계로 볼 수 있는 상황이 시작되었다. 당시 베이징에 살던 나는 우한에서 코로나 바이러스가 발생했다는 소식을 전해 듣고 도시 전체가 불안감에 빠져드는 모습을 지켜보았다. 2월 초가 되자 베이징 거리가 텅 비어갔지만, 우울하기 짝이 없는 우한 거리와 비교할 수는 없었다. 새로운 호흡기 바이러스에 대해 사람들에게 경고하려다 공안에게 끌려가 질책받았던 우한의 의사 리원량李文亮의 죽음에 사람들은 분노했다. 2월 7일, 리원량은 자신이 사람들에게 경고하려던 바로 그 코로나 바이러스로 세상을 떠났다. 그날 밤 내 위챗 계정은 리원량에 대한 찬사와 함께 공안의 처우에 대한 사람들의 엄청난 분노로 들끓었다. 2년 후에 앞에서 언급한 '4월의 목소리'가 나오기 전까지는 위챗이 이렇게 단 하나의 사건으로 뜨겁게 끓어오르는 모습을 본 적이 없다.

우한의 관리들은 이 새로운 바이러스 유행에 대한 소식을 정말이지 아주 사소한 이유로 한동안 감췄다. 연초에 열리는 정치 행사의 원활한 진행을 위해서였다. 팬데믹 발생 초기라는 중요한 시기였지만, 정치 행사 말고도 중국 최대 명절인 설 연휴가 시작될 무렵이었기에 안 좋은 소식은 어떤 것이든 전하지도, 알고 싶지 않았을 것이다. 심지어 10만 인파가 예상되던 지역 축제도 취소하지 않았는데, 불과 10킬로미터가량 떨어진 곳에는 코로나 바이러스가 널리 퍼지고 있던 중국 중부 최대 수산시장인 우한화난수산물도매시장武汉华南海鲜批发市场이 있었다. 설 연휴를 기념하는 공연이 열리자 관영 언론 매체는 출연자들이 몸이 불편한 와중에도 공연을 했다며 오히려 크게 칭찬했다.[21]

2020년 2월의 베이징은 더 춥고 음울해 보였다. 거의 모든 식당과 공공장소가 문을 닫았다. 나는 친구들과 함께 텅 빈 거리를 자전거로 내달리기도 했다. 그러는 사이 우한에서는 끔찍한 영상이며 사진이 쏟아져 나왔다. 베이징에서 들을 수 있는 공식적인 소식은 주로 영웅적인 희생과 관련이 있었다. 관영 언론이 공개한 사진들은 감동을 자아냈다. 정부 당국은 불과 11일 만에 새 병원을 세우는 현장과 거기에 동원된 굴삭기 12대의 영상을 실시간으로 내보냈다. 그렇지만 간호사들이 바이러스가 퍼지는 걸 막기 위해 머리를 깎으며 울부짖는 영상은 선전 자료로서는 생각만큼 좋은 반응을 얻지 못했다. 그리고 비공식적으로 들려오는 이야기는 훨씬 더 가슴이 아팠다. 그 무렵 베이징에서 멀지 않은 곳에 사는 42세 여성이 주변에서 벌어지고 있는 일을 영상이 아닌 사진으로 찍어 한 장씩 소셜 미디어에

올렸다.[22]

한밤중에 아이가 영구차를 따라가며 목이 터져라 "엄마"라고 부르는 모습, 온 가족이 사망한 후 홀로 고아가 된 사실을 신고하러 간 열두 살 소녀, 지역 공안 앞에서 '집을 나설 때는 마스크를 착용해야만 한다'라는 문구를 100번이나 반복해서 쓰는 모습, 치료를 위해 어머니를 업고 사방을 헤매며 3시간 동안 걸어가는 모습, 간신히 몸이 회복되어 집에 돌아와 온 가족이 지붕에 목을 매 숨진 모습을 발견한 어떤 사람의 이야기…. 그러다 갑자기 더 이상 사진이 올라오지 않았다. 그리고 몇 개월 후 이 여성은 공안에게 체포되어 유언비어 유포 혐의로 유죄판결을 받아 징역 6개월을 구형받았다.

시진핑 주석은 코로나 바이러스 통제를 새로운 '인민 전쟁人民战争'으로 선포했는데, 여기서 말하는 인민 전쟁이란 제국주의 침략자들을 산발적 각개전투로 맞서 물리친다는, 과거 마오쩌둥이 설파했던 교리다. 곧 몸에 맞지 않은 흰색 방역복을 어색하게 차려입은 덩치 큰 '다바이'들이 체온 측정기로 무장하고 나타나 건물을 드나드는 사람들의 발열 여부를 확인했다. 지금까지 사회주의의 우월성을 선전해오던 진홍색 선전 현수막 내용은 사람들에게 실내에 머물라고 촉구하는 내용으로 바뀌었다. 중국 정부는 장거리 이동을 막기 위해 모든 수단을 동원했다. 설 연휴를 이용해 고향을 찾은 수백만 명의 이주 노동자들은 기차 운행이 중단되면서 직장으로 돌아가지 못했다. 그리고 거의 모든 국제선 항공편이 차단되었다. 겨우 입국하는 사람들도 대부분 중국 국적자로, 격리자 수용 숙소에서 최대 3주까지 머물 수 있는 사람들이었다.

그해 겨울 내가 느낀 건 당혹감과 분노였다. 지난 30년 동안 코로나 바이러스 말고도 두 차례 비슷한 사례가 있었는데, 그 진행 과정은 전혀 달라지지 않았다. 1990년대에는 허난성 혈액은행에서 바늘을 재사용하고 문제가 있는 혈액과 건강한 혈액을 뒤섞어 제공하는 바람에 에이즈가 퍼지는 재난이 발생했다.[23] 정부는 소리 소문 없이 퍼져가는 이 병과 관련해 수년에 걸쳐 내부 고발자를 단속하다가 결국 더 심각한 상황을 맞이했다. 2003년에는 베이징과 광둥성에서 사스 발병 소식을 은폐하려다 결국 더 강력한 통제에 나설 수밖에 없었다.

우한에서 코로나 바이러스가 퍼지기 1년 전에 중국 질병 통제 예방 본부를 이끌던 가오푸高福 박사는 이렇게 자랑했다.[24] "중국의 전염병 감시 체계가 잘 구축되어 있기 때문에, 사스 같은 전염병은 다시는 발생하지 않을 것이라고 확신한다." 중국이 그동안 기술적으로 뛰어난 질병 감시 체계를 구축했다는 가오푸의 말은 틀리지 않았지만, 중국 정치체제의 취약점을 간과한 게 문제였다. 지역 공무원들이 의료진의 질병 관련 보고를 중간에서 막을 줄 누가 예상했을까. 아니, 심지어 우한에서는 공안에게 의료 정보 관련 내부 고발자를 처벌하라고 지시했다. 그렇게 해서 중국은 역대 최악의 공중 보건 관련 위기를 맞이했다.

2020년 3월이 되자 팬데믹 두 번째 단계가 시작되었다. 좋지 않은 소식은 무조건 깔아뭉개려는 권위주의 조직의 관습이 재앙을 초래했고, 그러다가 일상생활을 옭아매는 강제적 제한 조치로 잠시나마 코로나 바이러스를 물리쳤다. 베이징에서의 삶도 정상으로 돌아오기 시작했을 무렵, 코로나 바이러스가 중국 밖 전 세계를 강타했다. 여전히 모든 사람이 시작 단계에서 일어난 일들에 대한 분노를 잊지 않았지만, 곧이어 펼쳐진 건 여러 부유한 선진국들 역시 팬데믹에 제대로 대응하지 못하는 모습이었다. 우한과 후베이성의 지방 공무원들만 코로나 바이러스의 심각성을 무시하거나 부인한 게 아니라, 세계 지도자 중에도 이 문제를 심각하게 받아들이는 사람이 거의 없었다. 공학자 중심 국가가 코로나 바이러스 전파를 막기 위해 사력을 다하는 동안, 다른 나라에서는 마치 코로나 바이러스 사태가 중국에서만 일어날 수 있는 일인 것처럼 그저 호기심을 갖고 상황을 지켜보기만 했다.

내 직업과 관련해서, 금융 시장조차 중국에서 벌어지고 있는 대규모 봉쇄 조치에 거의 반응하지 않는 상황이 의아하게 느껴졌다. 2월에 블룸버그 통신의 인터넷 방송에 출연해 공동 진행자인 트레이시 앨러웨이Tracy Alloway, 그리고 조 와이젠탈Joe Weisenthal과 이야기를 나누는 동안 우리는 금융 시장이 세계적인 팬데믹 상황을 반영할 생각조차 없다는 사실에 모두 약간 당황했다. 당시 지나치게 합리적이었던 업계 사람들은 중국의 조치가 코로나 바이러스를 퇴치하기에 효과적이라고 생각했거나, 실제로 전 세계에 어떤 영향도 미칠 수 없다고 생각했던 게 분명하다. 그렇지만 곧 닥쳐온 현실은 달랐다.

우한의 고의적 은폐에 대해 격렬하게 들끓었던 사람들의 분노는 중앙정부의 통제 노력에 대한 자부심으로 조금씩 바뀌었다. 미국, 러시아, 이탈리아 같은 나라가 팬데믹 사태에 얼마나 안일하게 대처했는지 알려졌다. 트럼프 대통령이 코로나 바이러스는 저절로 사라진다고 말하거나 소독약을 직접 사람에게 주사하면 된다고 말하는 영상 등이 퍼지자 사람들은 경악했다. 의사 리원량이 현장에서 사망하자 해외 언론은 수십 년 만에 다시 발생한, 공산당의 정통성에 가장 큰 위협이 될 수도 있는 이 사건을 묘사하기 위해 '체르노빌 순간'이라는 표현을 언급했다. 3개월이 지난 후, 시진핑 주석은 '중국이 팬데믹의 큰 흐름을 바꿨다'고 선언했다. 그리고 다른 나라에서 코로나 바이러스로 인한 참상이 더 심해지는 동안 《인민일보》는 팬데믹 통제는 곧 중국 사회주의 정치체제의 우월성을 보여주는 증거라고 주장했다.[25]

중국의 팬데믹 통제 조치가 특별했던 건 아니다. 일본을 비롯해 한국이나 대만에서도 봉쇄와 함께 본격적인 격리 조치가 시작되었다. 해외에서 국내로 들어오는 사람은 모두 따로 정한 숙소에 강제 격리되었고, 모든 사람이 추적용 앱에 등록되었다. 그렇지만 역시 중국은 공학자 중심 국가답게 훨씬 더 많은 사람에게 훨씬 더 엄격하게 이런 통제 조치를 적용할 수 있었다. 눈에 보이는 숫자에 집착하는 건 공학자가 지배하는 국가뿐이다. 코로나 바이러스가 본격적으로 퍼진 시기부터 중국은 두 가지 숫자, 즉 신규 감염자와 재감염률에 집착했다. 그리고 이 숫자를 줄이기 위해 할 수 있는 모든 노력을 기울였고, 결국 제로 코로나 정책이 시작되었다. 중국에서는 이를 공식적으로 '역동적 제로 방역 정책動態清零'이라고 불렀다. 이전의 한 자녀 정책과 마찬가지로 제로 코로나 정책의 목표 역시 더할 나위 없이 명확했다. 여기에도 숫자가 포함되어 있었기 때문이다. 그리고 한 자녀 정책과 마찬가지로 세부 계획에는 군사적 표현이 가득했다. 중국은 코로나 바이러스와의 인민 전쟁을 벌이는 중이었고, 우한이나 상하이 같은 대도시는 반드시 승리를 거둬야 하는 전쟁터였다.

시진핑 주석이 공산당의 명예를 걸고 코로나 바이러스 통제에 앞장섰으니 상황을 천천히, 혹은 합리적으로 생각할 여유 같은 건 전혀 없었다. 시진핑 주석은 각 지방정부에 '예방 및 통제 작업과 관련해 절대로 긴장을 늦추지 마라'라는 지시를 반복해서 내렸다. 제로 코로나 정책을 위해 치러야 하는 비용은 한동안 그럴 만한 가치가 있는 것처럼 보였다. 그런데 시간이 지나고 보니 점점 더 엄격해지는 이동 제한이며 다른 모든 질병은 무시하고 오직 코로나 바이러스에만 집중하는 상황 때문에 이 정책은 웃음거리로 변해갔다. 당국은 제로 코로나 정책을 있는 그대로 받아들였고, 얄궂고 엉뚱한 상황이 속출했다. 해안 도시 샤먼廈門에서는 갓 잡은 생선의 입에 면봉을 밀어 넣고 바이러스 검사를 했다. 칭두의 어느 판다 연구소에서도 시설 내 모든 동물을 검사했다. 드넓은 고원과 초원에 사는 티베트와 몽골 유목민 앞에도 의료진이 나타났다. 오랫동안 외부 사람은커녕 가축들하고만 지낸 사람들도 면봉 검사를 피해 갈 수 없었다.

팬데믹 사태 3년 동안 중국은 디지털 방식의 감시를 통해 사람들을 더 옭아맬 수 있는 더 강력한 체제를 구축했다. 한 자녀 정책의 강제 시행은 의료진이 직접 취약한 여성과 가까이 접촉하는 분명한 물리적 행위였다. 그리고 제로 코로나 정책을 위해 중국은 다시 한번 수백만 명의 인력을 동원했다. 남성 인력은 대부분 흰색 방역복을 착용하고 사람들과 직접 접촉하는 다바이로 활동했고, 여성 인력은 추적자 역할을 맡아 주민들의 이동 및 접촉 동선을 추적하고 조사했다.

디지털 기술은 공학자 중심 국가가 한 자녀 정책을 시행할 당시에는 없었던 새로운 도구를 제공했다. 제로 코로나 정책의 핵심은 이동통신 연결망을 통해 사람들의 움직임을 추적하는 기술 집약적인 작업이었고, 거의 모든 사람이 가지고 있는 이동통신 기기 덕분에 가능해진 얼굴 인식 기술을 비롯한 여러 형태의 디지털 감시 기술의 도움을 받기도 했다.

기존의 중국 디지털 플랫폼도 사람들에게 도움이 될 만한 기능을 추가했다. 지도를 펼치면 근처에 있는 응급 시설이 바로 화면에 표시되는 식이다. 때로는 사람들의 이동을 통제하기 위한 수단으로 동원되기도 했는데, 예를 들어 상하이대학교 기숙사에서는 욕실을 이용하기 위해 학생들은 각자의 스마트폰에 등록해야 했고, 이틀에 한 번씩 5시간 30분 동안만 욕실을 개방한다는 신호가 녹색으로 표시되었다.[26] 한 사회학 전공 학생은 한 상하이 신문기자에게 자신이 겪은 경험에 놀란 듯 이렇게 말했다. "모든 일상 활동, 즉 먹는 시간이며 씻는 시간까지 당국의 계획하에 따라야 하는 상황이 너무 이상하게 느껴진다."

어쨌든 중국 당국은 사람들의 이동 자체를 줄이려 했다. 대학들은 알아서 문을 닫아걸었고 도심지와 멀리 떨어져 있는 경우가 많았으며, 학생은 어차피 주로 하는 일이 공부였기 때문에 당국에서는 아예 그냥 학생들을 가둬두기로 했다. 봉쇄가 진행되는 동안 학생들은 기숙사 방 하나에 4명이 함께 부대끼면서도 평정심을 유지하기 위해 고군분투했다.

공장 노동자들은 때로 '거품'에 갇혔다. '거품'이란 2022년 베이징 동계 올림픽을 위해 고안한 방법으로, 당시 운영 위원회 측은 외국 선수들을 완전히 통제할 수 있는 특정 지역에 몰아넣고 나머지 인원과 물리적으로 철저하게 분리해 관리했다. 업체들은 이와 비슷하게 노동자들이 아예 공장 건물 안에서 지내면서 공장을 떠나지 않는 거품 지역을 만들려고 했고, 그 대가로 평상시의 4배에 달하는 임금을 지급했다. 예를 들어 폭스바겐과 폭스콘은 자동차와 아이폰 생산을 원활하게 유지하기 위해 이러한 거품 방식을 도입했다. 문제는 아무리 참을성 많은 노동자라도 몇 주 내내 공장 건물 안에서만 일하고 지내는 데 지쳐버렸다는 것이다. 무엇보다 그렇게까지 했는데도 여전히 코로나 바이러스는 건물 안으로 뚫고 들어와 노동자들을 감염시켰다.

공공장소에 대한 봉쇄는 때로 갑작스럽게 진행되기도 했다. 상하이 디즈니랜드의 경우 확진자와 접촉한 사람이 정문을 통과해 안으로 들어갔기 때문에, 잠시 전체 봉쇄를 진행한다는 통보가 여러 차례 방송되었다. 2022년 어느 날에는 3만 명이 넘는 방문객이 종일 디즈니랜드에 갇혀 있었고, 모두 바이러스 음성 판정이 나온 후에야 겨우 그곳을 떠날 수 있었다.[27] 하지만 세상에서 제일 행복한 놀이동산에서 여러 시설은 계속 운영되었기 때문에 그래도 불평하는 사람은 그리 많지 않았던 것 같다. 상하이의 주팅九亭 도매시장이나 쑹장松江 물류 시장의 경우 사정은 훨씬 더 안 좋았다. 두 곳 모두 1,000명이 넘는 사람들이 며칠 동안 물이나 먹을거리를 공급받지 못한 채 갇혀 있었다.[28] 제로 코로나 정책 시행이 후반기에 접어들면서 상하이나 선전의 사무실 건물이 모두 봉쇄될지 모른다는 소문이 돌자 당황한 사무직 직원들이 건물에서 쏟아져 나오는 진풍경이 벌어졌다. 동료들과 함께 갇히는 게 더 두려웠는지, 아니면 몸을 씻을 수 없는 게 더 두려웠는지는 확실하지 않다.

대도시들도 특정 주택단지나 사무실 건물 같은 주요 공간에 대한 강제 봉쇄를 시도했다. 도시 지역의 경우 다른 곳에 비해 코로나 바이러스로 인한 봉쇄가 훨씬 더 무자비하게 시행될 수밖에 없었다. 소수의 확진자만으로도 아예 도시 전체가 봉쇄될 수 있었기 때문이다. 규모가 작은 도시들은 환자가 갑자기 늘어나면 의료 시설이 감당할 수 있을지 확신할 수 없었기 때문에 더 신속하게 강압적인 봉쇄를 진행했다. 남쪽으로는 미얀마와 라오스, 그리고 북쪽으로는 러시아와 북한과 마주하는 국경 도시 근처 역시 허술한 국경선을 넘나드는 사람들이 많아 봉쇄가 더 자주, 갑작스럽게 진행되곤 했다.

많은 사람이 감염이나 사망보다 나을 거라는 보건 당국의 말에 귀 기울이며 이러한 상황을 그대로 받아들였다. 또 각종 규제가 상황에 따라 점진적으로 강화되거나 즉흥적으로 개선되었기 때문에, 아니면 다른 선택의 여지가 없었기 때문에 그대로 참을 수밖에 없기도 했다. 하지만 시안과 상하이 봉쇄 결과를 눈으로 확인하자 더 많은 사람이 이런 식료품 수급 불안과 무기한 격리를 감수하면서까지 제로 코로나 정책을 참고 견뎌야 하는지 의구심을 품기 시작했다.

제로 코로나 정책에 대한 반응 1단계는 분노, 그리고 2단계는 어느 정도의 피로감을 감수한 자부심으로 요약할 수 있다. 하지만 상하이 봉쇄 이후의 반응은 절망에 가까웠고, 이후 광범위한 저항으로 이어졌다.

중국인들은 왜 과도한 통제에 기꺼이 순응했는가

상하이에 대한 갑작스러운 봉쇄가 발표된 지 1시간쯤 지나, 실비아와 나는 중국 남서부 산악 지대인 윈난성으로 가는 항공권을 예약했다. 우리 두 사람 중 누구도 상하이 봉쇄가 약속한 8일로 끝날 거라고는 생각하지 않았다. 무엇보다 우리는 출퇴근 없이도 일할 수 있었다. 방역 요원들이 엠뱅크먼트 빌딩을 포위하는 모습을 본 으스스한 날부터 우리는 상하이를 떠나는 문제에 대해 의논해왔다. 따라서 봉쇄 발표를 들은 순간 우리는 마음을 굳혔다. 공항을 떠날 때 우리 항공권이 그날 취소되지 않은 12개 노선 항공권 중 하나라는 사실을 알았다. 운이 좋았다. 상하이가 오미크론 변종 바이러스의 중심지였기 때문에, 중국 전역에서 상하이를 떠나는 여객기를 받아주지 않았다.

이번 여정은 2주 정도를 예상했지만, 실제로는 반년 이상 걸렸다. 윈난성은 중국에서도 분위기가 가장 자유로워서, 뭔가를 생각하고 돌아보기에 좋은 곳이다. 윈난성 깊은 산속에서 나는 공학자 중심 국가뿐만 아니라 법률가 중심 국가라는 개념을 어렴풋이 떠올렸다. 그리고 당분간 상하이로 돌아갈 수 없다는 사실을 깨닫자, 여러 의문이 머릿속을 스쳐 지나갔다. 중국은 어떻게 이토록 대규모 봉쇄를 밀어붙일 수 있었을까? 사람들은 왜 그런 상황을 저항 없이 받아들이는지? 그리고 시진핑 주석은 언제쯤 이러한 통제를 포기할 것인가?

윈난성은 이웃하고 있는 구이저우성보다 산지가 더 많으며, 중국의 해안 지역 산업화에 따른 영향이 덜 미치는 곳이다. 그리고 그런 이유 때문인지 여전히 중국에서 가장 가난한 지역 중 하나이며, 관광과 천연자원, 특히 광물과 담배로 경제를 지탱하고 있다. 윈난성 최북단에는 역사적인 지역 티베트가 있다. 티베트 불교에서 가장 신성하게 여기는 산 중 하나인 카와 카르포Kawa Karpo를 포함한 히말라야산맥 일부도 자리하고 있으며 샹그릴라Shangri-La는 이 지역에서 가장 큰 도시다. 티베트 불교 사원들 주변의 작은 길에는 기도를 적은 깃발이며 표정 없는 야크들이 사방에 즐비하다. 상하이에서 비행기를 타고 오면서 본 윈난성 남부 산들은 더 푸르고 온화하며 티베트 고원지대의 눈 녹은 물을 옮겨주는 메콩강을 따라 차밭과 고무 농장이 자리한다. 메콩강은 국경 넘어 베트남으로 이어진다. 시솽반나西双版纳는 중국에서 생물 다양성이 가장 풍부한 지역 중 하나로, 수많은 나무와 식물, 코끼리, 공작새, 곰, 그리고 수많은 새가 살고 있다.

중국에서 공식적으로 인정받는 소수민족의 절반 이상이 이곳 윈난성에 거주한다. 눈 덮인 산지와 열대우림, 계단식 논, 그리고 빠르게 흐르는 강 사이에서 살아가는 이들 중 상당수는 자신들을 지배해온 한족의 통치에 오래전부터 저항해왔다. 이곳은 또한 학계에서 조미아Zomia라는 용어로 부르는 광활한 동남아시아 고원지대 일부이며, 중국 정부가 의도적으로 차별해온 수많은 고산 부족이 살고 있다. 미국의 인류학자 제임스 C. 스콧은 조미아 지역 사람들이 어떻게 '의도적으로 야만인' 취급을 받게 되었는지 대단히 유려한 문체로 기록했다. 이들은 과세 대상이 되지 않는 뿌리 작물을 이동식으로 재배하며, 자체적인 구전 문화를 그대로 유지해 좀 더 유연한 태도로 역사와 민족 정체성을 지켜가고 있다.[29] 이 고산지대 사람들이 야생 버섯 채집과 사냥, 마약 밀매 등에 종사하며 다양한 방식으로 자유를 누리는 건 그리 놀라운 일이 아니다. 베이징에서도 울창한 밀림과 험준한 산지로 둘러싸인 이 지역을 철저하게 장악하고 관리하는 게 불가능하다.

실비아와 나는 한쪽에는 호수가, 다른 한쪽에는 산맥이 있는 다리시大理市에서 몇 개월을 보냈다. 현지 주민인 바이족白族은 호숫가에 하얀 벽, 나무 조각품과 푸른 먹그림으로 아름답게 장식된 집을 지었다. 바이족은 산지에서 농사를 지으며, 한족과의 거래 수단으로 대리석 도자기를 굽고 쪽빛 천을 짜는 오랜 공예 문화를 지니고 있다. 2000년대까지만 해도 외국인 여행객들은 이 지역에서 자유롭게 재배되는 대마초를 찾아 모여들었는데, 베이징이나 상하이에 사는 외국인들은 여전히 예전 다리의 좋았던 시절을 떠올릴지도 모른다. 골목길에서 할머니가 웃으며 손짓하면서 뭔가를 사라고 하던 시절 말이다.

호수와 주변 자연 풍경, 그리고 화창한 날씨 덕분에 이 도시는 미국 캘리포니아에 빗댄 '달리포니아Dalifornia'라는 별명을 얻었다. 내가 방에서 업무를 보는 동안 실비아는 현장에 나가 민족지학적 연구를 진행했다. 그리고 농업이나 가상 기술에 관심이 있는 현지 젊은이들을 내게 소개했다. 다리에는 정말 다양한 사람들이 모여든다. 중국에서 유기농에 대한 관심이 커지면서 다리의 비옥한 토양을 보고 모여든 한족 젊은이, 상하이와 선전의 치열한 교육 경쟁을 벗어나 자연 중심의 교육을 경험하게 해주기 위해 아이를 데려오는 엄마, 그리고 대마초를 찾아서 왔다가 빵 가게나 찻집, 음악실을 열고 여유로운 삶을 추구하는 외국인 등. 또 최근 들어서는 젊은 중국인과 외국인이 암호 화폐나 NFT, 그리고 기타 웹 3.0과 관련된 돈벌이 같은, 대마초보다 더 짜릿한 무언가를 찾아 다리에 모여든다.

중국의 암호 화폐 거래 모임 중 상당수가 아름다운 자연환경만큼이나 여유로운 환경에 매료되어 이곳 달리포니아로 모여들었다. 스콧이 쓴 글처럼 산악 지대는 반체제 인사며 저항 세력, 그리고 체제 전복을 꾀하는 사람들을 불러들인다. 고도가 높아지면 공기만 희박해지는 게 아니라 국가의 간섭도 줄어든다. 세금 때문에 허덕이거나, 이리저리 휘둘리는 삶에 지친 사람들이 삼삼오오 무리를 지어 산으로 모여들었다. 그렇게 해서 산에 살게 된 사람들은 미국의 애팔래치아산맥이나 스코틀랜드 고원지대, 또는 윈난성과 조미아 지역의 다양한 민족처럼 상대하기 힘든 사람들로 여겨지는 경향이 있다. 이런 상황은 행정 처리나 경제성장에는 도움이 되지 않아도 개인의 자유에는 종종 긍정적인 영향을 미친다. 윈난성 산악 지대는 대약진운동 당시 공산당이 초래한 대기근이나 문화대혁명 시절 홍위병의 횡포에서도 지역 주민들을 보호해주었다.

아마도 그래서 윈난성은 중국에서 가장 자유로운 지역이라고 할 수 있을지도 모르겠다. 게다가 중국 중심부와 멀리 떨어져 있을뿐더러, 신장이나 티베트와 달리 소수민족에 대해 그다지 엄격하게 통제하지도 않는다. 다만 마약 밀매나 암호 화폐 채굴, 혹은 최근 몇 년 동안 일어난 활동 중 가장 급진적인 활동의 본거지가 될 수도 있다. 제로 코로나 정책이 시행되는 동안 이곳에서도 시장이 문을 닫기는 했지만, 우한이나 시안, 그리고 상하이에서나 볼 수 있는 심각한 봉쇄 조치는 없었다. 애초에 밀집된 주택단지에 사는 사람이 너무 적어 봉쇄 조치가 딱히 효과를 발휘하기도 힘들거니와, 지나치게 엄격한 규제가 시작된다면 마을 사람들은 그대로 마당을 나와 걸어서 산으로 들어갔을지도 모른다.

나는 윈난성 산간 지역에서 공학자 중심 국가라는 개념을 떠올렸다. 중국 정부는 상하이에서는 사람들을 마치 장기 말처럼 마음대로 다루었지만, 이런 외딴 지역에서는 그렇게 하지 못했다. 법률가 중심 국가에 대한 생각도 어렴풋이 떠올렸다. 봉쇄가 진행되는 동안 가장 널리 공유된 기고문 중 하나가 바로 상하이대학교에서 헌법학을 가르치는 퉁즈웨이童之伟 교수의 논평이었는데, 그는 상하이 봉쇄 조치는 법적 근거가 없다고 지적했다. 이런 논리적인 주장에 대해 정부는 퉁즈웨이의 글을 모두 검열하고 소셜 미디어 계정을 삭제하는 것으로 대응했다.[30] 2,500만 명을 아무런 기약 없이 집 안에 가둬두는 마당에 법적 근거를 운운하는 게 무슨 의미가 있겠는가? 이와 관련된 소송으로 법원을 찾는 모든 사람에게 그저 행운이 함께하기를 빌 뿐이다.

코로나 바이러스 사태에 대한 미국의 대응을 칭찬하기에는 조금 무리가 있다. 돌이켜 보면 사실 모든 게 엉망진창이었다. 각각의 주마다 서로 다른 정책을 시행했을 뿐만 아니라, 트럼프 행정부의 혼란스러운 국정 운영으로 상황은 더욱 나빠졌다. 미국 국민은 정부의 무능함 때문에 어쩔 수 없이 바이러스와 함께 살아가는 법을 배우게 되었다. 그런 와중에도 미국은 트럼프 대통령의 초고속 작전으로 중국이 만들지 못한 mRNA 백신을 개발했다. 물론 중국의 대응 역시 미국과 크게 다르지 않았다. 공학자 중심 국가는 지금까지 거둔 승리를 지키기 위해 최선을 다했지만, 결국 모든 것을 포기하고 뒤로 물러설 수밖에 없었다.

상하이 봉쇄 이후, 오미크론 변종 바이러스의 확산을 막을 수만 있다면 시진핑 주석이 미래를 염려해야 할 산업 분야도, 정부가 나서서 신경 써야 하는 개인적 불행도 딱히 중요하지 않다는 사실이 점점 더 분명해졌다. 기업이 미래를 위한 투자에 대해 불안감을 느끼거나 지방정부가 팬데믹과 싸우느라 금고가 텅 비어버리거나, 혹은 사람들이 심한 피로감을 호소하는 것도 아무런 상관이 없었다. 이탈리아의 철학자 조르조 아감벤Giorgio Agamben은 2020년에 자국의 팬데믹 통제 조치가 마치 '보호를 빙자한 공격'이자 '어떤 대가를 치르더라도 반드시 따라야 하는 법적 혹은 종교적 의무'처럼 되어간다고 말했다가 큰 비판을 받았다.[31] 내가 생각할 때 아감벤의 발언은 공학자 중심 국가의 제로 코로나 정책 집착에 훨씬 더 잘 어울리는 평가 같다. 중국 사람들은 의료 체계가 당뇨병이나 암, 그리고 기타 생명을 위협하는 질병으로 인한 수많은 사망자를 무시하는 현실과 자신들의 삶 전체가 '제로'라는 숫자에 끌려가고 있다는 사실에 점점 더 격분했다.

윈난성과 조미아 일부 지역의 산악 지대 주민들은 중국 정부의 다양한 제한 조치에 이따금 맞서곤 했는데, 그 때문에 나는 왜 상하이 봉쇄에 대해서는 더 많은 사람이 항의하지 않는지 의구심이 들었다. 유럽 국가 기준으로도 대수롭지 않았던 미국의 엉성한 봉쇄 조치조차 2020년 여름 대규모 소요 사태의 원인이 되었다. 분노한 상하이 주민들과 공안 사이에 간헐적으로 충돌이 벌어지긴 했지만, 대규모 저항은 일어나지 않았다. 중국의 국내 안보 관련 예산은 국방 예산보다 많지만, 팬데믹 사태에 맞서 봉쇄를 시행하기 위해 무장 병력 같은 디 무시무시한 세력을 동원할 필요조차 없었다. 그저 일반 공안만으로도 충분했다.

상하이 현지 친구 덕분에 나는 중국 공안의 미묘한 전술을 제대로 이해할 수 있었다. 친구는 프랑스 조계지의 한 연립주택에서 많은 외국인과 함께 살았고, 오언처럼 주택을 대표하는 비공식 대표가 되었다. 봉쇄 기간 중 어느 날, 이웃 사람 몇 명이 집 밖으로 나가 주택을 둘러싸고 있는 차단 벽을 넘어뜨리며 불만을 표시했다. 그러자 공안은 촬영된 감시 영상을 분석해 관련된 모든 사람을 찾아 잡아들여 몇 시간 동안 심문했다. 친구는 중국 공안은 상대방이 생각하고 대답할 기회를 거의 주지 않았으며, "차단 벽을 발로 걷어찼지? 몇 번이나 그렇게 했나?"라는 식으로 모든 게 정해진 것처럼 말한 후 알아서 진술서를 작성하고 서명을 요구했다고 말했다. 물론 특별한 처벌 같은 건 없었지만, 주민들은 이런 진술서 작성 방식을 쉽게 잊지 못했다. 한 프랑스 부부는 진술서에 서명한 후 겁에 질린 채 중국을 떠났다.

나는 여러 친구에게 상하이 사람들이 저항이나 항의하지 않는 이유가 뭐라고 생각하는지 물었지만, 친구들도 확실한 이유를 몰랐다. 중국인 대다수가 바이러스 감염을 진심으로 두려워하기 때문에 모이는 것 자체를 두려워하는 듯하다는 의견도 있었다. 이 병이 얼마나 치명적인지에 대한 정부 발표는 많았지만, 그 반대로 이야기하는 외국의 이야기는 거의 들려오지 않았다. 보건 당국이 단계적으로 조치의 강도를 조금씩 강화해갔기 때문에 시간이 한참 흐른 후에야 비로소 제로 코로나 정책의 비정상적인 면이 드러난 것도 이유 중 하나였다. 무엇보다 그렇게 오랫동안 봉쇄가 지속되리라고 생각한 사람이 아무도 없었다. 봉쇄가 무려 8주 동안 지속된다는 사실을 미리 알았더라면 사람들은 더 일찍 시위를 벌였을지도 모르지만, 당국이 처음부터 8일간의 '일부 제한 기간' 조치로 발표하면서 극단적 반응을 사전에 차단한 것이다.

하지만 봉쇄가 실제로는 8주 동안 이어지자 상하이는 긴장감에 휩싸였다. 시진핑 주석이 어떤 식으로 제로 코로나 정책을 마무리할 계획인지 아는 사람이 없었다. 어차피 모두가 바이러스에 감염되는 게 아닐까? 미국 정부가 배포할 백신보다 효과가 떨어지는 중국산 백신으로는 감염을 막지 못해서? 상하이는 6월에 잠시 봉쇄를 푼 후 이동 제한 조치를 강화하는 쪽으로 방향을 바꿨는데, 다시 봉쇄 조치를 시행하지 않으려면 필요한 일이었다고 발표했다. 그리고 한동안 사람들은 당국의 이런 조치와 발표를 그대로 받아들였다.

하지만 나는 그저 참을성이 없었을 뿐이다. 조금만 더 시간이 지나 2022년 가을이면 전국적으로 대대적인 시위가 벌어질 줄 누가 예상이나 했겠는가? 상하이의 경우 시위가 심하게 정치적으로 변했다. 중국에서 가장 부유하고 인구가 많은 도시에서 벌어진 반정부 시위를 목격한 기억은 절대로 잊지 못할 것이다.

억압된 대중의 분노와 유례없는 '백지 시위'

여름이 끝나갈 무렵 실비아와 나는 윈난성을 떠났다. 그리고 봉쇄에 대한 새로운 정신적 충격으로 잔뜩 긴장한 상하이로 돌아왔다. 상하이의 제한 조치는 전보다 훨씬 더 강화되었다. 72시간 이내에 받은 PCR 검사 음성 판정 결과를 보여주지 않으면 지하철이나 식당, 편의점 같은 공공장소에 들어갈 수 없었다. 길모퉁이마다 자가 검사 시설이 설치되었지만, 시간에 맞춰 검사받는 걸 잊어버리곤 했고, 그러다 보니 식당이나 카페에서 친구를 만나지 못하게 되는 경우도 많았다. 가게 안으로는 들어가지 않고 창문을 통해 커피를 주문하려다가 거절당하는 불합리한 일도 경험했다. 나는 화를 냈지만 주인은 그저 어깨만 으쓱하고는 돌아섰다. 어쨌든 그렇게 여러 조치를 강화한 덕분인지 상하이에서는 가을 내내 확진자 수가 더 늘어나지 않았다. 그렇지만 오미크론 변종 바이러스는 전국 다른 도시들로 퍼져나갔다.

2022년 9월 쓰촨성에서 지진이 발생했다. 청두시에서는 공황 상태에 빠진 주민들이 서둘러 집 밖으로 나가려 했지만, 전염병 관리 당국은 일부 주민의 집 밖 출입을 금지하고 흔들리는 건물 안에 그대로 방치했다.[32] 구이저우성에서는 격리 시설로 향하던 버스가 전복되어 27명이 사망했다. 신장웨이우얼 자치구의 수도인 우루무치烏魯木齊에서는 화재가 발생했는데, 소방차가 방역용 차단 벽에 막혀 들어가지 못해 10명이 사망했다. 그리고 이 모든 사건은 중국 언론을 통해 대대적으로 보도되었다. 2022년 FIFA 월드컵도 마찬가지였다. 당시 수많은 중국 시청자가 도하 경기장에 빽빽하게 들어찬 관중의 모습을 지켜보았다. 불과 2년 전만 해도 중국은 다른 나라의 코로나 바이러스 대처 방식을 비웃었지만, 이제는 오히려 부럽고도 이상하다는 생각이 들었다. 코로나 바이러스는 정말 지진이나 화재보다 더 위험한 존재일까?

시진핑 주석에게 2022년은 정말 중요한 해였다. 그해 10월 열리는 중국 공산당 전국인민대표대회에서 세 번째 주석 임기를 시작하려는 때, 코로나 바이러스가 다시 널리 퍼져 불안감이 조성되고 베이징 지도부가 흔들린다면 시진핑 주석이 세운 정치 관련 계획에도 좋지 않은 영향을 미칠 게 분명했다. 특히 5년마다 열리는 당대회를 앞두고 있다면? 시진핑 주석은 주변 분위기를 안정적으로 만드는 데 집착하지 않을 수 없었다.[33]

2022년 5월, 상하이 봉쇄가 한창이던 당시 중국 공산당 중앙 정치국은 중국의 제로 코로나 정책이 '역사의 시험을 견뎌낼 수 있다'는 성명을 발표한다. '우한을 지키기 위한 위대한 전투에서 승리했듯 우리는 상하이에서도 승리할 수 있다.' 이 성명은 '중국의 코로나 바이러스 방역 정책을 왜곡하거나, 의문을 제기하거나 거부하는 모든 의견에 맞서 싸우겠다'는 다짐이었으며, 공산당 정책을 의심하는 모든 사람에게는 무서운 경고를 던졌다.[34] 9월이 되자 공안부 인터넷 감시국은 당국이 승인한 내용만 방송하고 '부정적 의견 확산을 중단하라'라는 지시를 내렸다.[35]

10월 말, 중국 대도시들이 팬데믹 방역을 강화하는 사이 시진핑은 세 번째로 중국 주석 자리에 올랐다. 그렇지만 2년이 넘는 시간 동안 진행된 방역 강화와 그로 인해 발생한 비극 때문에 사람들의 분노가 폭발했다. 허난성의 폭스콘 공장에서는 시위가 발생했고, 곧 폭력 사태로 번졌다. 전자 제품 조립은 평소에도 대단히 힘들고 지루한 작업이다. 아이폰 생산 설비에서 조립을 담당하는 수천 명의 노동자가 겪는 압박감은 엄청났다. 이러한 불안이나 압박감의 정확한 원인은 알 수 없다. 급여 체납이나 공장 봉쇄, 아니면 계속되는 코로나 바이러스 확산 때문이었을까? 어쨌든 더 이상 견디지 못한 젊은이들은 거리로 뛰쳐나왔다. 노동자들이 대규모 진압 병력과 대치하는 모습이 담긴 영상이 퍼졌다. 흰색 방역복과 작업복을 입은 사람들에게 벽돌, 자갈, 차단 벽이 날아들었다. 진압 병력은 뒤로 계속 물러났다.

시위 분위기가 정치적으로 바뀐 곳도 있었다. 충칭에 사는 한 남성은 미국 독립전쟁 당시의 유명한 구호인 "자유가 아니면 죽음을 달라!"를 외쳐 화제가 되었다.[36] 주변 사람들이 그 남자를 둘러싸고 공안에게서 보호하려 했지만 남자는 결국 체포되어 차로 끌려갔다. 프랑스 조계지의 술집 거리에서는 공산당 정권에 훨씬 더 위협적인 구호가 울려 퍼졌다. 11월 어느 날, 외국인이 많이 사는 상하이 중심가 우루무치 거리에서 철야 시위가 열렸다. 마침 그 거리는 우연히도 앞에서 언급했던, 화재로 10명이 사망한 신장웨이우얼 자치구 수도와 이름이 똑같았다. 사실 그렇게 크게 확대될 일은 아니었는데, 술에 취한 젊은이들이 비틀거리며 모여들면서 분위기가 점차 달아올랐다.

자정이 조금 지나자, 처음에는 조용했던 분위기가 본격적인 시위 분위기로 바뀌었다. 분노를 표출하는 젊은이들을 공안이 둘러쌌지만 "공산당 타도! 시진핑은 물러나라!"라는 구호가 쉬지 않고 울려 퍼졌다. 그야말로 절대 누가 사전에 계획한 게 아닌, 즉흥적인 모임이었고 시위였다. 그날 밤 나는 자러 들어간 후였기 때문에 정확히 무슨 일이 있었는지 몰랐다.

다음 날 집에서 서쪽으로 20분 정도 떨어진 우루무치 거리로 가보니, 모여 있는 많은 사람과 함께 상당한 규모의 공안 병력이 눈에 들어왔다. 그리고 우연히 친구 오언을 만났다. 사방이 긴장과 흥분으로 가득 차 있었다. 중국 국가를 크게 틀어놓은 차가 지나가자, 우리는 모두 공안이 뭔가 조치를 취할지도 모른다는 생각에 정신이 번쩍 들었다. 공안에게 끌려가는 BBC 기자가 보였다. 해가 지자 드디어 공안이 결심을 굳힌 듯 사람들을 해산시키기 위해 움직였다. 우리는 공안이 천천히 사람들을 몰아내다가 거리 전체에 높은 차단 벽을 설치하고 인도 대부분을 가로막는 모습을 지켜보았다.

그런 다음 개인이 벌이는 시위가 시작되었다. 어느 날 아침 건설 노동자로 변장한 듯한 남자가 베이징 중심부를 가로지르는 고가도로에 현수막 2개를 내걸었다. 그리고 타이어를 태우며 사람들의 시선을 끌었다. 첫 번째 현수막에 적힌 내용은 대략 다음과 같았다.

> **코로나 검사는 이제 그만, 우리도 먹고살자.**
>
> **통금도 해제하라, 우리는 자유를 원한다.**
>
> **거짓말은 이제 그만, 우리는 개돼지가 아니다.**
>
> **문화대혁명이 웬 말이냐.**
>
> **개혁과 개방만이 살길이다.**
>
> **우리에게 필요한 건 위대한 지도자가 아니라 자유선거다.**
>
> **우리는 노예가 아니다. 우리는 중국 인민이다.**

그리고 두 번째 현수막에는 '인민의 반역자 시진핑을 제거하라'라고 쓰여 있었다. 공안이 도착해 남자를 체포하고 현수막을 걷어냈지만, 이미 인터넷 소셜 미디어를 통해 현수막의 구호가 널리 퍼진 후였다. 시위에 나선 남자의 신원은 아직 확인되지 않았다. 하지만 그런 현수막을 걸었다는 이유로 어디선가 엄청난 대가를 치르고 있는 게 분명하다. 검열국에서는 인터넷 지도에서 아예 이 고가도로 관련 자료를 지워버렸다. 고가도로 이름인 '시퉁교四通桥'를 입력해도 아무것도 나오지 않는다고 한다.

일부 청년 시위자도 위협을 받았다. 11월 말이 되자 상하이와 베이징을 비롯해 몇몇 대도시 젊은이들이 A4 백지 한 장을 들고 다니는 시위를 벌였다. 아무것도 적혀 있지 않은 종이는 중국의 검열을 빗댄 표현이다. 완벽하게 반대 의미를 나타낸 것이다. 코로나 바이러스가 발생한 후부터 흰색은 의료용 방역복 등 정부가 주도하는 팬데믹 통제 정책을 상징해왔지만, 젊은이들이 흰색을 시위에 사용하면서 의미가 달라졌다. 이후 중국의 팬데믹 통제 반대 시위는 통칭 '백지 시위'로 불리게 된다.

청년들이 구호를 외치거나 구호가 적힌 현수막을 내걸고, 빈 종이를 들고 시위하는 모습은 민주주의국가라면 대수로울 것 없는 모습이었을지도 모른다. 그렇지만 중국에서 공개적으로 정권에 저항하는 일이 얼마나 드문지는 아무리 언급해도 부족하지 않을 정도다. 특히 시진핑 주석이 이러한 시위를 진압하기 위해 감시와 단속에 막대한 국가 자원을 투입한 후에는 더욱 그렇게 되었다. 상하이 같은 대도시에서 공안이 그저 복잡한 심경으로 가만히 쳐다보는 가운데 "공산당 타도, 시진핑은 물러나라!"라는 외침을 듣게 될 줄은 정말 상상도 하지 못했다. 비록 개개인의 개별적 활동이라고는 해도, 베이징의 고가도로 시위나 상하이 시위는 그 용기만으로 영원히 기억될 만하다.

앞에서 언급했던 것처럼 젊은 층이 주축이 된 시위는 결코 대단한 규모는 아니었다. 이 시위는 그렇지만 상류층 가정 출신, 즉 부유층 및 고학력 젊은이들이 봉쇄 조치를 더 이상 견디지 못하겠다며 함께 참여했기에 더욱 특별한 의미가 있다. 공산당은 언제나 이러한 계층의 지지를 기대해왔다는 사실을 떠올리면, 중국의 팬데믹 상황이 더 이상 견딜 수 없는 수준까지 도달했다는 뜻이나 다름없었다.

강압적인 방역 정책이 중국 사회에 남긴 것들

2022년 11월 내내 이런 식의 시위가 진행되는 동안 코로나 바이러스는 통제 불능 상태로 퍼져나갔다. 무엇보다 수도 베이징에서도 제대로 통제되지 않는 게 문제였다. 도시가 봉쇄되면서 주민들의 저항이 커졌다. 베이징 주민들은 권력과 맞서 싸워온 전통을 자랑스러워했고, 많은 사람이 지난봄 상하이 주민들이 겪은 것과 똑같은 운명을 맞게 될까 봐 불안에 떨었다.

정부 당국 대응도 갈피를 잡지 못했다. 베이징 고위층은 팬데믹 통제를 지속해야 한다고 주장했지만, 전국의 지방 도시들은 거의 뒤로 물러나 있었다. 12월 초까지 정부는 여러 번 '최적화'를 위한 조치를 발표했는데, 마지막 발표에서 드디어 역동적 제로 방역 정책이라는 말이 사라졌다. 그리고 거의 3년이 지나 제로 코로나 정책은 마침내 막을 내렸다.

나는 12월 23일 상하이에서 코로나 바이러스에 감염되었다. 운이 좋지 않았던 다른 많은 사람에 비하면 다행히 상태가 심각하지는 않았다. 다만 시기가 참 미묘했다. 코로나 바이러스가 퍼지기 가장 쉬운 계절인 겨울에 정부는 모든 제한 조치를 해제했다. 또 그동안 백신 접종을 의미 있는 수준까지 진행하지도 않았다. PCR 검사를 수십 번 넘도록 강요해온 정부가 왜 백신 접종에 대해서는 그렇게 미온적인 태도를 보였는지 여전히 의문이다. 의사나 간호사는 정부로부터 제로 코로나 정책이 갑자기 끝나면 환자가 급증할 수도 있다는 그 어떤 경고도 받지 못했다.

그때를 다시 떠올려보면 해열제가 부족했던 상황이 매우 또렷하게 기억난다. 중국 정부는 사람들이 병에 걸려도 해열제를 몰래 복용해 감염 사실을 감출까 봐 3년 동안이나 이부프로펜이나 애드빌을 비롯해 다른 여러 해열제의 구매 자체를 어렵게 만들었다. 처음 전염병이 퍼지자 약국에서는 해열제 구매를 제한하거나 판매대에서 해열제를 완전히 치워버렸다. 그 때문에 많은 수의 중국 사람들이 흔한 해열제조차 없이 코로나 팬데믹에 맞선 것이다. 내가 알고 있는 한, 중국은 고열을 동반한 전염병이 퍼지는 상황에서 국민의 해열제 복용을 가로막은 유일한 국가다. 공학자 중심 국가의 뒤틀린 논리를 이보다 완벽하게 요약한 사건은 없을 것이다.

당국은 더 이상 특별한 경고 같은 건 하지 않았지만, 대신 코로나 바이러스를 일주일 안에 박멸해야 한다고 닦달하던 사람들이 갑자기 아무 일도 없었던 것처럼 자신의 건강은 자신이 책임져야 한다고 말을 바꿨다. 마치 조지 오웰George Orwell의 소설 『1984』에서 공무원들이 선전 방송 도중 갑자기 말을 바꿔 우리의 조국 오세아니아는 유라시아가 아니라 동아시아와 전쟁 중이라고 선언하는 장면을 직접 경험하는 듯한 기분이었다.

그런데 시진핑 주석은 왜 갑자기 제로 코로나 정책을 포기했을까? 나는 일련의 시위가 가장 큰 영향을 미쳤다고는 생각하지 않는다. 그보다 훨씬 더 중요한 건 모든 사람이 봉쇄 조치로 생계 수단도, 정신적 평정도 잃고 지쳐서 탈진했다는 사실이다. 지방정부 역시 지칠 대로 지쳐 있었다. 대부분 경제활동은 포기하고 검사와 통제만 집중하다가 재정적 압박에 직면했는데, 일본 노무라 증권의 분석가들은 2022년 중국 GDP의 1.8퍼센트가 감염 여부 검사 비용에 들어갔다고 추정했을 정도다.[37] 코로나 바이러스가 다시 베이징을 뒤덮기 시작했을 때 나는 지금까지 최고의 정치적 자유와 풍요로움을 누려온 수도 베이징의 봉쇄 문제를 중앙정부가 과연 냉정하고 합리적인 시각으로 판단할 수 있을까 하는 의구심이 들었다. 각 지방정부는 자체적인 통제를 포기한 뒤였다. 결국 정부는 팬데믹 통제가 더 이상 유효하지 않다고 결정했고, 코로나 바이러스는 다시 퍼져갔다.

시진핑 주석은 12월에서 1월까지 공식적으로는 그리 자주 모습을 드러내지는 않았다. 개인적으로 강력하게 주장하던 정책을 철회한 이유를 설명하기 위해 나서지도 않았고, 3년 동안 국가가 앞장서 공포를 조장했던 바로 그 질병을 다시 마주한 사람들에 대한 위로도 없었다. 2022년 12월 말부터 화장터의 연기가 사라지는 날이 없었지만, 많은 사람이 코로나 바이러스에 감염되어 사망했다는 사실은 발표되지 않았다. 중국 과학원이 공교롭게도 2022년 12월에 세상을 떠난 고위급 학자들의 부고 기사를 연달아 발표한 게 조금 흥미로웠을 뿐이다.

1월에 관영 신화통신사에서는 제로 코로나 정책이 아무런 사전 계획 없이 갑자기 중단되었다는 주장을 반박하는 논평을 냈다.[38] '모든 결정은 과학적 분석과 정확한 계산을 거쳐 내린 것'이며, '결코 충동적인 결정이 아니다'라는 주장이었다.

이런 태세 전환도 너무 갑작스러워서 곰곰이 생각할 틈도 없었지만, 결국 큰 상관은 없었다. 제20차 중국 공산당 전국인민대표대회는 시진핑 주석의 정치적 압승을 확인하며 마무리되었다. 그렇지만 시진핑 주석이 중국 행정부 수반인 국무원 총리로 리창李强을 지명한 건 많은 사람에게 큰 충격을 주었다. 리창은 상하이 봉쇄가 시작된 후 무능한 모습만 보인 상하이 공산당 서기 출신이다. 2024년 한 해 동안 상당수 선진 민주주의국가의 집권 여당이 팬데믹 관리 책임 문제로 유권자들의 심판을 받고 정권을 내주었다. 미국의 민주당도 마찬가지였다.[39] 그런데 중국에서는 무리한 봉쇄 조치를 진두지휘했던 인물이 정권의 2인자 자리에 올랐다.

그렇게 중국에서 정치적 상황의 볼모로 확대되었던 코로나 바이러스 사태는 역시 정치적 상황의 볼모로서 마무리되었다.

처음에는 우한 당국이 고의로 무시했고, 마지막에는 중앙정부도 역시 고의로 사태를 무시한 것이다.

중국을 떠나 예일대학교 로스쿨에 자리를 잡은 나는 코로나 바이러스 사태에 대해 다른 관점으로 바라보게 되었다. 미국이 '코로나 바이러스와의 공생'에 성공한 건 어쨌든 다행이었다. 다만 2023년 미국으로 돌아왔을 때 좀 짜증 나는 일이 있었다. 당시 미국 마당에는 '우리는 믿는다'라는 문구로 시작되는 간판 비슷한 걸 세워두는 게 유행이었는데, 그중 '우리는 과학을 믿는다'라고 쓴 간판이 있었다. 중국 공산당은 제로 코로나 정책이라는 '과학을 믿고' 논리적 결론을 내렸다. 사람들을 강제로 집 안에 가두고 거의 매일 감염 여부를 검사한다. 그렇게 전염병 전파의 연결 고리를 끊기 위해 할 수 있는 모든 일을 했다. 40년 전에도 중국 공산당은 한 자녀 정책을 추진하며 많은 임신을 강제로 막는 '과학을 믿었다.'

'과학을 믿고 따르겠다'는 의견에는 동의할 수 있다. 그렇지만 과학적 사실을 해석하고 적용하는 과정에 정치적 결정이 개입했다는 사실을 명심해야 한다. 그리고 그런 배경을 파헤치는 건 법률가 중심 국가가 더 잘한다. 권리 보호에 관심이 있는 변호사, 사회과학을 깊이 염두에 두는 경제학자, 윤리 문제를 고민하는 인문학자, 그리고 정책의 방향에 대한 토론을 요구하는 많은 목소리가 있다. 중국에는 정치적 논쟁을 위한 강력한 제도가 존재하지 않는다. 공학자들은 그저 과학만 믿고 따르다가 사회적 빈곤만 마주하게 될 뿐이다.

과학의 적용은 정확한 자료를 바탕으로 해야 효과가 있다. 그렇지만 코로나 팬데믹 이후 자료가 올바른지에 관련된 문제는 중국이 감추고 싶은 또 다른 치부였다. 중국 정부는 가장 적절한 시기에 정확한 내용을 알리려는 의지가 부족했다. 코로나 바이러스가 퍼지면서 나쁜 소식은 알리지 말아야 한다는 유혹에 굴복하는 경우가 더 많았다. 예컨대 중국은 코로나 바이러스 관련 사망자 숫자를 약 12만 5,000명이라고 발표했는데, 200만 명에 달하는 사망자가 발생했다는 학계 추산과 비교하면 터무니없이 낮은 수치다.[40] 사실 2023년 이후 중국은 출생률에서 실업률까지 많은 자료를 조작하고 있다.

평소에 서로를 못 잡아먹어서 안달이던 동료들이 2주 동안 씻지도 못하고 같은 사무실 안에서 부대끼면서 서로의 문제를 해결하는 과정을 그저 익살스럽게만 그려낼 수 있다면 얼마나 좋을까? 세상에서 가장 행복한 꿈의 나라 디즈니랜드를 떠나지 못한 채 문제를 해결하려 애쓰는 남녀의 이야기를 상상해보자. 안타깝게도 중국 정부는 상하이 봉쇄에 대한 공식적 기억을 은폐해왔다. 공학자들은 사람들이 이 경험을 웃음거리로 삼고 조롱하기보다 그냥 다 잊어버리길 바란다.

제로 코로나 정책이 막을 내린 후 상하이는 동양의 파리가 아니라 그저 또 다른 평양이 된 것 같다. 수많은 신고전주의며 모더니즘 양식 건축물이 가득한 이 도시는 여전히 놀랍도록 아름답다. 사업가들이 또 다른 즐거움을 선사하기 위해 치열하게 경쟁하면서 상하이의 즐거움은 점점 무르익어가고 있다. 그렇지만 눈에 잘 보이지 않는, 그리고 쉽게 낫지 않는 상처가 아직 남아 있다. 아직 상하이에 사는 오언은 이제 봉쇄 시절에 대한 이야기가 자주 언급되지 않는다고 말했다. "그렇지만 정말 술에 취하고 취기가 오르면 여전히 사람들은 그때 일에 대해 분개하곤 한다."

내 친구들은 한 번도 아니고 두 번이나 크게 뒤통수를 맞은 것 같은 기분을 느꼈다고 한다. 바로 갑작스러운 봉쇄 발표 후 생필품을 제대로 비축할 수 없었을 때, 그리고 필요한 의약품을 전혀 손에 넣을 수 없었을 때다. 그리고 9개월이 지나 모든 것이 원점으로 돌아갔을 때는 4월과 5월에 걸쳐 진행되었던 강력한 봉쇄 정책의 의미는 무엇이었냐고 묻는다. 나이 든 사람 중에는 문화대혁명을 들먹이며 도시 봉쇄가 최악의 사태는 아니었다고 말하는 사람도 있지만, 1990년 이후에 태어나서 풍요로운 시대만 경험한 젊은이들은 공학자 중심 국가가 초래할 수 있는 재앙을 처음으로 직접 경험해본 셈이다.

내가 알고 있는 상하이의 사회 지도층이나 상류층 사람들은 국가에 대한 믿음을 잃었다. 지금까지는 누구도 중국이라는 국가의 가장 날카롭고 강압적인 제도나 체제가 자신들을 직접 겨냥할 수 있다고는 상상도 하지 못했다. 2년 동안 중국의 코로나바이러스 관리가 서구 선진국보다 더 우월하다는 게 증명되었다며 떠들던 민족주의자들은 한동안 입을 다물었다. 중국에서도 가장 부유하고 국제적인 도시에서 새롭게 사업을 추진할 활력이 떨어진 것도 어쩌면 당연한 일이다.

3년 동안 진행된 팬데믹 통제 덕분에 시진핑 주석은 중앙집권적 계획에 몰두할 수 있었다. 공동 번영이라는 목표 밑바탕에 있는 평등주의적 이상을 표출하기 위해서일 뿐 아니라 수백만 명의 물리적 이동을 통제하기 위해서였다. 한 자녀 정책 추진으로 공산당은 여성의 신체 깊숙이 개입할 수 있었다. 제로 코로나 정책을 위해 개발한 디지털 감시 체계로 개인의 욕실 이용까지 통제하는 게 가능해졌다. 그리고 두 정책은 제도적으로 연계되었다. 코로나 바이러스 봉쇄 조치 시행에 주도적 역할을 했던 지역 위원회는 해체되지 않았다. 그리고 이 위원회는 결혼한 지 얼마 안 되는 여성들에게 연락을 취해 생리 주기를 묻고 아이를 몇 명이나 낳고 싶은지 물어보고 있다. 물론 이런 상황을 견딜 수 있는 사람들도 있다. 그렇지만 많은 중국 젊은이들은 열악한 취업 시장과 마주한 상황에서 윗세대에게 열심히 일하고 아이를 낳으라는 설교를 듣는 것에 지쳐 있다.

6장
BREAKNECK

벽을 쌓아가는 중국

미국과 중국이 충돌한다면
서로 다른 면에서
강점을 보이는 두 나라가
맞붙는 셈이다.
소프트웨어와 하드웨어가
충돌한다면 과연 어느 쪽이
승리할 수 있을까?

중국을 떠나는 부유층과 젊은이들

코로나 팬데믹 기간에 생겨난 가장 주목할 만한 중국어 속어는 바로 '룬潤'이다. '룬'이 속어가 된 건 발음과 관련이 있다. 원래는 '윤기가 흐르다' 정도로 쓰이는 말인데, 발음 '룬'이 영어로 '달리다' 혹은 '도망치다'를 뜻하는 '런run'과 비슷하다는 데 착안해 어디론가 도망치고 싶다는 욕구를 표현한 것이다. 예측 불가능할 정도로 장기간 이어진 봉쇄 기간에 '룬'은 팬데믹 통제가 가장 엄격한 대도시를 떠나는 걸 의미했다. 혹은 아예 중국을 완전히 떠나는 걸 의미하기도 했다. 나는 2023년에 중국을 떠난 후에도 중국 밖에서 더 나은 삶을 살 수 있을 거라는 도박 같은 결심을 하며 중국을 떠나는 사람들을 여럿 만날 수 있었다.

젊은 층은 유럽이나 미국, 혹은 영어권 국가로 가기를 원하지만, 이런 나라 정부는 대체로 입국허가를 쉽게 내주지 않는다. 따라서 이민을 희망하는 사람들은 대부분 근처 아시아 국가로 향한다. 기업가 정신과 함께 야망이 있다면 바이트댄스 같은 유명 중국 기업이 대규모 지사를 운영하는 싱가포르로 향하고, 여유가 있는 사람들은 일본에서 편안한 삶을 추구한다. 게으르고 자유로운 영혼, 느긋하게 쉬고 싶은 젊은이 등 나머지 사람들은 모두 태국에서 시간을 보낸다.

2023년 말에 나는 태국 치앙마이를 찾아 '룬'을 한 사람들과 한 달 정도 함께 보냈다. 그중에는 2022년 윈난성에 살면서 만난 사람이 많았다. 대부분 젊고 창의적인 사람으로, 언론과 예술, 기술 분야에서 일하는 사람들이 봉쇄와 언론에 대한 정치적 간섭에 시달리다 중국 남서부 산악 지역으로 모여든 것이다. 윈난성 관리들은 낮에는 암호 화폐 거래에 몰두하고 밤에는 은밀하게 모일 수 있는 술집에서 느긋하게 시간을 보내는 이 젊은 이들을 상대적으로 눈감아주는 경향이 있었다. 이런 이른바 자유로운 영혼은 나에게는 문화적 주류와 대비되는 흥미로운 존재였다. 이들은 베이징과 선전의 기업 문화에 저항하고, 자신만의 삶을 만들어가고 싶어 했다.

그런데 최근 몇 년 동안 윈난성에서조차 여러 제약이 따르기 시작했다. 그래서 이들 중 일부는 항공편을 이용해 윈난성과 태국을 가로지르는 산맥을 넘었다. 왜 태국일까? 입국이 쉽기 때문이다. 중국인이라면 특별한 입국허가 과정 없이 단기 체류가 가능하며, 장기 체류도 그다지 어렵지 않다. 어학원이나 무에타이 학원에 등록하기만 해도 학생 비자를 받을 수 있다. 그렇지만 누구도 그런 공부에 신경 쓰거나 생활 자체를 그다지 심각하게 여기지 않는다. 20대나 30대 초반인 이들은 제로 코로나 정책이 시작된 후 3년 동안 잃어버렸던 즐거움을 되찾으려 애쓰고 있었다.

또 태국이라서 가능한 깊은 영적 수행에 들어가는 사람도 많았다. 치앙마이는 아름다운 황금 지붕이 덮인 사원이나 사찰이 즐비하게 늘어서 있는 불교의 성지다. 이런 사원에서 명상에 잠기거나 인근 산속의 더욱 한적한 은둔처를 찾을 수도 있다. 하루 최대 14시간 이상 말을 하지 않고 명상에 빠지며, 매일 아침 우두머리 승려하고만 전날의 호흡 훈련에 대해 이야기하고 다음 과정을 지도받는다. 어떤 사람은 내게 이러한 과정을 20일 이상 계속한 후 일종의 환각에 빠졌다가 깨어나는 경험을 했다고 말하기도 했다.

이런 영적 체험은 치앙마이에서 쉽게 구할 수 있는 환각제나 마약으로도 구현할 수 있다. 태국은 아시아에서는 최초로 대마초를 합법화한 국가이며, 대마초를 파는 장소가 찻집이나 식당만큼이나 흔하다. 마치 모든 사람이 이런저런 종류의 마약을 한 번쯤은 사용한 경험이 있는 것처럼 생각될 정도다. 특별한 종류의 버섯도 환각을 일으키고, 그중 가장 강력한 버섯이 코끼리 똥에서 자란다고 하는데, 이런 이유로 길고 긴 여정을 통해 오직 코끼리 똥만 찾아 돌아다녔다는 배낭여행자들의 전설 같은 이야기를 들은 적도 있다.

나는 치앙마이에서 즐겁게 시간을 보내는 중국의 젊은이들, 그리고 장기 여행자들과 함께 왜 이곳에 모였는지 이야기를 나누었다. 물론 누구도 쉽게 결정하고 중국을 떠난 건 아니었다. 치앙마이에서 새로운 삶을 시작하는 사람 중 '이주'라는 사람이 있었다. 그는 30대에 접어든 사람 좋은 개발자로, 컴퓨터 화면 앞에서 너무 많은 시간을 보낸 탓인지 몸집이 좀 통통했다. 실리콘밸리에서도 한동안 일했던 이주는 2018년 암호 화폐 열풍이 불 때 마침 암호 화폐 개발의 중심지로 떠오르던 중국으로 돌아왔다. 암호 화폐 업계에 종사하는 다른 많은 사람처럼 이주 역시 자신만의 이상이 있었다. 경제는 어떻게 운영되어야 하고 사람들은 어떻게 바뀌어야 하는지에 대한 의견이 담긴 일종의 열정적인 선언을 보면 그의 이상이 잘 드러난다. 암호 화폐 업계의 다른 많은 종사자와 달리, 이주는 기술의 한계와 중국이 자신에게 어떤 의미인지 조용히 성찰하는 시간을 가졌다.

어느 날 그는 내게 이렇게 말했다. "중국에 있으면 천장이 점점 낮아지는 공간 안에 있는 것 같아요. 그런 중국에 계속 남아 있다는 건 고개는 숙이고, 등은 구부리고 다녀야 한다는 뜻이죠."

치앙마이에 모인 중국 젊은이들은 시진핑 주석이 통치한 10년 동안 자신들의 세계관이 조용히 무너지는 것 같은 느낌을 받았다고 말했다. 이들은 대도시에서 성장했으며 유학까지 포함해 대부분 좋은 대학에 다녔다. 덕분에 더 큰 자유를 누리는 사회에서 의미 있는 일을 찾을 수 있고, 무엇보다 중국이 다른 세상과 더욱 가까워질 수 있을 거라는 기대를 품고 있었다. 그러나 이러한 꿈이나 열망은 대부분 사라졌다. 대도시에서 살면서 새로 생긴 가게에 가보거나 사진을 찍을 예술 공간을 찾는 등 꽤 유쾌한 생활을 할 수는 있었지만, 그 대신 해야 하는 일은 압박감만 심하고 성취감은 적었다. 또 정치적 간섭은 숨이 막힐 정도였다. 코로나 바이러스 사태로 인한 봉쇄를 경험한 많은 젊은이들은 자신들에게 닥쳐올 미래를 부정적으로 바라보는 달갑지 않은 성향이 생긴 걸 깨달았다.

물론 태국 생활에 다 만족하는 건 아니다. 태국에서도 좋은 일자리를 찾기가 어렵기 때문이다. 다들 가족에게는 지금 어디에 있는지 제대로 말하지 못했다. 때로는 자녀가 유럽에서 유학 중이라고 믿는 부모도 있었다. 그래서 중국에 있는 가족과 화상 통화를 할 때 방을 일부러 어둡게 하는 등 속임수를 유지하기 위해 나름대로 신경 쓴다. 시차를 염두에 두고 완전히 다른 시간대에 있다는 걸 보여주어야 하기 때문이다. 또는 부모님이 날씨에 대해 물어볼 때 당황하지 않도록 자신이 머무는 곳의 날씨도 미리 알아두어야 한다.

이주는 코로나 바이러스에 대한 백지 시위 이후 도피를 선택했다. 공안이 이주를 찾아 심문하려 했을 때는 어느 사찰에 숨어 지내는 중이었다. 치앙마이에 모인 다른 많은 사람도 코로나 팬데믹 제한 조치에 반대하는 시위에 참여했고, 미처 함께 오지 못하고 체포된 친구들도 있다고 했다. 모두가 어느 정도 낯설고 쓸쓸한 감정에 휩싸여 있었다. 베이징 중앙정부가 특히 디지털 플랫폼 분야를 탄압하는 바람에 몇몇은 일자리를 잃었으며, 중국 국내 언론사에서 일하다가 검열 조치에 크게 불만을 느낀 사람도 있었다. 글을 쓰는 사람들은 몇 개월에 걸쳐 완성한 작품을 발표하자마자 검열과 삭제를 당한 충격을 잊지 못했다. 처음에는 분노했다가 다시 같은 일이 일어나자 혼자서 속을 끓였고, 세 번째에는 급기야 도망치는 길을 택한 것이다.

치앙마이에는 언론인 출신이 연 서점이 하나 있었고, 앞에서 언급한 여러 사람들이 이 서점 주변으로 모여들었다. 원래는 '페이디 서점飛地書店'이라는 이름으로 대만에 문을 연 서점으로, 다시 치앙마이에 노웨어 북스Nowhere Books라는 지점을 낸 것이다. 이 서점에서는 중국 본토에서는 구할 수 없는 책도 판매한다. 소설이나 여행안내서, 요리책 등 일반적인 인기 도서와 함께 중국 본토에서는 출판할 수 없는 민감한 정치적 성향의 작가 작품이 섞여 있는 것이다. 1960년대 후반과 1970년대 초에 발행된 미국의 반문화 성향 잡지 《홀 어스 카탈로그Whole Earth Catalog》의 중국어 번역판도 당당하게 진열되어 있다. 이 잡지는 당시 '모든 사람은 각자 스스로 배워나가야 한다'고 주장했다. 또 서점 주변에는 표 나지 않게 체제에 반항하는 상징이 늘어서 있다. 상하이 시위의 중심이 된 우루무치 도로표지판 복사본이나 서점에서 나눠준, 손님들에게 '아무 곳에도 없는 공화국'의 시민이 되라고 권유하는 우스꽝스러운 가짜 여권 등이다.

중국인과 외국인 할 것 없이 내가 중국에서 알고 지내던 많은 친구도 '룬'을 선택했다. 상하이의 외국인 숫자는 코로나 팬데믹 이전에도 감소 추세였다. 2010~2020년 중국에서 가장 국제화된 도시 상하이에서 장기 체류 외국인의 4분의 1이 사라졌다.[1] 그리고 봉쇄 조치 이후 또다시 크게 줄어들었다. 지금까지 상하이는 이 도시의 경제성장과 창조적 분위기에 들뜬 많은 외국인과 중국인을 끌어들였다. 기업 임원에게 중국 지사 파견은 승진의 지름길이었다. 그렇지만 중국이 복잡한 정치적 사정과 데이터 검열로 너무나 다른 시장이 되면서, 지금은 중국 파견 근무를 다들 피하고 있다. 중국 경제가 어려움을 겪자 사람들은 왜 성장이나 발전이 불확실한, 그리고 예상치 못한 사건이 끊이지 않는 곳에 살아야 하는지 심각하게 고민하기 시작했다.

시진핑 주석이라면 창의적인 인재들이 중국을 떠나고 싶다고 해도 그리 화를 내지 않을지도 모른다. 애플이나 테슬라 같은 대기업에서 일하더라도 외국인이 상하이를 떠나는 현상에 신경 쓰지 않을지도 모르겠다. 그렇지만 부유층이 자산을 국외로 빼돌리는 문제에 대해서만큼은 베이징 중앙정부도 크게 염려하고 있다.

내 친구 제시는 부유한 집안의 딸이며 상하이에서 태어나 캐나다 밴쿠버에서 자랐다. 키가 크고 곱슬머리인 제시는 평소 시사 문제보다 몸을 가꾸는 운동에 관심이 더 많았다. 그리고 지금까지 정치적 사건에 크게 신경 쓰지 않았는데, 굳이 우울하고 이해하기 어려운 문제에 매달릴 필요가 없다고 생각했기 때문이다. 그런 제시가 우연히 상하이에 돌아가 지내는 동안 봉쇄 조치가 시작되었고, 2개월을 견뎌냈다. 그러고 나서 정치에 관심을 두었다. "우리에게도 영향을 미칠 수 있잖아." 어느 날 뉴욕을 찾은 제시가 내게 한 말이다. 2024년에 열린 중국 공산당 중앙위원회의 '삼중전회三中全会', 그러니까 세 번째 전체 회의에 대한 이야기였다.

"정말 그랬어?" 일주일 동안 이어진 공산당 회의를 지켜봤다는 사실에 조금 놀란 내가 이렇게 물었다. "그 안에서 무슨 꿍꿍이가 벌어지는지 아무도 모르니까." 제시가 답했다. 그러면 지금까지 공산당의 결정 때문에 직접 행동에 나선 적이 있냐고 묻자 그건 아니라고 대답했다. 하지만 이렇게 관심이나 주의를 기울이는 것만으로도 행동에 나선 것이나 다름없었다. 그리고 어쩌면 앞으로 더 적극적인 정치 참여로 이어질 수 있겠다는 생각도 들었다.

앞에서도 언급했듯 제시의 뿌리는 상하이지만 앞으로 밴쿠버에서 보내는 시간이 점점 더 늘어날 것이다. 다른 많은 부유한 중국인 역시 중국이 아닌 다른 곳에 뿌리를 내리기로 했다. 정확한 숫자를 가늠하기는 어렵지만, 영국의 한 이민 중계 업체에 따르면 2023년에 중국에서 약 1만 4,000명의 백만장자가 이민을 떠났고, 2024년에는 그 숫자가 1만 5,000명 이상으로 늘어났다고 추산했다.[2] 미국 캘리포니아주 어바인처럼 중국인이 많이 찾는 미국 일부 지역에서는 신규 주택 구매자가 많이 늘어났다.[3] 북미 대륙 국가인 미국과 캐나다에서 부동산 구매를 포함한 대규모 투자를 통해 영주권을 취득한 중국 이민자 수가 2배로 증가했다는 보도도 있다.[4] 캐나다에서는 2019~2023년 2,000명에서 4,000명으로, 미국에서는 2019~2024년 3,900명에서 7,500명으로 증가한 것이다.

좀 더 형편이 좋지 않을 때는 미국으로 들어가는 다른 길을 택한다. 미국의 남서부 국경을 넘는 험난한 여정이다. 미국 국경 수비대의 중국 국적자 체포 건수는 계속 증가하는 추세로, 2021년 450명에서 2024년 3만 8,000명으로 급증했다. 2024년 하반기에는 국경 단속 강화로 조금 줄어들기는 했지만, 지난 2년 동안 매달 1,000명이 넘는 중국 국적자가 걸어서 국경을 넘으려 했다. 2024년 7월까지 입국 비자가 필요 없었던 남아메리카 에콰도르에 항공기 편으로 입국한 후에 다시 다리엔 지협Darién Gap이라고 부르는 위험한 길을 따라 이동한 것이다.

창의성으로 무장한 이방인들은 미국에서 여러 문화 관련 행사를 시작했다. 뉴욕과 워싱턴 D. C에는 치앙마이의 노웨어 북스 같은 중국 서점이 새로 문을 열었다. 뉴욕에서는 한 달에 한

번 페미니스트 단체가 코미디언들이 중국어로 공연을 펼치는 열린 무대를 운영한다. 입장권을 구하기가 쉽지 않았지만 운 좋게 표를 한 장 구한 나는 10월의 어느 추운 날 밤 맨해튼 미드타운에 있는 이탈리아 식당을 찾아갔다. 이 식당의 지하실이 공연장이었다. 손님은 100명 정도였고, 평소에 볼 수 있는 1인 즉석 무대가 아닌 이른바 '스토리 슬램story slam'이 시작되었다. 일반인 여러 명이 연달아 무대에 올라 각자의 사연을 있는 그대로 들려주는 형식이었다. 한 여성은 베를린에 있는 고급 나이트클럽에 몰래 들어갔던 이야기를 했고, 몇몇은 자신의 연애 경험담을 들려주기도 했다. 하지만 대부분 실직이나 가족의 죽음 같은 슬픈 내용이었다. 무대에 오른 사람의 목소리가 갈라지거나 이야기가 엇나갈 때마다 관객들은 엄청난 호응으로 격려했다.

불과 10여 년 전만 해도 미국 뉴욕에서 여권신장운동을 하는 사람들이 중국어로 진행하는 무대를 만들고 그 무대를 통해 정치적 불만을 표현한다는 건 상상조차 하기 어려운 일이었다. 시진핑 주석이 지도자로서 점점 독단적이 되어가면서 중국인들도 점점 더 중국이 가는 방향에 불만과 의구심을 품게 되었다. 정말 놀라운 건 이들이 시진핑 주석이 설파한 '차이나 드림'을 기꺼이 포기하고, 절박한 심정으로 몇 개월이 넘는 위험한 여정을 감수하면서까지 미국 남서부 국경을 넘을 각오가 되어 있다는 사실이다.

왜 그렇게 수많은 중국 국적자가 고향을 떠나고 있을까? 공학자 중심 국가의 분위기가 너무 정신없이 변하면서 모든 세대가 갈 길을 잃은 듯 갈피를 잡지 못하는 듯한 느낌이다. 중국의 일자리, 그리고 삶 자체가 막다른 골목에 다다른 느낌이랄까? 태국에서도 좋은 직장을 찾기는 어렵지만, 대신 훨씬 더 여유로운 분위기 속에서 많은 즐거움을 누릴 수 있다.

시진핑 주석은 경제성장의 뒷받침 없이 위대한 국가를 만드는 일에 대해 이야기했지만, 사람들은 부동산 시장 붕괴와 높은 실업률, 그리고 봉쇄 조치 등으로 어려움을 겪을 때 자신이 진정으로 무엇을 얻고자 하는지 의문을 품는다는 게 문제였다. 단지 풍요로운 생활을 추구한다기보다 위대함이라고는 전혀 느껴지지 않는 무언가가 갑자기 날카로운 일격을 가하면 누구나 당황할 수밖에 없다. 이런 갑작스럽고 낯선 분위기가 '룬'을 유행시킨 가장 큰 이유였다.

자국민의 잠재력을 짓누르는 공학 국가

중국에서 6년을 보내고 나니 다양성이 그리웠다. 하나로 다른 모든 걸 갈음하는 획일화된 분위기가 아니라 다양한 목소리로 구성된 사회에 있다는 건 참으로 멋진 일이다. 나는 미국인들의 드러나지 않는 친절함과 더불어 사람들을 그냥 편하게 내버려두는 정부가 그리웠다. 아니, 무엇보다 마음대로 책을 사서 볼 수 있는 환경이 그리웠다. 우편물이 다시 오가게 되자 나는 지인들을 통해 한 번에 20킬로그램 이상 정기적으로 소포를 받을 수 있었다. 물론 세관에서 먼저 뜯어보고 손을 댈지 모른다는 불안은 감수해야 했다. 마침내 소포 상자를 열어 이번에는 얼마나 많은 책이 무사히 통과했는지 확인하는 것도 두근거림을 더해주기는 했는데, 굳이 일부러 그런 감정을 느끼려고 어렵게 소포를 부탁할 필요가 있을까?

제로 코로나 조치가 끝난 후 나 역시 상하이에서 예일대학교로의 '룬'을 선택했다. 상하이는 다른 어떤 미국 도시보다 뛰어난 점이 많다. 걷기 편하고 안전한 거리, 활기찬 거리 풍경, 멋진 음식, 그리고 대중교통을 통해 도시나 전국 어디든 쉽게 갈 수 있는 편리함 등. 하지만 동시에 중국 정부의 압도적 존재감 또한 느껴지는 건 사실이었다. 검열, 반대 의견에 대한 무자비한 탄압, 끊임없이 이어지는 재앙의 위협 말이다. 만리방화벽 운영자들은 내가 글을 올리는 작은 개인 인터넷 웹사이트를 차단하는 결정을 내렸다. 나는 아직도 뭐가 뭔지 잘 모르겠다. 중국에서 지내는 동안 몇 가지 점에서 생각이 조금 바뀌었다.

2017년 초 홍콩에 갔을 때 나는 우리 모두 '아시아가 주도하는 세기'의 출발점에 살고 있다는 생각을 떠올렸다. 중국과 인도가 아시아를 수백 년 전 경제적으로 세상을 지배하던 시절로 되돌릴 거라는 생각이었다. 물론 꼭 그렇게 믿은 건 아니지만 터무니없는 망상처럼 느껴지지는 않았다. 어쨌든 트럼프는 캐나다나 유럽, 그리고 다른 미국의 동맹국에는 조급한 듯 다그치면서도 독재국가에는 선망의 눈길을 보내지 않았던가.

반면 시진핑 주석은 중국의 역량을 강화하겠다는 인내심 있는 결의를 보여주었다. 그중 일부는 여전히 현재진행형이지만, 이제 내 눈에는 중국의 약점이 전보다 더 잘 보인다. 중국은 많은 분야에서 성공을 거두었다. 하지만 스스로 한계선을 정해버리는 체제를 내세우고 있다. 그 사실을 깨달은 나는 결국 중국을 떠났다. 무엇보다 중국 공산당은 국민을 불신하고 두려워하며 더 번영할 수 있는 잠재력을 스스로 짓누른다.

베이징의 지도부가 자국 기술 기업을 억압하는 진짜 이유

공학자 중심 국가의 시작은 대개 인상적이다. 그런데 왜 뒤로 가면 갈수록 비극이 이어지는 걸까. 중국과 관련해서 내가 직접 경험한 사례는 비단 제로 코로나 관련 정책뿐만이 아니다. 시진핑 주석의 중국 디지털 플랫폼 탄압 역시 주목할 필요가 있다.

2024년 5월, 산둥성에서 열린 기업가와 투자자를 위한 토론회에 참석한 시진핑 주석은 참석자들에게 "왜 중국에서는 유니콘 기업을 보기가 점점 더 어려워지는가?"라고 물었다.[5] 유니콘 기업이란 기업 가치가 10억 달러가 넘는 비상장 신생 기업이라는 뜻이다. 이런 다소 뜬금없는 시진핑 주석의 질문은 인터넷에서 작은 파장을 일으켰다. 그러니까 왜 중국에는 최신 기술을 바탕으로 하는 신생 기업이 더 이상 등장하지 않느냐고? 사람들은 '그건 바로 주석님 탓이지', '공산당 당사에 인터넷이 연결되어 있는지부터 확인해라', '백지 시위를 보고 뭔가 깨달았나 보네' 등 다양한 댓글을 올렸는데, 물론 곧바로 삭제되었다.[6]

시진핑 주석의 질문으로 업계는 또다시 술렁였다. 권위주의 체제는 좋은 이야기만 퍼뜨리려는 경향이 있다. 코로나 바이러스가 퍼진 것도 우한의 지방 공무원들이 의료계 내부 고발자를 체포하고 바이러스 소식이 정치적 안정에 해가 되지 않도록 하려다 그렇게 된 것이 아닌가. 기업과 투자자들은 시진핑 주석이 자신의 정책 때문에 경제의 주요 부문이 얼마나 큰 타격을 입었는지 정말 몰라서 그런 말을 한 건지 도무지 알 수 없었다. 유니콘을 죽이고 다니는 게 바로 시진핑 주석 자신이라는 사실을 아무도 말해주지 않은 게 분명했다.

중국에서는 한동안 미국 실리콘밸리까지 앞서려는 듯 엄청난 숫자의 유니콘 기업이 쏟아져 나왔다. 그리고 전자 상거래를 비롯해 차량 공유나 소셜 미디어 분야에서 미국 기업들과 치열하게 경쟁했다. 때로는 베이징 중앙정부의 도움을 받기도 했다. 특히 중국에서 구글과 페이스북을 몰아내고 바이두와 텐센트 같은 국내 디지털 플랫폼이 자리를 잡을 수 있는 유리한 환경을 만들어준 게 대표적인 사례다. 아마존이나 우버 같은 미국 기업을 상대로는 냉정한 지략 싸움을 통해 어느 정도 공정한 경쟁을 벌이기도 했다. 바이트댄스는 짧은 동영상을 주로 올리는 새로운 분야의 동영상 앱 틱톡을 만들었고, 새로운 전자 상거래 사이트가 등장해 알리바바를 위협했다. 알리바바 창업자 마윈은 자신과 비슷한 실리콘밸리의 좀 더 개성 넘치는 기업가를 상대하는 편이 더 좋았을지도 모른다.

규제가 별로 없던 이 시기에 중국의 유니콘 기업은 그야말로 거대한 괴물로 성장했다. 루웨이魯煒는 중국 인터넷 관리국 책임자였는데, 인터넷을 규제하는 최고 직책에 오른 사람으로서는 참으로 다채로운 모습을 지니고 있었다. 2018년경 베이징의 신생 업체를 돌아보는 와중에 나는 충격적인 이야기를 들었다. 루웨이가 회사 지분을 개인적으로 인수한 후 자신에게 유리하게 규제를 완화 혹은 변경했다는 소문이었다. 그는 사무실을 돌아다니며 아무 상관없는 말을 던지는 식으로 임원들에게 넌지시 정보를 전달하기도 했다는데, 루웨이가 자리를 지키는 동안 관련 분야의 규제가 크게 완화된 건 분명 그 자신이 많은 이득을 봤기 때문일 것이다.

2018년, 루웨이는 결국 자리에서 물러났다. 중앙기율검사위원회는 루웨이의 공산당 당적을 박탈하고 범죄 혐의 사실을 이례적으로 자세하게 발표했다. 거기에는 일반적인 뇌물 수수 혐의를 넘어 '중앙 지도부 기만'에 '성 상납' 혐의까지 포함되었다. 루웨이는 이후 자아비판 하는 고백서를 썼고, 이 문서는 중국의

개혁 개방 정책 40주년을 기념해 국립박물관에 전시되었다.[7]

그 당시 전 세계 투자자들은 중국 최신 기술 기업의 가치가 실리콘밸리에 모인 거대 미국 기업의 가치와 맞먹을 수 있다는 사실을 막 인정하려던 참이었는데, 중국 내부에서는 미국과 비슷하게 중소기업에 대한 불공정 거래나 저작권 보호 미흡 등과 관련된 불만이 가득했다. 그리고 루웨이가 무너지면서 기술 기업이 자유롭게 활동하던 시기도 막을 내렸다.

루웨이 이후 등장한 새로운 규제 기관들은 디지털 플랫폼 사업에 일종의 '조정 과정'이 있을 거라고 발표했다. 그리고 바이트댄스의 전 임원이 회사가 루웨이에게 뇌물을 제공했다고 공개적으로 비난하는 일이 있었다.[8] 바이트댄스는 곧 조사 대상에 올랐고, 이후 회사 창립자가 나서서 공개적으로 사과하는 굴욕을 당했다. 당시 CEO였던 장이밍张一鸣은 직원들에게 보낸 편지에 '후회와 죄책감에 사로잡혀 잠을 이룰 수 없다'라고 썼다.[9] '지금까지 우리의 사업은 사회주의의 핵심 가치와 맞지 않았다. … 내가 감독 기관의 요구 사항과 기대에 부응하지 못했기 때문에 결국 모든 건 내 책임이다.'

그렇지만 중국의 기술 플랫폼은 계속 성장했다. 그리고 정부나 공산당은 이해하지 못하는 특별한 디지털 역량도 지속적으로 개발되고 갖춰졌다. 하지만 베이징 지도부 사이에서는 불길한 소문이 돌았고, 시진핑 주석은 '자본의 무질서한 확장'에 대해 경고하며 '구조적 개혁을 심화하겠다'고 약속했다. 2020년 말부터 베이징 중앙정부는 디지털 경제에 대한 공개 조사를 시작했다. 여기에는 모든 정부 기관이 함께 나섰다.

증권 규제 당국은 마윈이 설립한 핀테크 기업 앤트 파이낸셜Ant Financial(현재는 앤트 그룹으로 명칭이 바뀌었다.—옮긴이)의 상장을 가로막았고, 금융 불안정을 조장한다는 비난을 퍼부었다. 데이터 규제 당국은 뉴욕 증권거래소에 상장된 차량 공유 앱 디디추싱을 국가 안보에 위협이 된다는 모호한 혐의로 조사했다. 언론 규제 당국은 미성년자는 금요일, 토요일, 일요일 오후 8~9시, 일주일에 정해진 3시간 동안만 컴퓨터게임을 할 수 있다고 발표했다. 반독점 규제 당국은 대형 디지털 플랫폼에 대한 광범위한 조사에 착수했다. 교육부도 여기에 뒤질 수 없었다.[10] 교육부는 정규 교육제도 밖에서 보충 수업을 제공하는 온라인 교육 업체의 영업 활동을 막겠다고 선언했다.

그렇게 2021년 한 해 동안 거의 모든 중국의 주요 기술 기업이 큰 타격을 입었다. 시진핑 주석이 시작한 이 규제 폭풍으로 사라진 중국 기업들의 시장 가치는 1조 달러에 달했다. 교육 전문 업체인 신동방 교육新东方教育科技集团은 시가총액의 90퍼센트를 잃고 직원의 60퍼센트를 정리했다.[11] 시가총액이 약 8,000억 달러에 달했던 알리바바는 2년 후 가치가 4분의 1토막이 났다. 앤트 파이낸셜의 기업공개가 취소된 후 마윈은 몇 개월 동안 모습을 감췄다. 당시는 중국뿐만 아니라 미국 역시 증권 규제 당국을 앞세워 기업 상장을 더욱 어렵게 만든 시기였다. 거기에 시진핑의 제로 코로나 정책이 기술 기업들이 진출할 시장이 되는 서비스 산업을 철저하게 파괴했다. 팬데믹 이후 경제 상황의 특징은 높은 청년 실업률과 불안정한 가계 신뢰도, 그리고 부진한 소비 수요다.

이런 척박한 환경에서 유니콘이 성장하기란 쉽지 않은 일이다. 특히 사회주의 핵심 가치를 잘 따르는지 감시하는 무서운 사냥꾼이 있다면 더욱 그렇다. 결과적으로 중국에서는 기술 관련 기업을 창업하려는 사람이 줄어들었고, 위험을 감수하는 모험적 투자도 끝났다.

기술 대기업을 통제하려는 시진핑 주석의 시도는 미국과 유럽의 여러 규제 관련 당국이 실리콘밸리를 대하는 태도와 크게 다르지 않다. 지금 전 세계 모든 정부는 정보와 유통 흐름에 지나친 영향력을 행사하는 기업들과 힘을 겨루고 있다. 물론 중국의 반독점법이나 정보, 혹은 재무 위험 관련 규제는 기술 전문 관료제 관점에서 특별한 문제가 없을지도 모른다. 그렇지만 베이징의 중앙정부는 다른 어떤 국가도 따라올 수 없는 속도로 아주 맹렬하게 규제를 발표하고 시행했다. 그 이유는 다른 선진국과는 조금 달랐는데, 인재와 투자금을 국가가 우선시하는 산업으로 이동시키는 한편, 관련 기업들이 국가에 피해를 주며 누리고 있는 권력을 다시 빼앗기 위해서였다.

미국과 중국의 정치체제가 서로 다르다는 사실은 바로 여기에서도 드러난다. 미국에서의 정치 활동은 입법 과정과 대법원

판결을 중심으로 펼쳐지며, 정치적 관심이 또 다른 중요한 문제로 옮겨 가면 사람들은 앞서 시행되었던 정책을 금세 잊어버린다. 그런데 중국에서는 정치 활동과 정책 결정 과정이 비밀리에 진행되고, 그 결과는 그대로 중국 사람들에게 떠넘겨지는 것이다.

미국이나 유럽에서는 실리콘밸리의 거대 기술 기업과 오랫동안 법정 다툼을 벌인 후에야 수십억 달러에 달하는 벌금을 부과할 수 있는데, 중국 기업들은 일단 행정 조치가 시작되면 어떤 이의도 제기하지 않는다. 엄청난 벌금이 부과되어도 오히려 바이트댄스 창업자처럼, 또는 디디추싱처럼 '관련 당국의 조사와 지도에 진심으로 감사드린다'는 식의 저자세로 일관하는 사과문이나 성명을 발표할 뿐이다.[12]

중국 정부의 이러한 규제는 단지 기술 전문 관료의 행정력 과시가 아니라, 더 광범위한 분야에서 정치적 통제력을 행사하는 중앙정부의 의지를 보여준다. 실제로 기술 전문 관료가 규제에 나서는 측면도 있지만, 자유분방한 분위기의 산업 분야에 정치적 규율을 부과하려는 노력이 함께하는 것이다. 시진핑 주석은 중국의 기술 기업이 중앙정부에 도전하는 권력의 중심이 될 수 없다는 사실을 강력하게 일깨워주었다. 다시 말해, 기업들의 문화적 사고방식을 바꾸려는 시도라고 볼 수 있다. 중국 공산당은 사회의 모든 분야를 새롭게 만들고 이끌 재량권을 보유하고 있음을 알려주는 것이며, 기술 기업들은 자기 본분에만 충실하라는 뜻이기도 하다.

물론 이런 정부의 접근 방식에도 할 말은 있다. 예를 들어 미국 정부가 2008년 금융 위기에 대한 해결책으로 끝없는 협상과 타협 끝에 수백 쪽에 달하지만 아무도 내용을 이해하지 못하는 관계 법령을 만드는 대신, 월스트리트의 위험 관리 문화에 직접 개입해 개편을 시도했다면 어땠을까? 그렇지만 시진핑 주석과 중앙정부의 문화적 사고방식에 대한 간섭은 모든 사람을 불편하게 했고, 산업 전반에 걸쳐 좋지 않은 영향을 주었다.

시진핑 주석에 대해서는, 모든 면에서 60퍼센트 정도 옳다는 점이 오히려 문제라고 여겨진다(60퍼센트를 제시한 데는 이유가 있다. 덩샤오핑은 마오쩌둥이 70퍼센트는 옳고 30퍼센트는 틀렸다고 평가했다. 시진핑이 마오쩌둥보다 더 위대하다고 말할 수 있는 사람은 세상에서 단 한 명도 없을 것이다. 따라서 나는 마오쩌둥보다 약간 낮은 60퍼센트가 적당하다고 생각했다.). 대부분이 인정할 만한 장기적 목표를 향해 나아가고 있지만, 이 공학자 중심 국가는 변화를 달성하겠다는 명분을 앞세워 관련 산업 분야와 기업가에게 엄청난 타격을 가해 다시 일어설 수 없게 만든다. 설사 시진핑 주석의 판단이 옳다고 하더라도, 앞뒤 가리지 않는 해결책 제시는 상황을 더 악화시킬 뿐이다. 거대 기술 기업들이 너무 많은 권력을 지니고 있다고? 좋다. 그런 문제가 있다면 해결책을 찾아야겠지. 그렇다고 사업 자체를 짓밟는다면 나중에라도 기업가들이 다시 사업을 시작할 수 있을까? 주택 개발 업체들의 부채 규모가 너무 크다고? 하지만 바로 채무불이행으로 몰아세운다면 주택 구매자들의 신뢰가 무너지고 장기적인 부동산 침체를 가져올 뿐이다. 제대로 된 정부라면 부패를 척결하는 건 너무나 당연한 일이다. 그렇지만 시진핑 주석의 공포정치는 관료제 자체를 마비시켰다.

때로는 중국이 겪고 있는 여러 문제보다 베이징 중앙정부가 내놓는 해결책이 더 두렵게 느껴진다. 이건 공학자 중심 국가의 특징 중 하나인데, 중국 정부를 보고 있노라면 스스로 불을 지르고 그 불길을 잡으려는 소방관이 떠오른다. 우한의 관리들이 아무런 조치도 취하지 않은 후에야 중국은 국가적 노력을 기울여 한동안 코로나 바이러스 확산을 억제했다. 수십 년 전, 이 공학자 중심 국가는 한 자녀 정책으로 인구 증가 문제에 대응했다. 베이징 중앙정부가 쏟아내는 강력한 규제가 없었다면 경제적 신뢰도가 그렇게 취약한 수준으로 떨어지지는 않았을 것이다.

이 부분에서 법률가 중심 국가의 장점이 빛을 발한다. 미국 정부가 한 자녀 정책이나 제로 코로나 정책을 시행할지 모른다고 걱정할 필요가 있을까? 한 자녀 정책 같은 건 절대로 시행하지 않을 것이며, 제로 코로나 정책은 아예 시도조차 할 수 없다. 무엇보다 미국이 그렇게나 많은 기술 기업의 활동을 대놓고 가로막을까? 내가 이 책을 시작하면서 말했듯, 변호사는 부자들을 위한 좋은 하인이다. 중국의 기술 기업 창업자와 투자자는 실제로는 대단히 부유하다. 따라서 변호사도 없고, 개인의 권리를 옹호하는 정치 문화도 없는 중국에서 이들은 아무런 보호도 받을 수 없었다.

지금까지 많은 사람을 배척하고 따돌려온 시진핑 주석이 이제는 국가의 방향을 바꾸기로 한 걸까? 아니, 오히려 전보다 더 많은 공학자 출신이 정부 요직에 포진 중이다. 지난 2022년에 세 번째로 주석 임기를 시작한 시진핑 주석은 주요 측근들을 중국 항공 우주 및 방위 산업 임원으로 채웠다.[13] 모두 지금까지 대규모 개발 계획을 관리해온, 실무 경험이 풍부한 사람들이다. 중국 유인 우주선 개발을 진두지휘했던 위안자쥔袁家军은 충칭시 공산당 서기가 되었고, 원자력 공학자 리간제李干杰는 공산당 인사 관리 최고 책임자가 되었다. 그리고 중국 최대 방위 산업체 중 한 곳의 임원을 역임한 장궈칭张国清은 부총리가 되었다.

사회공학 역시 더욱 강조될 예정이다. 지난 2018년 시진핑 주석은 중국의 교사들이 영혼을 관리하고 개발하는 주체라고 찬양했는데, 그건 바로 100년 전 스탈린이 처음 한 말이다.[14] 이렇게 시진핑 주석의 지시가 가리키는 방향은 점점 더 구체적으로 바뀌어간다. 예컨대 공산당과 국가에 대한 사랑과 충성심은 어릴 때부터 시작되어야 한다고도 말했는데, 이는 '아이가 태어나면서부터 교육이 시작되어야 한다'는 뜻이다.[15] '공산당의 지시와 강령이 먼저 머릿속으로, 그리고 마음속으로 들어가 완전히 하나가 되어야 한다'는 뜻과 다르지 않다.[16] 거기에 베이징 공안부는 한술 더 떠서 '언제나 함께하는 밀착형 공안'이 되겠다고 약속했다. 더욱 가까이에서 필요하면 언제든 달려가는 공안이 되겠다는 건데, 이런 지시나 약속을 다른 나라도 아닌 중국에서 들으니 더 불길하게 느껴지는 건 왜일까.[17]

중국은 결국 미국을 제칠 수 있을까

시진핑 주석은 세 번째 임기를 시작한 2022년 이후 '극단적인' 전망과 관련해 더욱 어두운 분위기로 경고를 계속해왔다. 예컨대 국가 안보 관련 기관을 향해서는 "극단적 상황이 발생하더라도 국가 경제는 정상적으로 운영되어야 한다"고 말했는데, 이건 과연 무슨 뜻일까? 평소와 마찬가지로 표현 자체는 간접적이지만, 중국이 언젠가 세계와 단절되는 상황을 우려하고 있음을 분명하게 알 수 있다. 또 2023년에는 "최악의 상황이나 극단적인 상황을 미리 상정해 대비해야 한다"고도 말했다.[18] "강풍이나 거친 파도, 위험한 폭풍 같은 심각한 시험도 이겨낼 준비를 해야 한다." 그래서 시진핑 주석은 항공 우주 및 국방 전문가로 자신의 주변을 채웠다. 내가 볼 때는 중국을 거대한 요새로 만들려고 하는 것 같다.

시진핑 주석은 도대체 어떤 위험한 폭풍을 대비하라는 것일까? 아마도 서방 국가들과의 전면적인 갈등이 아닐까. 어쨌든 시진핑 주석의 영도 아래 중국이라는 공학자 중심 국가는 만일 전쟁이라도 일어난다면 반드시 승리하기 위한 노력을 진지하게 지속하고 있다.

시진핑 주석은 이미 중국을 높은 벽으로 둘러싸는 시도를 했다. 홍콩에서 지내던 2018년에 나는 사람들에게 중화인민공화국 건국 100주년이 되는 40년쯤 후에는 중국이 문을 걸어 닫는 통상이나 수교 거부 정책을 시작할지도 모른다고 말했다. 그때가 되면 중국은 다시 천상의 제국이 될 것이며, 국경 밖 야만인들의 소란에는 아랑곳하지 않는 태평성대를 누릴 것이다! 당연히 친구들은 내 말을 도저히 믿을 수 없다는 듯, 지금 같은 세계화 시대에 한 나라의 문을 걸어 닫는 일은 상상할 수조차 없다고 말했다. 하지만 그런 예상은 100주년의 주체에서 차이가 있었을 뿐이다. 중국은 공산당 창당 100주년을 맞은 2021년에 정말로 거의 모든 문을 걸어 잠갔다. 팬데믹 상황은 마치 사전 연습과 같았는데, 외부 세계와 단절되었을 때 중국의 삶이 어떻게 바뀌는지 시험하는 듯했다. 그리고 시진핑 주석은 그 결과에 만족했던 것 같다. 코로나 팬데믹 이후 시진핑 주석은 더욱 자립이라는 목표에 집중했다.

최근 몇 년 사이 놀란 점 중 하나는 예전 같으면 정기적으로 중국을 찾았을 많은 미국 사람들이 이제는 달라졌다는 사실이다. 이들은 대부분 중국 사정에 정통한 사업가나 투자자, 학자인데, 중국에 들어가면 다시 빠져나오지 못할까 봐 두려움을 느낀다고 한다. 크게 걱정할 건 없다고 생각은 하지만, 캐나다 국적의 두 사람이 간첩 혐의로 체포되거나 사업 관련 다툼 혹은 마약 혐의로 외국인에 대한 출국 금지 조치가 너무 자주 내려지는 걸 보고 난 후에는 역시 그런 두려움을 떨쳐내기가 쉽지 않다.[19] 그리고 딱히 이런 문제와 관련이 없는 사람들조차 디지털 생활이 불편하다는 점을 토로한다. 일반적으로 연결되는 통신망은 차단되는 경우가 많아 우회해서 연결하지 않으면 이메일 등으로 미국 사람이 고국에 있는 가족과 연락하는 데 어려움이 많다. 《뉴욕 타임스》나 《월스트리트 저널》 기사를 찾아보는 것도 힘들고, 중국 자체 결제 앱이 없이는 도시 지역이라도 돌아다니기가 쉽지 않다.

제로 코로나 정책이 끝난 후 나는 단 한 차례 중국을 다시 찾았다. 2024년 말의 중국은 코로나 팬데믹 전보다 더 요새 같은 분위기가 느껴졌다. 상하이조차 이상하리만치 조용했으며, 식당들도 전보다 훨씬 더 한산했다. 상점 거리에서도 사람을 찾아보기 드물었다. 소비자의 구매력이 떨어진 건 분명한 듯했다. 2022년에 코로나 바이러스 방역 조치는 종료되었지만, 경제가 제대로 회복되지 않자 사람들은 크게 불안해하는 것 같았다. 중국에 유학 온 미국 국적 학생이 약 1,000명에 불과하다는 사실은 미국과 중국 관계의 미래와 관련해 좋은 현상으로는 보이지 않는다. 코로나 팬데믹 이전만 해도 유학생 숫자는 그보다 10배는 더 많았다.[20]

중국은 서구의 여러 선진국과 점점 거리를 두고 있다. 2012년에 시진핑이 공산당 총서기에 임명되었을 때, 당은 중요한 결단을 내렸다. 중국은 미국의 전철을 밟지 않겠다! 지난 몇 년 동안 월스트리트에서 시작된 금융 위기로 중국 지도자들은 큰 불안감을 느꼈다. 과연 그렇게 불안정한 제도나 체계를 중국도 따라가야 할까? 그리고 이 무렵에 중국에서는 헌법에 대한 논쟁도 마무리되었다. 그 전까지는 일부 중국 법학자들이 공산당도 헌법을 따라야 한다는 개념을 주장하기도 했다. 변호사들은 개인의 자유 보호와 관련된 재판에서 눈부신 승리를 거두며 국내 언론의 주목을 받았다. 하지만 그런 분위기는 곧 가라앉았다. 중국의 대법원인 최고인민법원은 사법부 독립이라는 개념을 공개적으로 비난했는데, 다시 말해 중국 공산당은 헌법 위에 군림하는 존재라는 뜻이었다. 돌이켜 보면 시진핑이 총서기와 주석 자리에 오른 것 역시 미국의 전철을 밟지 않으려고 공산당이 세운 계획의 일부인 게 분명하다.

중국의 경제는 흔들리고 있으며, 중앙정부는 점점 더 강경하게 변하고 있다. 중국은 부채 문제, 서방과의 적대적 외교 문제, 외국으로의 탈출 시도가 늘어나기 전부터 문제였던 인구 감소 같은 여러 문제에 직면하고 있다. 그리고 이런 모든 상황이 예측하기 어려운 정치적 요인 때문에 더욱 나빠지고 있다. 여기서 예측 불가능한 정치적 요인이란 점점 나이 들어가는 독재자들이 보여주는 조급한 성향이다. 시진핑 주석이 여든 살 넘어서까지 집권할 수 있다고 볼 때, 이것은 확실히 심각한 문제다.

아시아가 주도하는 새로운 세기는 여전히 진행 중일까? 아시아의 미래에 대한 질문은 누가 '승리'하느냐보다 더 흥미롭고 미묘한 문제다. 중국이 정말로 초강대국이 되어 미국을 압도할 거라는 생각은 들지 않지만, 그 문제 역시 여전히 진행 중인 중요한 주제라고 할 수 있다.

공학자 중심 국가는 여전히 놀라운 역량을 갖추고 있다. 시진핑 주석이 경제성장보다 국가 안보를 더 중요시하는 데 점점 더 익숙해졌지만, 그렇다고 해서 중국이 북한처럼 변했다는 건 결코 아니다. 중국 기업들은 여전히 신뢰할 수 있는 환경에서 운영되고 있는데, 다만 확실히 제약이 더 많아졌다. 중국과 서방측과의 관계는 그다지 우호적이지 않지만, 무역과 교육 관련 교류는 끊어지지 않을 것이다. 그리고 중국은 여전히 자신의 발자국을 남기고 싶은 야심만만한 사람들로 가득 찬 거대한 시장으로 남을 것이다. 이제 중국은 갈등 많은 혼란한 세상에서 자신을 스스로 보호하기 위해 꾸준히 노력하고 있다.

중국이라는 공학자 중심 국가에는 여전히 장점이 많다. 2017년 이후에도 변하지 않은 나만의 생각이 있는데, 중국이 제조 산업 분야에서 기술을 이끌어가는 나라가 될 것이라고 그 어느 때보다 강하게 확신한다.

마르크스 사상을 따르는 사람들은 모순을 통해 추론하기를 좋아한다. 중국이 직면한 가장 중요한 모순은 무엇일까? 나는 중국과 관련된 머리기사를 읽을 때 두 가지 현실을 비교하며 조화시켜야 한다고 생각한다. 첫째, 중국에서 부유층, 창의적 계층, 그리고 절박함에 몰린 계층은 시진핑 주석 3기에 들어서 더욱 만연한 경제적, 정치적 암울함에서 탈출하기로 했다. 둘째, 중국의 제조업은 전기 자동차, 청정 기술, 그리고 기타 첨단 기술이 더욱 숙련됨으로써 성장을 거듭하고 있다.

이러한 상반된 상황을 어떻게 하나로 합칠 수 있을까? 그것도 공학자 중심 국가라는 개념까지 얹어서 말이다. 기술자와 공학자가 경제와 사회 분야에 무모하게 개입함으로써 불만이 쌓인 많은 사람이 결국 재산까지 정리해 중국을 떠났다. 그러는 사이 중국은 기술 강국 건설이라는 목표 달성을 위해 전진 중이다. 나는 이 목표가 분명 달성될 수 있다고 믿는다. 다만, 개인적으로는 시진핑 주석의 더 큰 도박, 다시 말해 중국이 경제 규모뿐만 아니라 외교적 영향력, 문화적 생산력, 그리고 국가적 위상 등 모든 면에서 미국을 제치고 세계 최고의 국가로 올라서겠다는 목표는 달성하기 어렵다고 본다. 공학자 출신의 통제와 간섭에 대한 집착이 중국 체제의 근본적인 한계라고 보지만, 어쨌든 중국을 21세기 첨단 기술 공급망에서 지배적 위치에 오른 선진 제조 업체로 만들고, 거기에 필적할 만한 군사력까지 갖추어 아시아에서 미국의 패권에 도전할 기회를 잡을 수 있도록 밀어붙이는 것도 바로 공학자들이다.

중국 사회 곳곳을 지배하는 공학 국가 특유의 경직성

공학자들은 여러 면에서 서툰 점이 많다. 예컨대 문화 상품을 만드는 일에는 정말 어울리지 않는다. 코로나 팬데믹이 절정에 달했을 때 시진핑 주석은 중국이 더 '사람들 마음에 들어야 한다'고 선언했다.[21] 전 세계가 코로나 바이러스를 확산시킨 원인으로 중국을 지목하고 비난하면서 중국에 대한 인상이 크게 나빠졌다는 게 이유였다. 그렇지만 중국의 인상이 나빠진 데는 더 근본적인 원인이 있는데, 지난 40년 동안 공학자 중심으로 국가를 운영하면서 전 세계가 매력적으로 여길 만한 문화 상품을 전혀 만들어내지 못한 것이다.

나는 미국 사람들에게 중국이라고 하면 어떤 문화 상품이 떠오르는지 묻곤 한다. 그러면 세계인을 자처하는 사람도 잠시 생각에 잠긴다. 그래, 다 함께 한번 생각해보자. 그러면 보통은 특정 분야에 치우친 대답이 나온다. 우선 〈홍등大红灯笼高高挂〉을 감독한 영화감독 장이머우張藝謀에 대한 이야기가 나온다. 좀 더 예술적인 면에 관심이 있다면 자장커贾樟柯 감독의 이름을 언급하기도 한다. 최근에는 류츠신의 소설 『삼체』에 대한 관심도 높아졌다. 틱톡? 하지만 해외에서 틱톡으로 중국과 관련된 내용을 보는 경우가 그다지 많지 않아서 문화적으로 얼마나 중요한 의미가 있는지는 잘 모르겠다. 현대미술 작품 수집가나 컴퓨터

게임을 좋아하는 사람들은 할 말이 더 있겠지만, 전반적으로 볼 때 대부분의 미국인은 중국의 음악이나 미술, 영화, 문학작품을 굳이 찾아서 보지는 않는다.

그게 편견 때문일까? 그렇게 생각되지는 않는다. 미국에서 동아시아의 문화 상품을 받아들이는 데 문제가 있다고 생각하는 사람은 없다. 일본은 미국에서 만화와 만화영화, 노벨상 수상 작가의 작품, 그리고 소니 워크맨과 닌텐도 게임보이 같은 인기 상품을 포함한 대중문화의 대유행을 일으켰다. 한국 역시 대중음악을 비롯해 〈기생충〉이나 〈오징어 게임〉 같은 새로운 작품으로 큰 관심을 받는다. 중국의 젊은이라면 국내 작품을 보는 것만큼이나 자주 한국 혹은 할리우드 작품을 볼 가능성이 크다.

중국이 본격적으로 문화를 개방한 지 40년이 지났지만, 세계 문화 시장에서 중국은 일부 예술 분야에서만 조금 두각을 나타냈을 뿐이다. 공학자들은 설득과 공감이라는 개념을 모르기 때문이다. 거기에 중국 공산당은 당은 항상 옳으며, 모든 실수는 반역자나 외국인 탓이라는 주장만 고집한다. 공학자 중심 국가는 잘못을 인정하고 상대방을 설득하는 대신, 다른 의견이 나오면 그저 무조건 검열부터 시작한다. 시진핑 주석은 전 세계로부터 억지로라도 존경이나 존중을 받고 싶은 사람으로 여겨지는데, 그러면 그럴수록 절대로 원하는 존경을 받지 못할 것이다.

그렇다면 중국 사람은 문화적 상상력이 부족한 걸까? 그렇지 않다. 오히려 창의성을 억압하는 건 중국 정부가 아닌가. 나는 중국의 아이들이나 젊은 세대가 가혹한 억압 또는 검열만 없다면 시진핑 주석의 말처럼 누구나 좋아할 만한 문화를 만들어낼 수 있다는 사실을 잘 알고 있다. 2023년 베이징의 한 희극 공연 무대에서 군대에서 사용하는 구호를 이리저리 바꿔 농담을 조금 했는데, 바로 탄압이 이어졌다. 당시 무대 주인공이었던 리하오시李昊石는 구금되고 소셜 미디어 플랫폼까지 계정이 정지되었으며, 무대를 주최했던 회사는 200만 달러의 벌금을 물었다.[22] 지금까지 공연 몇 주 전에 검열 기관에 대본부터 제출하고 공연했던 비슷한 극단들은 이후 아예 모든 공연이 취소되었다.[23] 상하이의 경우 몇 개월 이상 모든 무대가 문을 닫았다.

공학자들은 농담을 받아주지 않는다. 정치적 편집증에 사회적 통제까지 만연한 분위기에서 예술을 꽃피우기란 어려운 일이다. 오늘날 중국의 예술가나 작가는 사회주의 핵심 가치를 따라야 하며, 작품에 정치적 비판을 담아서는 안 된다. 영화감독들은 도무지 이해할 수 없는 이유로 자신의 영화가 극장이나 국제 영화제에서 사라지는 모습을 지켜본다. 그렇게 해서 중국 국내에서 개봉되는 영화는 대부분 제작비를 퍼부은 민족주의 대작, 촌스러운 애정물, 혹은 초자연적인 공상 과학물이다. 당연히 정상적인 해외 공개나 판매는 불가능에 가깝고, 중국 관객에게조차 인기가 있는 것도 아니다.

공산당 선전부는 언론 매체를 잘 가꾼 정원처럼 취급해왔다. 위키피디아, 소셜 미디어는 물론 여러 언론 사이트 접속을 차단하면서 외국 소식은 다 가로막았다. 국내 극장 상영을 허락받는 할리우드 영화는 매년 몇 편 되지 않는다. 예술가들은 정치적 감수성에 맞춰 작품을 다듬어야 하며, 그렇지 않으면 예술 행위 자체가 금지된다는 사실을 잘 알고 있다. 또 모든 선전 기관이 공산당의 의견을 널리 알리기 위해 열심히 노력한다. 중국의 서점에 들어가면 대단히 높은 확률로 입구부터 시진핑 주석의 글이나 연설을 모아 정리한 책이 깔끔한 모습으로 전시되어 있다. 보는 사람이 별로 없어서 늘 깔끔한 모습인지도 모르겠지만. 그리고 박물관에 들어가면 전시물과는 전혀 상관없는 시진핑 주석의 어록이 벽에 붙어 있는 것도 볼 수 있다. 바이트댄스를 포함해 정부가 관여하지 않는 플랫폼까지 정부의 선전 내용을 언제든 올릴 수 있도록 화면에서 눈에 가장 잘 보이는 부분을 항상 비워둔다.

통제에 대한 공학자들의 편집증은 강대국의 또 다른 조건인 국제 금융 시장에서 인정받는 통화 지위 확보를 가로막는 또 다른 장애물이다. 미국 달러는 전 세계를 지배하는 기축통화로 압도적인 사용 비중을 차지하고 있는데, 거기에 반해 중국의 위안화는 전 세계 결제 금액의 약 3퍼센트만 차지할 뿐이다. 게다가 이 수치는 지난 10년 동안 거의 달라지지 않았다. 베이징 중앙정부는 국고 유출을 막기 위해 엄격한 자본 통제를 시행해왔으며, 차입 비중이 높은 중국의 금융 체제가 안정적으로 유지되는 비결이기도 하다. 하지만 세계 금융 기관들은 바로 이런 통제를 가장 혐오한다. 따라서 중국이 자본의 자유로운 흐름을 간섭하고 가로막는 한, 다른 나라들이 중국 위안화를 원하고 사용하는 데도 한계가 있을 수밖에 없다.

전 세계로 뻗어나간 중국의 건설 역량, 일대일로 프로젝트

지금까지 열거한 여러 이유 때문에 중국의 위상이 많이 흔들리기는 했지만, 그래도 꾸준히 잘해온 일이 하나 있다. 공학자들이 가장 좋아하는 일, 바로 건설이다. 중국에서 건설 분야는 국내에서 발생한 물질적 이익을 아주 가난한 지역에까지 퍼뜨림으로써 사람들에게 많은 도움을 주었고, 경제 분야 전반에 걸쳐 식량과 에너지 회복력을 구축하는 데도 도움을 주었다. 공학자 중심 국가는 여전히 21세기 기술 공급망의 대부분을 장악할 수 있는 선진 제조 업체가 되기 위한 길을 걷고 있다. 그리고 건설에도 신경 쓰면서 다른 개발도상국의 인정과 지원을 어느 정도 확보했다.

중국의 사회 기반 시설 혹은 간접 자본 수출은 시진핑 주석의 대표적 정책 중 하나인 일대일로一帶一路 사업의 핵심 요소다. 중국 기업들은 도로와 교량, 철도, 댐, 발전소 등의 건설에 대한 전문성을 해외에 유감없이 전파하고 있으며, 여러 독재 정권의 열렬한 지지를 받는 감시 장치며 검열 도구 등도 수출 중이다. 중국은 또한 150여 국가에 1조 달러 규모의 대출을 포함해 과감한 해외 투자도 진행했다.[24] 중국은 동남아시아의 철도, 유럽의 항구, 그리고 아프리카의 경전철과 도로, 교량, 도서관, 운동경기장 등 여러 시설에 대해 대출 형태로 자금과 기술을 지원했다. 세계적인 회계 자문 법인 딜로이트Deloitte에 따르면 중국은 아프리카 대륙의 기반 시설 건설에 가장 큰 자금을 지원하는 국가가 되었으며, 아프리카 대륙 건설 계획 4개 중 1개에 참여하고 있다.[25]

그렇지만 결과에 대한 평가는 엇갈린다. 일부 기반 시설 건설은 중국이 무역 중심지로 자리매김하는 데 큰 도움이 되었다. 예를 들어 이웃 국가인 라오스와의 고속철도 연결은 수출과 투자 확보에 많은 도움이 되었다. 그러나 중국 건설 회사조차 해외 건설 참여 시 비용 초과나 일정 지연의 위험에서 자유로울 수 없다. 일대일로의 주요 사업 중 하나가 인도네시아 수도 자카르타와 반둥을 연결하는 고속철도였는데, 이 철도는 완공 후 이용률이 높긴 했지만 결과적으로 예산이 10억 달러나 초과되었고 일정도 4년이나 더 걸렸다.[26] 현지 주민들은 일대일로 계획이 진행될 때 필요한 모든 노동력을 중국에서 끌어와 조달한다고 불평한다. 그 때문에 이 계획서에 서명한 여러 국가가 이후 탈퇴했는데, 이탈리아가 대표적이다. 중국 인터넷에는 2장의 사진이 널리 퍼졌다.[27] 2017년 일대일로 회의 당시 120개국의 세계 지도자들이 모여서 찍은 사진, 그리고 2023년 같은 주제로 다시 회의가 열렸을 때 36명만 참석한 사진이다.

중국 건설 회사들이 외국인 노동자나 현지 환경에 대해 일관되게 존중하는 모습을 보여준 것도 아니고, 일대일로 계획에 참여한 여러 국가가 중국 정부에 채무 탕감을 요구하고 있음에도 어쨌든 중국은 수익을 올린 것으로 보인다. 일단 세계은행은 2024년 일대일로 계획으로 중국이 의미 있는 수익을 창출했지만 규모는 생각보다 크지 않다고 밝혔다.[28] 중국은 원하는 국가에 가서 필요한 기반 시설 구축을 도왔고, 따라서 관련된 개발도상국들이 미국이나 유럽보다 중국을 더 긍정적으로 평가하는 건 그리 놀라운 일이 아니다.[29]

중국은 다른 개발도상국들도 중국 편으로 끌어들이는 전략을 택했다. 이런 개발도상국들의 인구가 수십억 명에 가깝고 미국이나 유럽보다 경제성장률이 높은 상황에서, 중국이 굳이 서방측과 우호적인 관계를 유지할 필요가 없다는 주장도 할 수 있다. 물론 실제 상황은 그렇지만 아프리카나 동남아시아, 그리고 남아메리카의 소비자는 유럽 국가 소비자보다 구매력이 훨씬 낮다. 그렇게 중국 기업이 여유가 더 많은 소비자를 놓치고 경쟁자들과 싸우는 데 필요한 수익도 잃는다면 세계 산업을 선도하겠다는 꿈도 더 멀어질 것이다. 거기에 개발도상국 제조 업체들도 그동안 중국의 수출 독주로 어려움을 겪어왔기 때문에 외교 관계가 쉽게 풀리지 않는 문제도 있다. 브라질을 비롯해 인도, 인도네시아, 그리고 남아프리카공화국 등이 중국에 무역 불균형을 바로잡아달라는 요청을 해놓은 상태다.[30]

에너지부터 식량까지, 공산당 지도부가 꿈꾸는 자급자족

공학자나 기술자가 특히 잘하는 분야가 또 있는데, 바로 경제의 회복 탄력성을 구축하는 것이다. 중국은 효율성이나 납품기일 준수 등에 집중하기보다 예상치 못한 충격을 줄일 수 있는 장치, 그리고 만약을 대비한 여분의 설비 등에 주로 투자해왔다.

또 중국은 에너지 안보를 대단히 중요하게 생각한다. 태양광을 비롯해 풍력, 원자력 등을 이용한 저탄소 발전 용량 확보를 위해 중국이 기울인 막대한 노력은 에너지 자원의 자급자족을 이루려는 더 큰 의도의 일부로 이해해야 한다. 중국은 석유를 실어 오는 바닷길 접근에 문제가 생길 때 발생할 수 있는 충격을 완화하기 위해 노력하고 있는데, 중국이 2023년에 전 세계 모두를 합친 것보다 20배는 더 많은 석탄발전 용량을 추가로 확보한 것도 바로 그런 이유 때문이다.[31] 중국이 기후변화 문제를 외면하는 건 아니지만, 그렇다고 풍부한 석탄 매장량이 주는 이득을 무시하는 것도 아니다. 중국이 전기 자동차 개발에 그렇게 노력을 기울이는 것도 두 마리 토끼를 잡기 위함이며, 따라서 수입하는 석유보다 국내산 석탄을 이용한 전력 생산에 더 집중하고 있다.

중국이 또 중요하게 생각하는 게 바로 식량 안보다. 시진핑 주석이 밭 한가운데 서서 "중국의 밥상을 중국산 작물로" 같은 어찌 보면 참으로 서민적인 말을 했다고 알려져 있는데, 코로나 팬데믹과 러시아의 우크라이나 침공은 베이징 중앙정부가 식량 자급자족에 더욱 큰 관심을 가지도록 만들었다. 중국 지도자들은 과거 여러 제국이 결국 식량 부족으로 무너졌다는 사실을 잘 알고 있다. 쌀이나 밀 같은 곡물의 자급자족 수준이 곧 지방 관료의 주요 평가 기준이 되며, 다양한 종류의 먹을거리가 해당 지역에서 골고루 생산될 수 있도록 신경 써야 한다. 곡물 말고도 다른 먹을거리 재배에 할당한 토지는 얼마인지, 주민 대부분이 걸어서 이동할 수 있는 범위 안에서 먹을거리 확보가 가능한지, 식품 안전과 관련된 문제는 없는지, 가격은 안정적인지 등도 또 다른 평가 기준이 되는 것이다.

고속열차에 올라타 베이징을 벗어나면 곧바로 농경지가 눈에 들어온다. 차를 타고 상하이 바깥으로 나가면 다양한 작물을 재배하는 온실이 끝없이 늘어서 있는 걸 볼 수 있다. 시진핑 주석이 언급한 후 중국은 최근 몇 년 동안 간척지를 개간하고 문을 닫은 광산 등의 농지 전환을 시도해왔는데, 그다지 높은 생산성을 기대할 수 없어도 관련 작업은 계속 진행되고 있다. 하지만 나는 중국이 환경문제를 일으키는 골프장을 폐쇄하고 그 땅을 다시 농지로 바꾼다면 생산성과 관계없이 언제든 환영할 생각이다.[32]

다만 이런 자급자족 정책 추진으로 도시 근교의 가치 높은 토지가 농작물 재배에 적합하지도 않은데 농지로 묶여 있는 부작용도 발생했다. 게다가 중국 노동력의 상당 부분이 농업에 집중된 것도 큰 문제다. 지난 세대에 걸쳐 급속한 도시화가 이루어졌지만, 중국의 농촌 인구는 여전히 미국의 2배에 가깝다. 덕분에 코로나 팬데믹 기간에도 중국은 심각한 식량 부족은 겪지 않았다. 봉쇄 조치가 가장 엄격하게 시행된 우한, 시안, 그리고 상하이 주변에도 충분한 농지와 온실이 있어 먹을거리를 생산했는데, 다만 앞서 언급했듯 물류 체계의 문제로 모든 주민에게 적절하게 공급하기 어려웠다. 어쨌든 이렇게 중국의 식량 공급 체계가 상당히 안정적이었던 반면, 2020년 팬데믹 초기 미국 저소득층은 먹을거리 확보와 관련해 크게 불안정한 상황을 겪었다.[33] 미국의 경우 육류를 비롯한 각종 신선 상품 생산이 비교적 일부 지역에 집중되어 있고, 중서부 도축장에서 노동자들이 코로나 바이러스에 감염되자 동부 해안 식료품점에서 육류가 동이 나기도 했다.

팬데믹 기간에 미국에서 부족했던 건 비단 먹을거리만이 아니었다. 개인 방역 장비를 비롯해 가구나 반도체처럼 부족한 물품의 종류는 상당히 다양했다. 중국 정부와 기업은 대부분 다양한 물품을 상당량 확보해 회복력을 높이는 경향이 있다. 그런데 미국 기업은 늘 '필요 이상의 재고는 나쁘다'라고 생각한다. 실제로 필요 이상의 생산능력이 중국 기업, 특히 국영기업의 수익 계산에 악영향을 미치는 건 사실이지만 위기 상황에서는 더 효과적으로 대응할 수 있다. 제조업과 식량 생산능력에 충분한 여유가 있다면 또 다른 팬데믹이나 예상치 못한 전쟁이 발생하더라도 충분히 대처할 수 있다는 뜻이다.

미·중 갈등과 중국의 기술 자립

중국이 공학자 중심 국가로 변모한 후 가장 중요하게 생각한 문제가 바로 제조 역량 구축이다. 지금 중국은 많은 역풍을 맞고 있지만, 다양한 기술집약적 산업과 군사력 부문에서는 입지를 계속해서 강화하고 있다. 미국이 외교와 금융, 그리고 혁신 분야에서 중국을 앞질러도, 실제로 어떤 물건도 제대로 만들어내지 못한다면 이 두 강대국 사이의 경쟁은 더욱 치열해질 것이다.

중국을 가장 든든하게 뒷받침하는 요소는 3장에서 언급한, 절차적 지식을 보유한 믿을 수 있는 기술 인력이다. 《월스트리트 저널》 경제 평론가 그레그 입Greg Ip의 추정치에 기반해, 중국 경제의 50퍼센트가 기능을 제대로 수행하지 못할 수도 있지만

5퍼센트는 매우 잘해내고 있다. 그리고 바로 이 5퍼센트가 미국을 위협한다. 중국의 제조 역량이 미국의 산업 기반을 조금씩 무너뜨리고 있기 때문이다.

중국 기업들이 청정 기술 공급망의 여러 분야, 특히 태양광과 배터리 기술 분야를 완전히 장악하고 있다는 사실을 기억하자. 그리고 비록 대부분 테슬라 같은 외국 기업 상표를 달고 있기는 하지만, 중국은 지금도 전 세계에 전기 자동차를 수출하고 있다. 또 일반 소비자용 무인기와 산업용 로봇, 금속가공 설비 같은 모든 종류의 첨단 제조업 분야에서 입지를 단단히 굳혔다. 아직 반도체와 항공 분야에서는 뒤처져 있지만, 공급망이 구축되어 있으며, 더 우수한 기술을 따라잡기 위해 노력 중이다. 이렇듯 중국의 성공을 위한 여러 토대는 시진핑 주석이 취임하기 전에 마련되어 있었다. 이 활기 넘치는 기술 및 생산의 생태계는 매일 얼굴을 마주하고 문제를 해결하는 설계자, 공학자, 그리고 기술자로 구성되어 있을뿐더러, 이들의 운명이 반드시 베이징이나 워싱턴 D. C의 정책 개발에 따라 좌우되는 것도 아니다.

결국 가장 중요한 건 사람이다. 중국에는 제조업 종사자가 약 1억 명에 이른다. 중국 인구는 분명 감소하고 있지만, 첨단 기술 생산에 종사하는 노동력은 극히 적은 숫자에 불과하다는 사실을 기억하자. 예컨대 독일과 일본은 제조업 종사자가 각각 800만 명과 1,000만 명으로 중국에 비해 훨씬 적지만 강력한 수출국이다. 반도체 산업이 자리를 잡는 데 많은 인력이 필요할까? 실제로는 수준 높은 기술 훈련을 받은 인력 수십만 명이면 충분하다.[34] 2025년에 중국에서는 미국보다 2배 이상 많은 STEM 분야(과학Science, 기술Technology, 공학Engineering, 수학Mathematics의 앞 글자를 딴 용어—옮긴이) 박사 학위 소지자가 배출될 예정이며, 미국 대학 졸업자 중 상당수가 중국 국적자로 이들이 중국으로 돌아올 가능성이 크다.[35]

시진핑이 세 번째 주석 임기를 시작하면서 내세운 국가의 주요 과제가 바로 기술 강국이다. 그리고 처음 주석 임기를 시작했을 때부터 역사적으로 중국의 가장 큰 문제는 기술 부족이라고 언급한 바 있다. 시진핑 주석에 따르면 청나라는 '서양의 함선과 대포'에 포위당한 사이 내부적으로 무너지면서 결국 근대화를 이룰 수 없었다.[36] 시진핑 주석은 곧이어 10대 기술 산업을 장악하기 위한 포괄적 계획안 '중국 제조 2025中国制造 2025'를 발표한다. 2023년에는 베이징 중앙정부가 새로운 고위 기관인 중앙과학기술위원회中央科技委员会의 설립을 발표했다. 그리고 이듬해인 2024년에 시진핑 주석은 다시 2035년까지 중국은 '과학기술 초강대국'이 되어야 한다고 선언했다.

2024년에 나온 과학기술부의 한 논평에 따르면 '국가 간 국력 경쟁은 본질적으로 과학기술 혁신의 경쟁이며, 궁극적으로 어떤 정치체제가 우월한지 증명하는 잣대'라고 한다.[37] 그런데 이는 더 나은 경제적 성과를 창출하는지, 더 큰 예술적 또는 지적 번영을 이끌어내는지, 혹은 국민을 위한 더 일반적인 복지를 제공하는지 등의 여부로 국력을 판단하지는 말라는 뜻으로 들릴 수도 있는 이상한 주장이다. 지난 시절 냉전이 벌어졌을 때 미국과 소비에트연방은 더 광범위한 성공의 기준을 두고 서로 다투었다. 그런데 시진핑 주석과 중국의 지배 계층은 마치 앞서 소개했던 산업당의 신념을 반영이라도 하듯 과학기술 분야에서 누가 더 잘할 수 있는지가 모든 걸 결정한다고 주장한다.

중국의 과학기술 발전을 부추긴 건 결과적으로 미국이었다. 트럼프 대통령은 첫 임기 동안 중국 수출 업체를 상대로 무역 전쟁을, 주요 기술 기업을 상대로는 기술 전쟁을 일으켰다. 화웨이를 비롯해 무인기 제조 업체 DJI, 반도체 업계의 선두 주자 SMIC 등 중국 첨단 기술 기업을 기준이 모호한 제재 명단에 올려 미국 기술에 대한 접근 자체를 막았다. 그러자 일부 중국 기업은 파산 직전까지 몰렸다. 동시에 트럼프 행정부의 법무부는 미국의 과학자, 그것도 주로 중국계 과학자를 범죄자로 내몰았다. 연구 진실성과 관련된 딱히 대수롭지 않은 문제로 기소된 것이다. 트럼프의 뒤를 이은 조 바이든 행정부도 기술 통제를 확대해 모든 첨단 반도체와 반도체 제조 설비가 중국에 판매되기 전에 미국 정부의 승인을 받도록 요구했다.

나는 이런 기술 제한과 관련된 여러 사연을 몇 년에 걸쳐 취재했다. 그리고 취재와 조사가 거듭될수록 미국이 과학자들을 기소하고 반도체 제조 업체의 판매 활동을 차단해 중국의 과학 및 산업 기반을 파괴하려는 전략에 더욱 전념하고 있다는 생각이 들었다. 미국은 자국에서 세계를 깜짝 놀라게 할 혁신을 일으키기는커녕, 오히려 중국이 그렇게 할 수 있도록 힘을 실어주는 건 아닌가 하는 생각이 들 정도였다.

중국의 첨단 기술 선도 기업들은 세계적인 경쟁력을 갖춘 제품을 만들어 판매하기 위해 항상 미국산 반도체를 구매해왔다. 지금까지는 중국 기술이 충분하지 않다는 단순한 이유로 중국 정부의 국내 공급 업체 거래 요청을 무시했지만, 트럼프 행정부는 이런 중국 기업들이 미국 기술과의 단절을 두려워할 만한 이유를 제공했다. 그렇게 해서 지금까지 국내 산업 기반 구축을 꺼려온 중국 기업들은 중국 정부가 내세운 자립 의지를 완전히 따르게 되었다. 바로 미국 정부가 그렇게 만든 것이다. 중국의 가장 역동적인 기술 기업이 지금까지 미국으로 보낸 모든 자금과 공학 인재는 이제 중국에만 머물게 되었다.

이제 미국 기업만 믿고서 사업을 꾸려나갈 수 없다는 사실을 중국뿐만 아니라 전 세계 다른 기업까지 알게 되었는데, 꼭 그랬어야만 했을까? 그렇게 수출을 제한했어도 미국산 반도체 없이 버티는 방법을 찾아낸 중국 기술 기업은 심각한 타격을 입지 않았다. 가장 강력한 제재를 받았던 화웨이도 여전히 전 세계에 5G 장비를, 그리고 중국 내에는 스마트폰을 판매하고 있다. 나는 트럼프 행정부의 혼란스러운 정책 결정과 바이든 행정부의 허술한 실행으로 미국과 중국 사이의 기술 경쟁이 최악의 상황으로 치닫고 있다고 생각한다. 어설픈 기술이나 수출 제한은 중국의 가장 역동적인 기술 기업들을 무너뜨리지 못했고, 미국이라는 속박에서 벗어나려고 발버둥 치도록 동기를 부여했다.

베이징 중앙정부 역시 자국 기업의 기술 개발에 적극적으로 자금을 지원하고 있다. 부동산 개발에 대한 은행 대출이 중단되면서 대신 제조 업체로 흘러 들어가는 자금이 급증했다. 베이징 중앙정부가 이러한 상황에 일정 부분 개입했다는 건 부인할 수 없는 사실이다. 부유층이나 창의적인 젊은이들은 중국을 떠나고 있지만 과학자의 숫자는 늘어나고 있다. 2020년 이후, 유명 중국계 과학자들은 트럼프 행정부의 연구 부정 관련 조사에 얽혀 미국을 떠나야 했다. 2010년에 미국에서 중국으로 떠난 중국계 과학자는 1,000명에도 못 미쳤지만, 2021년에는 2,500명 이상이 미국을 떠났다.[38] 중국 언론도 미국 명문대에서 중국으로 돌아오는 생물학자나 수학자를 적극적으로 환영하는 분위기다. 시진핑 주석은 불만 가득한 젊은이들과 경력직 과학자들의 이런 교환을 반기지 않을까.

경직된 정치 환경이 기술 혁신을 낳는 아이러니

그런데 늘 긴장된 정치 환경 속에서 과연 과학이나 기술 연구가 가능할까? 나는 중국에는 '언론의 자유가 없어서' 혁신을 이룰 수 없다는 말을 자주 듣는다. 시진핑 주석이 안 그래도 경직된 중국 언론 분위기를 더욱 억누르고 있다는 사실은 의심의 여지가 없다. 자유로운 사고와 분위기는 인문학과 사회과학에 꼭 필요하다. 하지만 자연과학에도 그런지는 확신할 수 없다. 화학, 물리학, 수학, 공학에서 정치적 요소는 거의 찾아볼 수 없다. 역사적으로만 봐도 독재 체제 아래에서 놀라운 기술 발전이 이루어진 사례는 얼마든지 있다.

예를 들어 독일의 역사를 살펴보자. 19세기 프로이센 왕국에서는 전제정치와 근대식 연구 중심 대학의 출발이 동시에 이루어졌다. 철혈 재상 비스마르크가 프로이센을 중심으로 독일을 통일한 후 통일 독일은 전기공학뿐만 아니라 화학, 그리고 관련 산업 분야의 선구자가 된다. 나치 독일 치하에서는 노벨상 수상자도 나왔지만, 세계 최초의 탄도미사일과 최초의 제트엔진 전투기도 개발되었다. 소비에트연방의 사례도 마찬가지로, 스탈린의 공포정치가 이어지는 동안 획기적인 연구 결과가 계속 쏟아져 나왔다. 당시 수소폭탄 이론 전문가나 우주 개발 계획 책임자 등 수많은 과학자가 숙청당했지만, 유배지에서 겨우 빠져나온 얼마 되지 않는 과학자 중에서도 노벨상으로 이어지는 연구를 할 사람이 있을 정도였다. 그렇게 소비에트연방에서는 대숙청의 주역 라브렌티 베리아Lavrentiy Beria의 지휘 아래 원자폭탄이 탄생했다. 나치 독일과 마찬가지로 가장 극심한 폭정이 휩쓸던 시기에도 소비에트연방의 과학은 발전에 발전을 거듭했다.

물론 지금의 중국 분위기는 히틀러나 스탈린이 통치하던 극단적인 시대와는 전혀 다르다. 그런데 과학은 어떻게 독재와 공존할 수 있을까? 내 생각에는 과학의 전제 조건인 풍부한 자금이 언론의 자유보다 과학에 훨씬 더 중요하기 때문인 것 같다. 그리고 이런 조건은 독재자가 가장 잘 채워줄 수 있다.

역설적인 이야기지만, 억압받는 사회가 오히려 과학자들에게는 주변 세계의 문제에 주의를 기울이지 않고 연구에만 더욱 몰두할 수 있는 환경을 제공하는 게 아닐까. 나도 독재가 무조건 과학 발전에 좋다고 생각하는 건 아니다. 그저 독재정치에서 꼭 과학도 함께 무너지는 건 아니라고 생각할 뿐이다. 중국은 억압이 점점 심해지는 분위기 속에서도 태양광발전, 전기 자동차, 로봇 팔 등 첨단 산업 분야에서 상당한 진전을 이루었다. 시진핑 주석은 이제 과학자들을 물심양면으로 지원하고 있다. 나는 대부분 미국에서 교육받은 중국 과학자 20여 명을 만나 이야기를 나눴는데, 이들은 미국 대학보다 중국 대학에서 연구비를 받는 게 더 쉽다고 말했다. 중국에서 연구비는 별다른 조건 없이 제공되지만, 미국의 경우 국립과학재단NSF에서 연구비를 받으려면 주어진 엄격한 형식에 맞춰 끝없이 이어지는 보고 요건을 채워야 한다. 그리고 정보를 제대로 공개하지 않을 때는 법적 처벌도 가능하다는 조항이 있다.

나는 중국이 과거 동독보다 더욱 큰 성공을 거둘 수 있다고 본다. 동독은 정치적 통제와 엄격한 감시가 이루어지는 상황에서도 과학기술 분야에서 큰 성과를 거두었다. 중국 공산당은 정치적 분위기와는 상관없이 과학기술 발전을 추구할 것이다. 동독은 과거 냉전 시대 공산주의국가 사이에서는 선두 주자였지만, 그래도 서구 선진국을 따라갈 수는 없었다. 그렇지만 중국은 다르다고 생각한다. 중국 기업들은 고품질 제품을 생산할 것이며, 현재 세계 선두 주자들과의 차이도 불과 몇 년 정도에 불과하고, 그것도 일부 산업 분야에서만 그렇다. 최신 아이폰에는 부족하지만 전기 자동차와 무인기에는 부족함이 없는 반도체, 최신형 여객기에는 못 미치지만 적어도 방콕과 상하이를 오갈 수 있을 만큼 우수한 여객기를 중국 자체 기술로 만들 날이 머지않았다.

나는 지난 10년 동안 중국이 미국식 색깔이 묻은 첨단 기술을 거부하는 현상에 특히 관심을 기울여왔다. 중국이 좀 더 법치 중심 국가가 되어 국민을 보호해주길 바라지만, 적어도 기술 분야에 대해서는 중국이 어느 정도 현명한 선택을 했다고 생각한다. 이 책에서는 시진핑 주석이 휘두르는 규제 정책을 '첨단 기술에 대한 단속'과 연관 짓지 않았다. 베이징 중앙정부는 한쪽으로는 디지털 플랫폼이나 실생활과 연결되는 가상 경제를 규제하는 한편, 다른 한쪽으로는 반도체 같은 복잡한 기술에 호의를 베풀고 있다. 시진핑 주석은 첨단 기술 기업은 가상 경제나 금융 혁신에서 시선을 돌리고, 칭화대학교나 베이징대학교 출신의 유능한 인재들은 전략적으로 중요한 산업에 몰릴 수 있도록 노력 중이다.

베이징 중앙정부의 디지털 플랫폼에 대한 조치의 밑바탕에는 엄청난 수익을 창출하는 첨단 디지털 기업들이 사회 전반에 도움이 되는 가치는 창출하지 못한다는 의심이 깔려 있다. 온라인 교육이나 소셜 미디어, 핀테크 분야에서 볼 수 있는 탁월한 기업가 정신은 오히려 다양한 형태의 사회적 피해를 초래하고 있다. 암호 화폐와 메타버스를 포함한 가상 경제는 너무 많은 인재와 자금을 빨아들였다. 시진핑 주석과 공산당 중앙정치국은 경제의 최첨단 분야가 중국의 이익이 아니라 투자자들의 변덕에 좌우되는 것처럼 보이는 상황을 불편하게 생각한다.

중국에서 이런저런 단속이 진행되는 걸 지켜보면서 나는 중국 정부가 현대 미국의 경제구조를 경계하는 것 같다는 느낌을 받았다. 지난 20년 동안 미국의 주요 성장 동력은 태평양 연안의 실리콘밸리와 대서양 연안의 월스트리트였다. 하지만 시간이 흐른 뒤 그런 첨단 기술도 금융도 모두 여러 사회적 병폐의 원인으로 지목되었다. 베이징에서 관심을 보이는 미국식 혁신의 시대가 있다면 아마도 1960년대와 1970년대의 실리콘밸리일 것이다. 인텔 같은 반도체 제조 업체는 국방부나 항공 우주국의 주요 공급 업체가 되면서 급성장했다. 그 당시 첨단 기술 기업들은 제품을 만들고 대규모 일자리를 제공했으며, 정부의 안보 관련 요구도 무시하지 않았다.

그래서 베이징 중앙정부는 경제 분야에 대한 대대적 손질을 시도했다. 중국 지도부는 전략적 결함을 보완할 수 있는 과학 기반 산업의 역동성을 원했다. 특히 반도체나 청정 기술 같은 첨단 제조 산업에 주목했는데, 다시 말해 중국은 생산을 지속해야 하며 '절대로 탈산업화해서는 안 된다'는 뜻이었다. 베이징 중앙정부는 페이스북이나 틱톡 같은 소셜 미디어 사이트를 주로 자유로운 표현이 가능한 플랫폼으로 이해한다. 그런데 이러한 플랫폼은 경제 생산성에는 거의 도움이 되지 않지만, 정치적 불안을 만들어낼 수 있는 막강한 잠재력을 지니고 있다. 그런 이유로 디지털 관련 거대 기업을 육성하는 데는 관심이 없지만, 제조업에 확고한 기반을 둔 독일 같은 나라를 더욱 주목하고 있는 것이다.

미국에서는 물리학과 수학 박사 학위 소지자라도 거대 기업이나 투자회사가 학회 등을 통해 이 열정적인 인재를 영입해 거액의 연봉을 제시하고 따뜻하게 품어줄 때까지는 원하는 분야에서 일할 기회를 거의 찾을 수 없다. 그런데 고위급 정부 자문위원에 따르면 중국 정부가 이런 접근 자체를 차단할 계획이라고 밝혔다. 베이징대학교 학장 야오양姚洋은 규제 기관이 금융 업계 구인과 관련해 연봉 상한선을 40만 달러로 정한 후 금융 업계 평균 임금이 하락했다는 사실에 만족감을 표시했다.[39] 야오양은 이러한 전략의 목적은 '금융업의 매력을 떨어뜨리고 제조업 발전을 장려하기 위함'이라고 말했다.

그런데 이런 식의 전략은 심각한 역효과를 낳았다. 무엇보다 기업가들이 사업에 많은 어려움을 겪으면서 원래 지니고 있던 야성적 열정이 크게 꺾이고 말았다. 또 국가 안보와 관련된 과학을 바탕으로 기술 산업에 집중한다고 해서 항상 성공을 거두는 것도 아니다. 소비에트연방도 과학 수준 자체는 높았지만, 서방의 새로운 기술적 혁신까지는 따라잡지 못했다. 중국은 소비에트연방과는 전혀 다른 방식으로 상업적으로 성공한 기업들을 배출했지만, 정부 정책 때문에 모두 무너질지도 모를 위험에 처해 있다. 미국의 경우 테슬라 같은 기업을 내세워 일정 수준 이상의 우수한 제조 역량을 유지하고 있는데, 이는 대단히 예외적인 경우다. 테슬라를 통해 미국이 다시 한번 제조업 강국으로 일어날 수 있을지도 모르지만, 한때 강자였던 보잉과 인텔을 무너뜨린 절차적 지식 수준이 크게 떨어질 위험은 언제나 존재한다.

중국 기업들은 베이징의 정치적 간섭이나 워싱턴 D. C의 반도체 기술 규제에 시달리면서도 획기적인 성과를 거두었다. 항저우에 본사를 둔 한 기업이 개발한 딥시크DeepSeek는 미국의 인공지능 연구소 오픈AI의 챗 GPT보다 훨씬 저렴한 비용으로 개발된 얼마 안 되는 최첨단 인공지능 기술 중 하나다. 중국의 인공지능 연구원 수준은 미국에 뒤지지 않는다. 인공지능 관련 논문이 다수 발표되었으며, 기업들은 기술 성능 검사에서 높은 점수를 받은 제품을 출시했다. 무엇보다 중국 정부가 검열이나 안면 인식, 기타 통제 수단으로 인공지능을 적극 도입하고 있다.

중국에는 인공지능 연구에 도움이 되는 유리한 부분이 여럿 있다. 미국 기업들이 컴퓨터 성능보다 전력 확보에 더 큰 제약을 받고 있다는 사실이 점점 더 분명해지고 있다. 인공지능 관련 자료 관리와 보관에는 전력이 무척 많이 소모된다. 이 때문에 마이크로소프트는 악명 높은 스리마일섬 원자력발전소를 재가동하려 했고, 메타 역시 아예 새로 작은 원자력발전소를 세우려 했지만 준비했던 부지 근처에 희귀종 벌이 발견되어 중단되었다.[40] 공학자 중심 국가에서 산업용 에너지 생산을 위한 대규모 투자만큼 짜릿한 계획은 없을 것이다. 중국은 기술적 정교함이 부족하나 막대한 전력량 확보로 그런 부족함을 만회할 수 있을지도 모른다.

중국이 인공지능을 좋지 않은 방향으로 이용할 위험도 있다. 중국이라는 나라는 이따금 새로운 기술이나 이론에 지나치게 열광하는 경향이 있다. 1978년, 중국 최고 과학자 중 한 명이 새로운 과학 분야인 사이버네틱스에 흥미를 느껴 해외로 떠났고, 얼마 뒤 새로운 이론의 씨앗을 고국으로 가지고 돌아왔다. 그리고 그 씨앗은 한 자녀 정책이라는 꽃을 피웠다. 아마도 법률가 중심 국가라면 인공지능에 현혹되지 않을 만큼 지적인 회복력을 갖추고 있겠지만, 권위주의 국가들은 스스로 파멸의 길로 들어설지 모른다.

그리고 서구 사회의 사고방식도 인공지능에 의해 무너질 가능성이 있다. 미국에서는 1990년대 케이블 텔레비전과 2000년대 인터넷, 2010년대 소셜 미디어, 그리고 지금의 인공지능에 이르기까지 대중매체의 변화로 대중과 사회 고위층 사이에 갈등과 불만이 폭증했지만, 고위층이나 지배 계층 사이에서도 불만은 쌓여갔다. 그러다 보니 지금 미국 사회는 사람들이 서로 다른 세계로 흩어지는 대신, 합의된 현실을 통해 하나가 되었던 20년 전보다 훨씬 더 혼란스럽다.

인공지능이 어떤 나라를 더 불안하게 만들지는 확실하지 않다. 지금 중국은 소셜 미디어 플랫폼의 해악을 막아내는 중이다. 시진핑 주석은 인터넷과 인공지능에 엄격한 제한을 가함으로써 중국을 방대한 정보 흐름에 대한 감시가 가능한 안보 중심 국가로 만들었다. 베이징 중앙정부는 어쩌면 소셜 미디어와 인공지능이라는 이중고에 맞닥뜨려 미국이 무너지기를 기대하는지도 모른다. 그리고 실제로 이런 이유로 미국의 내부 분열이 더 심해질 가능성도 있다. 점점 더 많은 미국인이 디지털이 만든 가상 세계로 도피하는 동안 시진핑 주석은 중국 인민을 현실 세계로 인도해 아이를 낳고, 철강 제품과 반도체를 생산하게 할 것이다.

미국의 소프트웨어와 중국의 하드웨어가 충돌한다면

인공지능에만 신경 쓰다가 미국의 또 다른 문제점들을 간과해서는 안 된다. 나는 미국과 중국이 실제로 전쟁을 일으킨다고는 생각하지 않는다. 그렇지만 양측 모두 충돌을 대비해 상대방 군사력의 장단점을 면밀하게 분석하고 있다. 만약 실제로 전쟁이 일어난다면 이는 말 그대로 전 세계의 종말을 의미한다. 어쩌면 태평양이나 다른 지역에서 국지전이 발발할 수도 있다. 미국과 중국의 관계가 적대적으로 변할수록 갈등이 빚어질 가능성은 더 커진다. 미국의 상대는 인구가 4배나 많고 상당한 역동적 잠재력이 있는 경제력을 갖추고 있으며, 거기에 미국과 동맹국을 합친 것보다 훨씬 더 많은 물자 생산이 가능한 제조업 최강국이다. 정말로 미국과 중국이 충돌한다면 서로 다른 면에서 강점을 보이는 두 나라가 맞붙는 셈이다. 소프트웨어와 하드웨어가 충돌한다면 과연 어느 쪽이 승리할 수 있을까?

미국과 중국 사이의 양적 격차는 극명하다.[41] 2022년에 중국은 약 1,800척의 선박을 건조 중이었고, 미국은 5척에 불과했다. 러시아의 침략에 맞서는 우크라이나에 미국의 지원이 시작되자 곧 미국 군수물자 비축분이나 생산능력이 얼마나 부족한지가 여실히 드러났다. 우크라이나에서는 단 이틀 만에 미국이 한 달 동안 생산하는 양과 맞먹는 포탄이 소비되었다.[42] 바이든 행정부 말기에 제이크 설리번Jake Sullivan 국가안보보좌관은 미국이 중국과 맞붙게 된다면 무엇보다 '군수물자부터 대단히 빠르게 소진될 것'이라고 직설적으로 말했다.[43]

중국이 군수물자가 부족할 일은 없다. 중국은 비상사태가 발생하면 코로나 팬데믹 당시의 개인 방역 물품이나 장비 같은 군수물자 생산이 가능하지만, 미국은 팬데믹 당시 기본적인 물자 조달에도 어려움을 겪었다. 나는 미국 사회가 인공지능에 지나치게 의존하는 방향으로 흘러가고 있다고 생각한다. 인공지능이 아무리 발전한다 한들, 군수물자와 무기가 실제로 생산되어야 하는 게 아닌가. 컴퓨터 연산 능력 향상만으로는 결코 전쟁에서 승리할 수 없다. 미국은 세계에서 가장 우수한 전투기와 잠수함을 보유하고 있지만, 실제로 생산되는 숫자는 아주 적다. 미국의 방위 산업 시설은 의회의 힘 있는 의원들 지역구에 분배하듯 지어지기 때문에 효율성 문제는 뒷전인 경우가 많다.

현대사회의 생산품 상당수는 군사적 목적으로 개조 및 사용이 가능하다. 지금은 누구나 들고 다니는 스마트폰 속 몇몇 부품은 10년 전만 해도 군에서만 사용할 수 있었다. 일반 소비자용 무인기 역시 얼마든지 군용 개조가 가능해서, 우크라이나와 러시아도 중국산 DJI 무인기 구입을 고려했을 정도다. 이런 이유로 각국의 산업적 역량은 곧 군사적 역량으로 이해해야 옳다. 중국에서 압도적으로 많이 생산되는 모든 무인기와 스마트폰, 그리고 배터리는 미국이 간과하고 있는 중국만의 강점이다.

중국의 방대하고 유연성 높은 제조 역량의 성장은 계속되고 있다. 2024년 국제연합 산업개발기구United Nations Industrial Development Organization, UNIDO는 중국이 2030년까지 전 세계 산업 생산능력의 45퍼센트를 차지할 것으로 전망했다. 미국과 유럽, 일본, 한국, 대만을 비롯한 다른 모든 상위 소득 국가를 합쳐도 생산능력이 38퍼센트 정도다. 위기 상황이 닥칠 때마다 중국은 미국에 비해 제조업 생산 확대에서 더 큰 성과를 거두어왔는데, 전시 상황에도 이런 차이에 변화가 생길지는 확실히 알 수 없다. 그동안 정부 보조금의 지원을 받아온 중국 제조 업체들은 수익을 내지 못해도 생산을 계속해왔고, 따라서 미국의 제조업 생산능력은 더욱 큰 위험에 직면했다. 중국 산업의 역량은 사실상 전략적 우위를 받쳐주기 때문에 전 세계 모든 선진국을 압도할 수 있을 정도다.

미국과 중국 두 초강대국이 서로의 장단점을 이해할 수 있다면 세상이 얼마나 더 나아질 수 있을까 상상해보자. 어느 날 아침에 미국에서 대규모 건설 계획에 대한 반대를 무시하고 그대로 밀어붙이는 정부가 들어서는 일이 가능할까. 중국 정부가 마침내 각 개인을 자유롭게 내버려두는 정책을 실행하는 날이 올까. 나로서는 미국은 국민을 위한 기반 시설을 건설할 수 있는 역량을 하루빨리 회복하고, 중국은 개인에 대한 실질적인 법적 보호를 보장하는 동시에 다원주의를 중시하는 법을 배우는 날이 오기를 기대할 뿐이다.

나는 미국에서 변호사들을 다 몰아내자는 게 아니다. 그보다는 공학자와 기술 관료의 사고방식을 갖춘 경제학자들을 다시 키우고 싶을 따름이다. 갑자기 그런 사람들에게만 높은 자리를 주자는 것도 아니며, 다만 각기 다른 목소리를 낼 수 있도록 각자의 역량을 골고루 인정해주자는 말이다. 미국은 정부 기관과의 다툼이나 소송에 일생을 바치는 변호사가 아니라 더 나은 법적 도움을 제공할 수 있는 방법을 찾으려는, 협상력 뛰어난 변호사가 더 많이 필요하다. 1장에서 언급했던 것처럼 미시간대학교 법학 교수 니컬러스 배글리는 자신의 논문을 통해 절차 문제에 대해 대단히 논리 정연하면서도 인상 깊은 주장을 펼쳤다.[44] 그리고 나도 그 주장에 깊이 공감한다. 변호사라면 한 걸음 뒤로 물러섬으로써 더 많은 걸 성취할 수 있을지 생각해보아야 한다.

중국이 어떤 식으로 공학자 중심 체제에서 벗어날지는 예측하기 어렵다. 중국의 지배자들은 이미 1,000년 전에 유럽의 어떤 왕조보다 먼저 절대 권력을 손에 넣고 마음대로 휘둘렀다. 중국은 가족이나 가문 문화가 강했던 사회로 시민사회라는 개념 자체를 오랫동안 찾아보기 힘들었지만, 유럽과 다르게 정치적 논쟁을 불러일으킨 특별한 종교 집단이나 군대를 앞세운 강력한 영주 등은 없었다. 6세기 무렵 수나라가 과거제도를 도입한 후로 상류층 진입을 꾀하는 사람은 대부분 황제가 정한 제도와 과정을 따르는 데 순응해왔다. 중국에 개인의 자유에 초점을 맞춘 자유주의 전통이 부족한 이유 중 하나가 바로 황제나 관료제 견제를 목표로 하는 사상에 대한 상류 지식층의 무관심이다. 중국에도 미국처럼 변호사가 있어야 한다. 아니, 좀 더 정확하게 말하면 육체와 언어, 정신에 대한 중국 정부의 의도적 간섭을 거부할 수 있는 능력을 개개인이 갖춰야 한다.

당연한 이야기지만 중국에도 헌법이 있고 법률이 존재한다. 그런데 시진핑 주석은 그 법을 적대 세력에게만 엄격하게 적용할 뿐 충성 세력에게는 뭐든 편리하고 유리하게 적용한다. 시진핑 주석이 '법치주의'를 최우선 과제로 내세운 후, 중국은 온통 법과 규정이 넘쳐나는 곳이 되었다. 하지만 서구 사회가 생각하는 법치주의는 아니었다. 시진핑 주석은 중국 헌법에 마음대로 개입하며 입헌주의라는 개념 자체를 무시했고, 중국 최고 인민법원장은 '입헌 민주주의는 서구의 가짜 이상주의'라고 비난했다.[45] 중국에서는 진정성을 가지고 개인의 권리를 존중하려 하지 않는다. 중국 정부는 일반인이 정부의 조치에 이의를 제기할 수 있는 범위를 제한하는 반면, 공산당은 모든 법적 다툼의 대상이 되지 않는다. 사법제도는 항상 사건 기록을 공개할 필요가 없으며, 사안에 상관없이 모든 법적 이의 제기를 그대로 받아들이거나 진행하거나 재량권을 가지고 있다.

그렇다면 우리는 변화를 기대할 수 있을까? 변화가 생긴다면 아마도 평범한 저항이 그 시작이 될 것이다. 지난 수천 년 동안 중국의 지도자들은 더 큰 권력을 휘두르려 했고, 이런 통제와 간섭에 대처하기 위한 나름의 전략이 사람들 사이에서 생겨났다. 지금의 중국 정부는 사회를 공학 이론 실천의 현장으로 보려 하지만, 중국에서 잠시만 머물러도 그 실체를 바로 확인할 수 있다. 중국은 말 그대로 엉망진창이다. 관영 언론 매체가 보도하는 대로 방방곡곡이 모두 티끌 하나 없이 깨끗하고, 모든 사람이 등을 꼿꼿하게 펴고 시진핑 주석의 말씀을 경청하는 게 중국의 일상이 아니다. 그보다 훨씬 더 무질서한 곳이 바로 중국이다.

중국 공산당이라고 해서 모두 먼 훗날을 바라보는 기술 전문 관료로 채워져 있는 것도 아니며, 국가 안보를 내세워 누구든 마음대로 쥐어짤 수 있는 것도 아니다. 공학자들이 감당할 수 없는 까다로운 지시를 내리면 곧 거기에 적응하는 사람들이 나타난다. 이들은 약자의 무기를 휘두른다. 때로는 아무런 의미도 없는 정부 규정에 대해 시간을 끌거나, 교묘하게 말을 듣지 않거나, 잘 못 알아들은 척하거나, 아니면 소극적으로라도 반박하는 등의 반응을 보일 수도 있다. 공학자 중심의 사회가 어느 정도 돌아갈 수 있었던 건 약자의 협상 기술 덕분이었다.

중국 공산당이 이런 자제력을 배울 수만 있다면, 그리고 개인의 가치를 인정할 수 있다면 더 나은 미래를 기대할 수 있을지도 모른다. '룬'을 선택한 젊은이들과 시간을 보내고 있노라면 중국 공산당의 중앙정치국이 결코 중국을 대표하지 않는다는 사실을 깨달을 수 있다. 공산당은 환각제나 마약에 취한 중국의 젊은 세대가 중국의 숨겨진 자산이라는 사실을 결코 깨닫지 못할 것이다. 내가 그런 젊은 세대에게, 그리고 공학자 중심 국가에서 나름의 최선을 다해 살아가는 다른 중국 사람들에게 배운 건 감당하기 힘든 역경에 맞서 자신을 지키려는 꾸준한 노력이다. 그리고 언제가 될지는 모르지만, 공산당도 언젠가는 간섭을 그만두고 사람들이 행복하게 살도록 내버려둘 것이라는 희망이다.

창의적인 지금 젊은 세대가 '룬'을 선택한 첫 세대는 아니었다. 지금으로부터 20년 전, 30대 중반의 두 사람이 윈난성을 떠났다. 두 사람은 치앙마이에 모인 사람들만큼이나 유행에 민감하지는 않았지만, 중국을 떠난 이유는 비슷했다. 중국이 나아가는 방향에 실망했고, 더 나은 생활을 찾아 기꺼이 도박을 감행할 마음의 준비가 되어 있었다. 그렇게 내 아버지와 어머니는 이제 막 일곱 살이 된 아들을 데리고 캐나다로 향했다.

7장 BREAKNECK

미래를 위하여

앞으로 나아가려면
낙관적으로 바라보는 태도,
다시 말해 계획을 세우고
실행할 수 있는 능력을
되찾아야 한다.

캐나다로 건너간 젊은 부부의 이야기

중국을 떠나면서 아버지와 어머니는 미래에 대해 막연한 추측에 바탕을 두고 다소 고통스러울 수 있는 개인적 결정을 내렸다. 그 추측이란 오랜 가족의 역사에 깊이 뿌리내린 교훈과 관련이 있었고, 정부 당국과 있었던 몇 차례의 불편한 일도 포함되어 있었다. 그렇지만 무엇보다 중요했던 건 앞으로 펼쳐질 삶에 대한 추측 혹은 예상이었다. 부부와 일곱 살에 불과한 어린 아들이 만족스러운 삶을 누릴 수 있는 곳은 과연 어디일까? 어떤 정부, 어떤 법률을 따를 때 행복을 누릴 수 있을까? 공학자들이 주도하는 익숙했던 세상, 그리고 물론 그때는 전혀 몰랐지만 변호사들이 주도하는 매혹적이면서도 잘 모르는 새로운 세상을 비교하며 아버지와 어머니는 선택, 아니 도박을 해야만 했다. 오랜 세월이 흐른 지금, 아버지와 어머니가 과연 옳은 결정을 내렸는지 그 결과는 아직 현재진행형인 것 같다.

아버지와 어머니는 모두 중국 남서부 윈난성의 성도 쿤밍昆明에서 태어났다. 윈난성 사람들은 성품이 느긋한 편이며, 과하게 열을 내기보다 오후 내내 차를 마시며 담소 나누는 걸 더 좋아한다고 한다. 물론 딱히 그렇게 열을 낼 일도 없긴 하지만. 아버지와 어머니가 중국을 떠날 무렵 쿤밍은 낙후된 도시였고, 지금도 비슷하다. 베이징에서는 쿤밍을 이른바 '3선 도시三線城市'로 분류하는데, 쉽게 말해 행정 기준상 3등급 도시라는 뜻으로 정체된 임금과 낮은 부동산 가격이 이를 증명한다. 아버지와 어머니의 성장 과정과 배경을 생각하면 선뜻 이민을 결정했다는 사실에 놀라곤 한다. 어쨌든 우리는 전형적인 윈난성 사람이다. 친가나 외가 모두 굳이 말하자면 각각 절반만 윈난성 토박이라 할 수 있고, 친할머니나 외할아버지는 전란에 휘말려 윈난성까지 흘러온 사람들이었다.

나의 친할아버지는 윈난성에서도 가장 유명한 상인 가문 출신이다. 주가화원朱家花园은 윈난성에서도 가장 큰 저택으로 특히 저택에 딸린 정원이 너무나 아름다워 쑤저우의 이름난 저택들에도 뒤지지 않을 정도였다. 19세기 청나라 말엽, 친가는 주석과 구리 채굴에 주력했고 당시 성공한 다른 상인들처럼 차 판매, 증류주 제조, 비단 생산, 그리고 아마도 아편 거래까지 사업을 확장했다. 물론 내가 친척들에게 아편에 대해 물었을 때는 확실한 대답을 듣지 못했다.

할아버지는 청나라가 멸망하고 몇 년 후에 주가화원에서 태어났다. 그 무렵에 주씨 가문은 몰락하는 세력 편을 들다가 재산을 잃고 많이 기울었다고 한다. 각지에서 군벌들이 난립할 무렵에는 청나라에 계속 충성했고, 공산당이 정권을 잡기 전에는 국민당 편을 드는 식이었다. 할아버지가 태어났을 때 주씨 가문의 당주는 이런 사연으로 처형당한 후였다고 한다. 그래서 할아버지는 다른 형제자매들과 쿤밍에 흩어져 가난하게 살게 되었다.

하지만 교육받을 수 있을 정도의 재산은 간신히 남아 있었고, 그러는 와중에 몰락한 상류층 출신 여자를 만났다. 아버지의 어머니, 그러니까 내 친할머니는 당시 중국의 수도였던 난징에서 태어났는데, 할머니의 아버지는 국민당의 우두머리 장제스의 측근 중 한 사람이었다. 일본군이 난징을 점령하기 전 할머니와 할머니의 아버지는 장제스를 따라 충칭으로 피란을 갔다. 할머니가 들려준 이야기에 따르면 아직 어렸던 할머니가 울면 일본군에게 들킬까 두려워 주변 사람들이 필사적으로 할머니 입을 틀어막은 적도 있다고 한다. 그러다 충칭에서 다시 전시 국민당 정부의 두 번째 수도였던 쿤밍까지 오게 된 것이다.

할아버지와 할머니는 화학공학을 공부하다 만나게 되었다고 한다. 하지만 1960년대가 되자 국민당 집안 출신이었던 게 문제가 되어 할머니는 공산당에 의해 시골로 쫓겨나 노역을 살았다. 그리고 6년 동안이나 두 아들, 그러니까 아버지와 큰아버지를 만나지 못했다. 아버지가 다섯 살이 되었을 때 큰아버지는 윈난성에서 흔히 볼 수 있는 독버섯을 먹고 중독되었다. 아버지는 할머니에게 편지를 써서 그 사실을 알리려 했지만 '버섯'을 한자로 쓸 줄 몰라 그림을 그렸다고 한다. 할머니는 당시 그림으로 그려 보낸 걸 먹은 아들이 아프다는 내용의 편지를 받고 얼마나 놀라고 당황했는지 회상했다. 그리고 가족을 그렇게 뿔뿔이 흩어지게 만든 마오쩌둥을 세상을 떠날 때까지 저주했다.

어머니 쪽 가족, 그러니까 외가는 저 먼 지방 출신이다. 외할아버지는 중국 북부 허난성에서 태어났고 10대 시절인 1942년 허난성을 강타한 대기근에서 간신히 살아남았지만, 외할아버지의 두 형제는 그러지 못했다. 외할아버지는 허난성의 지배 세력이 여러 번 바뀌는 동안 학교에 다녔는데, 이 시기는 국민당, 일본군, 그리고 다시 국민당을 거쳐 공산당이 들어올 때까지 이어졌다. 외할아버지는 책을 무척이나 좋아했다고 한다. 그러는 사이 가족이 모두 죽거나 뿔뿔이 흩어지자 외할아버지는 군에 들어갔고, 어느 정도 교육도 받고 글을 읽고 쓸 수 있었던 덕분에 장교로 뽑혔다. 그리고 덩샤오핑이 이끄는 제2 야전군 소속으로 쓰촨, 구이저우, 그리고 윈난 등지에서 국민당과 치열하게 싸웠다.

문화대혁명이 시작되었을 무렵 군대는 여러 파벌로 나뉘어 있었다. 그리고 각 파벌은 자신들이 마오쩌둥에게 더욱 충성한다고 주장했는데 외할아버지는 어쩌다 보니 스스로 '우익'이라고 주장하는, 그래서 정치적으로 수세에 몰린 파벌에 속하게 되었다. 이후 이 부대는 가구 만드는 곳으로 쫓겨났지만, 그래도 외할아버지는 용기를 잃지 않고 이 시기를 견뎌냈다고 한다. 마오쩌둥이 세상을 떠난 후 1979년 중국이 베트남을 침공하자 외할아버지는 다시 전선으로 파병되었다. 선전 장교로 주로 베트남군에게 저항하지 말라는 전단을 뿌리는 임무를 맡았는데, 돌이켜 보면 우스꽝스러운 일이었다. 불과 몇 년 전에 미군까지 물리친 용맹한 베트남군이 그런 전단 정도에 굴복할 거라고 생각했다니.

가족들은 내가 다른 누구보다 외할아버지를 닮았다고 말한다. 둥근 얼굴에 큰 눈, 그리고 높이 솟은 광대뼈 같은 외모적 특징은 유서 깊은 윈난 혈통의 후손인 외할머니에게 물려받은 것일 수도 있다. 부유한 상인이던 친할아버지 집안과 달리 외할머니 집안은 딱히 특별한 점이 없는, 윈난성 남부에서 대대로 홍차 농사를 짓는 집안이었다. 외할머니가 살았던 지역에서는 여러 민족의 특징이 뚜렷하게 나타난다. 내가 좀 특이하게 생겨서 그런지, 우리 집에서는 종종 나에게 외할머니를 통해 티베트나 미얀마 쪽 피가 흘러 들어온 것 같다는 농담을 하곤 한다.

어쨌든 외할머니 집은 경작하는 땅도 넓고 조금 더 여유가 있었고, 외할머니는 교육을 많이 받고 쿤밍으로 와서 유치원 교사가 되었다. 공산당이 외할머니 집안을 지주 집안으로 판단하고 반동으로 몰아붙이기 전까지는 비교적 순탄한 삶을 살았다. 어쨌든 외할머니 역시 세 딸과 헤어져 먼 농촌으로 쫓겨났다. 외할머니 쪽 집안은 지금도 대부분 윈난성 남부에서 홍차를 재배하고 있으며, 친척들은 주로 시립 병원을 찾기 위해 쿤밍에 올 때마다 차와 토종닭을 가져왔다고 한다. 그러면 외할머니는 그 닭을 잡아 시원하고 맛있는 국물을 만들었다.

군인, 지주, 반역자, 그리고 반동 자본가…. 그렇게 친가도 외가도 모두 마오쩌둥이 일으킨 정치적 격변으로 적지 않은 희생을 치렀다. 국민당 편을 들던 부잣집 친가는 당연히 배척받았겠지만, 외가 역시 군인이 되었건 농사를 지었건 정치적으로 딱히 좋은 대우를 받은 적이 없었다. 사실 마오쩌둥 시대의 중국은 매일 사람들의 처지나 형편이 멋대로 오르락내리락하는 소용돌이의 도가니였다. 마오쩌둥이 끊임없이 혁명을 추구했기 때문이다. 내가 당시의 경험에 대해 이야기하면 친할머니만 씁쓸한 표정을 지었다. 다른 사람들은 문화대혁명 시절의 허무했던 삶을 조소하거나, 가족과 떨어져 살아야만 했던 일을 떠올리며 웃을 뿐이었다. 그리고 사실 정말 크게 힘들지는 않았다고도 말했다. 그건 사실이었다. 친가도 외가도 굶어 죽은 사람은 없었고, 가깝게 지내던 사람을 어쩔 수 없이 때리고 괴롭히는 일도 한 적이 없었다.

가족은 흩어졌어도 아버지와 어머니는 즐겁게 시간을 보냈다고 한다. 문화대혁명 시절이라고는 하지만 어린 학생들은 학교도 가지 않고 그저 북 치고 장구 치며 공산주의를 찬양만 하면 되었으니까. 게다가 두 사람은 운도 좋아서, 마침 도시에 살았고 성적도 나쁘지 않았기 때문에 나중에 대학에도 진학할 수 있었다. 두 사람 모두 앞에서도 언급했던 1959년이라는 황금기의 시작에 태어나 대학에 진학하고 창업을 시작한 세대였다. 고등학교 졸업 후에 아버지는 광저우로, 어머니는 쿤밍으로 가서 컴퓨터 공학을 전공했다.

아버지와 어머니가 대학에 다닐 무렵 드디어 덩샤오핑이 사회주의 계획경제를 끝내기 시작했다. 어머니는 대학교 1학년 때부터 매달 고기 배급권 4장을 받았는데, 첫 주에 배급권을 다 쓰지 않도록 주의했고 월말에는 동파육 정도는 먹을 수 있도록 신경 썼다. 배급권 제도는 졸업반이 되자 거의 사라져서 어머니는 원할 때 고기를 먹을 수 있었다고 한다.

그렇지만 사회주의는 단번에 사라지지 않았다. 아버지와 어머니는 1980년대 중반 대학을 졸업하고 마오쩌둥의 정책과 비슷한 덩샤오핑의 정책과 엮이게 된다. 지방 소도시로 파견되는 교사단의 일원이 된 것이다. 이들은 지난 2022년 나와 실비아가 코로나 팬데믹 봉쇄를 피해 잠시 몸을 피하기도 했던 윈난성 다리시 중학교로 파견되었는데, 두 사람에게는 다른 곳은 떠올릴 수도 없을 정도로 좋은 파견지였다. 30명가량이 모인 파견 교사단 사이에서 두 사람은 연인이 되었고, 그렇게 동료들을 하객으로 불러 결혼했다. 당시만 해도 다들 주머니 사정이 넉넉하지 않아서 신랑과 신부는 찾아온 하객들에게 저녁 식사를 대접하고 돌아가는 길에 사탕을 하나씩 나눠주었다.

파견 교사 생활을 마친 두 사람은 다시 쿤밍으로 갔다. 아버지는 지역 대학교에서 컴퓨터 프로그래밍을 가르쳤는데, 당시 광저우에서 컴퓨터 관련 학사 학위를 받았을 정도면 쿤밍에서 대학 강사로 일하기에 자격이 충분했다. 그리고 어머니는 석탄 화력발전소에 배치되었다. 당연히 일하기 힘든 곳이었지만 아버지처럼 읽고 쓰는 걸 좋아했던 어머니는 발전소 내부 소식지 편집 일을 맡았다.

그러다가 어머니는 발전소를 떠나 언론사 일을 찾기로 결심했다. 어머니는 어린 시절 전국 각지에서 몰려든 장교들 사이에서 자랐지만 윈난성 사투리가 아닌 중국 표준어를 썼고, 언론사 전출을 신청하자 지방 방송국에서는 어머니의 또렷하고 청량한 중국어 구사 실력을 눈여겨보고 문화 및 보건 분야 취재 기자로 채용했다. 그러다 결국 라디오 진행자로 옮겨 갔고, 가끔은 텔레비전 방송 진행자로도 출연했다. 내가 텔레비전이나 인터넷 방송에 출연할 때마다 어머니는 내가 하는 이야기의 내용보다 목소리에 대해 언급한다. 어머니의 충고에 따르면 목소리는 배 속에서 시작되어 이마에서 흘러나오는 것처럼 들리는 게 제일 좋다고 한다. 다른 인터넷 방송 출연자들에게도 도움이 될 만한 충고일 것이다.

1990년대 접어들어 암울한 시기를 보낸 아버지와 어머니는 중국을 떠났다. 당시 윈난성의 경제 상황은 그리 좋지 않았다. 무엇보다 지난 10년 동안 사람들이 느꼈던 정치와 경제에 대한 낙관적 전망은 덩샤오핑이 학생 시위대를 무력으로 진압하라는 명령을 내리면서 무너졌고, 이후 국제사회의 제재가 시작되었다. 당시 시위에 참여한 학생들보다 몇 살 더 많았던 아버지와 어머니는 군 병력이 베이징을 장악하는 모습을 지켜보며 깊은 절망에 빠졌다. 또 덩샤오핑의 개혁·개방 정책이 성공할지에 대한 의심도 전국적으로 퍼져나갔다. 미국과 캐나다, 호주 같은 나라들에서는 중국 사람들에게 이민을 권유할 정도였다. 하지만 어린 아들이 있는 서른 중반의 부부에게 이민이란 쉬운 선택이 아니었다. 가장 소중하게 여겼던 건 좁은 셋방에 가득 쌓여 있는 책이었는데, 중국을 떠난다면 거의 두고 가야 할 것 같았다. 그렇지만 캐나다 정부에서 두 사람을 고급 인력으로 인정하고 취업 비자를 발급해주자, 결국 부부는 떠나기로 결심했다.

2000년 2월, 우리 세 식구는 캐나다 토론토 교외에 있었다. 시기는 좋지 않았다. 적설량이 몇 미터 단위로 표시되고, 그것이 몇 개월 이상 쌓였다가 다시 점점 더러운 얼음덩어리로 변할 수 있다는 사실을 처음 깨달았다. 설상가상으로 컴퓨터 업계가 불황을 겪었고, 취업 시장에서는 아버지의 가치가 순식간에 떨어졌다. 윈난성 텔레비전 진행자였던 어머니는 청소나 재봉,

그리고 미용 등 온갖 잡다한 일을 전전했다. 그러다가 얼마 지나지 않아 아버지의 컴퓨터 관련 석사 학위를 위해 우리는 오타와로 이사했다. 아버지는 공부하고 어머니는 일하는 동안 나는 가끔 일탈도 했지만, 군대에 보내겠다며 혼을 내도 그 말을 믿지는 않았다. 그런데 놀랍게도 나는 정말 캐나다 왕립 육군생도 교육에 참여했다. 고등학교 수업이 끝난 후 일주일에 두 번씩 캐나다 연방 의회 근처 훈련장에 가서 지도 읽기, 야영, 그리고 가끔은 사격 훈련을 받았다. 이 소식을 듣고 가장 기뻐한 건 다름 아닌 외할아버지였는데, 손자가 할아버지의 뒤를 이어 군인이 된 것이 대단히 흡족하셨던 것 같다. 다만 내가 받은 건 본격적인 직업 군인이 되기 위한 훈련은 아니었고, 일종의 청소년 수련을 위한 과정으로 국가에서 제공하는 무료 훈련이었다.

내가 커가는 동안 집에는 항상 돈이 부족했다. 또래 아이들이 할 수 있는 건 나도 대개는 누릴 수 있었지만, 집이 얼마나 가난한지 뼈저리게 실감할 때도 여러 번 있었다. 선물 살 돈이 없어 친구 생일 모임에 가본 적이 없다. 어느 해 겨울인가는 크리스마스 선물로 장난감을 사준다고 해서 기쁜 마음으로 장난감 가게에 따라간 적이 있었다. 그런데 다른 아이들이 가난한 주제에 그런 장난감이 웬 말이냐고 심술궂게 말하는 걸 듣고 그만 풀이 죽고 말았다. 또 오타와의 겨울이 그렇게 혹독했음에도 세 식구 모두 거기에 어울리는 겨울 신발이 없었다. 모처럼 외식을 가도 주로 샌드위치 전문점이 고작이었는데, 당시 샌드위치 하나에 5달러쯤 했던 것 같다. 나는 지금도 밖에서 파는 샌드위치 냄새를 맡으면 속이 약간 거북할 정도다.

마침내 아버지가 미국 펜실베이니아의 어느 소프트웨어 회사 개발자로 일하게 되자 우리는 캐나다 생활을 정리하고 필라델피아 교외로 이사했다. 하지만 공교롭게도 또다시 시기가 좋지 않았다. 캐나다를 떠난 지 3개월이 지났을 무렵 2008년 일어난 금융 위기의 여파로 미국 주식시장이 요동치기 시작했다. 다행히 아버지 직장은 문제가 없었고, 나는 주변 사람들이 경관이 좋다고 칭찬하는 벅스 카운티의 고등학교에 다녔다. 그런데 어느 날 아버지가 나를 대학에 보낼 돈이 없다고 말하는 게 아닌가. 물론 나는 이해했다. 당시 미국 이민법에 따르면 어머니가 아닌 아버지만 일할 수 있었다. 나는 캐나다 국적자에게 장학금을 지원하는 몇 안 되는 대학 중 한 곳인 로체스터대학교에 진학했다. 학비는 거의 면제였지만 생활비를 벌기 위해 대학에 입학하자마자 일을 시작했다.

나는 가끔 우리 가족이 중국을 떠나지 않았다면 지금쯤 어떻게 되었을지 생각하곤 한다. 그리고 아버지와 어머니도 그런 생각을 하는 것 같다. 가끔은 후회도 하는 모양이다. 공교롭게도 중국의 경제가 본격적으로 살아나던 시기에 떠났기 때문이다. 얼마 지나지 않아 중국은 세계무역기구에 가입했고, 덩샤오핑의 개혁 정책으로 잠재되어 있던 기업가 정신이 폭발했다. 만

약 우리가 계속 쿤밍에 머물렀다면 좋은 주택을 배정받았을 것이다. 상하이나 선전처럼 부동산 가격이 폭등하지는 않았겠지만, 꽤 큰 재산이 되지 않았을까. 게다가 가족이나 친구들과 계속 가까이 지낼 수 있었으리라. 또 완전히 낯선 나라에서 새롭게 삶을 시작하는 것보다 더 나은 일을 할 수도 있었을 것이다.

중국에 남았을 때의 삶이 궁금할 때는 오래된 친구들이 지금은 어떻게 지내는지 살펴보는 게 제일 좋다. 중국에서는 어린 시절 학교 친구가 평생 친구가 된다. 꽤 나이가 든 후의 사교 생활이라고 하면 보통 20명 남짓 되는 학창 시절 친구들과 모임을 열어 술을 마시며 추억에 잠기는 것이다. 그렇게 모여 주변을 둘러보면 아버지와 어머니도 이곳을 떠나서 놓친 건 무엇인지 어느 정도 느낄 수 있을 것이다.

몇몇 친구는 중국에서 부자가 될 수 있는 두 가지 방법, 즉 부동산 소유 혹은 투자, 그리고 공장 소유 및 투자 기회를 놓치지 않고 이득을 봤다. 아버지의 광저우대학교 동기 중에는 여러 소비재 판매 사업으로 부를 축적한 사업가가 많았다. 비록 억만장자가 된 건 아니지만 해외에 주택을 사고, 때로는 해외 투자 비자를 받을 정도는 되며, 독일 자동차를 타고 원할 때면 해외로 여유롭게 휴가를 떠날 수 있는 수준이었다.

아버지도 어머니도 사업가 체질이 전혀 아니다. 그렇다면 월급으로 생계를 유지하는 동창들 사정은 어떨까. 미국 기준으로는 그리 대단한 액수가 아닐 것이다. 매월 2,000달러 정도 될까.

대신 쿤밍 근처에 집을 두어 채 마련했다면 사정은 달라진다. 한 채 정도만 처분해도 자녀를 해외로 유학 보낼 수 있을 정도니까. 도시 중심에 집이 있다면 미국, 외곽이라면 캐나다나 오스트레일리아까지도 가능하다. 물론 중·하류층으로 생활하는 친구나 동창도 있을 것이다. 사업이 생각처럼 되지 않거나 윗사람에게 잘못 보여 주택을 배정받지 못하거나 해서 월급에만 의지해 살아가게 된 사람들이다.

어머니는 가끔 아버지와 나에게 "물론 고향에 그대로 머물러 있기를 바랐지"라고 말하곤 한다. 지방 방송국에서 함께 근무했던 어머니 친구들은 방송국에서 좋은 대우를 받다가 정부에서 정한 55세에 퇴직하고 연금을 받는다. 고향에 그대로 있었다면 비슷한 시기에 퇴직한 간호사 출신 이모와 어울려 지냈을까. 이모는 아침에는 공원에 가서 태극권을 연마하고 저녁에는 합창단에서 시간을 보낸다. 외할머니와 매일 다투는 외할아버지를 가끔 찾아보기도 하고, 아버지와 함께 새로 문을 연 식당도 찾아가는 생활이 이어진다. 그렇게 가족이나 대학 동창들이나 친구들과 넉넉하고 여유로운 시간을 보낸다.

하지만 아버지의 생각은 조금 다르다. "중국에 남아 있는 친구 중에 우리를 부러워하는 사람도 많아." 물론 어머니도 그 사실을 알고 있다.

고향을 떠나온 뒤 새로운 세상에서 생활이 안정되기까지는 오랜 시간이 걸렸다. 약 20년 만에 우리는 중산층 가족이 되었고, 아버지는 지금 어느 보험 회사의 IT 부서에서 일하고 있다. 어머니는 이제 힘든 일은 하지 않고 주로 집에서 행복한 시간을 보낸다. 펜실베이니아에 있는 집은 옛날 윈난성 집처럼 책으로 가득 차 있다. 주말이면 두 사람은 야외로 나가 자연을 만끽한다. 나 말고는 자녀가 없으니 조금 염려가 되어, 대학 진학 후 집을 나올 때 개 한 마리를 집에 두었다. 덕분에 아버지와 어머니는 오랫동안 즐거운 생활을 했던 것 같다. 주말마다 대형 상점가로 장을 보러 가는 건 다른 많은 이민자 가족처럼 일종의 의식과 같다. 테니스와 비슷하지만 훨씬 더 가볍게 즐길 수 있는 피클볼(구멍이 있는 공과 라켓을 이용한 스포츠—옮긴이)도 시작했고, 미국 국적을 취득한 후에는 2024년 대통령 선거에서 투표권도 행사했다.

하지만 아버지와 어머니가 고향을 떠난 덕을 가장 많이 본 건 아들인 내가 아닐까. 캐나다가 아니라 중국 쿤밍에서 성장했다면 과연 어떤 모습일지 전혀 상상이 가지 않는다. 아버지나 어머니 말에 따르면 중국에 남은 동창들 자녀는 요즘 대부분 크게 의미 있는 일을 하지는 못한다고 한다. 베이징이나 상하이 같은 대도시로 떠난 재능 있는 사람들도 마찬가지다. 내 사촌들은 스무 살이 넘은 후에도 부모 곁을 떠나지 못한다. 가뜩이나 시원찮은 월급으로는 독립된 생활이 어렵기 때문이다. 어쩌면 우리 가족이 이민을 결심하지 않았더라도 나는 미국으로 유학 갈 수 있었을지도 모른다. 아니, 어쩌면 중국에서 온 유학생 생활이 더 편하고 쉽지 않았을까. 하지만 지금 이렇게 책을 쓰는 것처럼 보람 있고 자랑스러운 일은 할 수 없었을 것이다.

가끔 나만 좋은 것들을 누리는 것 같아 조금 겸연쩍거나 죄책감 비슷한 감정까지 드는 건 사실이다. 아버지와 어머니는 미국에서도 물질적으로, 그리고 정신적으로 그리 넉넉한 생활을 누리고 있지 못하다. 캐나다에서 미국까지 왔지만 가까이 지내는 친구는 그리 많지 않으며, 여기서는 어디를 가려면 꼭 차를 몰고 나가야 한다. 아시아 식료품이나 괜찮은 중국 음식점을 찾으려면 뉴저지주 프린스턴으로 이어지는 고속도로를 왕복 2시간씩 달려야 할 정도다. 나는 두 사람에게 친구 없는 쓸쓸한 생활을 하는 건 우리 잘못이라고 말할 때가 있다. 애초에 어떤 노력이 부족했던 건 아닌지? 그렇지만 다른 사람들을 알아가기 어려운 미국 교외에서 중국 이민자가 지역 공동체에 더 적극적으로 참여할 수 있는 기회는 그리 많지 않다.

그런데 이런 이민자의 삶을 부러워하는 사람이 있다면 그건 왜일까? 바로 중국이라면 부유한 사람들조차 얽힐 수밖에 없는 문제들과는 전혀 상관없는 즐거운 삶을 미국에서 누릴 수 있기 때문이다. 중국에서는 중산층 이상만 되어도 베이징 중앙정부의 분위기 변화에 크게 영향을 받는다. 사업가라면 경쟁자나 지방정부의 위협으로 엄청난 압박감에 시달린다. 또 숨 쉬는 공기나 먹는 음식 때문에 건강에 무슨 문제라도 생기지 않을까 하는 불안감에 떨기도 한다. 무엇보다 부동산 가치나 앞으로의 경제성장, 그리고 공산당 정책에 따라 자신이나 직장이 겪을지 모를 재앙 등을 예측하기가 대단히 어렵다. 물론 중국에서라면 다양한 관계를 통해 많은 도움을 받을 수도 있고, 어렵지 않게 서로 이해하며 지낼 수 있을지도 모른다. 그렇지만 가족이나 사회적 관계가 때로는 숨 막힐 듯 부담스러울 수 있으며, 정부는 어느 날 갑자기 아무런 예고도 없이 나를 냉정하게 내칠 수도 있다.

이런 점에서 많은 중국인에게 우리 가족 같은 미국 교외에서의 삶이 더 가치 있는 듯 보인다. 비록 서로 이해하며 어울리는 기회가 적게 느껴지더라도 말이다. 중국에 있는 친척이나 지인들은 여전히 그들이 중국 밖에서 더 나은 삶을 살 수 있을지 고민하며, 아버지와 어머니가 오래전에 생각했던 것과 비슷한 질문을 떠올린다. 중국 출신 이민자들은 여러 세대에 걸쳐 미국에 성공적으로 정착해왔는데, 아마도 그건 미국의 문화 자체가 이민자들의 문화여서가 아닐까? 수백만 명의 사람들이 바다 건너편을 바라보며 또 다른 미래를 그린다. 단점과 장점, 그리고 공통점과 차이점을 저울질하며 '과연 어디가 더 나을까?' 생각한다.

오늘날 미국의 좌파와 우파가 함께 놓친 것들

아버지도 어머니도 이제는 안분지족安分知足의 삶을 살고 있다. 그래도 나에게는 여전히 한 가지 소망이 있는데, 두 사람이 내가 뉴욕에서도 가장 좋아하는 동네인 선셋 파크Sunset Park로 옮겨 온다면 모두에게 훨씬 더 좋을 것 같다.

갈색 사암으로 지은 주택이 적어도 400만 달러 이상에 팔리는 브루클린의 부유한 동네 파크 슬로프에서 남쪽으로 걸어가면 선셋 파크에 도착한다. 다만 집들은 윗동네의 갈색 사암 주택만큼 아름답지는 않다. 선셋 파크에는 1960년대까지 인근 항구를 중심으로 무역업에 종사하던 이탈리아, 노르웨이, 핀란드 이민자가 주로 살았다. 지금은 새로운 이민자들의 숫자가 늘어나고 있다. 단독 주택단지가 거리를 가득 메우고 상점이 늘어서 있으며, 의사며 부동산 중개인이 영어, 스페인어, 중국어로 광고한다. 남아메리카 주민 상점은 5번가에, 그리고 중국계 상점은 6번가, 7번가, 8번가를 차지하고 있다. 서쪽 대로 식당에는 스페인식 돼지고기 튀김 치차론chicharrón이, 동쪽 대로 광둥식 식당 진열장에는 구운 오리와 삶은 닭 등이 진열되어 있다. 서쪽에서는 바나나며 파파야를, 동쪽에서는 두리안과 멜론을 판다. 중국 가게는 대부분 성가시게도 현금만 받지만, 미리 현금을 준비할 가치가 있는 물건이 많다. 가을철 상하이에서 보는 것과 똑같은, 밝은 주황색 내장으로 가득 찬 찐 참게도 맛볼 수 있다.

선셋 파크란 원래 위쪽에 있는 공원 이름인데, 지금은 주변 지역까지 묶어서 선셋 파크라고 부르게 되었다. 진짜 선셋 파크에 가면 맨해튼과 뉴욕 항구의 멋진 전망을 감상할 수 있다. 가장 눈에 들어오는 건 다름 아닌 선셋 플레이 센터Sunset Play Center다. 이 편의 시설 안에는 공원 담당 국장이자 도시계획 전문가 로버트 모지스Robert Moses의 주도로 1936년에 개장한 11개의 수영장 중 하나가 있으며, 모지스를 대표하는 대담한 설계가 특징이다. 함께 붙어 있는 목욕탕은 아르데코 양식의 벽돌 건물로, 세라믹 타일과 청석으로 장식된 입구가 둥근 지붕이 덮인 공간까지 이어진다. 수영장 건물 주변에서는 태극권을 수련하는 사람들을 볼 수 있다. 또 산책하는 가족이나 뛰어노는 아이들도 많다.

중국 사람이라면 로버트 모지스에게서 뭔가를 느낄 수 있지 않을까. 그는 대공황 시절 특히 뉴욕을 중심으로 수많은 건설 계획을 진두지휘했다. 그러는 사이에 수십 개의 직책을 거쳤는데, 앞에서 언급한 공원 국장처럼 이름부터 심심한 직책도 있었고, 뉴욕 도시계획 위원회 위원장이나 도시 건설 조정관처럼 훨씬 더 매력적인 직책도 있었다. 모지스는 도시 주변 지역을 중장비로 밀어내고 거대한 다리와 고속도로, 북쪽의 넓은 공원, 나이아가라폭포를 이용해 전력을 만들어내는 거대한 댐, 그리고 선셋 플레이 센터 수영장처럼 도시가 간절히 원하는 여러 편의 시설을 건설했다.

아버지와 어머니는 선셋 파크로 이사를 오라는 내 간청에 아직은 아무 대답도 하지 않았다. 과거에는 아직 어린 아들을 데리고 고향을 떠나는 등의 모험도 서슴지 않았지만, 이제는 또 다른 변화에 대한 의욕이 없는 것 같다. 그렇더라도 필라델피아 교외보다 더 활기 넘치는 곳에서 함께 살 수 있다면 좋을 텐데. 정치가 언제든 모든 걸 바꿔놓을 수 있는 중국의 전형적인 삶, 그리고 많은 사람이 다소 삭막하게 느껴지는 교외 생활에 만족하는 미국의 전형적인 삶 등 꼭 두 가지 삶 사이에서만 선택해야 하는 게 아닌데 말이다.

물론 미국이라고 해서 번화가에서 멀리 떨어진 교외의 삶이 무조건 전형적이라고는 볼 수 없다. 그래도 역시 미국에서는 치안이 열악한 도시 지역과 자동차에 의존할 수밖에 없는 교외 중 한 곳을 선택해야 할 때가 많다. 나로서는 선셋 파크 같은 공간이 더 많았으면 좋겠다. 대중교통으로 연결되어 다양한 문화권의 사람들이 함께 어울릴 수 있는 도시에 비교적 저렴한 주택 지구가 있으면 좋겠다는 뜻이다. 뉴욕시는 모든 단점에도 미국에서 몇 안 되는 진정한 도시 중 하나로, 걷기 좋고 편의 시설이 가까이에 다 모여 있으며 경제적 평준화가 어느 정도 이루어졌다. 하지만 로버트 모지스처럼 도시를 끊임없이 개선하고 현대화하기보다 기묘하고 단절된 상태로 방치하고는, 국가의 풍부한 역량을 새로운 가상 세계 창조에 쏟아부었다. 미국 사람들은 이런 선택에 정말 만족하는 걸까?

우리 가족이 캐나다에서 미국으로 옮겨 왔을 때 모지스는 오래전에 세상을 떠난 후였다. 그런데 단순히 한 사람이 죽은 게 아니라, 그 사람의 모든 것이 사라졌다. 모지스를 이끈 사명, 그러니까 정부가 주도하는 대규모 건설 계획을 통해 더 좋은 사회를 만들겠다는 사명도 함께 무덤 속에 파묻힌 것이다. 아버지와 어머니는 로버트 모지스가 누군지도 알지 못한다.

그래도 뉴욕 사람들은 모지스를 기억하기는 했다. 예컨대 1974년 로버트 카로Robert Caro는 『더 파워 브로커The Power Broker』라는 책을 발표해 대규모 건설 계획과 그에 못지않게 인상 깊었던 여러 실수를 열거하며 모지스를 재조명했다.[1] 이 전기는 단순히 모지스를 기리기 위한 작업이라고 하기에는 그 이상의 가치가 있다. 카로는 1,300쪽이 넘는 이 책에 자신의 세심한 조사 결과와 문학적 재능을 유감없이 쏟아부었다. 그리고 어쩌면 당연하게도, 『더 파워 브로커』는 미국이 법률가 중심 국가로 자리 잡는 데 영향을 미친 책 중 하나였다. 레이철 카슨Rachel Carson의 『침묵의 봄Silent Spring』이나 랠프 네이더의 『어떠한 속도에서도 안전하지 않다Unsafe at Any Speed』와 마찬가지로, 이 책은 미국인들이 공학자를 두려워하고 혐오하도록 이끌었다.

사실 로버트 모지스는 법률가도, 공학자도 아니었다. 그렇지만 오늘날 우리가 알고 있는 뉴욕을 건설한 사람으로서 모지스는 법률가와 공학자를 모두 합친 것 이상의 위상을 지니고 있다. 『더 파워 브로커』는 다양한 목록을 통해서도 그 내용을 이해할 수 있다. 예를 들어 모지스의 공식 직함 목록, 교량과 고속도로, 뉴욕의 명소 등을 포함한 건설 계획 목록, 이름만 들어도 건설에 따른 변화를 혐오하도록 만든 실수와 미숙함, 편견 등의 목록이다. 카로가 잘 보여준 것처럼 실제로 모지스는 미국 중산층을 위해 가난한 사람들의 주거지를 강제로 철거한, 소수 지배계층의 이익만을 대변했던 사람이다. 모지스는 오만했으며 공익 문제의 해석에 다른 사람, 특히 대중이 참여하는 걸 극도로 꺼렸다. 그래서 사실은 계층에 상관없이 감히 자신의 계획에 반대하는 사람은 누구라도 배척했다. 열정이 끓어 넘쳤지만 동시에 인종차별과 사사로운 복수심에 사로잡혀 있는 사람이었다.

처음 출간되었을 때 『더 파워 브로커』는 마치 뭔가를 예견하는 것처럼 보였다. 무엇보다 '로버트 모지스와 뉴욕의 몰락 Robert Moses and the Fall of New York'이라는 부제목까지 붙어 있었으니 말이다. 뉴욕은 1970년대 내내 불안정한 상황과 파산 위기에 직면한 끔찍한 도시로 악명이 높았다. 카로의 책에서 가장 그럴듯하게 보인 내용을 보면 선셋 파크가 도저히 회생 불가능한 빈민가로 묘사된다. 모지스는 근처 동네를 제대로 살펴보지도 않고 가장 번화한 상점 거리 위를 지나가는 고가도로를 건설했다. 카로의 생생한 묘사에 따르면 화물차가 좀 더 편하게 오가도록 하기 위해 세운 이 고속도로는 핀란드 음식점과 노르웨이 상점을 몰아내며 동네의 '심장'을 찢었다.[2] 고속도로가 들어서자 가게들은 모두 문을 닫았고, 결국 지역 공동체는 무너졌다.

오늘날 여러 나라의 전통 음식을 파는 선셋 파크 식당들 근처를 지나다니는 동네 주민들이 과거에 이 근처가 얼마나 큰 상처를 입었는지 알게 되면 고개를 갸웃거릴지도 모른다. 모지스가 세운 고속도로는 여전히 그 자리에 서 있으며, 주로 노동자 계층에 속한 이민자들도 여전히 그곳에 살고 있지만 이제 주민들은 스페인어나 중국어를 사용한다. 모지스가 지역 주민을 위해 지은 선셋 플레이 센터도 여전히 남아 있어 완전히 새로운 사람들이 이용하고 있다. 선셋 파크는 심장이 찢겨나갔지만, 완전히 무너지지 않고 지금까지 꿋꿋하게 버티고 있다. 모지스가 세운 건설 계획에 포함되었던 범위보다 동네 규모가 더 컸기 때문이다. 여전히 많은 이민자가 더 나은 삶을 찾아 미국으로 몰려드는 것도 선셋 파크가 버틸 수 있는 또 다른 이유가 아닐까. 그런 선셋 파크로 아버지와 어머니를 불러들일 수 있다면 얼마나 좋을까. 이제는 더 이상 찾아갈 수 없는 중국만의 좋은 면들과 다시 가까워지는 것이다. 이곳에는 좋아하는 음식을 찾을 수 있는 걷기 좋은 동네가 있고 태극권을 수련하거나 피클볼을 즐길 수 있는 멋진 공원이 있다. 그리고 원한다면 뉴욕을 오가는 지하철을 타고 서점에 가거나 각종 문화 행사를 찾아갈 수도 있다.

하지만 이제 『더 파워 브로커』도 시대에 뒤떨어진 책이 되었다. 뉴욕은 여전히 문제가 많은 도시일 수는 있지만 철저하게 몰락하지는 않았다. 디트로이트나 세인트루이스, 그리고 클리

블랜드 같은 산업도시와 달리, 뉴욕은 스스로 벼랑 끝에서 뒤로 물러섰다. 앞서 언급한 도시들은 1950년대 이후 인구의 3분의 2를 잃었지만, 뉴욕은 노동자 계층뿐만 아니라 부유층까지 끌어들이며 다시 성장했다.

도시 건설에 관계된 다른 많은 사람처럼 모지스 역시 한쪽 측면만 바라보다가 엄청난 실수를 여럿 저질렀다. 모지스가 지배하던 시대는 참으로 적절한 시기에 끝났다. 제인 제이컵스Jane Jacobs나 루이스 멈퍼드Lewis Mumford 같은 반대 세력은 모지스가 또 다른 고속도로를 건설해 로어 맨해튼을 완전히 무너뜨리기 전에 끊임없이 이어지는 건설 계획 추진을 가로막았다. 그렇지만 모지스가 남긴 이른바 물리적 역동성이라는 유산은 뉴욕을 오늘날과 같은 세계적인 도시로 발전시켰다. 모지스는 비평가들이 생각했던 것보다 더 깊이 있게 미국의 중산층 가족이 도시에서 더 잘 살 수 있는 방법에 대해 고민했다. 그가 세운 문화 시설은 뉴욕이 창의적인 사람들을 끌어들이도록 만들어준 또 다른 빛이었다.

1960년대 이후 뉴욕에서 찾아볼 수 없게 된 건 바로 물리적 환경의 변화다. 뉴욕은 모지스의 시대가 끝났을 때 함께 성장이 멈춘 기반 시설에 의존하는데, 이걸 보면 모지스의 이름을 계속 좋지 않은 쪽으로 들먹인다고 해서 얻을 수 있는 건 아무것도 없는 것 같다는 생각이 든다. 뉴욕, 그리고 더 나아가 미국 전체가 거의 한 세기 전에 건설된 기반 시설만으로는 살아남을 수 없다. 대규모 공공사업에는 언제나 타협과 선택이 함께한다. 과거에 어려운 선택을 한 사람들을 비난하는 대신 우리는 스스로 이런 어려운 선택의 길에 들어서야만 한다.

미국은 절차에 너무 집착하는 좌파는 물론, 생각 없이 뭐든 밀어붙이고 보는 우파 모두에 의해 이렇게 약해진 것이다. 특히 좌파는 모지스의 실수를 반복하지 말자는 생각이 너무 강했기 때문에 대형 건설 계획을 거의 지지하지 않았다. 내가 새삼스럽게 로버트 모지스의 이름을 다시 꺼낸 건, 미국의 좌파가 지난 세기 중반에 일어난 문제가 아니라 지금의 문제를 해결하기 위해 스스로 깨어나야 한다는 사실을 알려주기 위해서다.

정부를 앞세워 경이로운 일을 해낼 수 있다는 사실을 미국 우파가 기억할 수 있으면 좋겠다. 2025년이 시작되자 기술 산업에 종사하며 보수적 성향을 보이는 미국 우파는 연방 정부의 비효율성을 바로잡으려는 일론 머스크의 업적에 찬사를 보냈다. 그 머스크가 수장으로 있는 곳이 바로 신설된 정부효율부Department of Government Efficiency, DOGE다. 미국 연방 정부가 실제로 놀랄 만큼 비효율적이라는 사실에는 누구도 이의를 제기할 수 없겠지만, 한때는 기술적으로 놀라운 성과를 내기도 했다. 좌파에서 로버트 모지스의 업적을 인정한다면, 우파 역시 대규모 정부 주도 계획을 통해 국가 안보를 강화한 공학 전문 해군 제독 하이먼 리코버Hyman Rickover를 인정해야 한다.[3]

핵 추진 해군의 아버지로 더 잘 알려진 리코버 제독의 지휘 아래 미국은 1954년 USS 노틸러스를 완성했다. 이 잠수함은 세계 최초의 원자력 잠수함으로, 디젤 추진식 잠수함과 달리 몇 주 동안이나 바다 밑으로 항해할 수 있었고, 따라서 미 해군은 당시 소비에트연방 해군에 비해 한동안 결정적 우위를 점할 수 있었다. 리코버 제독은 완벽주의를 지향하는 해군의 기술 전문가로 자신의 꿈을 현실로 이루기 위해 수십 년 동안 인내심을 가지고 일했다. 그런 리코버 제독이 창설한 잠수함 전대는 오늘날까지도 미 해군의 자랑으로 남아 있다. 제2차 세계대전 당시 미국 기업들은 공군 및 해군력 강화를 위해 정부에 협력했으며, 미국 정부는 원자폭탄을 개발한 맨해튼계획이나 인류를 달에 보낸 아폴로계획 같은 위대한 기술적 목표를 달성하기 위해 자원과 국력을 집중했다. 이렇게 엄청난 기술적 업적은 오직 정부를 통해서만 달성될 수 있는 것이다.

내가 로버트 모지스와 하이먼 리코버 제독을 동시에 떠올린 건 이들이 인품이 훌륭해서가 아니다. 두 사람 모두 꼴사나울 정도로 권력을 탐했고, 공격적이고 단호한 성격의 이상주의자였다. 공교롭게도 모지스와 리코버 제독은 모두 유대인으로, 당시 상류 계층만의 공간처럼 여겨지던 곳에서 인종과 관련된 편견을 경험했다. 모지스의 경우는 예일대학교였고, 리코버 제독은 해군 조직이었다. 모지스와 리코버 제독은 주어진 업무에 누구보다 헌신했고, 평생 오직 정부의 지원만 받으며 위대한 성취를 이뤘다. 오늘날의 공무원들에게서는 찾아볼 수 없는 업적이다. 무엇보다 두 사람은 언제나 주어진 예산과 주어진 기간 안에 계획을 완수했지만, 그 과정에서 어떤 부정도 저지르지 않았다.

지금도 뛰어난 예지력과 추진력을 갖춘 사람들이 많다. 그렇지만 공공의 이익을 위해 헌신하기보다 일론 머스크처럼 자신만의 첨단 기술 기업이나 투자회사를 시작할 가능성이 더 크다. 사실 그 연장선상이나 다름없는 정부효율부는 정부의 핵심 기관 규모와 업무 범위를 줄였고, 덕분에 정부에 대한 불신만 높아졌다. 머스크 같은 억만장자는 어떤 식으로든 미국의 이전 세대 건설업자보다 더 책임감을 느끼고 있을까? 나는 그저 더 불쾌한 존재들일 뿐이라고 생각한다. 미국 우파가 정부의 효율성을 높이려 하는 것이 문제라는 게 아니다. 공무원들이 감당해야만 하는 산더미 같은 불필요한 절차가 아니라, 그저 사람이 게으르다는 것만 비효율의 원인으로 제시하는 게 문제라는 것이다. 정부효율부가 인력 감축이 아니라, 절차 자체를 줄이는 걸 목표로 한다면 좀 더 효과적인 운영이 가능하지 않을까.

미국의 우파는 정부도 위대한 업적을 이룰 수 있다는 사실을 기억했으면 한다. 야심만만한 사람들이 인터넷 관련 업체만 기웃거린다면, 투자 전문가 피터 틸Peter Thiel이 농담처럼 표현한 실망감도 이해가 간다. "우리는 날아다니는 자동차를 원했는데, 실제로는 140자만 쓸 수 있는 SNS만 남았다."[4] 좌파에 의해 목이 졸리고 끌려다니다가 다시 우파의 과시적이고 파괴적인 성향 때문에 상처 입은 미국을 위해 잠시 애도의 시간을 갖자.

이제는 사라져버린, 미국의 역동성을 회복하기 위하여

미국과 중국의 진짜 경쟁은 어느 쪽이 더 큰 공장을 가지고 있느냐, 혹은 더 높은 기업 가치를 지니고 있느냐로 결정되지는 않을 것이다. 누가 가장 국민을 생각하느냐가 경쟁의 핵심이다. 미국에는 중국을 능가하는 유서 깊은 진짜 장점이 있다. 그렇지만 공학자 중심 국가에도 숨겨둔 강력한 무기가 있는데, 바로 언제든 동원할 수 있는 물리적 역동성이다. 중국에는 더 뛰어난 제조 역량과 더 정교한 기반 시설, 더 탄탄한 방위 산업 기반이 있으며 주택 물량도 더 풍부하다. 미국이 다원주의를 고수하는 동시에 더 많은 건설을 할 수 있다면 다음 세기에도 유일한 초강대국임을 스스로 증명할 수 있을 것이다.

그렇지만 지금 미국은 퇴보하고 있다. 물리적 환경의 개선이 제대로 이루어지지 않는다면 기후변화에 대응하거나, 더 나은 경제적 성과를 이룩하거나, 아니면 더 광범위한 사회적 평등을 실현할 수 없다. 안전한 거리, 제대로 움직이는 대중교통 체계, 충분한 주택 물량 등은 국민에게 꼭 필요한 환경이다. 이를 제공할 수 있는 정치체제가 건재하다는 사실을 입증할 수 있다면 미국의 통치력은 더 강력해질 것이다. 다양한 미국의 이상을 완벽하게 실현하고 싶은가? 그러면 무엇보다 먼저 제대로 된 건설 사업 분위기를 회복해야 하며, 그렇게 될 때 대부분의 경제적 문제와 많은 정치적 문제가 해결될 수 있다고 믿는다.

거기에 제조 역량까지 더해진다면 미국은 더 강해질 수 있다. 하지만 그 역량이 회복되지 않을 경우, 미국은 중국에 의해 강제로 탈산업화의 길을 걸을 수밖에 없다. 전 세계 사람들이 중국 자동차를 운전하고, 중국 로봇을 사용하고, 중국 비행기를 조종하는 걸 더 좋아하게 된다면 미국이 세계에 미치는 영향력은 줄어들 게 분명하다. 미국에는 대만이나 남중국해의 공격적 행위에 대응할 만한 함선이나 군수물자가 없다고 중국이 판단하는 순간 세계는 더욱 위험해진다. 두 초강대국이 동아시아에서 전쟁을 벌일 때 미국의 승리는 전혀 장담할 수 없다. 따라서 중국에 상업적으로나 군사적으로 압도당하는 것을 막기 위해 미국은 우선 건설에 집중해야 한다.

예컨대 더 많은 주택을 건설할수록 미국은 더 강해질 수 있다. 미국의 진보주의자들은 억만장자의 존재 자체가 정책이 실패했다는 증거라고 주장한다. 그리고 나는 일반 서민 계층이 더 중요하다고 생각하기 때문에 이 말을 조금 바꿔보겠다. "주택 가격 상승이 곧 정책 실패의 증거다." 일자리 창출이 많이 이루어지는 부유한 지역, 특히 뉴욕이나 샌프란시스코, 보스턴은 역설적으로 신규 주택 공급이 가장 어려운 지역이다. 미국 임차인의 절반은 세전 소득의 30퍼센트 이상을 차지하는 집세를 부담스럽게 느끼며, 따라서 많은 사람이 내 집 마련을 원하지만 그럴 여유가 없다.[5] 주택 건설이 제대로 이루어지지 않아서 도시에 좋은 일자리가 있어도 돈이 없는 사람은 모여들 수 없다. 계층과 인종에 따른 단절은 점점 심해지고 있다.

더 나은 사회 기반 시설을 제공할 수 있다면 미국은 더 강해질 것이다. 뉴욕에도 대중교통이 있지만, 대부분 100년 전에 건설되었기 때문에 맨해튼의 지하철역 안으로 들어서는 건 마치 썩은 냄새가 나는 구덩이 안으로 내려가는 것과 비슷하다. 쓰레기 냄새 나는 눅눅한 승강장에 서 있으면 귀청이 터질 듯한 금속성의 삐걱거리는 소리와 함께 지하철이 도착한다. 뉴욕도 이런 문제에 예산을 쓸 만큼 쓰고 있다. 세계에서 가장 비싼 교통 건설 계획 6개 중 5개가 뉴욕과 관련이 있는데, 뉴욕에서 지하철 노선 1킬로미터를 건설하는 데 드는 비용은 파리 건설 비용의 5배에 달한다.[6] 만약 건설 비용이 2배라면 모두 가만있지 않고 해결책을 찾으려 하겠지만, 5배라는 숫자는 그저 현실감 없는 숫자로 보일 뿐이다. 뉴욕보다 훨씬 오래된 유럽 도시의 지하철 건설 비용이 더 적게 들어갈 이유가 없는데도, 책임자들은 그저 아무것도 할 수 없는 듯 보인다.

바이든 행정부는 산업 관련 정책을 시행하고 기반 시설을 건설하기 위해 진지하게 노력했다. 그렇지만 건설 속도 자체가 감당할 수 없을 정도로 느렸다. 2021년 미국 의회는 '모두를 위한 인터넷Internet for All'이라는 계획에 따라 인터넷 통신망 확장에 예산 420억 달러를 배정했다. 하지만 4년이 지날 때까지 공사는 전혀 진행되지 않았다.[7] 미국 전역에 전기 자동차 충전소를 건설하기 위한 예산으로 75억 달러를 배정했다고 하는데, 이 역시 2년이라는 시간이 흐르는 동안 단 일곱 곳만 정상적으로 가동 중이다.[8] 이런 느린 건설 속도는 민주당이 저지른 정치적 실패라고 볼 수 있다. 2024년 대통령 선거에서 승리를 거둔 트럼프 대통령은 거대한 구조물을 세우고 자신의 이름을 붙여 기념하며 정치적으로 이용할 수도 있고, 반대로 기존의 건설 계획을 일부 취소할 수도 있을 것이다.

알렉산드리아 오카시오코르테스Alexandria Ocasio-Cortez 하원 의원은 2019년 자신이 주장하는 환경 정책을 가로막는 사람들을 맹비난하며 큰 화제를 모았다.[9] 그녀는 "기후변화에 대처하지 않으면 12년 안에 세상이 멸망할 것"이라고 말했고, "하지만 그 비용을 어떻게 충당할지만 걱정하고 있는 게 아닌가?"라고 비난했다. 지하철 노선 1킬로미터를 연장하는 데 필요한 수십억 달러가 부담스러워 공사를 시작하지 않는다고 섣불리 결론 내릴 수는 없다. 오히려 정부가 자꾸 엉뚱한 방향으로 움직인다는 게 진짜 문제다. 코르테스 의원의 주장과 달리 기후변화로 인한 위기가 없다면 미국의 그런 터무니없이 느린 건설 속도는 그렇게 큰 문제는 아닐지도 모른다. 하지만 대중이 모든 절차에 대해 그렇게 복잡하게 따지는 정부보다 뭐든 결단을 내리고 실천에 옮기는 정부를 선호할 수도 있다는 사실을 미국 정부는 간과하고 있는 게 아닌가? 공공사업 예산은 심각할 정도로 부풀었고, 기존의 기반 시설을 유지하기도 어려우며, 새로운 철도나

역 건설 일정이 10년 이상 지연될 수 있는 상황이라면, 우리는 현재의 접근 방식이 과연 타당한지 의문을 제기해야 한다.

미국이 다시 성공을 거두기 위해 중국의 건설 방식을 따를 필요는 없다. 나는 지금까지 이 책을 통해 공학자 중심 국가의 접근 방식이 어떻게 끔찍한 결과를 초래했는지, 그래서 중국에서조차 어떤 고민을 하고 있는지 자세히 설명했다. 그렇다면 오히려 미국은 스페인이나 독일, 그리고 일본 같은 다른 선진국의 사례를 고려할 수 있다. 이런 나라들은 공개 협의와 환경 검토, 그리고 건설 진행 사이에서 더 나은 균형을 유지하고 있다.

이런 모든 목표를 달성하기 위해 나는 미국에서 법률가들의 영향력을 줄여야 한다고 조심스럽게 제안한다. 그러기 위해서는 미국 정부와 미국 사회 내부에 존재하는 절차 주의에 맞서야만 한다. 그리고 무엇보다 국민은 정부 기관이 국민에게 꼭 필요한 기본 시설을 제공할 수 있다는 믿음을 새롭게 가져야 한다.

미국의 정부 기관과 법률가의 관계를 끊어내는 건 분명 어려운 일이다. 명문 로스쿨 졸업생들은 닦아놓은 길을 따라 자연스럽게 연방 사법부로 진출하며, 더 큰 야심이 있다면 백악관이나 고위 행정기관으로 진출할 수도 있다. 미국 법의 더 근본적인 철학적 기반을 바꾸는 건 훨씬 더 어렵다. 미국은 영어권 국가의 전형적인 관습법 체계를 물려받았는데, 이런 체계 안에서 판사들은 법을 제정할 때 오히려 입법부보다 훨씬 더 큰 재량권을 행사한다. 영국과 미국, 뉴질랜드, 아일랜드를 포함한 영어권 국가에서 주택 및 기반 시설 건설 비용이 천문학적으로 높은 건 결코 우연이 아니다.

로스쿨 학생들이 열광하는 주제, 즉 특정 사건에 대한 올바른 판결이나 대법원 인사 문제에 대한 논쟁만 벌여서는 법률가 중심 국가 미국의 한계를 극복할 수 없다. 나는 학생들에게 인기 있는 교재에 등장하는 그랜트 길모어Grant Gilmore 교수의 유명한 말을 소개하고 싶다.[10] "사회가 무너질수록 법은 더 늘어난다. 그러다 마침내 세상이 지옥으로 변하면 오직 법만 존재할 것이며, 모든 절차가 적법한지도 아주 꼼꼼하게 확인할 것이다."

나는 미국 사람들이 이전 세대 중국 사람들이 느꼈던, 물리적 역동성에 기인한 미래에 대한 낙관주의를 경험하게 되길 바란다. 지난 40년 동안 눈부신 경제성장을 경험한 중국 사람들은 과거는 자부심으로, 그리고 미래는 희망으로 바라본다. 충칭이나 선전의 주민들은 눈앞에 펼쳐진 새로운 도시 풍경을 보며 미래가 더 나은 방향으로 바뀌어가길 기대한다.

우리 가족이 캐나다로 떠났을 때 중국 경제는 매년 10퍼센트씩 성장 중이었다. 만약 그대로 쿤밍에 살았다면, 경제가 2배로 성장하는 데 걸리는 시간을 7년 정도로 계산해서 7년마다 새로운 도시에 사는 것 같은 기분을 느꼈을 것이다. 실제로 가끔 중국을 찾을 때마다 더 깨끗하고 새롭고 나아진 모습의 도시를 발견하게 된다. 이러한 성장률은 미국에서라면 상상도 할 수 없는 수준이다. 동시에 중국도 더 이상 감당할 수 있는 수준이 아니다. 그렇지만 공학자 중심 국가에서는 정치가 지배하는 경제 체제가 목표를 향해 멈추지 않고 움직이기 때문에 끊임없이 대규모 개발 계획이 진행 중이다. 아버지와 어머니는 중국에서의 삶을 필라델피아 교외의 조용하고 편안한 삶과 맞바꾸었다. 그렇다고 딱히 불만은 없지만, 우리는 미국에서 야망이 사라진 게 분명하다고 생각한다.

앞으로 나아가려면 낙관적으로 바라보는 태도, 다시 말해 계획을 세우고 실행할 수 있는 능력을 되찾아야 한다. 그리고 법률가 중심 국가를 극복하려면 미국은 우선 두 가지를 해내야만 한다.

무엇보다 먼저 미국에도 공학의 유산이 있다는 사실을 기억해야 한다. 미국은 기념비적인 구조물이 가득 차 있는 아름다운 도시들을 건설했다. 19세기 내내 공학만이 줄 수 있는 경이로움으로 도시를 가득 채웠다. 당시 세계에서 가장 길었던 브루클린과 맨해튼을 연결하는 현수교, 시카고에 건설된 세계 최초의 마천루, 유럽 어느 곳에도 뒤지지 않았던 뉴욕 지하철 노선 등. 그렇게 미국은 교량, 고속도로, 철도를 건설했고, 원자력 잠수함 전대를 비롯해 인간을 달로 보낸 우주선 등은 숭고함까지 느껴질 정도였다.

그다음으로 사회 고위층 사이에서 더 다양한 목소리가 나와야 한다. 가장 중요한 미국의 미덕은 다원주의에 대한 믿음, 즉 다양한 문화가 평등하게 보호받으면서 공존하고 번영할 수 있는 환경이다. 다시 말해 법률가뿐만 아니라 공학자, 경제학자, 그리고 다른 인문학자까지 모두 나서 국가가 소수가 아닌 다수를 위해 일할 수 있도록 도와야 한다는 뜻이다.

다가올 미래에서 더 나은 위치를 차지하는 건 누구인가

2025년 세계은행에서 '중상위 소득' 국가로 분류한 중국은 몇 년 안에 '고소득' 문턱을 넘어설 것이다. 하지만 중국은 이러한 성과를 자축하지는 않을 것 같다. 지난 2023년 공산당 선전기관들은 '중국은 앞으로 경제가 어떻게 발전하고 국제적 지위가 어떻게 향상되든 상관없이 항상 개발도상국일 것'이라고 다소 과장하듯 떠들었다.[11]

그렇지만 나는 그게 탁월한 선택이었다고 생각한다. 중국의 개발도상국 선언은 다른 가난한 나라들을 향해 중국은 자신의 이익만 내세운다는 사실을 알리려는 냉소적인 외교적 노력의 일부다. 그렇다고 내가 그 말을 믿는다는 게 아니고, 그저 '현명하다'는 생각이 든다. 미국도 그래야 하지 않을까. '선진국'보다 '개발도상국'이 더 좋지 않은가? '선진국'이라는 건 성장은 멈추고 모든 게 끝났다는 뜻이다. 그런 위치는 모든 게 멈춰버린 아름다운 유럽에나 넘기라고 말해주고 싶다.

지난 40년 동안 중국은 20세기 초 미국과 비슷한 길을 걸었다. 두 나라 모두 초강대국으로 이어지는 길을 따라갔다. 거대한 건물이며 구조물을 세웠고, 동시에 온갖 사기꾼들이 나타나 환상적인 투자 계획을 선보이며 성실한 사람들의 주머닛돈을 노렸다. 미국도 중국도 새롭고 혁신적인 과학적 성과가 아니라 기존 기술의 확장에 집중했다. 그렇게 두 나라 모두 뭔가 새로운 걸 발명하는 데는 큰 성과를 거두지 못했지만, 대신 진짜 혁신가들의 기술을 훔치고 모방했다. 미국은 19세기 말의 영국과 독일을, 그리고 중국은 21세기 초 서구 여러 선진국을 모방했던 것이다.

그러다가 마침내 이렇게 흉내만 내던 시절이 끝났다. 지금까지와는 다르게 미국은 뭐든 힘만 가지고 설치던 자들이 장악한 정치체제에 환멸을 느꼈다. 진보주의자들이 나타나 미국을 더 나은 길로 인도하기 위해 온갖 개혁을 단행했다. 이런 변화에 대한 의지를 바탕으로 행정제도를 개선하고 광활한 땅 위에 새로운 도시를 건설했다. 그리고 민주주의국가의 군사력이 어느 나라에도 뒤지지 않는다는 사실을 보여주었다.

미국과 중국 모두 이런 변화에 대한 의지를 하나의 이념으로 따르고 있다. 미국은 과거의 유산보다 진정한 가치와 원칙에 기반을 둔 국가로서 뚜렷한 이념적 특징을 갖고 있으며, 반면 중국은 화려했던 역사적 유산을 더 내세우려 한다. 미국도 중국도 스스로 변화하겠다는 의지는 있지만, 자세히 살펴보면 의지를 표현하는 방식이 여러 면에서 크게 다르다. 따라서 두 나라 모두는 국민의 잠재력을 끌어내고 싶다면 변화에 대한 열망을 온전히 표현하는 방법을 찾아야 한다.

덩샤오핑이 개혁·개방 정책을 추진하게 된 배경에는 부유한 선진국 방문에서 받은 충격도 있었다. 미국 텍사스의 어느 슈퍼마켓에서 덩샤오핑은 선택의 폭이 너무나도 넓다는 사실에 압도당했다. 일본 닛산 공장에서는 노동자 1명이 1년에 94대의 자동차를 생산할 수 있지만, 중국 노동자는 단 1대만 생산할 수 있다는 이야기를 들었을 때 덩샤오핑은 이것이야말로 변화의 결과라는 사실을 깨달았다.[12] 그리고 이제 상황은 크게 달라졌다. 중국이 대단히 복잡한 계획을 척척 실행하는 걸 본 미국은 분명 깜짝 놀랐을 것이다. 그리고 과연 미국도 과거의 역량을 회복하고 새롭게 시작할 수 있을지 생각하고 있을 것이다.

중국 공산당의 경우, 변화에 대한 열망을 중앙정부가 앞장서 의지를 불태우는 일종의 하향식 노력으로 표현했다. 그리고 이를 통해 공산주의를 완성하고 나아가 경제성장을 이루려 했다. 1980년 덩샤오핑이 중국 최고 지도자가 되었을 때 실패를 예상할 만한 이유가 충분했다. 중국은 마오쩌둥 시대의 끔찍했던 이상향 건설 실험 실패를 막 겪었고, 덩샤오핑의 경제 개혁 계획 뒤에는 한 자녀 정책이라는 공포가 찾아왔다. 실제로 중국의 개혁·개방 정책은 이후 15년 동안, 특히 덩샤오핑이 1989년 베이징 시위를 무력 진압한 후 엄청난 좌절을 겪었다. 그렇지만 경제성장은 정말로 진행되었다.

결국 우리가 묻고 싶은 질문은 단 하나다. 앞으로 다가올 미래에서 더 나은 위치를 차지하는 건 과연 누구인가?

중국은 지난 40년 동안 미래를 지나칠 정도로 심각하게 생각했다. 중국이 미국을 앞지르지 못한다면 그것은 분명 중국의 조바심 때문일 것이다. 중국은 공학자와 기술자를 중심으로 훌륭한 성과를 거두었지만, 중국 공산당에는 국민을 불신하고 다른 나라들과 어떻게 지내야 할지 알지 못하는 지도층이 너무나 많다. 이들은 문제가 생기면 계속해서 문제 자체에 대한 해결책만 제시하며, 다른 곤란한 점들도 그저 기계적으로 해결하려다가 상황을 처음보다 더 악화시킬 것이다. 베이징 중앙정부는 미국의 가장 큰 장점인 다원주의와 개인의 권리 보호를 절대 받아들이지 못한다. 또 중국 공산당은 국민이 권력을 손에 넣는 걸 가장 두려워한다. 그리고 중국을 벗어나려는 기업가나 창의적인 젊은이들이 자국의 적이 아니라는 사실을 인정하지 않을뿐더러 그 창조적 역량이 대규모 공공사업만큼이나 중국에 큰 도움이 될 수 있다는 사실도 인정하지 않을 게 분명하다.

그렇지만 미국이 공학자 중심 국가에서 배울 수 있는 몇 가지가 있다. 창조적 역량이 있는 계층, 창의성이 있는 젊은이들은 중국을 떠나려 하지만 실제로 대부분의 중국 사람들은 물질적 혜택을 크게 누리고 있다. 중국에서 공산당에 대한 대중의

지지가 여전히 강력한 이유는 생활환경이 상상할 수 없을 정도로 개선되어 원하는 게 있으면 거의 모든 걸 언제라도 가질 수 있고, 원하는 걸 할 수 있게 되었기 때문이다. 다만 시진핑 주석이 등장하면서 지난 수십 년 동안 품어온 희망의 일부가 사라진 것도 분명한 사실이며, 이것이 중국이 미국을 앞지르지 못하는 또 다른 중요한 이유가 될 수 있다. 그래도 공학자 중심 국가의 다양한 장점을 바탕으로 향후 10년 동안 놀라운 건설 관련 업적을 달성할 수 있는 추진력을 시진핑 주석에게 기대할 수 있다.

미국은 뭔가를 만들고 세우는 역량뿐만 아니라 관련된 행정 능력까지 일부분 상실했다. 절차에만 집착하는 좌파, 그리고 파괴적인 우파 때문에 미국 사람들은 물리적 역동성의 장점을 잊어버렸다. 그렇지만 여전히 다원주의적 가치를 간직하고 있으므로, 이를 바탕으로 올바른 해결책을 더 잘 찾아낼 수 있을 것이다.

나는 아버지와 어머니를 미국으로 이끈 바로 그 부분, 즉 법률가 중심의 사회가 아니라 다원주의야말로 여전히 미국의 앞날을 밝게 이끌 수 있는 가능성이라고 생각하며 이 책을 썼다. 미국에는 여전히 희망이 남아 있다. 무엇보다 미국은 앞으로 나아갈 길을 찾기 위해 자신의 과거를 돌아볼 수 있지 않은가? 전국 각지에 흩어져 있는 대규모 산업 시설은 공학자 중심 국가의 저력을 상징한다. 그리고 무엇보다 다음 단계의 변화를 위해 활용할 수 있는 자연유산도 있다.

지금 미국에 부족한 건 새로운 건설을 위한 어려운 결단도 마다하지 않을 절박함이다. 미국은 이제 법률가에게 모든 걸 세세하게 관리하는 권한을 부여하지 않고도 사회가 번영할 수 있다고 믿어야 한다. 또 변화를 향한 열망을 받아들여야 한다. 그래서 언젠가 미국도 자신을 개발도상국이라 선언할 수 있기를 바란다. 미국은 현상 유지에서 벗어나 스스로 개혁의 길을 선택하고, 아직도 인간의 잠재력을 최대한 끌어낼 역량이 있다는 사실을 보여줄 수 있다. 그렇다면 '개발도상국'이라는 건 어쩌면 더 자랑스럽게 여겨야 할 꼬리표일지도 모른다.

감사의 말

경제 연구소 게이브칼 드래고노믹스는 중국에 대한 생각을 개인적으로 정리하기에 가장 적당한 곳이었다. 2016년 어느 날 뉴욕에서 게이브칼 드래고노믹스의 공동 창업자인 아서 크뢰버와 점심을 먹으면서 나온, 중국의 기술 발전을 연구해보라는 권유가 나를 홍콩과 베이징, 그리고 상하이를 오가는 모험 속으로 밀어 넣을 줄은 상상도 하지 못했다. 아서는 중국뿐만 아니라 다른 모든 세상에 대한 지혜, 그리고 현명한 판단력의 원천이 되는 사람이다. 앤드루 뱃슨은 나에게 분석가가 되는 법, 그리고 더 나은 글을 쓰는 법을 가르쳐주었다. CEO 루이스 게이브는 유쾌한 분위기에서 회사를 운영하며 호기심 많은 직원을 가득 끌어모았다. 회사 동료였던 사이먼 카틀리지 덕분에 나는 홍콩을 더욱 지적인 도시로 받아들일 수 있었다. 이런 사람들과 함께 일할 수 있다는 건 큰 기쁨이 아닐 수 없다.

또 예일대학교 로스쿨 산하 연구소 폴 차이 차이나 센터는 중국에 대한 책을 쓰기에 가장 좋은 장소였다. 폴 게위츠 교수는 상상할 수 있는 모든 격려를 아낌없이 해주는 스승이었는데, 미국과 중국에 대한 좁은 집착에서 벗어나 더 넓고 깊이 생각할 수 있는 자리를 마련해준 그분께 진심으로 감사의 마음을 전한다. 무엇보다 폴 차이 차이나 센터에는 훌륭하고 박식한 동료로 가득했다. 친절하게도 나를 강사로 불러준 맥밀런 센터와 잭슨 스쿨을 비롯해 예일대에서 아르네 베스타와 징츠, 댄 매팅리, 폴 케네디, 잭 리스코, 그리고 데이비드 슐라이허 등 수많은 학자와 교류할 수 있었던 것 역시 내게는 큰 행운이었다.

중국이 무슨 일을 벌일지 누군가 대단히 확신에 차서 이야기를 꺼낼 때마다 나 역시 가만히 있지 못한다. 다들 아는 게 제각각이기는 하지만, 분석가, 언론인, 임원, 그리고 외교관 등 다들 나름대로 사회 경험을 쌓은 우리는 중국 지도부가 지금 무슨 생각을 하고 있는지 누구도 정확히 알 수 없다는 사실만은 이해한다. 베이징과 상하이, 홍콩, 샌프란시스코, 뉴욕, 그리고 워싱턴 D. C의 수많은 사람에게 고맙다는 말을 전하고 싶다. 때로는 식사를 하고, 때로는 차나 음료수를 마시며 조용히 이야기를 나누고, 그렇게 서로 알고 있는 조각을 맞춰간 건 참으로 귀중한 시간이었다.

토비 먼디는 내가 이 책을 어떻게 시작해야 할지 제대로 감을 잡기도 전부터 나를 믿어주었다. 토비는 계획을 세우고 실천에 옮기는 모든 단계에서 가장 사려 깊고 숙련된 솜씨를 보여주는 출판 대리인이다. 토비가 나를 노턴 출판사 편집자 캐롤라인 애덤스에게 소개해준 것에 감사한다. 캐롤라인 애덤스는 재능과 참을성, 그리고 열정을 보여주며 나의 마음을 움직였다. 팻 윌랜드와 레베카 호미스키, 카일 래들러 등을 비롯해 노턴의 담당 직원에게 감사의 마음을 전한다. 이들과 함께하는 건 정말 꿈같은 시간이었다. 출판 전문 홍보 회사 프레스 숍의 리아 폴로스는 이 책을 여러 사람에게 널리 알렸고, 펭귄 출판사의 카시아나 이오니타는 나를 변함없이 지원해주었다. 피오나 리브시는 이 책이 전 세계 독자들에게 소개될 수 있도록 도와주었다.

의욕을 북돋아주고 이야기 전체에 활력을 불어넣어준 휴고 린드그렌의 지원과 동료애가 없었다면 이 책은 지금 모습과 많이 달랐을 것이다. 휴고가 꾸준히 자신감을 심어준 덕분에 나도 이 정도 성취를 이룰 수 있었다. 토비를 '최고의 출판 대리인'으로, 그리고 휴고를 '최고의 편집자'라며 소개해준 유리 브램에게도 감사를 전한다. 유리의 평가는 전혀 어긋나지 않았다. 또 내가 마음의 중심을 잡지 못할 때는 닉 배글리가 넘치는 열정으로 일깨워주었다. 법률가 중심 국가에 대한 개념은 닉이 〈에즈라 클라인 쇼〉에 출연한 뒤 나와 여러 번 만난 다음 완성되었다. 곧 출간될 닉의 책도 추천하지만, 혹시 결혼하려는 사람이 있다면 모든 절차와 주례까지 최고의 변호사 닉에게 맡기길 바란다.

이 책은 스탠퍼드대학교 후버 역사 연구소의 스티븐 코트킨, 존스홉킨스대학교 SAIS의 헨리 패럴과 제시카 첸 바이스가 진행하는 글쓰기 강좌 덕분에 더욱 탄탄한 구성을 자랑하게 되었다. 나는 이 책을 많은 정치학자와 역사학자를 자극할 수 있는 관점에서 썼지만, 초고를 읽고 의견을 전해준 여러 사람에게 진심으로 고맙다는 말을 전하고 싶다. 스티븐 코트킨, 조지프 토리지언, 조지프 레드퍼드, 글렌 티퍼트, 그레이엄 웹스터, 코벨 마이스켄스, 앤서니 그레고리, 아이크 프레이만, 웨일라 공, 그리고 팰로앨토의 리아 로이와 워싱턴 D. C의 헨리 패럴, 제시카 첸 바이스, 톰 오를릭, 토드 터커, 제임스 파머, 제러미 월리스, 유진 웨이, 스티븐 텔레스 등이 좋은 의견을 들려주었다. 특히 헨리 패럴과 유진 웨이는 지식뿐 아니라 친절함이 넘쳐나는 사람들로, 내게 큰 위안을 주었다.

내가 이 책을 시작한다는 계획을 듣고 많은 사람이 격려해주었는데, 특히 타일러 코웬이 가장 적극적이었다. 대학 시절부터 내 활동에 많은 관심을 기울여준 타일러에게는 변함없이 감사하는 마음이다. 그동안 중국과 대만, 그리고 미국을 넘나들며 좋은 이야기 상대가 되어준 타일러가 앞으로도 더 많은 곳에서 함께하기를 바란다. 에바 더우, 노아 스미스, 벤 톰슨, 트레이시 앨러웨이, 브래드 덜롱, 패트릭 콜리슨, 에즈라 클라인, 크리스

슈뢰더, 사이먼 카틀리지, 루이렌, 스티븐 그린, 셰얀메이, 케빈 켈리, 아르준 나라얀, 케빈 궉 등 많은 사람이 이 책의 시작부터 격려를 아끼지 않았다. 초안을 함께 읽어준 크리스 밀러, 에번 오스노스, 제임스 크랩트리, 팀 황, 그리고 헨리 패럴에게도 깊은 감사를 전한다.

완성된 원고 전체를 함께 읽어준 아서 크뢰버, 그레그 입, 닉 배글리, 크리스찬 프랭, 올라 라이 말름에게도 고맙다는 말을 전하고 싶다. 그리고 원고의 특정 부분을 검토해준 사람들, 특히 팬데믹 봉쇄에 대한 각자의 관점을 제시해준 상하이 친구들에게 감사한다. 켄 재럿, 이언 드리스콜, 개빈 크로스, 매티 베킨크, 빅터 베킨크, 에릭 골드윈, 크리스천 셰퍼드, 텅바오, 제프 론스데일, 크리스 델롱, 홀리스 로빈스, 크리스티나 다우기르다스, 데이비드 슐라이허, 존 라이언, 패트릭 슈타이글러, 가브리엘 크로슬리, 크리스 정 등이 많은 도움을 주었다.

뉴헤이븐에서의 내 삶은 단순했다. 먼저 도서관에 갔다가 잠시 스쿼시를 치러 나가고, 다시 도서관으로 돌아왔다. 닉 프리시, 존 라이언, 니컬러스 베클린 등과 스쿼시를 함께 칠 수 있어서 기뻤다. 다들 솜씨는 조금 부족했지만 열정은 넘쳐났다. 다리우스 롱가리노, 카르만 루세로, 웨이창하오, 제러미 다음과는 가끔 다른 소일거리로 즐겁게 시간을 보냈다. 폴 게위츠는 믿기지 않을 정도로 좋은 자리를 구해 나를 발레 공연에 초대했다. 가끔은 관광지나 명소를 찾아 흥미진진한 경험을 했는데, 좀 더 자극적인 경험을 찾아 뉴욕으로 갔을 때는 데이브 피터슨과 유진 웨이가 나를 위해 숙소를 마련해주었다. 이렇듯 즐거운 시간을 만들어준 모든 사람에게 감사한다.

실비아 린트너와의 동행이 없었다면 집필이 훨씬 더 외로웠을 것이다. 실비아도 직접 책을 쓰는 사람이라 모든 걸 잘 이해할 뿐만 아니라, 그녀는 내가 아는 사람 중 가장 현명하고 배려심 깊은 사람이다. 우리는 함께 모험을 떠났으며, 슬픔을 함께 겪었고, 함께 토론하고, 그러는 과정에서 서로에게 큰 기쁨을 선사했다. 우리의 대화가 영원히 이어졌으면 좋겠다.

이 책을 아버지와 어머니에게 바친다. 아직 어린 아들을 데리고 중국을 떠날 용기를 낸 두 사람을 존경하지 않을 수 없다. 내 어린 시절은 그 무엇과도 바꾸고 싶지 않다. 캐나다 왕립 육군생도 교육을 받으며 내가 배운 가장 큰 교훈은, 가장 어려운 일을 가장 단순한 일처럼 여기라는 것이었다. 이 책을 읽는 독자들의 행복을 바란다. 새로운 도전을 해보길 바라는 것이다. 운동을 더 많이 하고, 개를 한 마리 더 입양하고, 지역사회에 참여하길 바란다. 그리고 언젠가는 선셋 파크에서 보게 될 날이 올지도 모른다.

주

1장. 공학자가 만드는 나라 vs 법률가가 이끄는 나라

1 Rose Yu, 'China's Busiest High-Speed Rail Line Makes a Fast Buck', China Realtime blog from Wall Street Journal, updated July 20, 2016.

2 'The Beijing-Shanghai high-speed railway has transported approximately 1.35 billion passengers', *People's Daily*, June 24, 2021.

3 Ralph Vartabedian, 'New Cost Estimate for California High-Speed Project Puts It Deeper in the Red', *Los Angeles Times*, March 11, 2023.

4 Ralph Vartabedian, 'How California's Bullet Train Went off the Rails', *New York Times*, October 9, 2022.

5 'News Release: Putting Jobs First: California High-Speed Rail Crosses 13,000 Construction Jobs Milestone', *California High-Speed Rail Authority*, March 19, 2024.

6 Austan Goolsbee and Chad Syverson, 'The Strange and Awful Path of Productivity in the U.S. Construction Sector', Working Paper no. 30845, *National Bureau of Economic Research*, January 2023, rev. February 2023.

7 Paul Sabin, *Public Citizens: The Attack on Big Government and the Remaking of American Liberalism*(W. W. Norton, 2021), 101.

8 Alexis de Tocqueville, *Democracy in America*(Library of America, 2004), 309.

9 Nicholas Bagley, 'The Procedure Fetish', *Michigan Law Review* 118, no. 3 2019: 345~401.

10 Cara Lombardo, 'On Wall Street, Lawyers Make More Than Bankers Now', *Wall Street Journal*, June 22, 2023.

11 Maureen Farrell and Anupreeta Das, 'Pay for Lawyers Is So High People Are Comparing It to the N.B.A.', *New York Times*, July 1, 2024, updated July 2, 2024.

12 Kevin M. Murphy, Andrei Shleifer, and Robert W. Vishny, 'The Allocation of Talent: Implications for Growth', *Quarterly Journal of Economics* 106, no. 2 (1991): 503~530.

2장. 더 크고 더 길게, 숫자에 집착하는 베이징의 설계자들

1 Mark Elvin, *Retreat of the Elephants: An Environmental History of China*(Yale University Press, 2006), 265.

2 'Economic Watch: Chinese Guitar-Making Industry Rides on Wave of Belt and Road Initiative', *Xinhua*, September 21, 2023.

3 'Chongqing's Air-Raid Shelters Revived as Commercial Venues', *Xinhua*, January 5, 2024.

4 'In 2022, China's highway mileage increased by 2,900 kilometers compared to the previous year, with Guangdong Province ranking first in total highway mileage', *Insight and Info*, November 22, 2023.

5 'China National Human Development Report 2013 Sustainable and Liveable Cities: Toward Ecological Civilization', (United Nations Development Programme, 2013), 108.

6 'Long Walk to School through Mountains in SW China', *China Daily*, March 29, 2013.

7 Jean-Paul Rodrigue, 'Length of the Interstate Highway System and of the Chinese Expressway System, 1959 - 2021', Geography of Transport Systems, accessed January 29, 2025.

8 'Road Map to Easy Ride in Beijing', *China Daily*, September 5, 2003.

9 'China Reports Annual Average of 21M In New Drivers over Last Two Decades', *Xinhua*, May 2, 2024.

10 Ria Dutta and Surupasree Sarmmah, 'Know the Top 10 Busiest Ports in the US', *Container X-Change*, September 13, 2023, updated July 12, 2024.

11 'China Approves Record 11 New Nuclear Power Reactors', Bloomberg.com, August 20, 2024.

12 『127가지 질문으로 알아보는 중국 경제(China's Economy: What Everyone Needs to Know)』, 아서 크뢰버, 도지영 옮김, 시그마북스, 2017.

13 상동.

14 Vaclav Smil, 'How the World Really Works by Vaclav Smil—What Powers Our Economies', *Financial Times*, January 25, 2022.

15 Hu Min, 'Shanghai Aims to Become 'a City in the Parks' by 2025', *Shine*, September 28, 2022.

16 Michael Pettis, 'There's a Cost to Mainland Overinvestment', *Carnegie Endowment for International Peace*, October 26, 2009.

17 Martha Lawrence, Richard Bullock, and Ziming Liu, 'China's High-Speed Rail Development', *International Development in Focus*(World Bank Group, June 6, 2019), 68.
18 '2023 Project Update Report', *California High-Speed Rail Authority*, March 1, 2023, 61.
19 Xiaokang Wu and Jijun Yang, 'High-Speed Railway and Patent Trade in China', *Economic Modelling* 123(March 2023).
20 Yue Lu et al., 'The Influence of High-Speed Rails on Urban Innovation and the Underlying Mechanism', *PLoS One* 17, no. 3 (March 4, 2022): e0264779.
21 Lawrence, Bullock, and Liu, 'China's HighSpeed Rail Development', 4.
22 International Monetary Fund, Asia and Pacific Department, 'A Revenue Mobilization Strategy for China', *IMF Staff Country Reports 2024*, 050 (2024), A002, accessed January 29, 2025.
23 'Society at a Glance: Asia/Pacific', (OECD, March 19, 2019), 25.
24 Nicholas R. Lardy and Tianlei Huang, 'China's Weak Social Safety Net Will Dampen Its Economic Recovery', *Peterson Institute for International Economics*, May 4, 2020.
25 Rob Schmitz, 'In China, the Communist Party's Latest, Unlikely Target: Young Marxists', *NPR*, November 21, 2018.
26 Xi Jinping, 'Promoting common prosperity', *Seeking Truth*, October 15, 2021.
27 James Mayger, 'Next China: Roads to Nowhere', *Bloomberg News*, July 13, 2023.
28 Rebecca Feng and Cao Li, 'A Poor Province in China Splurged on Bridges and Roads: Now It's Facing a Debt Reckoning', *Wall Street Journal*, updated May 21, 2023.
29 'Anti-corruption documentary exposes Li Zaiyong's 'achievement-driven impulse': Accumulated 150 billion yuan in new debt over three years', *China Central Television*, January 8, 2024.
30 'Former Senior Guizhou Political Advisor Given Death Sentence with Reprieve', *Xinhua*, August 13, 2024.
31 Amanda Lee, 'China Debt: These 3 Regions Have the Most Daunting Debt Piles-So What Can Be Done about It?', *South China Morning Post*, August 12, 2023.
32 Lucy Hornby, 'Top-Tier Chinese City Could See 2017 GDP Revised Down Almost 20%', *Financial Times*, January 11, 2018.
33 'China Is Trying to Turn Itself into a Country of 19 Super-Regions', *Economist*, June 23, 2018.
34 Brad Setser, 'Will China Take Over the Global Auto Industry?', *Follow the Money*, Council on Foreign Relations, December 8, 2024.
35 Yoko Kubota and Clarence Leong, 'Why China Keeps Making More Cars Than It Needs', *Wall Street Journal*, updated April 28, 2024.
36 Andrew Batson, 'What Would It Have Cost China to Support Household Incomes?', Tangled Woof (blog), August 9, 2020.
37 Eric Martin and Ana Monteiro, 'US-China Goods Trade Hits Record Even as Political

Split Widens', *Bloomberg News*, February 7, 2023, updated February 8, 2023.

38 2021년 10월 18일 저자 개인 대담 기록.

39 Franklin Allen et al., 'Dissecting the Long-Term Performance of the Chinese Stock Market', (December 28, 2023), *Journal of Finance*, forthcoming, available at SSRN.

40 Javier Blas, 'We're Burning More Coal Than Ever Thanks to China', *Bloomberg*, December 18, 2024.

41 Yonten Nyima and Emily T. Yeh, 'The Construction of Consent for High-Altitude Resettlement in Tibet', *China Quarterly* 254 (March 2023): 1~19.

42 Chen Chen, 'Letting Omicron Loose', *Think Global Health*, December 16, 2022.

43 'Flood Prevention, Disaster Relief Top Priorities in Issuance of 1-Trln-Yuan Gov't Bonds: Official', *Xinhua*, October 25, 2023.

44 'What this means is that investment is becoming less effective at generating growth over time. The marginal product of capital (MPK), the amount of incremental GDP produced by every renminbi of increase in the capital stock, has declined from a peak of 0.4 around to around 0.2 recently', Gavekal, 'The Supply-Side Structural Problem', https://research.gavekal.com/article/the-supply-side-structural-problem.

45 'Estimated Capital Formation and Capital Stock by Economic Sector in China', *World Bank Data Catalog*, October 21, 2021.

46 'Offshore Wind Market Report: 2023 Edition', US Department of Energy, Wind Energy Technologies Office, August 24, 2023.

47 'US Wind Energy Monitor: 2023 Year in Review', Wood Mackenzie and American Clean Power, March 28, 2024.

48 Kostantsa Rangelova, '2023's Record Solar Surge Explained in Six Charts', *Ember*, May 30, 2024.

49 Rangelova, '2023's Record Solar Surge Explained.'

50 'Ezra Klein Interviews Adam Tooze', *New York Times*, September 17, 2021.

51 Ezra Klein and Derek Thompson, *Abundance*(Avid Reader, 2025).

3장. 기술 강국 중국은 왜 제조업에 목숨 거는가

1 '2020 Shenzhen Seventh National Population Census Bulletin [1] (No. 1)—City Permanent Resident Population Status', Statistics Bureau of Shenzhen Municipality, May 17, 2021.

2 Xiaoyi Wang, 'Foxconn Longhua Technology Park Tour: Entering Terry Gou's Forbidden City 4', *NetEase Science and Technology Report*, September 30, 2009.

3 Employees, 'Corporate Social Responsibility Report, 2020', Hon Hai Precision Industry Co. Ltd., 2021.

4 'Foxconn Longhua Technology Park Tour.'

5 Rob Schmitz, 'Foxconn's Newest Product: A College Degree', *Marketplace*, April 26, 2019.

6 Frederik Balfour and Tim Culpan, 'The Man Who Makes Your iPhone', *Bloomberg News*, September 9, 2010.

7 'Sichuan promises to help Foxconn recruit workers: Civil servants forced to work in the factory', Taiwan.cn, April 29, 2012.

8 Eva Dou, 'How the iPhone Built a City in China', *Wall Street Journal*, July 3, 2017.

9 Yuan Yang, 'Foxconn Stops Illegal Overtime by School-Age Interns', *Financial Times*, November 22, 2017.

10 Chang Che and John Liu, 'An iPhone Factory Needs Workers: The Chinese Government Wants to Help', *New York Times*, November 18, 2022.

11 2024년 7월 16일 저자 개인 통화 기록.

12 Bernard Chang, Jeffrey Inaba, Rem Koolhaas, and Sze Tsung Leong, *Great Leap Forward: Harvard Design School Project on the City*(Taschen, 2001), 245.

13 Glenn Leibowitz, 'Apple CEO Tim Cook: This Is the No. 1 Reason We Make iPhones in China (It's Not What You Think)', Inc., December 17, 2017.

14 Mikey Campbell, 'Apple Spends $150M a Year on United Flights, Shanghai Is No. 1 Destination', *Apple Insider*, January 11, 2019.

15 Charles DuHigg and Keith Bradsher, 'How the U.S. Lost out on iPhone Work', *New York Times*, January 21, 2012.

16 Leibowitz, 'Apple CEO Tim Cook.'

17 2024년 4월 18일 저자 개인 통화 기록.

18 2024년 3월 29일 저자 개인 통화 기록.

19 Ben Pauker, 'Epiphanies from Chris Anderson', Foreign Policy, November 20, 2024.

20 2021년 11월 24일 저자 개인 통화 기록.

21 Yuqing Xing and Shaopeng Huang, 'Value Captured by China in the Smartphone GVC: A Tale of Three Smartphone Handsets', *Structural Change and Economic Dynamics* 58, no. C (2021): 256~266.

22 Simon Leys, *The Hall of Uselessness: Collected Essays*(New York Review Books, 2014), 242.

23 Brian Potter, 'Ise Jingu and the Pyramid of Enabling Technologies', *Scope of Work*, February 3, 2023.

24 Junko Edahiro, 'Rebuilding Every 20 Years Renders Sanctuaries Eternal: The Sengu Ceremony at Jingu Shrine in Ise', *JFS Japan for Sustainability*, September 10, 2013.

25 'Nuclear Weapons: NNSA and DOD Need to More Effectively Manage the Stockpile Life Extension Program', Government Accountability Office, March 2009.

26 Andy Grove, 'How America Can Create Jobs', *Bloomberg News*, July 1, 2010.

27 'All Employees, Manufacturing [MANEMP]', *Federal Reserve Bank of Saint Louis*, January 10, 2025.

28 Michael Schrage, 'Potato Chips vs. Computer Chips: High Technology Any Way You

Slice It', *Washington Post*, January 21, 1993.

29 'Chart Pack: Defense Spending', Peter G. *Peterson Foundation*, February 3, 2025.

30 Megan Eckstein, 'US Navy Ship Programs Face Years-Long Delays Amid Labor, Supply Woes', *Defense News*, April 3, 2024.

31 David Gelles, James B. Stewart, Jessica Silver-Greenberg, and Kate Kelly, 'Elon Musk Details 'Excruciating' Personal Toll of Tesla Turmoil', *New York Times*, August 17, 2018.

32 'Chinese EV Maker BYD Profit down 42% in 2019, Under Pressure from Subsidy Cut', *Reuters*, April 21, 2020.

33 Zhao Xinyue and Bo Yuan, 'Looking at the 'Tesla effect' from 'annual production of over ten million'', *People's Daily Online*, November 16, 2024.

34 Yang Jie, 'Tim Cook Can't Make iPhones without This Chinese Company and Its CEO', *Wall Street Journal*, updated October 23, 2023.

35 Lee G. Branstetter, Li Guangwei, and Ren Mengjia, 'Picking Winners? Government Subsidies and Firm Productivity in China', Working Paper no. 30699, *National Bureau of Economic Research*, December 2022.

36 광둥성 72곳, 미국 26곳, 인도 14곳, 그리고 베트남이 35곳이다. 'Apple Supplier List 2023', Apple Inc., 2024.

37 Zhang Weifu and Hu Yabei, 'Real economy: The focus and support point of economic development', *EOL*, July 13, 2023.

38 Hu Yabei and Zhang Weicun, 'Forming a new growth engine rests on the real economy', *Nanjing Daily*, July 19, 2017.

39 'Build a modern industrial system with advanced manufacturing as the backbone: Interview with Jin Zhuanglong, secretary of the Party Leadership Group and minister of the Ministry of Industry and Information Technology', *People's Daily*, January 10, 2024.

40 Andrew Batson, 'China Wants Those Low-End Industries After All', Tangled Woof (blog), October 4, 2023.

41 Xi Jinping, 'Several major issues in the national medium and long-term economic and social development strategy', *Seeking Truth*, October 31, 2020.

42 Wang Xiaodong, 'A Study of the 'Industrial Party' and the 'Sentimental Party'', Center for Strategic Translation, January 1, 2011, trans. October 2023.

43 Dylan Levi King, 'China's Exit to Year Zero', *Palladium*, April 9, 2021; Zhong Qing, "Wash Dishes or Study?"(Contemporary China Press, 2005).

44 여기서 마첸추马前卒는 런충하오任冲昊의 필명이다.

45 Vivian Wang, 'A Godfather of Chinese Nationalism Has Second Thoughts', *New York Times*, October 27, 2022.

46 『삼체』, 류츠신, 허유영 옮김, 자음과모음, 2024.

47 상동.

48 Eric Martin and Ana Monteiro, 'US-China Goods Trade Hits Record Even as Political Split Widens', *Bloomberg News*, February 7, 2023, updated February 8, 2023.

49 Zhao Yimeng, 'Huaqiangbei Traders Computer Chips for Lipsticks', *China Daily*, updated February 3, 2021.

4장. 역사상 가장 충격적인 사회 실험, 한 자녀 정책

1 'Xi Jinping addresses the new leadership of the All-China Women's Federation', *CCTV*, October 31, 2013.

2 'China Wants Women to Stay Home and Bear Children', *Economist*, November 9, 2023.

3 Thomas Hale, Wang Xueqiao, Tina Hu, and Wenjie Ding, 'China's Marriage Problem: Fewer Young People, and Fewer Weddings', *Financial Times*, February 13, 2025.

4 Jacob Funk Kirkegaard, 'China's Population Decline Is Getting Close to Irreversible', *Peterson Institute for International Economics*, January 18, 2024.

5 'Minutes of Chairman Mao Zedong's Second Meeting with Nehru', Wilson Center Digital Archive, October 23, 1954.

6 Nikita Khrushchev and Strobe Talbott, *Khrushchev Remembers: The Last Testament* (Bantam, 1976), 255.

7 Selected Works of Mao Tse-Tung(Foreign Language Press, Peking, 1967), 453.

8 Selected Works of Mao Tsetung, Vol. 4(Foreign Languages Press, 1961).

9 Song Jian, 'Systems Science and China's Economic Reforms', *IFAC Proceedings* 18, no. 9 August 1985: 1~7.

10 Susan Greenhalgh, *Just One Child: Science and Policy in Deng's China*(University of California Press, 2008), 161.

11 Song Jian, Tian Xueyuan, Li Guangyuan, and Yu Jingyuan, 'On China's population development goals', *People's Daily*, March 7, 1980.

12 Greenhalgh, *Just One Child*, 204.

13 Greenhalgh, *Just One Child*, 175.

14 Song Jian, 'Systems Science.'

15 Joel E. Cohen, 'Review of Population System Control', *SIAM Review* 32, no. 3 (1990): 494~500.

16 Greenhalgh, *Just One Child*, 294.

17 'Open letter to all Communist Party members and Communist Youth League members regarding the control of population growth in our country', *People's Daily*, September 25, 1980.

18 Thomas Scharping, *Birth Control in China, 1949–2000*(Routledge, 2002), 95.

19 Tyrene White, *China's Longest Campaign: Birth Planning in the People's Republic, 1949–2005*(Cornell University Press, 2018), 73.

20 Steven W. Mosher, *Broken Earth*(Free Press, 1983), 224.

21 Christopher S. Wren, 'China's Birth Goals Meet Regional Resistance', *New York Times*, May 15, 1982.

22 Susan Greenhalgh and Edwin A. Winckler, *Governing China's Population: From Leninist to Neoliberal Biopolitics* (Stanford University Press, 2005), 225.

23 US Congress, House, China: Human Rights Violations and Coercion in One-Child Policy Enforcement: Hearing before the Committee on International Relations, *House of Representatives*, 108th Cong., 2nd sess., December 14, 2004.

24 China Report: Political, Sociological, and Military Affairs, Foreign Broadcast Information Service, 1986.

25 Nicholas Kristof, 'China's Crackdown on Births: A Stunning, and Harsh, Success', *New York Times*, April 25, 1993.

26 Michael Weisskopf, 'One Couple, One Child: Second of Three Articles Abortion Policy Tears at China's Society', *Washington Post*, January 7, 1985.

27 Anne Henochowicz, 'Translation: The Hundred Childless Days', *China Digital Times*, May 4, 2021.

28 'Notice of the Shandong Provincial Committee of the Communist Party of China on appointment of the deputy director of the Shandong Provincial Working Committee for Caring for the Next Generation', *Shandong Xiehe University*, April 19, 2017.

29 White, *China's Longest Campaign*, 159.

30 Scharping, *Birth Control in China*, 109.

31 Scharping, *Birth Control in China*, 112.

32 Weisskopf, 'One Couple, One Child.'

33 James C. Scott, *Weapons of the Weak: Everyday Forms of Peasant Resistance* (Yale University Press, 1985).

34 Kay Ann Johnson, *China's Hidden Children: Abandonment, Adoption, and the Human Costs of the One-Child Policy*(University of Chicago Press, 2017), 92.

35 Peter Hessler, *Other Rivers: A Chinese Education*(Penguin, 2024), 52.

36 China Report: Political, Sociological, and Military Affairs, FBIS.

37 Scharping, *Birth Control in China*, 226.

38 Scharping, *Birth Control in China*, 186.

39 Scharping, *Birth Control in China*, 189.

40 Li Jianguo and Zhang Xiaoying, 'Infanticide in China', *New York Times*, April 11, 1983.

41 Nie Jingbao, 'Non-Medical Sex-Selective Abortion in China: Ethical and Public Policy Issues in the Context of 40 Million Missing Females', *British Medical Bulletin* 98, no. 1 June 2011: 7-20.

42 Johnson, *China's Hidden Children*, 92.

43 'Court Convicts 52 of BabyTrafficking in China', *New York Times*, July 24, 2004.

44 Sharon Lafraniere, 'Chinese Officials Seized and Sold Babies, Parents Say', *New York Times*, August 5, 2011.

45 Johnson, *China's Hidden Children*, 132.

46 Bruce Porter, 'I Met My Daughter at the Wuhan Foundling Hospital', *New York Times*, April 11, 1993.

47 Hannah Beech, 'Have Foreigners Unwittingly Adopted Victims of Baby-Selling in China?' *Time*, May 11, 2011.

48 Lafraniere, 'Chinese Officials Seized and Sold Babies, Parents Say.'

49 Evan Osnos, 'Abortion and Politics in China', *New Yorker*, June 15, 2012.

50 'China has collected 1.5 trillion yuan in social maintenance fees: Annual 20 billion yuan in fines unaccounted for', *Xinhua*, December 9, 2014.

51 2021 China Health Statistics Yearbook, National Health Commission(China), May 17, 2023.

52 Austin Ramzy and Liyan Qi, 'China's One-Child Policy Sent Thousands of Adoptees Overseas: That Era Is Over', *Wall Street Journal*, September 5, 2024.

53 Huang Yasheng, *Capitalism with Chinese Characteristics: Entrepreneurship and the State* (Cambridge University Press, 2010), 139.

54 Greenhalgh, *Just One Child*, 179.

55 Weisskopf, 'One Couple, One Child.'

56 Feng Wang, Baochang Gu, and Yong Cai, 'The End of China's One-Child Policy', *Brookings Commentary*, March 30, 2016.

57 'New Research Helps Explain Why China's Low Birth Rates Are Stuck', *Economist*, June 1, 2023.

58 'Family planning has reduced the birth rate by more than 400 million over the past 40 years', *Gansu Daily*, November 12, 2013.

59 Martin King Whyte, Feng Wang, and Yong Cai, 'Challenging Myths about China's One-Child Policy', *China Journal* 74 July 2015: 144~159.

60 '只生一个好，政府帮养老'; '三个孩子就是好不用国家来养老.'

61 Song Jian, 'Systems Engineering and the New Technological Revolution', *People's Daily*, September 5, 1984.

62 'Song Jian: A Leading Scientist', *China Daily*, updated January 25, 2011.

63 Zhao Jinzhao, Pan Rui, and Wang Xintong, 'In Depth: Maternity Wards Are Latest Victim of China's Falling Birthrate', *Caixin Global*, June 19, 2024.

64 Edward White and Leo Lewis, 'Nappy Manufacturers Shift Focus in China from Infants to Elderly', *Financial Times*, November 28, 2021.

65 'China's High-Stakes Struggle to Defy Demographic Disaster', *Economist*, April 9, 2024.

66 'China's national legislature holds 2nd plenary meeting of annual session', www.gov.cn.

67 Leta Hong Fincher, *Leftover Women: The Resurgence of Gender Inequality in China, 1st*

ed. (Zed Books, 2014), 3.

68 Hong Fincher, *Leftover Women*, 20.

69 Shen Lu and Liyan Qi, 'China Is Pressing Women to Have More Babies: Many Are Saying No', *Wall Street Journal*, January 2, 2024.

70 Charlotte Gao, 'To Encourage More Births, Chinese Specialists Propose Birth Fund, Childless Tax', *Diplomat*, August 17, 2018.

71 'China report network commentary: Party members and cadres should take action to implement the three-child policy', *China Reports Network*, December 9, 2021.

72 Johann Chapoutot, *The Law of Blood: Thinking and Acting as a Nazi*(Harvard University Press, 2018), 343.

73 'China's Low-Fertility Trap', *Economist*, March 21, 2024.

74 Ji Siqi, 'China Population: County Sparks Uproar by Telling 'Leftover' Women to Marry Unemployed Men', *South China Morning Post*, January 28, 2022.

75 Linda Bollivar, 'Ethan Michelson Highlights Gender Injustice in China's Divorce Courts', Hamilton Lugar School, Indiana University, Bloomington, July 13, 2023.

76 Farah Master, 'China Launches Campaign to Crack Down on Illegal Fertility Treatments', *Reuters*, July 11, 2023.

77 'Has the neighborhood committee urged you to get pregnant?', *China Digital Times*, October 21, 2024.

78 Phoebe Zhang, 'Love and Marriage: China's Dali Bai Region Pledges to Help Its 33,000 Bachelors Find Wives', *South China Morning Post*, August 24, 2024.

5장. 공학적 통제의 정점, 제로 코로나

1 'Foreign Concessions in China', Wikipedia, May 21, 2025.

2 Frederic Wakeman, 'Licensing Leisure: The Chinese Nationalists' Attempt to Regulate Shanghai, 1927–49', *Journal of Asian Studies* 54, no. 1 1995: 24.

3 Christian Shepherd, 'Tales of Anguish Emerge from China's Locked-Down Xian, as Hospital Staffers Are Fired over Woman's Treatment', *Washington Post*, updated January 6, 2022.

4 Xing Yi, 'Shanghai Has No Plans for City Lockdown', *China Daily*, updated March 24, 2022.

5 'The number of Covid infections continues to rise in Shanghai, but here's why there cannot be a lockdown', *People's Daily Online*, March 26, 2022.

6 'Notice regarding the implementation of a new round of city-wide nucleic acid screening tests', Shanghai Municipal Health Commission, March 28, 2022.

7 Zhao Yusha, Chen Qingqing, and Qi Xijia, 'Shanghai Enters Partial 'Pause', Vows Sufficient Daily Supplies', *Global Times*, March 28, 2022.

8 Aaron Mak, 'All the Invasive Ways China Is Using Drones to Address the Coronavirus', *Slate*, February 4, 2020.

9 Ann Cao, 'Shanghai's Yangpu District Deploys Drones to Detect Violations of Covid-19 Rules, Leading to Complaints', *South China Morning Post*, August 15, 2022.

10 Rob Schmitz, 'When This Shanghai Building Went into COVID Lockdown, My Wechat Message Group Blew Up', *National Public Radio*, April 30, 2022.

11 Luo Chunhao and Yan Yucheng, 'Millions of truck drivers stranded due to the pandemic', *China Digital Times*, April 11, 2022.

12 Henry Lau, 'How 6 Hong Kong Celebrities Survived the Shanghai Lockdown, from Carina Lau and Gigi Lai's Covid-19 Testing Pics on Weibo, to Rain Lee's Cheerful Live-Streams', *South China Morning Post*, April 20, 2022.

13 'Shanghai's Locked-Down Elite Are Joining Hunt for Groceries', *Bloomberg News*, April 8, 2022.

14 Serenitie Wang, 'Shanghai Surprise: How I Survived 70 Days Confinement in the World's Strictest Covid Lockdown', *CNN*, June 17, 2022.

15 Jessie Yeung, 'A Covid Worker Beat a Dog to Death in Shanghai after Its Owner Tested Positive', *CNN*, April 8, 2022.

16 Brenda Goh and Engen Tham, 'Shanghai Separates COVID-Positive Children from Parents in Virus Fight', *Reuters*, April 2, 2022.

17 Stella Yifan Xie and Liyan Qi, 'In Shanghai, Strict Covid Rules Separate Children from Parents', *Wall Street Journal*, April 3, 2022.

18 Helen Davidson, 'China: Editorial Says Communist Party Members Must Have Three Children', *The Guardian*, December 9, 2021.

19 Natasha Khan, 'Shanghai Nurse's Death Fuels Skepticism over Cost of China's Covid-19 Measures', *Wall Street Journal*, March 25, 2022.

20 Mandy Zuo, 'Shanghai Lockdown: Residents in Fear of False-Positive Covid-19 Tests after Couple Who Tested Negative Hauled Off to Quarantine', *South China Morning Post*, April 11, 2022.

21 'On January 21, the 2020 Hubei Province Spring Festival Gala Cultural Performance was successfully held at Hongshan Hall', *NetEase News*, January 23, 2020.

22 Alexander Boyd, 'Translation: Weibo User Sentenced to Six Months over Wuhan Poem', *China Digital Times*, February 24, 2021.

23 Chris Buckley, 'Dr. Gao Yaojie, Who Exposed AIDS Epidemic in Rural China, Dies at 95', *New York Times*, December 10, 2023.

24 'China CDC director George Gao: We should not lose confidence in Chinese vaccines', *Beijing Youth News*, March 5, 2019.

25 'Pandemic controls demonstrate the superiority of China's political system', *People's Daily*, September 17, 2020.

26 Zhang Wanqing, 'In Locked-Down Shanghai, Students Adapt to a Surreal New

Normal', *Sixth Tone*, April 30, 2022.

27 Alex Binley, 'Shanghai Disney: Visitors Unable to Leave without Negative Covid Test as Park Shuts', *BBC*, October 31, 2022.

28 'Shanghai grassroots officials write angry letter with three suggestions on pandemic control, call for opposition to bureaucracy', *Yibao China*, April 2, 2022.

29 『조미아, 지배받지 않는 사람들: 동남아시아 산악 지대 아나키즘의 역사(The Art of Not Being Governed: An Anarchist History of Upland Southeast Asia)』, 제임스 C. 스콧, 이상국 옮김, 삼천리, 2015.

30 Changhao Wei, ''State of Emergency' and Enforcement of China's 'Zero-Covid' Policy', NPC Observer, August 25, 2022; citing Tong Zhiwe, 'Legal Opinion on Two Measures to Prevent the Coronavirus Epidemic in Shanghai', CND.org.

31 『저항할 권리: 우리는 어디쯤에 있는가(A che punto siamo? L'epidemia come politica)』, 조르조 아감벤, 박문정 옮김, 효형출판, 2022.

32 Eva Dou, 'Earthquake in China's Sichuan Leads to Outcry over Covid Lockdown', *Washington Post*, September 6, 2022.

33 Dake Kang, 'Ignoring Experts, China's Sudden Zero COVID Exit Cost Lives', *Associated Press*, March 24, 2023.

34 'Xi Jinping presides over a meeting of the Standing Committee of the Politburo', *Xinhua*, May 5, 2022.

35 'Do not forward content that is unconfirmed by official sources or content with negative energy', *China Digital Times*, September 9, 2022.

36 Chris Buckley, Alexandra Stevenson, and Keith Bradsher, 'From Zero Covid to No Plan: Behind China's Pandemic U-Turn', *New York Times*, December 19, 2022, updated December 21, 2022.

37 Tom Hancock, 'China's Regular Covid Testing to Cost 1.8% of GDP, Nomura Says', *Bloomberg News*, May 6, 2022.

38 'Is China Really Ill-Prepared for Its New Phase of COVID Response?', *Xinhua*, January 20, 2023.

39 John Burn-Murdoch, 'What the 'Year of Democracy' Taught Us, in 6 Charts', *Financial Times*, December 30, 2024.

40 Hong Xiao et al., 'Excess All-Cause Mortality in China after Ending the Zero COVID Policy', *JAMA Network Open* 6, no. 8 (2023).

6장. 벽을 쌓아가는 중국

1 Jiayao Liu, Gao Yuan, and Zichen Wang, 'Sharp Decline in the Number of Foreigners in China Demands Serious Attention', *Pekingnology*, June 11, 2023.

2 James Kynge, 'China's Super-Rich Are Eyeing the Exit', *Financial Times*, June 21, 2024.

3 Liam Dillon and Cindy Chang, 'This Orange County City Has the Hottest Housing Market in the Country', *Los Angeles Times*, August 16, 2024.

4 캐나다의 경우 2019년에 2,065건, 그리고 2023년에는 4,020건의 투자 영주권을 발급했다. Immigration, Refugees and Citizenship Canada(IRCC), 'Canada: Permanent Residents by Country of Citizenship and Immigration Category', Open Government Portal, last updated May 18, 2024. 미국의 경우 2019년 3,984건, 그리고 2024년 3,984건의 투자 비자를 발급했다. IIUSA(Invest in the USA), 'EB-5 Visa Data Dashboard', last updated December 26, 2024.

5 Du Shangze and Li Jianguang, 'Micro observation: 'Once certain, firmly pursue it,' General Secretary Xi Jinping at an Enterprise and Expert Symposium', Seeking Truth, *People's Daily*, May 28, 2024.

6 'Online public opinion: What's the main reason? The main reason is you, chairman!', *China Digital Times*, May 29, 2024.

7 Li Tianji, 'Lu Wei's letter of repentance exposed at this exhibition: My wife was completely desperate about me', *Sina News, Beijing Youth*, November 15, 2018.

8 Thomas Fuller and Sapna Maheshwari, 'Ex-ByteDance Executive Accuses Company of 'Lawlessness'', *New York Times*, May 12, 2023.

9 David Bandurski, 'Tech Shame in the 'New Era'', *China Media Project*, April 11, 2018.

10 'China Bans For-Profit School Tutoring in Sweeping Overhaul', *Bloomberg News*, July 24, 2021, updated July 25, 2021.

11 Sophie Yu and Brenda Goh, 'New Oriental Laid Off 60,000 Staff after China's Education Crackdown, Founder Says', *Reuters*, January 10, 2022.

12 Paul Mozur and John Liu, 'China Fines Didi $1.2 Billion as Tech Sector Pressure Persists', *New York Times*, July 21, 2022.

13 Wu Guoguang, 'Aerospace Engineers to Communist Party Leaders: The Rise of Military-Industrial Technocrats at China's 20th Party Congress', Asia Society Policy Institute, Washington, DC, February 8, 2023.

14 Ma Chi, 'Xi Jinping: A Model in Respecting Teachers', *China Daily*, September 10, 2021.

15 Zhang Changjiang, 'Education in revolutionary traditions must start from the cradle', Seeking Truth, *People's Daily*, June 25, 2021.

16 'Learn discipline, know discipline, understand discipline, obey discipline', *Seeking Truth*, September 2024.

17 'Setting the Highest Standards, Blossoming the 'Fengqiao Experience' in Beijing: A Summary of the Beijing Public Security Bureau's Work in Creating 'Fengqiao-Style Police Stations'', Beijing Public Security Department, November 27, 2023.

18 'Xi Urges Accelerated Efforts to Modernize National Security System, Capacity', *Xinhua*, May 30, 2023.

19 Jack Wroldsen and Chris Carr, 'The Rise of Exit Bans and Hostage Taking in China',

MIT Sloan Management Review, November 15, 2023.

20 John Ruwitch, 'Why the Number of American Students Choosing to Study in China Remains Low', *NPR*, June 13, 2024.

21 'Xi Seeks 'Lovable' Image for China in Sign of Diplomatic Rethink', *Bloomberg News*, June 1, 2021, updated June 2, 2021.

22 Fan Wang, 'China Fines Comedy Troupe $2M for Joke about the Military', *BBC*, May 17, 2023.

23 Lyric Li and Vic Chiang, 'No Laughing Matter: China Cancels Comedy, Citing 'Force Majeure'', *Washington Post*, May 25, 2023.

24 Lingling Wei, 'China Reins In Its Belt and Road Program, $1 Trillion Later', *Wall Street Journal*, September 26, 2022.

25 Deloitte, 'Africa Construction Trends 2021', April 5, 2021.

26 Neta Cynara Anggina, 'Indonesia: The High Cost of High Speed Rail', *Interpreter*, Lowy Institute, November 30, 2023.

27 Eric Olander, 'The Number of Leaders Attending China's Belt and Road Forums Has Fallen Steadily', *China Global South Society*, October 18, 2023.

28 Lukas Franz et al., 'The Financial Returns on China's Belt and Road', World Bank, Annual Bank Conference on Development Economics, July 9, 2024.

29 Laura Silver, Christine Huang, and Laura Clancy, 'China's Approach to Foreign Policy Gets Largely Negative Reviews in 24-Country Survey', *Pew Research Center*, July 27, 2023.

30 Jason Douglas, Jon Emont, and Samantha Pearson, 'China's Flood of Cheap Goods Is Angering Its Allies Too', *Wall Street Journal*, December 3, 2024.

31 Molly Lempriere, 'China Responsible for 95% of New Coal Power Construction in 2023, Report Says', *Carbon Brief*, April 11, 2024.

32 'Xi's Campaign to Feed China Is Turning Wasteland into Farms', *Bloomberg News*, July 11, 2024.

33 Julia A. Wolfson and Cindy W. Leung, 'Food Insecurity and COVID: Disparities in Early Effects for US Adults', *Nutrients 12*, no. 6(2020): 1648.

34 Semiconductor Industry Association, 'Chipping Away: Assessing and Addressing the Labor Market Gap Facing the US Semiconductor Industry', July 2023.

35 Remco Zwetsloot, 'China Is Fast Outpacing US STEM PhD Growth', Center for Security and Emerging Technology, Georgetown University, August 2021.

36 Xi Jingping, 'Select important discussions on technological innovation by Xi Jinping', Office of the Leading Group for Studying and Implementing Xi Jinping Thought on Socialism with Chinese Characteristics for a New Era in the Municipal Science and Technology System, April 2023.

37 Chinese Communist Party Committee Ministry of Science and Technology Leading Group, 'Deepen structural reforms in technology, provide strong technological

support for Chinese modernization', *Seeking Truth*, September 16, 2024.

38 Yu Xie et al., 'Caught in the Crossfires: Fears of Chinese-American Scientists', *Proceedings of the National Academy of the Sciences 120*, no. 27 (June 27, 2023).

39 Li Xiaodan, 'Yao Yang: Cutting salaries in the financial sector isn't punitive, it's to decrease the attractiveness of the financial sector, and develop manufacturing instead', Sina Finances, *Economic Observer*, June 18, 2024.

40 Hannah Murphy and Cristina Criddle, 'Meta's Plan for Nuclear-Powered AI Data Center Thwarted by Rare Bees', *Financial Times*, November 4, 2024.

41 John Frittelli, 'U.S. Commercial Shipbuilding in a Global Context', *Congressional Research Service*, November 15, 2023.

42 우크라이나는 하루 평균 7,000발의 포탄을 소비한 것으로 추정된다. John Ismay, 'Pentagon Opens Ammunition Factory to Keep Arms Flowing to Ukraine', *New York Times*, May 29, 2024. 한편 미국이 매달 생산할 수 있는 포탄 숫자는 평균 1만 4,400발 정도다. Roxana Tiron and Billy House, 'America's War Machine Can't Make Basic Artillery Fast Enough', *Bloomberg News*, June 7, 2024.

43 'National Security Advisor Jake Sullivan on Fortifying the U.S. Defense Industrial Base', Center for Strategic and International Studies, December 4, 2024.

44 Bagley, 'Procedure Fetish.'

45 Lucy Hornby, 'China's Top Judge Denounces Judicial Independence', *Financial Times*, January 17, 2017.

7장. 더 나은 미래를 위하여

1 Robert Caro, *The Power Broker: Robert Moses and the Fall of New York*(Knopf Doubleday, 1974).

2 Caro, *Power Broker*, 522.

3 Marc Wortman, *Admiral Hyman Rickover: Engineer of Power*(Yale University Press, 2022).

4 Blake Masters, 'CS183: Startup—Peter Thiel Class Notes, Class 11 Notes Essay', Blake Masters (Tumblr), May 11, 2012.

5 'Nearly Half of Renter Households Are Cost-Burdened, Proportions Differ by Race', US Census Bureau Newsroom, September 12, 2024.

6 2023년 달러 가치 기준 지하철 노선 1킬로미터당 건설 비용은 미국 뉴욕 맨해튼 2번가 지하철 노선 25억 달러, 그리고 프랑스 파리 지하철 1호선은 4억 5,700만 달러 정도다. Transit Costs Project, 'What the Data Is Telling Us', last updated February 27, 2024.

7 'The Harris Broadband Rollout Has Been a Fiasco', *Wall Street Journal*, October 4, 2024.

8 Shannon Osaka, 'Biden's $7.5 Billion Investment in EV Charging Has Only Produced 7 Stations in Two Years', *Washington Post*, March 29, 2024.

9 William Cummings, "The World Is Going to End in 12 Years If We Don't Address Climate Change,' Ocasio Cortez Says', *USA Today*, January 22, 2019.

10 Grant Gilmore, *The Ages of American Law*(Yale University Press, 2014), 99.

11 Xi Jinping, 'Xi Jinping: China will always be a member of developing countries', *People's Daily*, August 24, 2023.

12 Odd Arne Westad and Chen Jian, *The Great Transformation: China's Road from Revolution to Reform*(Yale UniversityPress, 2024), 226.

추천 도서

미국이 법률가 중심 사회로 전환되는 과정에 대해

Paul Sabin, *Public Citizens: The Attack on Big Government and the Remaking of American Liberalism*(W. W. Norton, 2021).

미국의 법률 관련 문화에 대한 개괄적인 내용

Robert Kagan, *Adversarial Legalism: The American Way of Law*(Harvard University Press, 2003).

중국 건설 산업의 규모와 정치 경제의 작동 방식에 대해

『127가지 질문으로 알아보는 중국 경제』, 아서 크뢰버, 도지영 옮김, 시그마북스, 2017.

중국이 아시아의 성장에서 어떤 위치를 차지하는지에 대한 가장 설득력 있는 설명

『아시아의 힘(How Asia Works: Success and Failure in the World's Most Dynamic Region)』, 조 스터드웰, 김태훈 옮김, 프롬북스, 2016.

산업당 관점의 핵심에 대해

『삼체』, 류츠신, 허유영 옮김, 자음과모음, 2024.

쑹젠의 영향력에 관해

Susan Greenhalgh, *Just One Child: Science and Policy in Deng's China*(University of California Press, 2008).

자녀를 포기한 부모와 그 가슴 아픈 사연에 대해

Kay Ann Johnson, *China's Hidden Children: Abandonment, Adoption, and the Human Costs of the One-Child Policy*(University of Chicago Press, 2017).

코로나 제로 정책이 시행되던 시기, 중국 사회의 모습을 가장 흥미롭게 묘사한 책

Peter Hessler, *Other Rivers: A Chinese Education*(Penguin, 2024).

수천 년에 걸쳐 중국의 지배를 받았던 동남아시아 고지대 지역의 역사에 대해

『조미아, 지배받지 않는 사람들: 동남아시아 산악 지대 아나키즘의 역사』, 제임스 C. 스콧, 이상국 옮김, 삼천리, 2015.

미국이 다시 건설 사업을 시작해야 하는 이유에 대해

Ezra Klein and Derek Thompson, *Abundance*(Avid Reader Press, 2025).

중국 관련 서적 중 가장 탁월한 책

Fuchsia Dunlop, *Invitation to a Banquet: The Story of Chinese Food*(W. W. Norton, 2023).

BREAKNECK

옮긴이 우진하

삼육대학교 영어영문학과를 졸업하고, 성균관대학교 번역 테솔 대학원에서 번역학과 석사 학위를 취득했다. 한성 디지털대학교 실용외국어학과 외래 교수로 활동했으며, 현재는 출판 번역 에이전시 베네트랜스에서 전속 번역가로 활동 중이다. 옮긴 책으로 『제시 리버모어 투자의 원칙』, 『마지막 왕국』, 『제국의 열두 달』, 『아세안 중심성』, 『승자의 언어』, 『2034 미중 전쟁』, 『고대 그리스에서 1년 살기』, 『나의 첫 경제사 수업』, 『2030 축의 전환』 등이 있다.

브레이크넥

초판 1쇄 발행 2026년 2월 5일
초판 3쇄 발행 2026년 2월 20일

지은이 댄 왕
옮긴이 우진하

발행인 윤승현 **단행본사업본부장** 신동해
편집장 김예원 **책임편집** 김보람
디자인 엄혜리 **교정교열** 이정현
마케팅 최혜진 이인국 **홍보** 허지호
국제업무 김은정 김지민 **제작** 정석훈

브랜드 웅진지식하우스 **주소** 경기도 파주시 회동길 20
문의전화 031-956-7352(편집) 031-956-7089(마케팅)
홈페이지 www.wjbooks.co.kr
인스타그램 www.instagram.com/woongjin_readers
페이스북 www.facebook.com/woongjinreaders
블로그 blog.naver.com/wj_booking

발행처 (주)웅진씽크빅
출판신고 1980년 3월 29일 제406-2007-000046호

ISBN 978-89-01-29936-5 (03340)

웅진지식하우스는 (주)웅진씽크빅 단행본사업본부의 브랜드입니다.